Werner Hanitzsch

Mein Leben im Wandel der Zeiten

Ein Rückblick auf die Erlebnisse der Jahre 1945 – 1990

FRIELING

Die Deutsche Bibliothek – CIP-Einheitsaufnahme
Hanitzsch, Werner:
Mein Leben im Wandel der Zeiten: ein Rückblick auf die Erlebnisse der Jahre 1945 – 1990 / Werner Hanitzsch. – Orig.-Ausg., 1. Aufl. – Berlin: Frieling, 1995
(Frieling-Erinnerungen)
ISBN 3-89009-883-5

Hünefeldzeile 18, D-12247 Berlin-Steglitz
Telefon: 0 30 / 7 74 20 11

ISBN 3-89009-883-5
1. Auflage 1995
Titelfotos: Archiv Werner Hanitzsch

Printed in Germany

Inhalt

Vorwort

Wie war das denn damals...? Oft wird man so oder ähnlich nach den Geschehnissen vergangener Zeiten gefragt.

Es gibt Ereignisse in den Zeitläuften, welche die Menschen, die sie erleben, nachhaltig prägen. Es ist sehr wichtig und auch sehr interessant, solche Ereignisse für alle Zeiten und für die Nachwelt festzuhalten.

Mein persönliches Leben ist auf Grund der Wirren in drei total unterschiedlichen Gesellschaftssystemen der Jahre von 1940 bis 1993 sehr turbulent verlaufen. Der Nationalsozialismus, der Krieg, der „real existierende Sozialismus der DDR“ und der freiheitliche Rechtsstaat der Bundesrepublik Deutschland nach dem Zusammenbruch der DDR haben mein Leben geprägt.

Ein Teil dieser Turbulenzen soll in diesem Buch zu neuem Leben erweckt werden, um den nachfolgenden Generationen aufzuzeigen, wie die Menschen in diesen Zeitabschnitten der Deutschen Geschichte lebten.

Ich wurde am 7.2.1929 in Dresden geboren. Der Ausbruch des zweiten Weltkrieges im September 1939 hatte für mich als damals zehnjähriger Hitlerjunge keine Bedeutung. Dies änderte sich schlagartig, als ich mit den ersten Auswirkungen des Krieges konfrontiert wurde.

1941 bis 1945
Meine ersten Berührungen mit dem Krieg

Als im September 1939 der Krieg ausbrach, war ich gerade 10 Jahre alt. Ich war Hitlerjunge und im „Jungvolk“ organisiert. Ich bekenne freimütig, daß ich ein begeisterter und überzeugter Hitlerjunge war. Hitler hatte Autobahnen gebaut, die Arbeitslosen so gut wie abgeschafft, und mein Vater hatte sich von seinem sehr bescheidenen Einkommen ein Auto kaufen können. Zuhause hatten wir ein Radio, einen Volksempfänger (im Volksmund „Goebbelsschnauze“ genannt). Diese ersten Symbole eines gewissen bürgerlichen Wohlstandes sowie die entsprechende Erziehung in der Schule und der Jugendorganisationen Hitlers hatten ihren Einfluß auf mich und viele andere nicht verfehlt. Damit erhielt ich meine erste Prägung.

Ich mußte erst sehr schlimme persönliche Erfahrungen sammeln, bis mir klar wurde, wie schlimm eigentlich dieser Weg war und was Hitler für ein Verbrechen an der Menschheit begangen hat.

Als die Meldung vom Ausbruch des Krieges mit Lautsprecherwagen durch die Straßen Dresdens gefahren wurde, saß ich auf einer Strohfeime und aß geklaute Äpfel. Die Meldung berührte mich nicht im geringsten. Erstens war ich, wie schon erwähnt, ein ganz überzeugter Hitlerjunge, der nach dem Motto „Hart wie Kruppstahl, zäh wie Leder und treu wie Gold“ erzogen wurde, und zweitens hatte ich überhaupt keine Erfahrung oder Vorstellung, was Krieg eigentlich bedeutet.

Ich war das dritte Kind meiner Eltern Walther und Johanne Hanitzsch. Vater, ein gelernter Dreher, arbeitete als Handelsvertreter für Büroartikel bei der Fa. Hans Neuhaus in Hamburg. Mutter arbeitete als Lampenschirmnäherin zu Hause. Wir lebten in bescheidenen, aber glücklichen Verhältnissen in Dresden-Altstadt 27 (Plauen), auf der Planetastraße 9, in der dritten Etage.

Meine Eltern waren Mitglied des Naturheilvereins Dresden und hatten dadurch verbilligte Jahreskarten für das Luftbad Dölzschen, welches zum Naturheilverein gehörte. Dort besaßen wir eine kleine Umkleidekabine, etwa in der Größe 1,2 x 1,2 m. In diesem kleinen Raum bewahrte Mutter einen Petroleumkocher und diverses Küchengeschirr auf. Den ganzen Sommer über spielte sich unser Leben am Tage überwiegend im Luftbad ab. Von der Schule weg ging ich direkt dahin. Mutter hatte auf ihrem kleinen Kocher schon ein lekkeres Essen vorbereitet. Ich fühlte mich behütet und war sehr glücklich.

In den Wintermonaten verbrachte ich den überwiegenden Teil meiner freien Zeit auf Skiern im Bienertpark, welcher sich unmittelbar hinter unserem Haus befand.

Für diese sorglose Kindheit bin ich meinen Eltern mein ganzes Leben lang unendlich dankbar.

Animiert durch meinen gleichaltrigen Vetter Günter Baumgart, erlernte ich für die Hausmusik das Spiel der Konzertzither.

Mein Taschengeld, welches 10 bis 20 Pfennige pro Monat betrug, sowie kleine Entgelte für Dienstleistungen sparte ich fleißig auf, um mir von Zeit zu Zeit in dem Zauberladen „Manfredo" auf der Frauenstraße in der Nähe vom Altmarkt Dresden einen kleinen Zaubertrick zu kaufen. Es faszinierte mich, mit Gegenständen zu hantieren, welche der Zuschauer nicht sah, bzw. Gegenstände verschwinden und erscheinen zu lassen.

Es dauerte nicht lange und die ersten Folgen des Krieges wurden spürbar. Einzelne Rationierungen wurden vorgenommen, Lebensmittelmarken wurden eingeführt. 1941 wurde mein Vater im Alter von 40 Jahren eingezogen. Ein Jahr später, im Alter von 21 Jahren, mein Bruder Walter. Damit kamen die ersten Sorgen wegen des Krieges in unser Haus.

In unserer Schule wurden evakuierte Kinder aus Köln und Düsseldorf einquartiert, da dort bereits massive Luftangriffe stattfanden. Während dieser Zeit mußten wir eine andere Schule besuchen.

Da die Krankenhäuser und Kliniken mit Verwundeten ständig überfüllt waren, wurden größere Villen in provisorische Lazarette umfunktioniert. Durch Zufall sah ich eines Tages vor einem solchen Lazarett die Ankunft von mehreren schwerverwundeten Soldaten. Der Anblick der leidenden Soldaten in ihren zerfetzten Uniformen hat mich sehr nachhaltig beeindruckt. Allerdings war ich noch nicht in der Lage, diese Erfahrung richtig einzuordnen und umzusetzen. Vielmehr entwickelte sich in mir ein sinnloser Haß gegen unsere „Feinde".

Mit meinem Vetter beriet ich, wie wir evtuell. helfen könnten. Was könnten wir tun, um die Situation zu entspannen? Mit unseren 12, 13 Jahren hatten wir nicht sehr viele Möglichkeiten. Schließlich entschlossen wir uns, unsere Helden, die verwundeten Soldaten, mit unseren bescheidenen Künsten zu unterhalten, um sie etwas aufzuheitern. So meldeten wir uns eines Tages einfach in dem Interimslazarett auf der Bernhardstraße in Dresden-Plauen und baten darum, vor den Verwundeten auftreten zu dürfen. Man bewilligte uns das sehr gern und sofort. Wir stellten uns ein kleines Programm zur Unterhaltung der Soldaten zusammen. Gemeinsam trugen wir ein kleines Zitherkonzert vor, und zwischendurch zeigte ich ein paar kleine Zaubertricks. Unser Vortrag wurde mit großer Begeisterung aufgenommen und mußte des öfteren wiederholt werden. Wir waren sehr stolz, einen kleinen, wenn auch sehr geringen Beitrag zur Stärkung unserer Soldaten erbringen zu können.

Nach meiner Konfirmation im April 1943 mußte ich Dresden vorübergehend verlassen. Ich war im Landdienst der HJ und lag in Miltitz-Roitzschen, in der Nähe von Meißen. Man wollte mich zu einem Wehrbauern ausbilden und in den eroberten Gebieten im Osten ansiedeln.

Damit war unsere Aktion „Verwundetenbetreuung" zu Ende.

Meine Jugendzeit

Gegen Ende 1943 gelang es mir aus gesundheitlichen Gründen, aus dem Landdienst der HJ herauszukommen. So konnte ich Anfang 1944 doch noch meine Lehre als Elektroinstallateur beginnen. In diesem Jahr fanden bereits mehrere kleinere Luftangriffe auf Dresden statt, bei welchen ich bei einigen Rettungs- und Aufräumaktionen mit eingesetzt wurde. Nebenher wurde ich in mehreren sogenannten Wehrertüchtigungslagern für den Einsatz an der Front als Panzerjäger ausgebildet. Diese Ausbildung war hart und gnadenlos. Die Schikanen, welchen wir dort ausgesetzt waren, wie z.B. das Reinigen der Toiletten mit der Zahnbürste, waren schier unerträglich.

Am 7. Februar 1945 wurde ich 16 Jahre alt. Mein Leben war inzwischen schon sehr viel ernster geworden. Vor allem machte ich mir Sorgen um meinen Vater und meinen Bruder. Mein Vater (Jahrgang 1901) befand sich irgendwo in Rußland. Mein Bruder Walter (Jahrgang 1921) war im karelischen Urwald in Finnland.

Ich hatte mir ganz fest vorgenommen, sobald ich erwachsen bin, freiwillig zur Wehrmacht zu gehen und meinem Bruder sowie meinem Vater irgendwie zu helfen. Ich wollte mich einfach dorthin schicken lassen, wo sie sich gerade befinden. Für mich sah das alles sehr einfach aus.

Die Entwicklung des Krieges ließ nun bei mir die Befürchtung aufkommen, der Krieg könnte zu Ende gehen, ohne daß ich an der Front gewesen war.

Die elterliche Wohnung befand sich immer noch in Dresden-A 27, Planetastraße 9, III. Etage. Außer meiner Mutter und mir wohnten zu dieser Zeit noch meine Schwester Ursula (Jahrgang 1926) und unser Nesthäkchen, meine am 13. August 1944 geborene Schwester Elke, dort. Elke war der Nachzügler der Familie und das Resultat des letzten Heimaturlaubes unseres Vaters.

Seit 1944 war ich Elektroinstallateurlehrling bei der Fa. Nestler und Co. (Alarm-Nestler) in Dresden A 1, Kreuzstr. 6. Mein Einkommen betrug zu diesem Zeitpunkt 6,50 RM pro Woche.

Mutter konnte wegen des Kindes nur stundenweise arbeiten und brachte es auf die stolze Summe von 160,- RM pro Monat.

Meine Schwester Ursula arbeitete als ausgebildete Kindererzieherin in einem Kindergarten und hatte ein Gehalt von 240,– RM pro Monat.

So mußten wir versuchen, unser Leben zu bestreiten. Viel zu kaufen gab es ohnehin nicht. Alle Lebensmittel sowie Textilien und Schuhe waren streng rationiert. Eine Tagesration Brot für mich bestand aus 150 g, dies sind drei Scheiben. Bei der Lebensmittelzuteilung wurde differenziert nach: Nichtarbeiter, Arbeiter und Schwerstarbeiter.

Für Textilien gab es Punktkarten. Je nach Art des Kleidungsstückes benötigte man eine unterschiedliche Anzahl Punkte. Dies bedeutete, daß man z.B. für einen Mantel mehrere Monate Punkte sammeln mußte. Deshalb sind wir mit unserem Familieneinkommen einigermaßen zurecht gekommen.

1945
Kriegsende

13. Februar 1945 – Luftangriff auf Dresden

Der 13. Februar 1945 war ein Dienstag. Es war Fasching. Hitler hatte schon längst den „Totalen Krieg“ proklamiert, und kein Mensch dachte daran, Fasching zu feiern.

Der Tag begann für mich wie jeder andere. Es war leicht bewölkt und relativ mild.

Im Gegensatz zu anderen Nächten, wo wir mitunter zweimal in den Luftschutzkeller mußten, war die vergangene Nacht sehr ruhig verlaufen. Es gab keinen Fliegeralarm. So fuhr ich ausgeruht und guter Dinge mit der Straßenbahn Linie 22 zum Heizkraftwerk Dresden Mitte, Wettiner Platz. Dort unterhielt mein Ausbildungsbetrieb eine Dauerbaustelle, auf welcher ich größtenteils eingesetzt war. Was ich jedoch noch nicht wußte: An diesem Tag sollte sich mein ganzes Leben einschneidend verändern.

Wie so oft trug ich auch an diesem Tag die Uniform der Hitlerjugend, da ich ursprünglich die Absicht hatte, nach der Arbeit reiten zu gehen. Ich war Mitglied der Reiter-HJ und verbrachte viele Abende sowie als Stallwache auch Nächte in dem Reitstall, welcher in einem der drei Lingner-Schlösser auf der Bautzener Landstraße in Dresden untergebracht war. Dort mußten wir natürlich grundsätzlich in Uniform erscheinen.

In der Hitlerjugend gab es mehrere Gattungen. Da war außer der Reiter-HJ, in welcher ich Mitglied war, noch die Flieger-HJ, die Motor-HJ und die Marine-HJ. Jeder konnte sich, seinen Neigungen entsprechend, eine Gattung aussuchen. Selbstverständlich war dies alles als vormilitärische Ausbildung angelegt, aber das interessierte keinen von uns.

Unser Baubüro im Heizkraftwerk befand sich in einem Kellerraum. In diesem Kellergang hatten auch russische Kriegsgefangene einen Aufenthaltsraum, in welchem sie sich zu den Pausen aufhielten, wenn sie im Werk zum Arbeitseinsatz waren. Während ihrer Pausen bastelten sie dort Kinderspielzeug aus Holz und verkauften es an die Arbeiter für Zigaretten und Brot. Sie bewegten sich innerhalb des Werkes vollkommen frei ohne Bewachung.

An diesem Morgen begegnete mir in diesem Kellergang eine kleine Gruppe Kriegsgefangener. Ich war noch nicht in Arbeitskleidung und trug noch die HJ-Uniform. Einer der Gefangenen hatte eine selbstgebastelte bewegliche Spielzeugente bei sich und wollte sie mir verkaufen. Ich hatte jedoch keinen Bedarf und lehnte deshalb ab. Nach diesem Gespräch zeigte er auf meine Armbinde mit dem Hakenkreuz und sagte: „Du Hitler? Hitler nicht gut, Hitler kaputt, Deutschland kaputt, bald." Mit den Worten: „Bist du verrückt?" bin ich davongerannt und war froh, daß uns niemand gehört hatte. Mir war natürlich klar, daß er für diese Worte sehr hart bestraft worden wäre. Da ich in meinem Inneren, trotz der gegenteiligen Entwicklung, immer noch sehr siegessicher war, trafen mich diese Worte wie ein Hammer.

Den ganzen Tag mußte ich daran denken. Nun war ich noch dazu mit Arbeiten der Schadenbeseitigung eines kleineren vorangegangenen Bombenangriffes beschäftigt, was meine Stimmung keinesfalls verbesserte.

So faßte ich den Entschluß, unbedingt etwas für mein Vaterland zu tun. Irgendwie wollte ich helfen. Deshalb gab ich meinen ursprünglichen Plan, reiten zu gehen, auf und begab mich unmittelbar nach Arbeitsschluß zur Hauptdienststelle des DRK Dresden auf der Tiergartenstraße. Dort bot ich meinen Dienst als ehrenamtlicher DRK-Helfer für die Nacht vom 13. zum 14. Februar 1945 auf dem Hauptbahnhof Dresden an. Ich wußte, daß dort immer Helfer benötigt wurden. Zu diesem Zeitpunkt kamen täglich mehrere Flüchtlingszüge aus dem Osten an, um Stunden oder auch Tage später Dresden wieder zu verlassen. In den Zügen befanden sich Tausende von Menschen, welche vor den heranrückenden Russen auf der Flucht waren. Teilweise waren sie schon wochenlang unterwegs und befanden sich in einem erbarmungswürdigen Zustand. Diesen Menschen wollte ich also in dieser Nacht helfen. Am Tage waren mir derartige Dinge nicht möglich, denn da mußte ich ja arbeiten.

So erhielt ich denn an diesem Nachmittag eine DRK-Armbinde und einen Einsatzbefehl, welchen ich bei der DRK-Dienststelle Hauptbahnhof abzugeben hatte. Eine Vergütung gab es für einen solchen freiwilligen Einsatz natürlich nicht. Ich konnte nicht ahnen, was in dieser Nacht geschehen würde.

In unserem Haus wohnte die Familie Georg Klengel, welche eine kleine Reparaturwerkstatt für Büromaschinen betrieb. Deshalb war in deren Wohnung ein Telefon vorhanden. Über dieses Telefon informierte ich meine Mutter, daß ich in dieser Nacht nicht nach Hause käme und was ich vorhatte. Verständlicherweise machte sich meine Mutter große Sorgen. Aber ich konnte sie mit dem Hinweis auf Gottes Schutz am Ende doch noch beruhigen.

Mit Stolz über den Einfall zur guten Tat meldete ich mich nun umgehend in der Dienststelle des DRK im Hauptbahnhof Dresden. Ich wurde sofort als Helfer einer DRK-Schwester zugeteilt.

Wir hatten die Aufgabe, schwerpunktmäßig auf verschiedenen Bahnsteigen die Flüchtlinge mit Speisen und Getränken, sowie mit kleinen medizinischen Hilfeleistungen zu versorgen.

Gegen 21.30 Uhr heulten die Sirenen. Es war wieder einmal Fliegeralarm. In den vergangenen Jahren hatte ich schon so viele Stunden bei Fliegeralarm nachts im Keller verbracht, daß ich mich schon daran gewöhnt hatte und gar nicht mehr ängstlich war. Allerdings, diese Nacht sollte mich das Fürchten lehren.

In aller Eile begaben wir uns in den am nächsten stehenden Zug und suchten als erstes die behinderten Menschen, um ihnen in den Luftschutzkeller zu helfen. Unsere Hilfestellung wurde verständlicherweise sehr stark erschwert durch die anderen Leute, die ja alle versuchten, so schnell wie möglich in den Keller zu kommen, und deshalb fast panikartig zu den Türen drängten. Alles schrie angsterfüllt durcheinander in dem Bestreben, seine nächsten Angehörigen entweder nicht zu verlieren oder wiederzufinden. Es war noch nichts geschehen, aber es herrschte bereits ein entsetzliches Chaos.

In der Mitte des Waggons saß ein etwa 10jähriges Mädchen. Sie weinte und rief: „Kann mir denn niemand helfen?“ „Was ist mit dir?“ fragte ich. Unter Tränen sagte sie mir, daß sie gelähmt sei und nicht laufen könne. Ich nahm sie sofort in meine Arme und trug sie in den Keller. Währenddessen fielen in nächster Nähe die ersten Bomben. Es pfiff, heulte, knallte und splitterte entsetzlich.

Als sich der Bombenhagel verschlimmerte, mußten wir dann selbst im Keller bleiben. Während dieses ersten Angriffs hatten wir sehr viel zu tun, um die Menschen im Keller zu versorgen und zu beruhigen. Obwohl das starke Kellergewölbe ein Gefühl der Sicherheit ausstrahlte, hatten die meisten Menschen eine wahnsinnige Angst. Sie hatten ja zum Teil noch nie einen Luftangriff erlebt.

Nach etwa 60 Minuten war die erste Angriffswelle vorüber, und es trat Ruhe ein. Von weitem hörte man auch ein paar Sirenen mit Entwarnung, aber sehr viele waren wohl nicht mehr in Betrieb.

Wir verließen sofort den Keller, um den Menschen auf den Bahnsteigen, welche den Zug nicht mehr verlassen konnten, zu helfen. Die Alten und Behinderten sollten zunächst im Keller bleiben.

Als wir auf den Bahnsteig kamen, bot sich uns ein Bild des Schreckens. Alles war übersät mit schweren Glasscherben vom Bahnhofsdach sowie mit Stahlteilen und Trümmern aller Art. Dazwischen lagen tote und verwundete schreiende Menschen. Zum Teil mit schwersten Verwundungen wie abgerissene Gliedmaßen, abgerissene Genitalien und aufgeschlitzte Bäuche, wo die Gedärme heraushingen. Es war ein Bild des Grauens. So etwas hatte ich noch nie zuvor gesehen. Wir sind durch ein wahres Meer von Blut über die Scherben und Trümmer gestolpert und wußten vor Schreck nicht, was wir zuerst machen sollten. Wir versuchten dort, wo es noch möglich war, erste Hilfe zu leisten und vor allem die Schwerstverletzten auf Tragen in die Dienststelle des DRK zu transportieren. Dafür waren natürlich die Räumlichkeiten gar nicht eingerichtet. Wir mußten die Verwundeten von den Tragen herunternehmen und auf Decken auf den Fußboden legen.

Es dauerte auch gar nicht lange und der vorhandene Platz war total belegt. Nun mußten wir vor der Diensstelle in der Bahnhofshalle etwas Platz schaffen und die Verwundeten dort ablegen. Inzwischen waren schon die ersten verstorben, aber niemand konnte sich um sie kümmern. Die Verwundeten schrien entsetzlich.

In der Zwischenzeit waren schon längst mehrere Krankenwagen und Notärzte dringend angefordert worden. Aber nichts geschah. Da mir ohnehin speiübel war und ich etwas frische Luft brauchte, ging ich vor den Bahnhof, um nach den längst überfälligen Krankenwagen Ausschau zu halten. Dieser Gang vor den Bahnhof bewahrte mich vor dem sicheren Tod, wie wir etwas später hören werden.

Als ich ins Freie kam, stockte mir das Blut in den Adern. Die Prager Straße, die Geschäftsmetropole Dresdens, stand in Flammen. Trümmer auf den Straßen. Menschen liefen schreiend und gestikulierend durcheinander. Ich war wie benommen. Mir war sofort klar, daß an Krankenwagen oder ähnliches überhaupt nicht zu denken war. Überall brannte es, und kein Fahrzeug konnte den Bahnhof erreichen. Aber das Schlimmste war für mich das Schauspiel, welches sich am Himmel bot und mich das Gruseln lehrte. Der Himmel über ganz Dresden war erleuchtet von sogenannten „Christbäumen". Ansammlungen von Magnesiumfackeln, welche an Schirmen oder Ballons am Himmel hängen. Diese „Christbäume" dienen bei einem Luftangriff als Zielmarkierungen für die anfliegenden Bomberverbände. Es war taghell. Mir stockte der Atem. Die Luft roch, als würden tausend Wunderkerzen brennen.

Während ich noch herauszufinden versuchte, ob dies wohl die Markierungen für den vergangenen Angriff waren oder für einen neuen, rannten plötzlich alle Leute schreiend und schutzsuchend durcheinander. Einige Polizisten stürmten mit Handsirenen durch die Straßen und alles schrie: „Fliegeralarm!"

Seit dem ersten Alarm mögen etwa drei Stunden vergangen sein.

So schnell mich meine Beine trugen rannte ich durch die Bahnhofshalle und versuchte zunächst die DRK-Dienststelle zu erreichen. Als ich dort ankam, fielen schon die ersten Bomben. Also sofort kehrt! Richtung Luftschutzkeller! Schon von weitem sah ich eine Riesenmenschenmenge, welche sich vor dem Kellereingang staute. Sie versuchten alle in Panik dort Schutz zu finden. Sie schrien und quetschten sich fast zu Tode. Dazwischen das ohrenbetäubende Pfeifen und Detonieren der ersten Bomben. Mir war sofort klar, daß es vollkommen sinnlos war, zu versuchen in den Keller zu kommen, zumal der Bombenhagel an Intensität zunahm. Intuitiv rannte ich, so schnell ich konnte, durch den nächstgelegenen Ausgang aus dem Bahnhof. Ich dachte: „Nur raus hier" und überquerte die Bayrische Straße, um in das unmittelbar gegenüberliegende Hotel „Bayrischer Hof" zu gelangen. Es war das nächstgelegene Gebäude, wo ich Schutz suchen konnte. Ich rannte um mein Leben. Die Luft war erfüllt vom Dröhnen der Flugzeugmotoren, von dem Pfeifen und Detonieren der Bomben sowie dem Pfeifen der umherfliegenden Splitter. Es war die Hölle.

Wie durch ein Wunder erreichte ich unverletzt das Hotel und stürmte sofort in den Keller. Die Wege zu und von den Schutzräumen waren überall gekennzeichnet.

Die Luftschutzräume in diesem Hotel waren bereits überfüllt, als ich hinkam. Ich fand gerade noch Platz in einem Durchgang zwischen zwei getrennten Räumen. Dicht gedrängt mit einem Paar, welches sich unentwegt küßte. Heute kann ich das verstehen. Damals fand ich das dumm und äußerst unangebracht. Ich stand direkt unter dem Durchgangsbogen und lehnte mit dem Rücken an der Stirnseite der Trennwand der beiden Räume. In diesen saßen die Menschen eng zusammengedrängt auf Bänken und Stühlen.

Der Raum zu meiner Rechten war etwa 4 m x 8 m groß. An seiner Stirnseite befand sich ein Notausstieg. Dieser war mit einer Stahlschotte verschlossen und hatte eine Größe von etwa 1,2 x 1,2 m. Dieser Ausstieg befand sich in der oberen Hälfte der Wand und war über eine davor stehende Stiege erreichbar.

Nach ca. 20 Minuten Bombenhagel brach die Stromversorgung zusammen, das Licht verlosch. Einige Not- und Taschenlampen leuchteten auf. Angst und Entsetzen stand auf allen Gesichtern. Die Intensität des Bombenhagels nahm ständig zu. Ich gewann den Eindruck, daß jetzt die Welt untergeht.

Mit ohrenbetäubendem Lärm gingen plötzlich Luftminen auf den Bahnhof nieder. Die Druckwellen waren auch bei uns noch sehr stark. O mein Gott, dachte ich bei mir, laß diesen Kelch an mir vorüber gehen. Ich wußte von meiner Ausbildung her, daß es dort, wo eine Luftmine niedergeht, keine Rettung gibt. Der entstehende Druck ist so stark, daß den Menschen die Lungen platzen.

Vom Treppenaufgang her kam die Meldung, daß das Gebäude über uns vermutlich zerstört sei. Der Eingang sei verschüttet, dort gab es kein Entkommen mehr. Einige Leute drängten darauf, sofort über die Notausstiege den Keller zu verlassen, bevor er einstürze. Andere wiederum hielten sich zurück, denn im Keller sei es z. Zt. immer noch sicherer als draußen im Bombenhagel. Ich war mir nicht im klaren, was besser war. Hatte aber fürchterliche Angst, in diesem Keller verschüttet und damit lebendig begraben zu werden.

Die Entscheidung sollte uns sehr schnell abgenommen werden. Plötzlich gab es eine wahnsinnige Detonation, welche alles bis dahin Erlebte übertraf. Im gleichen Moment wurde die Stahlschotte des Notausstieges zu meiner Rechten aus den Angeln gerissen und flog, total deformiert, wie ein Geschoß durch den Schutzraum. Die Wucht war so stark, daß sich diese Stahltüre in die 8 m entfernte gegenüberliegende Wand bohrte. Die Druckwelle der Detonation hatte alle stehenden Leute umgeworfen. Ich lag auf dem Boden und andere Leute auf mir. Plötzlich ertönte ein Schrei: „Phosphor". Phosphor ist eine Flüssigkeit, welche sofort brennt, wenn sie mit Sauerstoff in Berührung kommt. Sie fließt also brennend und entzündet alles, was ihr in den Weg kommt. Es ist sehr schwierig, Phosphor zu löschen. Gießt man Wasser darauf, brennt er um so schlimmer. Man kann ihn also nur mit Sand abdecken und ersticken.

Wer noch konnte, sprang auf. So auch ich. Im Keller bot sich mir ein Bild des Grauens. Mich packte das kalte Entsetzen. Selbst in meinen übelsten Alpträumen und Phantasien wurde ich noch nie mit ähnlichen Bildern konfrontiert. Die durch den Raum fliegende Stahltüre hatte auf ihrer Bahn den dort sitzenden Leuten den Kopf abgerissen. Diese entsetzliche Szene wurde beleuchtet von einigen Notlampen und von dem brennenden Phosphor, welches durch die Ausstiegsöffnung in den Keller strömte.

Der Schock lähmte in mir jeden klaren Gedanken. Was jetzt kam, waren Reflexe der Selbsterhaltung, welche ohne jede Überlegung abliefen.

Ich sprang durch die blutenden Menschen bzw. Menschenteile und drückte mich seitlich von dem brennenden Phosphorfluß durch den Notausstieg ins Freie. Dies gelang mir, ohne mit dem Phosphor in Kontakt zu kommen.

Ich erreichte den Hof des ehemaligen Hotels, welcher mit Trümmern verschüttet war. Ringsum brannte alles! Die Hitze versengte mir Kleidung und Haare.

Der einzige Weg zur Straße führte durch einen ca. 6 m langen Torweg, welcher zu dieser Zeit noch stand, aber allseitig brannte. Durch diesen brennenden Torweg rannte ich um mein Leben. Auf der Straße brannte der Asphalt! Der gesamte Hauptbahnhof beziehungsweise was davon noch übrig war stand in hellen Flammen. Ich wendete mich nach rechts, um den Bayrischen Platz zu erreichen.

Nach wenigen Metern kam mir ein Mann entgegen, drückte mir ein schreiendes Kind im Alter von etwa zwei Jahren in den Arm und rannte weiter. Mir blieb keine Zeit zum Nachdenken und Reagieren, ich stürmte mit dem Kind im Arm weiter. Nach etwa 50 m kam mir eine Frau entgegen, welcher ich ebenso das Kind im fliegenden Wechsel in den Arm drückte und weiterstürmte.

Der Bayrische Platz befindet sich unmittelbar neben dem Südteil des Hauptbahnhofes und existiert heute noch. Es ist ein ca 150 x 150 m großer freier Platz mit Wiesen und ein paar Wegen. Instinktiv rannte ich zu diesem Platz, um aus dem tobenden Flammenmeer herauszukommen. Es war die einzige Rettungsmöglichkeit.

Der Bombenhagel ließ nach, die Bomberverbände drehten ab. Nur hin und wieder detonierte ein Spätzünder.

Rings um den Platz war haushohes Feuer. Die Hitze war so groß, daß man es nur in der Mitte des Platzes einigermaßen aushalten konnte. Wir waren etwa 16 Personen, welche sich dorthin retten konnten.

Durch die enorme Hitze der riesigen Brände wurde ein entsetzlicher Feuersturm ausgelöst. Dieser verursachte nicht nur einen wahnsinnigen Funkenflug, sondern trieb faustgroße glühende Stücken wie Geschosse durch die Luft. Wir legten uns flach auf den Boden, um von möglichst wenigen dieser glühenden „Geschosse" getroffen zu werden. Außerdem war so die Hitze am ehesten zu ertragen. Jeder mußte auf seinen Nachbarn achtgeben. Sobald einer getroffen wurde, fing er an zu brennen. Sofort hat sich ein anderer auf ihn geworfen, um mit seinem Körper die Flammen zu ersticken.

Zeitweise lagen mehrere Personen übereinder, um sich gegenseitig zu schützen. Nur so konnten wir überleben.

Ich weiß nicht mehr, wieviel Stunden wir so gegen den Funkenflug kämpften. In einer solchen Situation geht jedes Gefühl für Zeit verloren, da man jede Sekunde mit äußerster Konzentration um das Überleben kämpft. Man spürt weder Schmerz noch Hunger. Alles läuft ab wie in einem üblen Traum.

Etwa zwischen 4 und 5 Uhr morgens setzte ein leichter Nieselregen ein, welcher uns etwas Erleichterung brachte.

Als es endlich hell wurde, bot sich uns ein unvorstellbares Chaos. Rings um uns herum, soweit wir sehen konnten, eine unendliche rauchende und brennende Trümmerwüste. Die Straßen waren meterhoch zugeschüttet und nur noch an einigen einzelnen, noch stehenden Fassaden zu erkennen.

Keiner von uns wußte so recht, wohin er sich nun wenden sollte. Jeder hatte nur wahnsinnige Angst um sein Zuhause und seine Angehörigen. Ich sagte zu meinem Nachbarn: „Auf alle Fälle muß ich erst noch in den Bahnhof, um nach meiner Dienststelle zu sehen und mich abzumelden."

„Komm zu dir, Junge", antwortete er, „schau zum Bahnhof, glaubst du wirklich, daß dort noch jemand lebt? Sei froh, daß du dort überhaupt noch rausgekommen bist. Versuch dein Zuhause zu erreichen." Nach diesen Worten wurde mir erst bewußt, daß dort wirklich keiner mehr am Leben sein konnte und daß nur der Umstand meines Verlassens des Bahnhofes vor dem Angriff mir das Leben gerettet hat.

So entschloß ich mich, in Richtung Süden über die Trümmerberge zu klettern. In dieser Richtung lag Dresden-Plauen.

Etwa nach 15 Minuten sah ich 50 m vor mir eine Gruppe von vielleicht 12–15 Personen, welche ebenfalls in meiner Richtung über die Trümmer kletterten. Plötzlich sah ich, wie sich eine neben der Gruppe hochragende Fassade eines vierstöckigen Hauses neigte. Mir blieb fast das Herz stehen. Ich habe wahnsinnig geschrien und mich, wie im Reflex, automatisch hinter einen Mauerbrocken in Deckung geworfen. Mein Schrei ging in dem Getöse, mit welchem die Wand herniederprasselte, unter. Die gesamte Gruppe wurde darunter begraben.

Als sich der Staub verzogen hatte, war nichts mehr zu sehen. Mir zitterten die Knie und ich brauchte eine geraume Zeit, bis ich in der Lage war, weiterzugehen.

Von da an habe ich genau alle Mauerreste vor mir beobachtet und versucht, größeren Fassaden auszuweichen. Es war gut, daß ich so vorsichtig war. Ich habe auf meinem Weg noch sechs Einstürze erlebt. Dies hatte natürlich zur Folge, daß ich kreuz und quer klettern mußte, um nicht erschlagen zu werden. So benötigte ich für einen Weg, welchen ich im Normalfall in 30 Minuten zurückgelegt hätte, etwa 6 Stunden. Auch hatte ich zeitweise die Orientierung verloren und wußte nicht, in welcher Richtung ich weiterklettern sollte. Die Luft war geschwängert mit beißendem Brandgeruch und Staub. Die Augen brannten mir wie Feuer und das Atmen fiel mir sehr schwer.

Endlich, gegen Mittag, erreichte ich Dresden-Plauen. Auf der Altplauen, eine Straße in der Nähe unserer Wohnung, kam mir meine Schwester Ursula entgegen. Sie hat mich nicht erkannt und lief an mir vorüber. Erst als ich sie ansprach, erkannte sie mich. Dies war auch nicht verwunderlich. Meine Kleidung war total zerrissen und versengt, die Haut rußgeschwärzt und zerschunden. Haare, Wimpern und Augenbrauen verbrannt. Die Augen waren rot unterlaufen und verquollen. So bot ich ein Bild wie von einem, der direkt aus der Hölle kam. Aber die Freude, daß wir noch alle am Leben waren, überdeckte alles andere.

Unser Haus stand zum Glück noch. Es hatte natürlich auch allerhand abbekommen. Die Fenster zertrümmert, das Dach abgedeckt und Brandschäden durch Stabbrandbomben im Dachstuhl.

Jedoch war dies alles reparabel.

Viele Menschen hatten sich während des Luftangriffes an die Elbwiesen gerettet. Dort sind sie am nächsten Tag von Tieffliegern wie die Hasen gejagt und abgeschossen worden. Ich konnte es nicht fassen. Das hatte nichts mehr mit Krieg zu tun. Das war ein Abschlachten unschuldiger Menschen. In mir entwickelte sich ein tiefes Haßgefühl und ich schwor mir, diese Menschen zu rächen.

Aus dem Hauptbahnhof und seinen Kellern ist niemand lebend herausgekommen. Die Toten, welche man in den nächsten Tagen aus dem Keller geholt hat, waren unversehrt. Sie hatten alle eine dunkelblaue Hautfarbe und ein Blutrinnsal am Mund. Ein Zeichen für die geplatzten Lungen durch die Luftminen.

Es wurden einige tausend solcher Leichen aus dem Bahnhof geholt und neben demselben auf der Bayrischen Straße auf einer Länge von etwa 200 m, einer Breite von 6 m und einer Höhe von etwa 4 m aufgeschichtet.

Tausende Tode lagen auf Dresdens Straßen herum. Die Luft war erfüllt von dem Gestank verwesender Leichen.

In der Folgezeit wurden dann mehrere tausend Leichen auf dem Altmarkt in Dresden von Spezialeinheiten mit Flammenwerfern verbrannt. Parallel dazu wurden einige tausend Tote auf dem Heide-Friedhof in Dresden in Massengräbern beigesetzt. Dies war die einzige Möglichkeit, um die akute Seuchengefahr zu beseitigen.

Aufgrund der vielen Flüchtlinge, welche sich zu diesem Zeitpunkt in Dresden befanden, war es bis zum heutigen Tag nicht möglich, die genaue Zahl der Todesopfer zu ermitteln. Die Schätzungen liegen bei etwa 60 000.

Die letzten Monate des Krieges an der Front

Wenige Tage nach dem Untergang der Stadt Dresden erhielt ich eine Einberufung in ein Wehrertüchtigungslager nach Altenberg im Erzgebirge. Normalerweise ist es überhaupt kein Problem, nach Altenberg zu fahren. Es sind ja auch nur 40 km. Aber zu dieser Zeit war eine solche Reise ein Abenteuer.

Von der Brauerei „Zum Felsenkeller" am Stadtrand von Dresden pendelte ein einzelner Straßenbahnwagen nach Freital-Hainsberg und zurück. Die Fahrgäste wurden in diesen Tagen kostenlos befördert. Es waren ohnehin zumeist Ausgebombte, die nur noch ihr Leben gerettet hatten. Viele Freitaler Bürger standen an der Straße und verteilten kostenlos etwas Brot und Wasser an die landwärts ziehenden Menschen. So manche Familie fand dabei eine vorläufige Bleibe. Zwischen Freital-Hainsberg und Dippoldiswalde pendelte alle zwei bis drei Stunden ein normaler offener LKW. Auch dort wurden die Leute kostenlos befördert. Manchmal kam es dabei zu recht heiklen Momenten. Auch ich hatte mich auf meinem Weg nach Altenberg auf solch eine Ladefläche gesetzt. Eine ältere Frau kam mit einem kleinen Leiterwagen daher, welcher mit einigen geretteten Habseligkeiten bepackt war. Sie bat den Fahrer um Mitnahme nach Oelsa. Er willigte ein, half der Frau auf die Ladefläche und band den Wagen mit der Deichsel an seine Anhängerkupplung. Dann ging die Reise los. Die Sonne schien von einem strahlend blauen Himmel, als könnte es gar keinen Krieg geben. Der Berg von Hainsberg nach Rabenau steigt ziemlich steil an, deshalb mußte der LKW sehr langsam fahren. Da ging noch alles gut. Aber als wir die Gerade auf der Höhe erreichten und er die Geschwindigkeit erhöhte, begann das Wägelchen zu schleudern, daß man meinte, es müßte jeden Moment umkippen. Entweder hatte der Fahrer vergessen, daß er ein kleines Wägelchen als Anhänger im Schlepp hatte, oder er hat die Reaktion desselben unterschätzt. Das Schleudern verstärkte sich mit jedem Meter, den wir fuhren. Die Frau jammerte und weinte um ihre letzte Habe. Sie sagte mir, da seien Gläser mit Eingewecktem drin. Dies sei das einzige, was sie zu essen hätte. Sie tat mir unendlich leid und ich mußte ihr unter allen Umständen helfen. Deshalb stieg ich während der Fahrt nach hinten über die Bordwand, um das Wägelchen irgendwie zu stabilisieren. Mit dem linken Fuß stellte ich mich auf die Anhängerkupplung und mit dem rechten Fuß stemmte ich mich gegen das Wägelchen. So konnte ich den Wagen einigermaßen in der Spur halten. Wir erreichten unbeschadet Oelsa. Die Frau war mir unsagbar dankbar und hat mich zum Abschied sehr herzlich gedrückt.

In Oelsa, auf der Alten Straße 4, wohnte die Schwester meiner Mutter, also meine Tante, Erna Schneider mit ihrem Mann, dem Holzbildhauer Herbert Schneider. Dort machte ich auf meiner 40 km langen Reise erst einmal Zwischenstation. Auch meine Mutter hat mit meiner kleinen Schwester Elke nach der Zerstörung Dresdens einige Monate dort gewohnt.

Nachdem ich mich gestärkt und ausgeruht hatte, setzte ich meine Reise nach Altenberg per pedes und per Anhalter fort. Zu meinem größten Entsetzen traf ich Altenberg in einem ähnlichen Zustand wie Dresden an. Kurz vor meinem Eintreffen hat dort ein Luftangriff stattgefunden. Mehrere Teile der Stadt standen lichterloh in Flammen. Überall auf den Straßen lagen verstümmelte und verkohlte Leichen. Es war ein entsetzlicher Anblick. Trauer und eine unbändige Wut schnürten mir die Kehle zu. Ich war fassungslos und empfand eine hilflose Ohnmacht. So begab ich mich sofort zum Lager. In diesem Lager war ich schon in der Vergangenheit mehrere Male zur Ausbildung, zur sogenannten „Wehrertüchtigung“. Es bestand aus mehreren Baracken, welche in Gruppen um einen Appellplatz angeordnet waren.

Als ich mich dort meldete, hatte ich den Eindruck, daß irgend etwas nicht stimmte. Alles war anders als sonst. Die Führerschaft schien aufgeregt zu sein, und es fand eine geheime Beratung nach der anderen statt. Man nahm keine Notiz von den Neuankömmlingen. Wir wurden nicht angeschnauzt und nicht anderweitig schikaniert. Es wurde überhaupt kein richtiger Dienst durchgeführt. Das war recht seltsam und absolut ungewöhnlich.

Am dritten Tag beobachteten wir eine hektische Betriebsamkeit in der Führerbaracke. Dann sahen wir dicken Rauch aus dem Schornstein des Sekretariats aufsteigen. Die ganze Nacht war dieser Rauch zu sehen, der wegen des niedrigen Schornsteins von den Flammen der Feuerstelle glutrot leuchtete. Die ersten Informationen sickerten hinter der vorgehaltenen Hand durch und gingen schlagartig durch das ganze Lager: Das Lager wird aufgelöst, alle Papiere und Unterlagen werden verbrannt. Die Stimmung war sehr zwiespältig. Einerseits freuten wir uns, daß keine „Wehrertüchtigung" stattfand und wir evtl. wieder nach Hause konnten, aber andererseits hatte diese Auflösung etwas Unheimliches und Furchterregendes an sich.

Am nächsten Morgen mußten wir alle auf dem Appellplatz antreten. Der Lagerleiter erschien mit großem Gefolge. Nach einer markigen Ansprache über den totalen Krieg, den Haß gegen unsere Feinde und unseren sicheren Sieg eröffnete er uns, daß wir sofort mit Waffen und Handgranaten ausgerüstet werden und uns in Richtung Front in Marsch zu setzen hätten. Vorher müßte sich jeder bei seinem zuständigen Wehrkreiskommando in seinem Heimatort melden, um einen Marschbefehl zu erhalten. Unser Einsatz an der Front sei erforderlich, da der Feind schon tief in unser Vaterland eingedrungen sei.

Mein Tatendrang war ungeheuer groß und ich freute mich, daß ich endlich gebraucht wurde, um die bösen Feinde zu verjagen. Die Verblendung und staatliche Erziehung hatten bei mir ihr Ziel erreicht. Ich war nicht in der Lage, die Wirklichkeit real einzuschätzen.

Mit stolzgeschwellter Brust und bewaffnet bis an die Zähne, zogen wir ab.

In Dresden angekommen, marschierte ich sofort ohne Aufenthalt zum Wehrkreiskommando. Als ich mit einer zackigen Meldung, wie es von uns verlangt wurde, das Büro betrat, traute ich meinen Augen nicht. Da saß hinter dem Schreibtisch, in Wehrmachtsuniform, mein Onkel Paul, der Bruder meiner Mutter. Paul Baumgart, der spätere Inhaber der Fa. Bürobedarf Baumgart, Dresden.

Er hat mich angeschaut wie ein Gespenst. Dieses entgeisterte Gesicht werde ich nie vergessen.

Er informierte sofort seinen Vorgesetzten, wer ich sei und daß ich für einen Fronteinsatz viel zu jung wäre. Er hat sich trotz meiner Proteste die allergrößte Mühe gegeben, meinen Einsatz zu verhindern.

Es wäre besser gewesen, er hätte sein Ziel erreicht. Aber dies wollte mir zu diesem Zeitpunkt natürlich nicht in den Kopf.

Da nun die Situation an der Front so war, daß jede auch nur halbwegs wehrfähige Person bedingungslos gebraucht wurde, erhielt ich schließlich doch einen Marschbefehl.

Aufgrund meiner Spezialausbildung als Panzerjäger erhielt ich den Befehl, mich nach Meißen in Marsch zu setzen und mich dort in der Hindenburg-Kaserne für Panzergrenadiere bei Ritterkreuzträger Hauptmann Grünewald zu melden.

Also versuchte ich in einem Vorortbahnhof von Dresden, einen Zug Richtung Meißen zu erklimmen. Ja, zu erklimmen. Reisen war zu dieser Zeit nicht einfach. Alle Züge waren hoffnungslos überfüllt. Es gab keinerlei Verbote oder Einschränkungen. Man „reiste", wo man Platz fand. Auf den Dächern der Waggons, auf den Trittbrettern (die es damals noch gab) oder zwischen den Wagen auf den Puffern. Nur mit Mühe fand ich gerade noch einen freien Puffer, auf welchem ich einigermaßen stehen konnte.

Von Dresden nach Meißen beträgt die Entfernung ca. 25 km. Für diese Strecke benötigte der Zug an diesem Tag etwa drei Stunden. Wir mußten einige Male auf freier Strecke halten und hatten einen Tieffliegerangriff. Die Tiefflieger jagten auch einzelne Personen auf der Straße oder auf dem Feld. Die meisten Leute von denen, die aus Angst vom Zug weggelaufen sind, wurden abgeschossen. Ich habe mich unter dem Zug verkrochen und hatte deshalb eine gute Deckung. Erst als der Spuk vorüber war, bin ich wieder auf meinen Puffer geklettert. Obwohl es auch im Zug Tote und Verletzte gab, fuhr der Zug dann weiter, als sei nichts geschehen. Was sollte man auch tun? Erst in Meißen wurden sie versorgt.

Endlich angekommen, meldete ich mich sofort erwartungsvoll in der genannten Kaserne. Es waren nur noch wenige Soldaten dort. Alles, was ganze Beine hatte, war an der Front. Diese war zu diesem Zeitpunkt gar nicht mehr so sehr weit entfernt und rückte immer näher. Ich erhielt meine Stube und wurde eingekleidet. Zunächst war ich ganz zufrieden. Jedoch eine Stunde später dachte ich, mich trifft der Schlag. Ich wurde vom OVD (Offizier vom Dienst) dem Hauptmann Grünewald als Putzer zugeteilt.

Es war niederschmetternd. Ich wollte an die Front und mußte statt dessen dem Herrn Hauptmann die Stiefel putzen.

Aber nach wenigen Tagen hat es dann doch noch geklappt. Es wurde ein Panzerjagdkommando aufgestellt. Dieses bestand aus einem Unteroffizier und drei Mann. Da dort noch ein Mann fehlte, drängelte ich meinen Hauptmann solange, bis er widerwillig seinen gerade erst erhaltenen Putzer wieder abgab. So wurde ich Mitglied dieses Panzerjagdkommandos. Zu meiner großen Freude und Überraschung war einer meiner Kameraden in diesem Kommando mein gleichaltriger Freund Horst Sterzel aus Leipzig. Wir kannten uns aus unserer gemeinsamen Zeit im Landdienst der HJ, und er war genauso verrückt wie ich. Wir haben uns beide wahnsinnig gefreut und uns gegenseitigen Beistand bis in den Tod geschworen.

Dann ging es zunächst an die Vorbereitung unserer Kampfausrüstung. Wir erhielten einen beschlagnahmten PKW Adler Trumpf Junior. Der wurde vollgepackt mit Haftminen, Handgranaten, Waffen und Munition. Am Heck des Fahrzeuges wurden vier Panzerfäuste querliegend befestigt. (Eine Panzerfaust besteht aus einem ca. 1 m langen Rohr mit Zieleinrichtung und einem Sprengkopf. Das Rohr wird auf die eigene Schulter gelegt und der Sprengkopf auf den Panzer geschossen, wo er sich einschweißt und dann explodiert.)

Auf dem Dach unseres Fahrzeuges wurde ein LMG (leichtes Maschinengewehr) montiert.

Unser Kappo (Unteroffizier) hat uns dann eingewiesen und jedem seine Aufgaben zugeteilt. Er eröffnete uns, daß dies ein Himmelfahrtskommando sei und wir uns darüber im klaren sein sollten, daß wir da auf keinen Fall lebend rauskommen würden. Diese Mitteilung hat uns absolut nicht bewegt. Jeder dachte: „Noch ist es nicht soweit."

Ich wurde als MG-Schütze eingeteilt und stand während der Fahrt auf den Panzerfäusten. Wahrscheinlich weil ich der Kleinste und Leichteste war. Angst kannte ich zu diesem Zeitpunkt noch nicht.

Wir hatten einen Sonderbefehl mit Sondervollmachten. Wir durften nach eigenem Ermessen operieren. Jede Einheit bzw. Dienststelle war verpflichtet, uns mit allem, was wir benötigten, zu versorgen. Dadurch gab es für uns keine Versorgungs- und Nachschubprobleme.

Die Rote Armee bewegte sich zu diesem Zeitpunkt im Raum zwischen Elsterwerda und Großenhain. Eine klare Front gab es meistens nicht mehr. Auf den Gedanken, daß es doch vollkommen sinnlos sei, in dieser Situation noch unser Leben einzusetzen, kam niemand von uns.

So verließen wir die Kaserne im wahrsten Sinne des Wortes mit unserem „Straßenkreuzer". Zunächst fuhren wir in Richtung Nordost mit der Absicht, die Lage der gegnerischen Standorte und Truppenstärke zu erkunden. Es war sehr kühl, und der Himmel hing voll dunkler bedrohlicher Wolken. Der Wind blies mir den Straßenstaub sehr unfreundlich ins Gesicht. Es sollte zunächst nur ein Aufklärungseinsatz sein, doch es kam anders.

Etwa bei Schwepnitz, zwischen Ortrand und Kamenz, trafen wir in einem Dorf plötzlich und unerwartet auf eine Gruppe sowjetischer Soldaten. Es schien eine Vorhut oder ein Spähtrupp zu sein. Bei unserem Anblick blieben sie verdutzt stehen. Sie hatten wohl nicht mit uns gerechnet. Diesen Überraschungseffekt nutzten wir aus. Unser Fahrer gab Vollgas und vom Kappo kam der Befehl: „Feuer". Ich schoß in Stößen, ständig nach beiden Seiten wechselnd. Die anderen Kameraden taten das gleiche mit ihren Maschinenpistolen aus den Fenstern heraus. Selbst der Fahrer schoß noch mit einer Hand mit seiner Pistole. Wir sind ohne einen Kratzer durchgekommen. Mich beschlich ein eigenartiges Gefühl. Auf der einen Seite war ich etwas stolz und auch erleichtert über die bestandene „Feuertaufe", aber auf der anderen Seite schnürte mir irgend etwas die Kehle zu. Ich hatte auf Menschen geschossen. Diese Tatsache ist mir viel härter angekommen, als ich vermutet hatte. Ich fing an zu zittern und hatte zu tun, mein Gleichgewicht wiederzufinden.

Aus der Ferne hörten wir das Dröhnen von Panzermotoren. Sicherheitshalber sind wir von der Straße runter und auf Schleichwegen in das nächste Waldgebiet reingefahren. Dort rollten wir unser Fahrzeug in ein Versteck und machten es mit Gestrüpp vollkommen unsichtbar. Anschließend verkrochen wir uns im Dickicht, um auf die Nacht zu warten.

Nach Einbruch der Dunkelheit haben wir uns „präpariert". Gesicht und Hände wurden mit Ruß, welchen wir bei uns führten, geschwärzt. Unsere Feldmützen wurden mit Zweigen bestückt. Wir waren nicht wiederzuerkennen und in der Dunkelheit kaum zu sehen.

Es war inzwischen März geworden.

Mehrere Stunden schlichen wir durch den nächtlichen Wald, um den Standort der dort versteckten Panzer zu erkunden. Immer bedacht, jedes Geräusch und Knacken von Zweigen zu vermeiden. Dieser Erkundungsgang war unbedingt notwendig, denn ohne genaue Kenntnis des Standortes und der Umfeldbedingungen wie Bewachung usw. war es sinnlos, die schweren Haftminen durch die Gegend zu schleppen. Wir wurden fündig.

Ich schätze, daß wir etwa 3 km durch den Wald geschlichen waren, als wir Stimmen hörten. Nun robbten wir nur noch auf dem Bauch weiter. Nach wenigen Metern kamen wir an eine Schneise, in welcher 8 Panzer der Roten Armee standen. Diese waren mit Tarnnetzen abgedeckt. Vor dem ersten und dem letzten Panzer stand je ein Posten. Die übrigen Besatzungsmitglieder schliefen wahrscheinlich in den Fahrzeugen. Sie rechneten wohl nicht damit, daß hier hinter der eigentlichen Front irgend etwas passieren könnte.

Als wir genug ausgekundschaftet hatten, zogen wir uns zurück.

Wir waren uns darüber im klaren, daß es sehr schwierig sein würde, an den Panzern Haftminen anzusetzen und dabei möglichst kein Geräusch zu machen. Deshalb beschlossen wir, die Minen auf den Ketten abzulegen. Dort konnten wir Holzstückchen unter die Minen legen, um so das Geräusch des Anklickens zu vermeiden.

Wir sind noch in der gleichen Nacht mit 4 Minen zurückgegangen. Es waren wieder nur die beiden Posten zu sehen.

Wir warteten noch auf die Ablösung, um dann mehr Zeit zum Handeln zu haben.

Um an die vorderen Fahrzeuge ranzukommen, mußte der vordere Posten ausgeschaltet werden.

Plötzlich waren meine Einsatzfreude und meine Zuversicht wie weggeblasen. Ich fing schon wieder an zu zittern und mir wurde übel. Die Nerven waren bis zum Zerreißen gespannt. Ich hatte einfach Angst, entsetzliche Angst. Es gab jedoch kein Zurück.

Unser Fahrer, ein bärenstarker Kerl mit jahrelanger Front- und Nahkampferfahrung, erhielt den Befehl, diese Arbeit zu erledigen. Alles kam nun darauf an, jedes Geräusch zu vermeiden. Allerdings waren wir auch darauf vorbereitet, uns schießend zurückzuziehen, falls etwas schiefgehen sollte.

Ich hatte ja zu dem Luftangriff auf Dresden viele Menschen sterben sehen und irgendwie war ich dadurch abgestumpft. Aber dies hier war eine andere Dimension. Hier sah ich das erste Mal in natura, wie ein Mensch von einem anderen Menschen einfach umgebracht wird. Plötzlich verschwamm das Feindbild vor mir und ich sah nur noch den Menschen. Mir war fürchterlich zumute.

Der Posten wurde von hinten gefaßt und erstochen. Er hat nicht den geringsten Laut von sich gegeben, ich glaube auch vor Schreck. Ich war total erledigt.

Dann haben wir ganz langsam und lautlos die Minen mit den vorbereiteten Holzstückchen auf die Ketten gelegt und geschärft. Die Zünder waren auf 30 Minuten eingestellt.

Zunächst entfernten wir uns genauso lautlos, wie wir gekommen waren.

Aber dann sind wir gelaufen, als hätten wir den Teufel im Nacken. Noch bevor wir unser Fahrzeug erreichten, hörten wir die Detonationen.

In Sekundenschnelle hatten wir unser Fahrzeug aus der Deckung und sind ohne jedes Licht davongebraust. Unser Kappo stammte aus dieser Gegend und kannte sich deshalb besonders gut aus. Nach seinen Anweisungen sind wir dann in ein anderes Waldgebiet gefahren, ohne Feindberührung zu haben. Dort tarnten und verkrochen wir uns genau wie vorher. In unserem Versteck schliefen wir fast den ganzen Tag. Unsere Ernährung bestand aus Kommißbrot und Konserven.

In dieser Art fuhren wir eine ganze Woche in dem schon von den Russen besetzten Gebiet herum. Dabei besuchten wir noch einige Panzerstandorte, mit recht unterschiedlichen Erfolgen.

Die Rote Armee konnte jedenfalls den Schaden, welchen wir ihr zufügten, verkraften.

Nach dieser Woche waren wir am Ende unserer physischen und psychischen Kräfte. Auf Um- und Schleichwegen sind wir dann über Weinböhla wieder nach Meißen gefahren.

Wir meldeten uns bei der Standortkommandantur Meißen, welche auf der Albrechtsburg untergebracht war. Wir hatten die Absicht, uns etwas auszuruhen, unsere Ausrüstung in Ordnung zu bringen, zu ergänzen und dann wieder zu starten. Aber es sollte anders laufen, als wir uns vorgenommen hatten.

Es war inzwischen Ende März geworden. Die Rote Armee war auf der anderen Elbseite schon bis kurz vor Meißen vorgedrungen.

Jeder Soldat, der sich auf der Burg befand, unterstand sofort der Befehlsgewalt der Kommandantur und wurde nach deren Erfordernissen eingesetzt. So erhielt ich den Befehl, den der Elbe zugewandten Turm zu besteigen, um zu erkunden, wo auf der anderen Seite die Truppen stehen. Ab einer bestimmten Höhe besteht der Turm jedoch aus Säulen und Öffnungen. Deshalb ist er in diesem Bereich durchsichtig. Ich hatte keinerlei Deckungsmöglichkeit und wurde deshalb schon während des Aufstieges vom Gegner entdeckt. Noch bevor ich selbst etwas sehen konnte, wurde der Turm mit einer Pak (Panzer-Abwehrkanone) beschossen. Ich hörte das Pfeifen der Geschosse, und dann knallte es schon. Mir flogen Gesteins- und Granatsplitter um die Ohren, daß ich dachte, mein letztes Stündlein hat geschlagen. Vor Schreck bin ich die Wendeltreppe im Turm mehr hinuntergestürzt als gerannt. Der Beschuß wurde sofort eingestellt, als ich auf dem Turm nicht mehr zu sehen war.

Nur durch diesen Vorfall wurde der Dom zu Meißen beschädigt und mußte nach dem Krieg mit großem Aufwand restauriert werden.

Auch ich hatte ein paar kleine Kratzer abbekommen. Das linke Bein blutete und mußte verbunden werden.

Am gleichen Tag brachte eine Streife der Feldgendarmerie, welche von den Landsern nur „Kettenhunde“ genannt wurde, da sie an einer Kette ein Schild „Streife“ auf der Brust trugen, eine Gruppe von vier Männern, im Alter von 20 bis 25 Jahren, gefesselt auf den Burghof. Es waren desertierte deutsche Soldaten. Sie hatten sich in einem Vorort von Meißen versteckt und wollten dort das Kriegsende abwarten. Ob sie nur entdeckt oder aber verpfiffen worden waren, entzieht sich meiner Kenntnis.

Sie wurden vom Standortkommandanten sofort zum Tode verurteilt und sollten im Burggarten standrechtlich erschossen werden. Ich war entsetzt. In meinem Kopf ging plötzlich alles durcheinander. Obwohl ich wußte, daß auf Desertation schon immer und überall die Todesstrafe steht und ich selbst zur absoluten Treue und Standhaftigkeit erzogen worden bin, hat mich die Tatsache, daß hier vier junge Menschen erschossen werden sollen, sehr stark ergriffen. Noch viel größer wurde mein Entsetzten, als ich dem Exekutionskommando zugeteilt wurde. Dies war ein echter Schock für mich. Mein Kappo ist sofort zum Kommandanten und hat erreicht, daß ich wegen meiner Verletzungen und des Schrecks durch den verunglückten „Turmspaziergang“ ausgetauscht wurde. Ich war ihm sehr zu Dank verpflichtet. Wäre ihm das nicht gelungen, ich weiß nicht, wie ich es überstanden hätte. Ich glaube, ich hätte geweint.

Noch in der gleichen Nacht erhielt die Ostfront Verstärkung durch Truppenteile der Westfront. In einer sofort gestarteten Offensive, mit welcher die Russen wahrscheinlich nicht gerechnet hatten, wurde die Rote Armee 60 bis 80 km zurückgeworfen.

Es war Anfang April.

Wir jubelten lautstark über diese Nachricht und glaubten allen Ernstes, daß es jetzt richtig los geht. Wir meinten, jetzt sind wir in der Offensive und werden den Feind wieder aus unserem Land rauswerfen. Denen werden wir es zeigen.

Wir mußten sofort ausrücken und hatten zunächst den Befehl, einen Teil des zurückeroberten Gebietes nach Versprengten oder Verwundeten zu durchsuchen.

Das erste, was wir in einer befreiten Ortschaft entdeckten, ließ uns die Haare zu Berge stehen und entfachte in mir wieder meinen bisherigen Zorn. An der Ecke einer Straßengabel befand sich ein kleiner freier Platz. Dort lagen die Leichen von 6 DRK-Schwestern und 3 Jugendlichen in HJ-Uniform. Alle durch Genickschuß umgebracht. Mir war plötzlich sehr kalt.

„Das blüht uns auch, wenn wir gefangen werden", meinte unser Kappo. Ich mußte mich abwenden. Eine tiefe Abscheu erfüllte mich. Wir schworen uns, jeden Verwundeten, den wir evtl. bei unserer Aktion finden würden, sofort zu erschießen. Um ehrlich zu sein, ich war froh, daß wir niemanden fanden. Ich glaube nicht, daß ich es fertiggebracht hätte.

Von der Bevölkerung erhielten wir die Information, daß sich in einem Haus in der Nähe der Bahngleise zwei Polen versteckt hielten. Diese seien bewaffnet und würden plündern. Sie hätten auch schon einige Deutsche erschossen. In diesem Haus befanden sich keine Einwohner mehr. Es war in der Nähe von Priestewitz, an der Bahnlinie Dresden–Elsterwerda. Das Gebäude bestand aus Erdgeschoß und einem Obergeschoß. Es war schon sehr alt, ziemlich verbaut und befand sich in einem verwahrlosten Zustand.

Der Flur nach der Haustüre und der Treppenaufgang zum Obergeschoß waren sehr schmal, deshalb konnten wir dort unsere Karabiner nicht gebrauchen und betraten das Haus nur mit der Pistole in der Hand. Im Haus war es dunkel und totenstill, nichts regte sich. Ich konnte mein Herz schlagen hören und traute mich kaum, Luft zu holen. Der Flur verlief von der Haustüre zur Mitte des Hauses. Von da führte eine Treppe in das obere Stockwerk. Vom Flur aus gingen mehrere Türen ab.

Unser Fahrer blieb zur Außensicherung vor dem Haus am Fahrzeug.

Wir nahmen uns jeder eine Tür vor und stießen sie gleichzeitig auf. Mit dem Ruf: „Hände hoch!" sind wir in die Zimmer gesprungen. Ich befand mich in einem Wohnraum und sah niemanden. Zunächst blieb ich an der Türe stehen und tastete jeden Winkel mit den Augen ab. Das Zimmer war durchwühlt worden und sah schlimm aus. Vom Nachbarraum her hörte ich ein Geräusch und anschließend einige Schüsse. Da meine Nerven zum Zerreißen gespannt waren, schoß ich ebenfalls. Aber in meinem Zimmer war niemand. Jedoch im Nachbarraum hatte mein Kamerad Horst Sterzel einen der beiden Polen aufgespürt und ihm in die Schulter geschossen. Er wurde gefesselt und notdürftig verbunden.

Nun war nur noch einer im Haus. Da bis jetzt alles gutging und wir uns etwas an diese eigenartige Situation gewöhnt hatten, wurde ich etwas ruhiger und selbstsicherer.

In einer Ecke des Wohnraumes, wo ich mich befand, führte eine Wendeltreppe in einen Raum im Obergeschoß. Die Klappe des Durchstieges war geöffnet. Ganz langsam und immer bedacht, kein Geräusch zu verursachen, stieg ich diese Treppe nach oben. Vorsichtig steckte ich meinen Kopf Zentimeter für Zentimeter durch die Luke. Es war ein Schlafzimmer und befand sich in einem verheerenden Zustand, noch weit schlimmer als das Wohnzimmer. Die Betten und Matratzen waren zerrissen oder aufgeschlitzt, Kästen und Schieber ausgekippt, die Schranktüren zerschlagen und die Wäsche herausgerissen. Wegen dieses Zustandes war es mir nicht möglich, unter den Betten nach der anderen Seite durchzusehen. Es blieb mir also nichts anderes übrig, als das Zimmer zu betreten und zu durchsuchen. Also stieg ich sehr vorsichtig durch die Luke und hatte die Augen überall. Als ich am Schrank stand, um hinter die noch hängenden Sachen zu schauen, hörte ich hinter mir, von den Betten her, ein schabendes Geräusch. Da meine Nerven ohnehin zum Zerplatzen waren, drehte ich mich mit einem Ruck um und schoß intuitiv wie wild in diese Richtung. Hinter dem Bett hatte der zweite Mann gelegen. Er hatte eine Pistole in der Hand und war im Begriff, auf mich zu schießen. Jedoch, ich war schneller. Einer von meinen Schüssen traf ihn in den Kopf. Er war sofort tot. Erst hinterher, als sich die Spannung bei mir löste, zitterten mir Hände und Knie. Ich war kaum fähig, die Wendeltreppe wieder nach unten zu steigen. Da kamen auch schon meine Kameraden angestürzt.

„Mann, war das ein Schuß“, meinte mein Freund Horst anerkennend, als er den Toten sah.

„Nein“, antwortete ich ihm, „es war nur unwahrscheinliches Glück, sonst läge ich jetzt so hier.“

In der Zwischenzeit hatte sich die Rote Armee von ihrem Schock des deutschen Gegenangriffs erholt und befand sich bereits wieder im Vormarsch. Alles, was irgendwie verfügbar war, wurde gegen diesen Vormarsch eingesetzt.

Einige Kilometer nördlich von unserem derzeitigen Standort hatte eine Polizeieinheit den Auftrag, eine strategisch wichtige Höhe in der Nähe der Bahnlinie Dresden–Elsterwerda zu besetzen und zu verteidigen. Diese Höhe lag inmitten des derzeitigen Kampfgebietes.

Es war Mitte April.

Wir erhielten den Befehl, uns mit unserem Kommando sofort dorthin in

Marsch zu setzen und bei dem Sturmangriff der Polizeieinheit auf besagte Höhe die Flankensicherung zu übernehmen. Als wir dort ankamen, hatte sich die Polizeieinheit eben formiert und vorbereitet. In der hinter der Höhe liegenden weiten Talsenke war eine heftige Panzerschlacht im Gange. Es waren schätzungsweise 15 bis 18 Panzer auf jeder Seite beteiligt. Sie lieferten sich ein verbissenes Feuergefecht. Einige Fahrzeuge standen schon zerschossen und brennend im Gelände. Schon allein wegen der Kulisse dieser Panzerschlacht herrschte bei uns Hochspannung. Diese Spannung löste eine allgemeine Nervosität aus. Man hörte Worte wie: „Verdammte Scheiße" oder: „Ich hab die Schnauze restlos voll" und ähnliches.

Angeheizt wurde diese Stimmung noch, als plötzlich ein Schuß fiel und ein Offizier tot zusammenbrach. Es gab eine fürchterliche Aufregung. Wo kam der Schuß her? Alles suchte die Umgebung mit den Augen ab.

Da entdeckte jemand, wie sich oberhalb der Böschung, jenseits der Straße, ein Grasbüschel bewegte. Er gab sofort Alarm, und mehrere Soldaten eröffneten das Feuer. Sie stürmten auf die Böschung und fanden einen russischen Scharfschützen. Er war bereits tot.

Durch dieses Ereignis war natürlich ein mächtiges Durcheinander entstanden. Der Kommandeur der Polizeieinheit erteilte deshalb den Befehl zu erneuter Angriffsformation. Wir begaben uns wieder an den linken Flügel.

Der Sturmangriff verlief zunächst wie bei einer Übung. Die Angriffseinheit hatte sich weit auseinander gezogen, und wir konzentrierten uns auf die linke Flanke. Die Höhe, auf deren Gipfel sich ein kleines Wäldchen befand, wurde keilförmig gestürmt und im Handstreich eingenommen, ohne einen Schuß abzugeben. Es war vermutet worden, daß sich der Gegner in dem Wäldchen verschanzt hat und uns entsprechend empfangen wird. Aber die Höhe war unbesetzt.

Die Freude und die allgemeine Erleichterung war groß, als wir uns alle wohlbehalten auf einer Lichtung in diesem Gipfelwäldchen, wie nach einer Sportveranstaltung, wiedertrafen. Doch dieser Freude wurde schnell ein Ende bereitet.

Plötzlich schlug, etwa 200 m von uns entfernt, neben den Bahnschienen eine Granate ein. Nur wenige von uns bemerkten dies, da wir uns sehr sicher fühlten. Im nächsten Augenblick detonierte wieder eine Granate, diesmal rund 100 m näher. Die Einschläge wiederholten sich mit immer kürzer werdenden Abständen. Unser Kappo meinte:

„Die schießen sich mit Granatwerfer auf unsere Höhe ein.“

Im nächsten Moment schlug schon eine Granate unmittelbar neben unserer Stellung ein. Drei Kameraden von der Polizeieinheit waren sofort tot. Das war ein echter Schock, denn damit hatte niemand gerechnet. Allen stand das Entsetzen im Gesicht geschrieben.

Da wir diesem Granatwerferbeschuß vollkommen deckungslos ausgeliefert waren, kam der Befehl zum sofortigen Rückzug. Unser Kommando jagte nunmehr an der rechten Flanke talwärts. Nachdem wir etwa 50 m im Laufschritt zurückgelegt hatten, wurden wir plötzlich von der Höhe, wo wir vor wenigen Augenblicken selbst noch waren, mit Maschinengewehren beschossen. Wir warfen uns sofort flach auf den Boden. Der Beschuß hörte auf!

Sobald wir uns jedoch bewegten, bellte das MG wieder los. Ich hörte die Kugeln über meinem Kopf pfeifen und sah etwa einen Meter vor mir die Erde aufspritzen, wo die Geschosse einschlugen.

Auf dem Feld, auf welchem wir lagen, war die Winteraussaat vielleicht 10 cm hoch. Wir trugen Tarnjacken, die uns wahrscheinlich das Leben retteten.

25 bis 30 m vor uns begann ein Kartoffelfeld, mit den Furchen quer zum Hang liegend.

Wir mußten versuchen, robbend dieses Feld zu erreichen, dann waren wir aus der Gefahrenzone. Jedoch jede Bewegung löste erneuten Beschuß aus. Zentimeter für Zentimeter schoben wir uns nach vorn. Neben mir lag mein Kamerad Horst Sterzel und rief mir besorgt zu:

„Baß off, Werner, lass' dich ni dodschießen.“ Er war ja schließlich aus Leipzig.

Diese ängstlichen Worte in der kindlichen Form werde ich nie vergessen. Einige Male war ich versucht, meinen Karabiner, welcher mich ja sehr behinderte, einfach liegenzulassen. Aber ich tat es nicht. Erstens hatte ich Angst vor einer Bestrafung und zweitens war ich überzeugt, daß ich den noch dringend brauchen werde.

Dann war auch die Versuchung sehr groß, einfach aufzuspringen und zu dem Kartoffelfeld zu laufen. Doch das wäre unser sicherer Tod gewesen. Es hieß also die Nerven behalten und zu hoffen, daß der Gegner weiterhin wegen der Hanglage immer wieder über uns hinwegschießen möge.

Es dauerte eine Ewigkeit, bis wir unversehrt das rettende Kartoffelfeld erreichten. In den Furchen hatten wir ausreichend Deckung, um darin quer zur

Schußrichtung wegrobben zu können. Als wir aus dem Sichtfeld des Gegners heraus waren, wurde das Feuer eingestellt.

Unser Kommando hat den Ausgangspunkt dieser Aktion unbeschadet erreicht. Die Polizeieinheit hatte acht Tote zu beklagen. Der Erfolg des Unternehmens: gleich Null.

In meinem Inneren kamen nun schon manchmal Zweifel an dem Sinn des Einsatzes meines Lebens auf. Ich bemühte mich, diese Gedanken zu verscheuchen.

Es ist uns immer ein Rätsel geblieben, von wo der Granatwerferbeschuß der Höhe gesteuert wurde und wieso von der Höhe, wo wir wenige Augenblicke zuvor selbst noch waren, plötzlich geschossen werden konnte.

Der Vormarsch der Roten Armee war nicht mehr aufzuhalten.

Unser Fahrzeug hatte im Laufe der Zeit auch einige Treffer abbekommen. Es befand sich in einem jämmerlichen Zustand – schlicht und einfach, ein Wrack; ein echtes Abbild der Lage, in der sich seine Besatzung befand. Deshalb mußten wir zurück in unsere Kaserne nach Meißen.

Unser Fahrzeug war nicht mehr einsetzbar. Eine Reparatur war zu diesem Zeitpunkt natürlich vollkommen unmöglich, und ein Ersatzfahrzeug stand nicht zur Verfügung. So wurde unsere Truppe aufgelöst.

Während unser Kappo und unser Fahrer einer kämpfenden Einheit zugeteilt wurden, kamen mein Freund Horst und ich zu einer Panzerjagdkompanie auf Fahrrädern. Wir kamen vom Regen in die Traufe. Jeder transportierte an seinem Fahrrad eine Panzerfaust und auf dem Gepäckträger eine Haftmine.

Es war Ende April, und die Lage wurde immer trostloser. Eine Hiobsbotschaft jagte die andere. Das Wetter paßte zu meiner Stimmung. Tiefhängende Wolken wurden von einem eiskalten Wind über das Land gepeitscht. Schnee- und Regenschauer lösten sich ab. Es blieb den ganzen Tag dunkel. Nicht ein Sonnenstrahl ließ sich sehen, um unsere Gemüter etwas zu erhellen.

Unsere Kompanie erhielt den Befehl, sich sofort mit den Rädern nach Tharandt in Marsch zu setzen. Im Tharandter Wald, in der Nähe von Hartha, sollen Panzerformationen stehen. Diese sollten wir angreifen und vernichten. Wir sind sofort aufgebrochen und die ganze Nacht durch gefahren.

Am nächsten Morgen erreichten wir Tharandt. Kurz hinter der Stadt in Richtung Hartha lagerten wir in einem ehemaligen Steinbruch. Der war sicher schon viele Jahre nicht mehr in Betrieb. Es war nun nur noch eine Nische im Berg. Das Plateau lag etwas höher als die Straße und war mit Gras bewachsen. Die hinter uns aufragenden Felswände hatten etwas Bedrohliches an sich und drückten noch zusätzlich auf unsere übermüdeten Gemüter.

Nach einer kurzen Rast wurde ein Spähtrupp vorbereitet. Unser Leutnant wählte zehn Freiwillige aus. Mein Kamerad Horst Sterzel und ich waren natürlich dabei. Wir waren immer noch nicht klug geworden. Leider hatten wir noch nicht unseren Idealismus verloren! Trotz aller bisherigen Erlebnisse waren wir von der Richtigkeit unseres Verhaltens überzeugt. Doch dies sollte unser letzter Einsatz werden. Aber leider auch der allerletzte für meinen unvergessenen Freund und Kameraden Horst Sterzel aus Leipzig.

Es waren die ersten Tage im Mai! Das Wetter begann sich zu beruhigen. Ab und zu wagte sich die Sonne hervor, und die Natur begann zu erwachen. Sie sang ihr Oratorium von der Auferstehung.

Die letzten Kriegstage waren angebrochen, aber dies wußte ja niemand von uns, da wir keinerlei Informationen von außen erhielten. Um Nachrichten zu hören, hatten wir auch keine Gelegenheit. Auch von anderen Frontabschnitten hörten wir nichts mehr. Wir wußten nicht, wo z. Zt. überhaupt noch gekämpft wurde.

Unser Spähtrupp hatte die Aufgabe, die Panzerformation in dem höher gelegenen Waldgebiet auszukundschaften. Anders als damals im nächtlichen Wald im Raum Großenhain sind wir ungetarnt, zu 11 Mann, zunächst auf der Straße in Richtung Hartha marschiert. Natürlich im gedehnten Gänsemarsch. Nach kurzer Zeit drangen wir als Schützenkette mit drei Meter Abstand, Karabiner im Anschlag, rechts in den Wald. Nach etwa einer halben Stunde sahen wir uns auf einer großen Lichtung. Ringsum war nichts zu sehen. In der Formation unserer auseinandergezogenen Schützenkette betraten wir vorsichtig die Lichtung. Kaum hatten wir die gegenüberliegende Seite erreicht, als wir auch schon unter Beschuß genommen wurden. In Deckung gehen und Beschuß erwidern, ohne genau zu sehen, was eigentlich los war, war eins. Da wir aber keinen Kampfauftrag, sondern nur einen Erkundungsauftrag hatten, gab unser Leutnant den Befehl, die Lichtung rückwärtsgehend und schießend wieder zu überqueren. Wir wollten zunächst Deckung im Unterholz suchen. Als wir die Mitte der Lichtung erreicht hatten, wurden wir massiv mit Granatwerfern beschossen. Es war, als würde die Hölle über uns hereinbrechen. Es gab kein Entrinnen. Wir mußten uns hinwerfen und versuchen, mit den bloßen Händen in den Waldboden einzudringen, um wenigstens etwas Splitterschutz zu haben. Wir waren völlig hilflos dem Schicksal preisgegeben.

Dicht neben mir lag Horst. Er sah mich an, wollte eben etwas sagen, als direkt neben ihm eine Granate einschlug. Er wurde vor meinen Augen in Fetzen gerissen. Mit seinem Körper hat er mein Leben gerettet.

Ich war starr vor Entsetzen, total gelähmt.

In einer kurzen Feuerpause bin ich aus einem inneren Drang sowie aus entsetzlicher Angst aufgesprungen und wie ein Hase im Zickzack in den Wald gerannt, wo ich zunächst einmal in Deckung sprang, um mich zu orientieren.

Noch einmal donnerte ein Granathagel auf die Lichtung. Die sah aus wie umgepflügt. Neun zerfetzte Körper lagen verstreut auf der Lichtung.

Der Leutnant und ich waren die einzigen Überlebenden dieses Spähtrupps.

Ich ging wie in Trance mit dem Leutnant zu dem Rest der Kompanie zurück. Ich weiß nicht mehr, ob wir gerannt oder getaumelt sind. Mein Bewußtsein war empfindlich gestört.

Ich hatt' einen Kameraden
einen bess'ren findst du nit.

In mir war alles zerbrochen. Da war nur noch maßlose Trauer um meinen besten Freund und Abscheu vor jeglichem Krieg. Plötzlich waren mir die ganze Sinnlosigkeit und der Wahnsinn dieses entsetzlichen Krieges bewußt geworden.

Ich konnte und wollte nicht mehr. In meinem Inneren war ich so leer wie eine ausgebrannte Kartusche. Nicht einmal Tränen hatte ich noch.

Es war Abend geworden. Wir fuhren nach Tharandt und wurden zur Übernachtung in einem saalähnlichen Raum untergebracht. Es könnte auch eine Turnhalle gewesen sein. Wir hatten etwas Stroh, auf welches wir uns legen konnten.

Schwere Wolken verbargen Mond und Sterne. Die Nacht war stockdunkel. Mich fröstelte. Total entnervt und erschöpft schlief ich sofort ein.

Gegen Mitternacht wurden wir unsanft geweckt:

„Alles raustreten! Die Russen kommen“, schallte es durch den Raum.

Ich brauchte eine geraume Zeit, bis ich überhaupt wußte, wo ich war und bis mein Gehirn wieder funktionierte. Dann stürzten wir ins Freie.

Nicht weit von uns entfernt bellte ein Maschinengewehr, dazu noch Gewehrfeuer. Wir ergriffen unsere Fahrräder und fuhren wie die Teufel in Richtung Hauptstraße, welche nach Freital führt. Dort stand ein deutscher Panzer und sicherte den Rückzug der deutschen Truppenteile.

Kurz nach uns verließ der Panzer als letzter Tharandt. Es war, als hätte er nur auf uns gewartet. Es war unbeschreiblich dunkel.

Da wir natürlich ohne Licht fahren mußten, grenzte es fast an ein Wunder, daß wir ohne Stürze und Karambolagen durch dieses Tal kamen. Ich fuhr immer nur nach dem klappernden Geräusch meines Vordermannes. Meine Sinne waren wieder hellwach.

Nach kurzer Zeit erreichten wir Freital und damit die Straße, welche von Dresden über Rabenau nach Dippoldiswalde führt. Dort mündet sie in die Fernstraße Dresden–Dippoldiswalde–Altenberg–Zinnwald–Teplitz.

Wir staunten nicht schlecht, als wir in Freital den Betrieb auf der Straße in Richtung Dippoldiswalde sahen. Wehrmachts-LKW, gepanzerte Fahrzeuge aller Art, Zivilisten mit und ohne Handwagen, und, und, und... Ein unübersehbarer Flüchtlingsstrom wälzte sich in Richtung Erzgebirge, immer nach Süden. Endziel unbekannt. Jeder hatte nur einen Wunsch: nicht den Russen in die Hände zu fallen. Alles andere war unklar.

In diesem Moment war für mich der Krieg zu Ende. Ich dachte nur noch daran, meine Einheit zu verlassen, bevor wir vielleicht noch einen solch sinnlosen Einsatzbefehl erhielten. Ich war zu allem entschlossen, auch zu desertieren. Mein psychischer Zustand ließ keinen Gedanken an evtl. Folgen, Konsequenzen oder moralische Bedenken aufkommen.

Es war der 2. Mai 1945.

So nutzte ich das allgemeine Chaos und die Dunkelheit aus, um mich heimlich zu entfernen. Als ich die Kameraden meiner Kompanie nicht mehr sah, schob ich mein Fahrrad ein ganzes Stück mitten in dem Flüchtlingsstrom weiter. Auf die Dauer war mir das jedoch zu anstrengend. Ich kannte ja auch die Strecke vor uns und wußte, daß es ständig bergauf geht.

Deshalb verschenkte ich kurzerhand mein Fahrrad, welches Eigentum der deutschen Wehrmacht war, an einen Zivilisten. Einschließlich Panzerfaust!! Der hat sich riesig gefreut, und ich war frei und unbelastet. Dann kletterte ich auf einen Wehrmachts-LKW und bat die Kameraden, mich mitzunehmen. Ich gab an, ich sei versprengt und müßte versuchen, meine Truppe wiederzufinden. Das war durchaus nichts Ungewöhnliches. Mit diesem Trick bin ich sehr gut vorangekommen. Im Stau sprang ich vom Fahrzeug, um wieder ein

Stück nach vorn zu laufen. So bin ich von einem Fahrzeug auf das andere umgestiegen. Einmal war es ein Panzer, dann wieder ein LKW.

Im Laufe der nächsten Stunden zerstreuten sich meine inneren Bedenken und ich fühlte mich schon viel freier und selbstsicherer.

Die oben genannte Fernstraße war genau so überfüllt. Wir kamen nur sehr sehr langsam voran und benötigten für 80 km noch den ganzen nächsten Tag und die ganze nächste Nacht.

Am Morgen des 4. Mai befand ich mich etwa 10 km vor Teplitz in der Tschechei. Ich stand gerade an einen LKW einer Nachrichteneinheit gelehnt, mit welchem ich dann weiterfahren wollte. Es war wunderschönes Wetter geworden, und ich genoß die wärmenden Sonnenstrahlen. Gedankenverloren beobachtete ich die vorüberrollenden Flüchtlinge und Truppenteile. Auf einem freien Platz hinter mir wurden drei Ferdinands startklar gemacht. Ein Ferdinand ist ein offener Schützenpanzerwagen mit drei Achsen, geschlossener Fahrerkabine und mit einer in der Fahrzeugmitte installierten Vierlings-Flak.

Man sprach davon, daß etwa 20 km vor uns die Russen stehen sollen und rund 10 km weiter westlich, in der Nähe von Dux, die Amerikaner. Eine Gruppe Soldaten hatte die Absicht, mit den drei Ferdinands bei den Russen durchzubrechen und sich zu den Amerikanern durchzuschlagen. Man wollte lieber in amerikanische als in russische Gefangenschaft gehen. Es war noch Platz in den Fahrzeugen, und wer wollte, konnte sich an dem Durchbruchsversuch beteiligen.

Just in dem Moment, als ich mich anschickte, evtl. doch mit einzusteigen, fuhr ein offener PKW an mir vorüber. Plötzlich hörte ich meinen Namen: „Werner, Werner – hier!“ Ich wußte nicht, wie mir geschah, und dachte, ich träume. In diesem PKW saßen einige Offiziere und meine Mutter mit meinen beiden Schwestern. Die kleine Elke war gerade 9 Monate alt. Die Offiziere hatten sie wegen des Babys unterwegs mitgenommen.

Das Fahrzeug hielt an, und ich rannte hin.

„Wo wollt ihr denn hin?“ fragte ich und konnte meine Überraschung nicht verbergen.

„Wir sind auf der Flucht vor den Russen.“

Plötzlich war mir klar, wie sinnlos dies alles war. Wo wollten wir denn noch hin? Wir konnten unserem Schicksal nicht entrinnen. Dieses Zusammentreffen war doch eine Fügung Gottes, wie sie wunderbarer nicht sein kann.

„Bitte, steigt aus und bleibt bei mir. Hier geht es nicht weiter. Wir müssen versuchen, irgendwie nach Hause zu kommen, alles andere ist sinnlos."

Meine Mutter hatte das Baby auf dem Arm, und meine Schwester Ursula trug eine Tasche mit den nötigsten Sachen. Einen Wagen hatten sie nicht dabei. Im Innern überlegte ich mir, was sich Mutter wohl dabei gedacht haben mag. Aber die Situation war so, daß wohl die meisten Menschen damals etwas vollkommen Sinnloses getan haben, auch ich. Deshalb dachte ich auch nicht weiter darüber nach.

Sie stiegen aus, und dann haben wir erst mal vor Freude, daß wir noch lebten, geweint. Plötzlich hatte ich wieder Mut und Zuversicht. Ich hatte eine große Aufgabe, eine Beschützerfunktion zu übernehmen. Dieser Umstand verlieh mir Kraft und Energie.

Meine Waffen habe ich einfach auf dem LKW, mit welchem ich ursprünglich weiterfahren wollte, liegen lassen.

Zunächst sind wir gemeinsam in das nächste Dorf gelaufen. In einem Haus an der Straße baten wir um Unterkunft. Wir wurden von den Leuten sehr herzlich aufgenommen und gut versorgt. Leider habe ich mir damals, in der ganzen Aufregung, weder den Namen der Ortschaft noch den der Leute gemerkt, um ihnen hier ein Denkmal setzen zu können.

Sie gaben mir sofort Zivilkleidung von ihrem Sohn, der ebenfalls irgendwo im Krieg war. Die Uniform mit Soldbuch und Papieren verbrannten wir. So konnte mir, aufgrund meines jugendlichen Alters, niemand nachweisen, daß ich Soldat war. Damit hatte ich berechtigte Hoffnung, der Gefangenschaft zu entgehen.

Hier erreichte uns die Nachricht der bedingungslosen Kapitulation Deutschlands am 8.5.1945.

Der Krieg war zu Ende.

Wir atmeten auf und sagten uns:

„Lieber ein Ende mit Schrecken als ein Schrecken ohne Ende."

Aber wir waren noch nicht zu Hause. Ich mußte etwas unternehmen.

Das Kriegsende

Deutschland hatte bedingungslos kapituliert. Es gab keinen Friedensvertrag, es herrschte nur Waffenstillstand. Wir waren die besiegten, rechtlosen Faschisten. Die sowjetischen Soldaten ließen uns das reichlich spüren. Sie plünderten und vergewaltigten, wo immer sie eine Gelegenheit fanden. Noch hatten wir keinen Kontakt zu ihnen, aber die Angst war riesengroß.

Wir machten uns nun Gedanken, wie wir am besten nach Hause kommen könnten. Ich zerbrach mir den Kopf. Irgendeine Lösung müßte es doch geben. An dem Geschehen auf den Straßen und um uns herum hatte sich auch nach der Kapitulationsmeldung nichts verändert.

In dem Ort, wo wir uns zu dieser Zeit aufhielten, befand sich ein kleiner Marktplatz mit einem Gasthof. Hier war ein Straßenknotenpunkt, an welchem sich zwangsläufig alle möglichen Truppenteile und Versprengten trafen. Um eine eventuelle Mitfahrmöglichkeit nach Dresden zu erkunden, bin ich dort hingegangen.

Auf dem Marktplatz war Hochbetrieb. Aus allen Richtungen kamen und gingen Fahrzeuge mit Soldaten und Zivilisten.

Auf der Toilette des Gasthofes, welche ich benutzen mußte, wollte mir ein Landser seine Pistole gegen Zigaretten verkaufen. Er muß mich wohl für ein entsetzliches Greenhorn gehalten haben. „Da mußt du dir schon einen Dümmeren suchen“, gab ich ihm zur Antwort, lachte ihn aus und ließ ihn stehen.

In dem Gasthof lagen noch deutsche Soldaten. Alles war in hektischer Auflösung. Es entstand ein regelrechtes Chaos. Mitten drin stand ein Planwagen mit zwei Pferden bespannt. Ein Landser machte sich an den Pferden, welche einen recht mitgenommenen Eindruck machten, zu schaffen. Er war im Begriff, die Pferde auszuschirren. Ich witterte sofort irgendeine Chance und sprach ihn an:

„Na, Kamerad, deine Pferde sehen ganz schön geschafft aus. Wo willst du denn noch hin?“

„Die Pferde sind am Ende und ich auch“, gab er zur Antwort. „Wir sind schon eine Ewigkeit unterwegs und nichts Ordentliches zu fressen. Ich kann nicht mehr, ich gebe auf. Die Tiere sollen hinlaufen, wo sie wollen, vielleicht finden sie was zu fressen, und ich verdrück mich hier irgendwo.“

„Wenn du willst, kümmere ich mich um die Pferde.“

„Verstehst du denn was davon.“

„Na klar, ich habe eine komplette Reit- und Fahrausbildung hinter mir. Außerdem kenn ich hier jemanden im Ort, der mir helfen kann“, log ich ihn an.

Mit den Worten „Ich bin froh, wenn sich jemand darum kümmert, ich will nur weg hier“ übergab er mir ohne jeden Einwand oder Vorbehalt die Pferde einschließlich Wagen. Ich hätte vor Freude laut jubeln können und hätte am liebsten einen Luftsprung getan. Aber das wäre wohl zu früh gewesen.

Ich schirrte die Pferde fertig aus und ging mit ihnen von Bauer zu Bauer durch das Dorf, um für die Tiere eine Unterkunft und etwas Futter zu suchen. Endlich hatte ich einen Hof gefunden, wo ein Stall, aber keine Pferde mehr vorhanden waren. Der Bauer gestattete mir, die Pferde einzustellen, wenn ich mich selbst drum kümmern würde. Sogar Futter erhielt ich von ihm.

Ich war überglücklich und sah mich schon auf dem Kutschbock mit Mutter und Schwestern im Wagen gen Dresden rollen.

Aber wie so oft kam es eben anders.

Nachdem ich die Pferde versorgt hatte, ging ich in unser Quartier und berichtete strahlend über meine Erfolge und Pläne. Die Freude war groß. Wir entschlossen uns, noch eine Nacht zu bleiben und am nächsten Morgen zeitig aufzubrechen.

Anschließend ging ich wieder zum Wagen, um einige Vorbereitungen für unsere Reise zu treffen. Als ich dort ankam, dachte ich, ich seh nicht recht: Am Wagen fehlte die Deichsel. Einfach weg. Gestohlen! Ich war zwar sehr erschrocken, ließ mich aber nicht entmutigen. Wieder bin ich von Bauer zu Bauer durch das Dorf marschiert, bis ich auf einem Hof eine ähnliche Deichsel gefunden hatte. Diese war zwar nicht mehr sehr schön, aber noch verwendbar. Vorsichtshalber trug ich die Deichsel zu dem Stall, wo meine Pferde standen. Ich wollte sie erst kurz vor der Abfahrt anbringen.

Nach dieser Arbeit ging ich wieder zum Wagen, um meine Vorbereitungen zu treffen. Dort angekommen, dachte ich, mich trifft der Schlag. Das konnte doch nicht wahr sein. Man hatte die Räder und die Plane gestohlen. Der nackte Wagen stand aufgebockt auf ein paar Steinen.

Es war vollkommen aussichtslos, vier passende Räder für diesen Wagen zu organisieren. Resigniert gab ich unseren schönen Plan der Heimreise mit diesem Gefährt auf. Ich war zwar sehr traurig, aber es gab viel schlimmere Situationen, als daß man nicht damit fertigwerden könnte. Wir mußten uns eben damit abfinden, daß wir nicht so herrschaftlich reisen konnten.

Also ging ich zuerst zu dem Bauern, wo meine Pferde standen. Erst erzählte ich ihm meine Geschichte, dann schenkte ich ihm einfach meine Pferde. Er wußte nicht, wie ihm geschah, und wollte es gar nicht glauben. Aber dann freute er sich riesig. Für ihn war das wie ein großer Gewinn in der Lotterie. Das Lotto-Spiel gab es damals noch nicht.

Anschließend ging ich in unser Quartier und berichtete von unserem Mißgeschick. Aber jammern half uns auch nicht. Irgendwie mußten wir weiter. Unsere Wirtsleute, welche sehr lieb mit uns waren, organisierten uns einen alten ausrangierten Kinderwagen und versorgten uns noch mit etwas Brot. Mehr konnten wir wirklich nicht erwarten. Am nächsten Morgen machten wir uns zu Fuß auf den Weg. Vor uns lagen runde 70 km Fußmarsch mit unbekanntem Schwierigkeitsgrad.

Aus den 70 sind vielleicht 100 km geworden, da wir aus Angst vor den Russen viele Umwege durch die Wälder gemacht haben. In Scheunen und alten Gasthöfen übernachteten wir. Dort trafen wir immer noch andere Flüchtlinge, wir waren nie allein. Das war sehr wichtig, wir machten uns gegenseitig Mut. Dadurch hatten wir nachts immer ein gewisses Gefühl der Geborgenheit und Sicherheit. Aber auch am Tage mußten wir wegen unseres Babys immer wieder Pausen einlegen. Ein großes Problem war die Ernährung des Babys. Stillen konnte Mutter schon längst nicht mehr. Was sollten wir dem Kind zu essen geben, damit es keine Ernährungsstörung bekommt? Wir hatten keine Wahl. Mutter hat das harte Brot gekaut und das eingespeichelte Brot dem Kind zu essen gegeben. Es ist erstaunlich, wie gut unserer Elke diese Kost bekommen ist. Sie hat alles ohne Schaden überstanden und ist heute selbst Mutter und Großmutter.

Zwölf Tage schlichen wir so durch die Wälder und erreichten unbeschadet Dresden.

Unsere Wohnung befand sich in einem entsetzlichen Zustand. Die Wohnungstür war eingetreten worden, und alle Fenster waren zerschlagen. Die Räume waren durchwühlt, aber es fehlte nicht sehr viel. Trotz allem waren wir froh und glücklich, daß wir wieder zu Hause waren und eine Bleibe hatten. Kurz bevor wir ankamen, hatte sich dort ein dramatisches Ereignis zugetragen.

Zwei Mädchen aus unserem Haus, Gretel Hellmann, 19 Jahre alt, und Erika Klengel, 16 Jahre alt, kamen gemeinsam von einer Erledigung nach Hause. Es war am zeitigen Nachmittag. Der Himmel war bewölkt, und es war ziemlich kühl. Die Mädchen trugen deshalb Strickjacken. Vor unserem Haus wurden sie von zwei sowjetischen Soldaten bedrängt und angefaßt. Sie konnten sich losreißen und in unser Haus flüchten. Sie wurden jedoch von den beiden Soldaten verfolgt. Voller Angst und schreiend rannten sie bis in die dritte Etage, die beiden Männer immer hinterher. Da die Türe zu unserer Wohnung eingetreten war und deshalb offen stand, war diese Wohnung der letzte noch verbleibende Fluchtweg. Die Hausbewohner hörten natürlich diesen Lärm, aber verständlicherweise hielten sie sich in ihren Wohnungen versteckt. In unserer Wohnung wären die beiden Mädchen verloren gewesen, wenn die Gretel Hellmann nicht einen todesmutigen Entschluß gefaßt hätte. In ihrer Verzweiflung sprang sie auf ein Fensterbrett. Das Fenster war zerschlagen und stand offen. Einer der Soldaten springt zu ihr hin und versucht sie am Arm zu packen. Er erwischt jedoch nur die Strickjacke. Die Jacke ist nicht zugeknöpft. Gretel springt und zieht sich im Sprung die Jacke aus. Sie springt aus der dritten Etage, aus 12 m Höhe, auf ein Stück Wiese vor dem Haus. Die Leute auf der Straße sind vor Schreck erstarrt. Viele sind sofort zu ihr gerannt. Sie war bewußtlos, aber lebte noch. Zwei Männer und zwei Frauen trugen Gretel in eine Wohnung im Nachbarhaus.

Der Soldat stand mit der Strickjacke in der Hand am Fenster. Das andere Mädchen, die Erika Klengel, hat den Schrecken der beiden Soldaten ausgenutzt und ist in diesem Augenblick geflohen. Die beiden Männer haben dann doch wohl Angst bekommen oder waren so sehr erschrocken, daß sie Hals über Kopf davongerannt sind.

Gretel Hellmann hat den Sturz aus der dritten Etage überlebt. Es ist ein wahres Wunder, daß sie einen solchen Sturz ohne schwere Verletzungen, nur mit ein paar Prellungen, überstanden hat. Heute ist sie eine verheiratete Frau Vogel, hat erwachsene Kinder und auch Enkelkinder.

Die ersten Monate nach dem Krieg waren sehr schwer. Kein Strom, kein Gas, kein Wasser und nichts zu essen. In den ersten Wochen war von 22 bis 6 Uhr Ausgangssperre. Wir hatten nur Glück, daß es dem Sommer zu ging. So war zum Einbruch des Winters 45/46 das Allerschlimmste vorüber.

Sehen wir uns an, wie es uns in dieser Zeit erging.

1945 bis 1949

Die Nachkriegszeit in der Ostzone und den Westzonen

Deutschland wurde in vier Besatzungszonen eingeteilt: die Sowjetische Besatzungszone (die sogenannte Ostzone), amerikanische, englische und französische Besatzungszonen (die Westzonen).

Wir hatten das große Pech, in der Ostzone leben zu müssen. Dieser Umstand prägte mein ganzes ferneres Leben grundlegend. Hier ging es am brutalsten zu. Wir wurden erheblich mehr unterdrückt und mußten länger hungern als die Menschen in den Westzonen.

In den ersten Wochen nach Kriegsende gab es nur harten Kampf ums Überleben. Jeder versuchte, irgendwo etwas Eßbares zu organisieren. Lagerhallen vom Konsum und ähnliches wurden geplündert. Im Küchenherd verbrannten wir gesammeltes Holz, um uns auf der Herdplatte ein paar Kartoffelschalen zu rösten. An manchen Tagen war dies unsere einzige Ernährung.

Während im Westen die Wirtschaft, zwar langsam, aber stetig, angekurbelt wurde, sind in der Ostzone alle Betriebe ab einer bestimmten Größe demontiert worden. Sämtliche Maschinen und Geräte wurden in Kisten verpackt und in die Sowjetunion transportiert. Dort wurden sie teilweise irgendwo im Freien entladen und sind ungenutzt verrostet. Das gleiche Los ereilte die Eisenbahnschienen.

In dieser Situation mußten wir versuchen, uns ein neues Leben aufzubauen. Wir waren jung und trotz der schmalen Kost voller Energie und grenzenloser Zuversicht.

Als erstes ging ich zu der Fa. Max Minck, Elektro-Anlagen, um meine Lehre als Elektroinstallateur zum Abschluß zu bringen. Meine Lehre bei der Fa. Nestler & Co. Dresden wurde ja im zweiten Lehrjahr, am 13. Februar 1945 durch den Luftangriff auf Dresden, gewaltsam unterbrochen. Von diesem Betrieb existierte nichts mehr.

Ich hatte auch Glück, Herr Minck stellte mich sofort ein, und ich durfte meine Lehre dort fortsetzen, wo ich sie unterbrechen mußte. Es waren ja auch nur ein paar Monate Unterbrechungszeit.

Am Anfang bestand unsere Arbeit zum überwiegenden Teil darin, in den zerbombten Ruinen noch vorhandenes Elektroinstallationsmaterial zu demontieren, zu bergen und zu regenerieren. Diese Arbeiten waren nicht ungefährlich. Überall bestand Einsturzgefahr, und ich hatte wenig Lust, nach den überstandenen Gefahren mein Leben für einen Wochenlohn von 10,– RM zu riskieren. Deshalb drückte ich mich natürlich, wo ich nur konnte, vor den gefährlichsten Aktionen.

Mit dem Altmaterial wurden die defekten Elektro-Anlagen in den privaten Haushalten zunächst repariert und auch erweitert.

Mein Bruder Walter kam glücklicherweise sehr zeitig aus der Gefangenschaft nach Hause.

Seine Familie, welche er 1944 gegründet hatte, lebte seit der Zerstörung ihrer Wohnung vorübergehend bei uns. Er war gelernter Kfz-Mechaniker und arbeitete in der Auto-Reparaturwerkstatt Hampel und Richter auf der Anton-Weck-Straße in Dresden-Löbtau.

Zu dieser Zeit wurden dort in der Hauptsache Fahrzeuge der Roten Armee repariert.

Eines Tages kam er abends zu der gewohnten Zeit nicht nach Hause. Draußen war es schon stockdunkel. Es gab keine Straßenbeleuchtung, und wir hatten absolutes Ausgangsverbot nach Einbruch der Dunkelheit. Verständlicherweise machten wir uns wahnsinnige Sorgen und hatten Angst um ihn. Die Streifen der Militärpolizei schossen ohne Anruf. Von Zeit zu Zeit hörte man auch Schüsse durch die Straßen hallen.

Aus Angst um meinen Bruder entschloß ich mich, zu der Werkstatt zu schleichen und ihn zu suchen. Ich wußte, welchen Weg er normalerweise geht. Ich weiß, es war ein idiotischer Entschluß, aber die Angst um ihn hat mich getrieben.

Von unserer Wohnung bis zu dem Betrieb meines Bruders waren es rund 2,5 km. In der ehemaligen Brauerei Reisewitz, auf der Reisewitzer Straße, war so eine Art Stützpunkt oder Kommandantur der Roten Armee untergebracht. Dort mußte ich vorbei.

Die Straßen waren stockdunkel, nirgends sah man einen Lichtschein. Am Himmel trieben dunkle Wolken dahin und ließen nur ab und zu den Mond durchscheinen. Aber gerade das war so gefährlich, wenn sich plötzlich und unerwartet die Straße in dem fahlen Licht des Mondes erhellt.

Keine Menschenseele weit und breit. Hin und wieder fielen Schüsse. Ansonsten war es so still, daß es auf das Gemüt drückte.

Ich hatte wahnsinnige Angst und bin die gesamte Strecke auf dem Bauch im Schnittgerinne der Straße gerobbt. So wie ich es im Krieg gelernt hatte. Gegen Mitternacht erreichte ich, ohne größeren Schaden zu nehmen, die Auto-Werkstatt. Es brannte noch Licht, da war ich schon mal sehr froh. Ich hätte nicht gewußt, was ich hätte tun sollen, wenn es dort dunkel und geschlossen gewesen wäre.

Als ich durch die Türe trat, sahen mich alle an, als wäre ich ein Gespenst. Mein Bruder war noch dort. Er wusch sich gerade die Hände und fragte total überrascht:

„Wo kommst du denn her? Bist du verrückt geworden? Du hast dein Leben riskiert! Was hättest du denn gemacht, wenn ich schon weg gewesen wäre?" An diese Möglichkeit hatte ich kurz vor meiner Ankunft auch gedacht. Wieder einmal mehr konnte ich meinem Gott danken, daß alles so abgelaufen war.

Mein Bruder hatte den PKW eines Offiziers der Roten Armee repariert. Da das Fahrzeug unbedingt fertig werden mußte, waren die Überstunden in dieser Nacht erforderlich. Der Offizier war anwesend und hatte auf sein Auto gewartet. Er staunte nicht schlecht über mein Unternehmen und bewunderte meinen Mut. Er konnte ja auch nicht ahnen, wo ich schon überall rumgekrochen war und welche Erfahrung ich besaß. Er war wohl meinem Bruder gegenüber etwas verpflichtet, da er schon mehrfach sein Auto in Ordnung gebracht hatte. Jedenfalls bot er sich an, uns nach Hause zu fahren. Mir fiel ein Stein vom Herzen.

Wir Jugendlichen machten uns Gedanken, wie wir wohl das Leben wieder etwas in Schwung bringen konnten. Die Ausgangssperre war in der Zwischenzeit wiederaufgehoben worden. Aber wir hatten keinerlei Möglichkeit auszugehen. Es gab zwar Gaststätten mit Tanzsälen, aber noch keine Kapellen oder Orchester. Mein Jugendfreund Günter Wolf aus dem Nachbarhaus Planetastr. 11 machte den Vorschlag, eine Tanzkapelle zu gründen. Ich war sofort mit Begeisterung dabei. Aber was sollte ich für ein Instrument spielen? Er spielte Akkordeon, das war schon mal gut. Ich hatte als Kind Konzertzither gelernt. Das war zu dem damaligen Zeitpunkt für eine Kapelle vollkommen ungeeignet, denn es gab noch keine Tonabnehmer und Tonverstärker. So beschlossen wir, daß ich das Schlagzeug übernehmen sollte. Nur, woher sollten wir ein Schlagzeug nehmen? Ich besaß kein Stück dazu und zu kaufen gab es absolut nichts. Da fiel uns ein, im Haus meines Freundes wohnte ein älterer ehemaliger SA-Mann. Wir erinnerten uns, daß er früher, als es die SA noch gab, manchmal mit einer Trommel in der Hand das Haus verließ und an seiner Uniform die Zeichen eines Spielmannszuges trug.

Zu ihm sind wir gegangen und fragten ihn, ob er uns nicht etwas verkaufen könnte. Er willigte ein, da er ohnehin dafür keine Verwendung mehr hatte. Es war für uns ein enormer Glücksumstand. Wir kauften bei ihm zu einem sehr niedrigen Preis: eine große Trommel (Pauke), eine kleine Trommel, zwei Handbecken und ein paar Trommelstöcke. Diese Instrumente reichten natürlich noch nicht für ein Schlagzeug, aber es war ein Anfang.

Einige Halterungen und Ständer fertigten wir uns selbst an. Ein paar weitere notwendige Utensilien wie Jazz-Besen, Rumbakugeln, Kastagnetten und ähnliches organisierten wir durch Umfragen.

Ein Tuch wurde vor die große Trommel genäht und mit den Initalien G W H bestickt. Diese standen für: Günter Wolf-Werner Hanitzsch. Alles wurde adrett angeordnet und aufgebaut, fertig war das Schlagzeug. Mit den späteren Schau-Instrumenten konnte man es natürlich nicht vergleichen. Aber ich hatte ein Schlagzeug.

Das nächste Problem für mich war, daß ich keine Ahnung vom Spielen eines Schlagzeuges hatte. Wir hatten ja einige Jahre überhaupt keine Tanzmusik oder gar Jazz gehört. Das war im totalen Krieg verboten. Ich mußte mich also sehr intensiv damit befassen. Durch Anhören von Schallplatten und hartes Training eignete ich mir in kurzer Zeit so viel Fertigkeit mit dem Schlagzeug an, daß es durchaus schon möglich war, damit aufzutreten.

Aus unserem Freundes- und Bekanntenkreis gewannen wir noch einen Pianisten, einen Gitarristen und einen Geiger. Günter Wolf erlernte noch in ganz kurzer Zeit, autodidaktisch, Saxophon als Zweitinstrument. So hatten wir für die damalige Zeit eine Bombenbesetzung auf die Beine gestellt. Aber wir hatten keine Noten. Jeder brachte sein persönliches Notenrepertoire von seinem Instrument mit. Damit haben wir gemeinsam arrangiert und dann die erforderlichen Noten mit der Hand geschrieben. Hierzu muß ich anerkennend erwähnen, daß mein Freund Günter Wolf dabei die Hauptarbeit leistete.

Wir probten sehr fleißig, um uns die Techniken anzueignen, welche uns bis dahin vollkommen fremd waren. Schon nach kurzer Zeit waren wir bereit, mit unserer „Band" aufzutreten.

In Freital bei Dresden war die Gaststätte „Zum Steiger" mit einem wunderschönen Tanzsaal und einer richtigen Bühne. Dort sprachen wir vor und boten unsere Kapelle an. Der Wirt war sofort einverstanden. Er wollte ja auch gern sein Geschäft wieder ankurbeln und versprach sich mit einer Tanzkapelle großen Umsatz. Wir fertigten kleine Plakate mit dem Termin der ersten Tanzveranstaltung an und hängten diese in der Umgebung aus.

Als der Tag des ersten Auftretens kam, waren wir fürchterlich aufgeregt. In der vorhergehenden Nacht konnte ich kaum schlafen. Wir gingen schon sehr zeitig auf den Saal, bauten alles auf und dekorierten alles noch etwas. Eine einfache Mikrofonanlage mit zwei Lautsprechern hatten wir uns geliehen, welche uns sehr viel Arbeit machte, bevor sie funktionierte. Unsere Befürchtung, ob denn überhaupt jemand kommen würde, stellte sich alsbald als vollkommen grundlos heraus. Die Jugend wollte doch tanzen. Jeder war froh, daß es wieder losging. Der Saal war brechend voll und unser erster Auftritt ein Bombenerfolg. Wir wurden als erstes „Tanz-Orchester" der Nachkriegszeit in Freital umjubelt.

Von da an spielten wir jeden Mittwoch, Sonnabend und Sonntag im Gasthof „Zum Steiger". Wir erhielten jeder pro Auftritt 10,– RM. Das ergab immerhin 120,– RM im Monat und bedeutete für uns sehr viel Geld. Da konnte man sich schon mal etwas zusätzlich auf dem schwarzen Markt kaufen.

In der Zwischenzeit hatte ich meine Lehre als Elektroinstallateur mit Erfolg beendet und war nun Geselle. Damit stieg natürlich mein Einkommen sofort beachtlich. Ich hatte nunmehr einen Stundenlohn von –,58 RM. Als ich das erste Geld erhielt, war ich geneigt auszurufen: „Hallo, was kostet die Welt, ich will sie kaufen!"

Kurze Zeit nach meinem Lehrabschluß verließ ich die Fa. Max Minck und begann als Elektromonteur bei der Fa. Gottschalk und Co. auf der Paradiesstraße in Dresden-Strehlen. Dort arbeitete bereits meine Schwester Ursula und mein späterer Schwager Wolfgang Wieteck. Insgesamt waren wir sechs Beschäftigte. Die Fa. Gottschalk war eine „Elektromechanische Fabrik" und stellte zu dieser Zeit Tauchsieder her. Die Fabrikationsräume waren im Keller eines Einfamilienhauses untergebracht. Solch ein Tauchsieder bestand aus zwei parallelen Messingstäben (Elektroden), welche in einem Holzknauf steckten. An diese Elektroden wurde ein Kabel angelötet, das am anderen Ende einen Stecker hatte. Zum Schutz wurde ein Alu-Rohr, welches seitliche Durchbrüche besaß, über die Elektroden gestülpt und an dem Holzknauf befestigt. Das war alles. Wenn man den Tauchsieder in einen Topf mit Wasser stellte, konnte der Strom von einer Elektrode durch das Wasser zur anderen fließen. Je salz- oder mineralhaltiger das Wasser war, um so schneller kochte es. Destilliertes Wasser z. B, konnte man damit nicht kochen. Das Gefährliche dabei war, daß während des Betriebes der ganze Topf unter Spannung stand und man unter Umständen einen tödlichen elektrischen Schlag erhalten konnte. Deshalb stand in der Betriebsanweisung, daß man den Topf während des Betriebes nicht berühren darf. Da es aber nichts anderes gab, wurden diese Geräte in Massen verkauft.

Bei der Fa. Gottschalk hatte ich schon ein Einkommen von 147,– RM/ Monat. Da konnte ich noch einmal ausrufen: „Was kostet die Welt?"

Ende November 1946 erhielt ich von Herrn Gottschalk den Auftrag, mit dem Zug in das Erzgebirge zu fahren, um zu versuchen, gedrechselte Holzleuchter und ähnliche Gegenstände aufzukaufen. Er wollte zu Weihnachten noch zusätzlich ein Geschäft machen. Ich sagte ihm:

„Das mach' ich gerne, aber ich besitze nur ein Paar Halbschuhe, und z. Zt. liegt im Gebirge viel Schnee."

Herr Gottschalk wußte Rat. Seine Frau besaß ein Paar hohe Schnürschuhe aus sehr dickem und derbem Leder.

„Ziehen Sie für diese Fahrt diese Schuhe hier an", meinte er.

Die Schuhe waren mir zwar etwas knapp und drückten etwas an den Zehen, aber ich dachte, es wird schon gehen.

So fuhr ich am nächsten Morgen sehr zeitig mit dem Zug über Freiberg nach Olbernhau. Auf dem Rücken trug ich einen Rucksack, und meine Brieftasche war voll Geld. Der Mann hatte ja ein tolles Vertrauen zu mir. Ich kaufte doch ohne Rechnung ein, da hätte ich ja die Preise sehr leicht verändern können. Das wäre mir allerdings nie in den Sinn gekommen. Nicht einen Pfennig hätte ich mir unrechtmäßigerweise angeeignet.

Von Olbernhau bin ich über die Dörfer nach Seiffen und zurück gelaufen. Es war eine herrliche Wanderung. Die Sonne schien von einem stahlblauen Himmel auf die märchenhaft verschneite Landschaft. Aber es war sehr kalt. Auf diesem Weg klopfte ich bei vielen Häuslern an und fragte nach Leuchtern usw. Die Ausbeute war mehr als mager. Drei sehr primitive dreiarmige Leuchter, drei einfache Kerzenhalter und zwei Räuchermänner. Also als Handelsobjekt war dies nun wahrlich zu gering und der Aufwand einer solch abenteuerlichen Reise war dafür entschieden zu hoch. Dabei hatte ich den Eindruck, daß die Leute wirklich alles an mich verkauft hatten, was sie nicht selbst unbedingt behalten wollten. Sicher waren sie froh, ein paar Mark durch diesen Verkauf verdienen zu können, aber mehr hatten sie eben nicht. In diesen Gebirgsdörfern lebten die Menschen damals sehr ärmlich. Es gab nur sehr geringe Erwerbsmöglichkeiten. Klöppeln und Schnitzen waren die Haupteinnahmequellen.

Maschinen zum Drechseln gab es nur sehr wenige, und die waren sehr primitiv. An den verschneiten kalten Wintertagen der ersten Jahre nach dem Krieg war in den Häusern Schmalhans Küchenmeister. Erst in den späteren Jahren nahm die Mechanisierung zu und es konnte in einem weit größeren Umfang produziert werden. Die Nachfrage nach den Drechselerzeugnissen des Seiffener Landes stieg auch später derartig an, daß der Bedarf nie gedeckt werden konnte. Dann ging es den Menschen dort im Gebirge natürlich besser. Aber noch war es nicht soweit.

Mit meiner mageren Ausbeute im Rucksack bestieg ich gegen Abend wieder den Zug. Allerdings bin ich an diesem Tag nur bis Freiberg gekommen, dann war Schluß. In der Nacht fuhren keine Züge, und so mußte ich bis zum nächsten Morgen warten. Auf dem Bahnsteig gab es einen kleinen Warteraum mit Holzwänden und einer Bank. Ein paar Fenster ließen etwas von dem fahlen Nachtlicht herein. Eine Beleuchtung oder gar Heizung gab es nicht. Der Raum war nur zum Schutz beim Warten im Schlechtwetter gedacht, denn der Bahnsteig war vollkommen offen.

In diesem eisgekühlten Raum mußte ich wohl oder übel übernachten. Eine andere Möglichkeit hatte ich nicht. Aber ich war nicht allein. Es waren noch andere Leute dort, um auf ihren Zug am nächsten Tag zu warten.

Es war schon dunkel, als ich dort ankam. Nicht einmal auf dem Bahnsteig gab es etwas Beleuchtung. Der Himmel war leicht bewölkt, und zeitweise spendeten die Sterne ein etwas diffuses Licht. Wir hatten Neumond, und so fehlte auch sein Licht.

Meine Füße schmerzten sehr stark wegen der zu kleinen Schuhe. Ich konnte kaum noch laufen. Diese Wirkung hatte ich wohl etwas unterschätzt.

Neben mir auf der Bank im Warteraum saß ein Fräulein oder eine junge Frau. In der Dunkelheit konnte ich das nicht so genau sehen. Der Raum war eine einzige Eisgrotte. Durch jede Ritze der desolaten Wand blies der eisige Nachtwind.

Es dauerte nicht lange, da kuschelte sich meine Nachbarin fröstelnd eng an mich. Ich legte daraufhin meinen Arm um sie und versuchte ihr Gesicht zu sehen. Auch sie sah mich an. Soweit ich in dieser Dunkelheit bei dieser kurzen Entfernung sehen konnte, war sie jung und schön. Ich hatte den Eindruck, sie bot mir ihren Mund, darum küßte ich sie. Sie erwiderte meinen Kuß in einer Art, daß mir fast die Sinne schwanden. Ich hatte absolut keine Erfahrung im Umgang mit der Liebe. Der Krieg mit all seinen Ereignissen hat in dieser Beziehung in meiner Entwicklung eine Lücke gelassen. Deshalb war ich nun sehr aufgeregt.

Zitternd schob ich meine Hand langsam unter ihren Mantel. Es war viel Neugierde dabei. Ich wollte ausprobieren, wie so etwas wirkt und wie sie reagieren wird. Sie schien großen Gefallen daran zu finden und kam mir sehr entgegen.

Trotz der Kälte wurde es eine heiße Nacht. Die anderen Leute im Raum vergaßen wir vollkommen. Die meisten von ihnen schliefen ohnehin.

Die Zeit verging wie im Fluge, und ehe wir uns versahen, rollte der erste Zug in den Bahnhof. Wir gingen auseinander, es war noch dunkel, ohne unsere Adressen auszutauschen. Wir sahen uns nie wieder. Alles war wie ein schöner Traum.

Vom Bahnhof Dresden-Plauen, wo ich ausstieg, sind es runde 200 m bis zu meiner Wohnung. Für diese kurze Strecke benötigte ich mehr als eine Stunde, denn ich konnte vor Schmerzen nicht mehr auftreten. Als ich nun endlich, nach den zwei Tagen dieser Reise, die Schuhe ausziehen konnte, sah ich die Bescherung. Die Zehen waren blau. Die großen Nägel waren abgedrückt und sahen schlimm aus. Ich konnte einige Tage nicht laufen und mußte beide Nägel den Leuchtern opfern.

Das Weihnachtsfest stand vor der Tür. Meine Mutter hatte das ganze Jahr über immer ein paar Lebensmittelmarken eingespart, damit wir uns zum Fest wenigstens einmal satt essen konnten. Eine Woche vor dem Fest wurden meiner Mutter während des Einkaufens alle Lebensmittelmarken aus der Tasche gestohlen. Das war ein Schock. Meine Mutter weinte sehr. Es wurde ein trauriges Weihnachtsfest. Der Vater noch in russischer Gefangenschaft und nichts zu essen im Haus. Liebe Nachbarn und Freunde halfen uns mit etwas Brot und Mehl über die größten Schwierigkeiten, damit wir wenigstens den Anschluß an die neuen Lebensmittelkarten hatten.

Im Mittelpunkt des täglichen Lebens stand immer die Beschaffung von Lebensmitteln. Ein Brot auf dem schwarzen Markt, welcher zu dieser Zeit an allen Ecken blühte, kostete zwischen 100,– und 200,– RM. Bei den meisten Menschen war das ein Monatseinkommen. Davon konnte man sich natürlich nichts auf dem schwarzen Markt kaufen, da mußte man schon selbst irgendwie mitschieben, um dort ab und zu etwas Eßbares erwerben zu können. Aus einem „Fischzug" in den ersten Nachkriegswochen besaß ich z. B. noch einen halben Ballen Orienttabak. Von diesem Tabak als Tauschobjekt konnten wir uns von Zeit zu Zeit einige Lebensmittel eintauschen.

Jeder, der laufen konnte, ist auf das Land rausgefahren und ist von Bauer zu Bauer gelaufen, um um etwas Getreide oder ein paar Kartoffeln zu betteln. Alles, was man entbehren konnte, wurde den Bauern zum Tausch angeboten.

Die Tauschgeschäfte, welche dabei zustande kamen, sahen etwa so aus:

1 Herrenanzug gegen 5 kg Kartoffeln; zwei Handtücher gegen 500 g Mehl; 1 Teppich gegen 20 bis 50 kg Kartoffeln, je nach Größe und Wert u. s.w.

Die Bauern waren damals die privilegierte Schicht der Bevölkerung. Es hieß, ihnen fehlte nur noch der rote Teppich im Kuhstall. Das ist natürlich satirisch zu verstehen.

Eines Tages erzählte man sich überall, die Bauern in der Magdeburger Börde wären noch sehr großzügig, da sie nicht so überlaufen wären, und würden niemanden ohne Kartoffeln vom Hof schicken. Prompt erhielt ich von meinem Chef den Auftrag, für alle Mitarbeiter da hinzufahren, um Kartoffeln zu organisieren. Jeder gab mir einen Sack und etwas Geld. Ich hatte also einen Rucksack voll Kartoffelsäcke und sonst nichts. Mit Entsetzen dachte ich daran, wie ich wohl im Erfolgsfall die vollen Säcke unter den damaligen Bedingungen wieder nach Hause transportieren sollte. Dessenungeachtet bin ich am nächsten Tag losgefahren.

Der Zug von Dresden nach Magdeburg war total überfüllt, und ich mußte die gesamte Strecke außen auf dem Trittbrett stehen.

Als ich in Magdeburg ankam, war mir ganz erbärmlich zu Mute und ich verlor fast den Mut. Der Bahnhof war nur eine Ruine, total zerbombt. Aber das schlimmste war, der Zug wurde fast leer. Alles stieg hier aus und stürzte, mit Rucksäcken bepackt, hastig davon. Anscheinend hatten die anderen Leute die gleichen Informationen und Absichten wie ich. So ähnlich mußte der „gold rush" im Wilden Westen abgelaufen sein.

Da ich ohnehin überhaupt nicht wußte, in welche Richtung ich laufen sollte, bin ich einfach den anderen gefolgt. Ich hatte richtig getippt. Kurz vor dem ersten Dorf setzte ein regelrechter Wettlauf ein. Jeder versuchte als erster einen Hof zu erreichen, um vielleicht doch noch etwas zu bekommen. Aber die Bauern kannten wohl schon diesen Zug, der ja jeden Tag um diese Zeit ankam, und hatten alles zugesperrt. Sie waren total überfordert und teilweise auch schon total entnervt. Wie sollten sie sich denn auch gegen diese „Kartoffelschreckenschwärme" wehren. Manchen Leuten ist es trotzdem gelungen, in einen Hof einzudringen. Sie wurden aber sehr unfreundlich empfangen und sofort wieder rausgeschmissen.

Die „Goldader" war also gar nicht so trächtig, wie überall erzählt wurde.

Ich bin in aller Eile weitergelaufen, um noch ein paar etwas weiter entfernte Dörfer zu erreichen. Vielleicht hatte ich dort etwas mehr Glück. Zu allem Überfluß fing es auch noch an zu regnen. Es war wirklich alles andere als ein Vergnügen. Vielleicht war aber gerade dieser Umstand mein Glück. Viele Leute waren umgekehrt und hatten aufgegeben. Wenn ich nun so durchnäßt vor einer Türe stand, wird mich wohl manche Bauersfrau bedauert haben. Jedenfalls, als ich am Abend wieder in Magdeburg ankam, hatte ich immerhin um die 60 kg Kartoffeln im Gepäck. Das war für einen einzigen Tag ein ungeheurer Erfolg.

In einem ehemaligen Luftschutzhochbunker, welcher als Hotel genutzt wurde, übernachtete ich. Gemeinsam mit noch drei Männern bewohnten wir einen Bunkerraum. In einer Art Küchenraum bestand die Möglichkeit zu kochen. Ich kochte einen großen Topf Kartoffeln und lud meine Mitbewohner zum Essen ein. Einer der Männer hatte Salz bei sich, und so wurde es ein wahres Festessen. Bei Pellkartoffeln und Salz haben wir uns gütlich getan und bis in den späten Abend miteinander geplaudert. Es waren ganz unterschiedliche Typen und Charaktere.

Einer war von sehr kräftiger Statur, schon fast ein Athlet, ein etwas brutal wirkendes Gesicht mit eingedrückter Nase, Maurer von Beruf.

Der zweite war das ganze Gegenteil, er war sehr hager, ja schon fast ausgemergelt, mit schmalem länglichem Gesicht, er wirkte immer etwas ängstlich, er hatte Kaufmann gelernt.

Der dritte war mir der unsympatischste. Er sah verschlagen aus, wirres dunkles Haar, stechende Augen und hervorstehendes Kinn. Ohne Beruf.

Mit diesem Menschen hätte ich nicht gerne etwas zu tun gehabt, aber manchmal kann man sich seine Partner nicht aussuchen.

Mein unangenehmes Gefühl hatte mich nicht getäuscht. Am nächsten Morgen war dieser Mann fort – und mit ihm meine Kartoffeln. Ich war richtig verzweifelt und hätte heulen können. Nun stand ich wieder da wie am Tag vorher.

Als ich mich wieder gefangen und mit den neuen Tatsachen abgefunden hatte, aktivierte ich meine ganze Energie und zog wieder los. Diesmal in einer anderen Richtung.

Der Erfolg an diesem Tag war sehr mager. Am Ende hatte ich nur 20 kg Kartoffeln im Rucksack. Ich gab auf und fuhr resigniert nach Hause. Man hätte natürlich dieses Spiel tagelang so weiter treiben können, sicher hätte man dann einiges zusammen bekommen. Aber dann hätte ich ja die tägliche Ausbeute irgendwo einstellen müssen. Insgesamt war ich mit den Nerven ziemlich am Ende. Die Enttäuschung bei meinen Kollegen war natürlich sehr groß, aber es ließ sich ja nicht ändern.

Der Versuch mit der Musik

Eines Tages las ich in der Zeitung, daß das Bühnenschau-Orchester „Heinz auf der Heide“ Dresden einen Schlagzeuger sucht. Da die allgemeinen Arbeits- und Lebensbedingungen ohnenhin recht schwierig waren, dachte ich, man kann es ja mal versuchen. Also ging ich zu Herrn Heinz auf der Heide in die Wohnung und bewarb mich beherzt um die Stelle als Berufsmusiker.

Er wohnte damals in Dresden-Neustadt, Weinbergstraße 40. Er war etwa 30 Jahre alt und sah sehr gut aus. Ich wurde sehr freundlich empfangen. Seine verbindliche, überaus nette Art machte mir sofort Mut. Er drückte mir zwei Trommelstöcke in die Hand und setzte sich ans Klavier. Dann spielte er die verschiedensten Rhythmen und Titel. Auf einer Stuhllehne mußte ich dazu trommeln. Teilweise mit solistischen Einlagen und Synkopen, den sogenannten „breaks“.

Er war sehr zufrieden und sagte mir, daß es insgesamt 12 Bewerber gäbe. Davon hat er 5 ausgewählt, die an der Ausscheidung teilnehmen sollten. Bei diesen 5 war ich dabei. Darauf war ich sehr stolz. Der Ausscheid sollte zwei Wochen später auf dem Tanzsaal der Gaststätte „Zum Edelweiß“ in Dresden-Leubnitz-Neuostra stattfinden. Das Orchester spielte dort zum Tanz. Jeder der 5 ausgewählten Bewerber sollte eine halbe Stunde das Schlagzeug übernehmen.

Es wurden zwar nicht die gleichen Stücke, aber doch die gleichen Rhythmen gespielt. Die Entscheidung hatte das Publikum zu treffen. Sie sollten durch entsprechende Beifallsbekundungen zu erkennen geben, welchen Schlagzeuger sie für den besten hielten und gerne haben möchten. Ich hatte entsetzliches Lampenfieber und mußte mich ungeheuer zwingen, ruhig zu erscheinen.

Aus diesem Ausscheid ging ich mit Abstand als Sieger hervor. Es war ein unvorstellbarer Beifall und für mich ein Riesenerfolg. So wurde ich über Nacht Berufsmusiker und Schlagzeuger im Bühnenschau-Orchester „Heinz auf der Heide".

Leider waren es nur ein paar Monate: März bis Mai 1947. Mein Einkommen während dieser Zeit betrug 300,– RM pro Monat. Das war Spitze. Außerdem konnte ich mir dort enorme Bühnenerfahrung aneignen.

Es war wie ein schöner Traum. Als jüngstes Mitglied des Orchesters wurde ich überall umjubelt. Die Mädchen warteten am Bühnenausgang auf mich und halfen mir beim Tragen der Instrumente.

Der Traum zerplatzte wie eine Seifenblase, als ich eines Tages vom Arbeitsamt eine Arbeitsverpflichtung zur Wismut nach Aue im Vogtland erhielt. Die „Wismut AG" war ein sowjetisches Bergbauunternehmen und baute in der Ostzone das radioaktive Erz Wismut ab. Für diesen Bergbau wurden wahllos junge Leute aus den verschiedensten Gegenden, je nach Bedarf, verpflichtet. Es gab keine Möglichkeit, sich der Verpflichtung zu widersetzen. Es war ein Befehl der sowjetischen Besatzungsmacht und mußte befolgt werden. Aus Berichten von Augenzeugen wußte ich, daß dort im Gebirge Verhältnisse wie im Wilden Westen herrschten. Die zusammengewürfelten Massen der Arbeiter im Erzbergbau wurden mit billigem Fusel bei Stimmung gehalten. Intrigen und Schlägereien gehörten zum Alltag.

Diese Arbeitsverpflichtung war ein echter Schock für mich. Was sollte ich tun? Meinen Job als Schlagzeuger war ich auf alle Fälle los. Aber nach Aue wollte ich auf keinen Fall. Deshalb entschloß ich mich für die Flucht nach dem Westen.

Schnell packte ich einen Koffer mit dem Nötigsten und verabschiedete mich von meiner Mutter und meinen Verwandten. Mutter weinte sehr. Sie tat mir unendlich leid. Vater war noch immer in russischer Gefangenschaft. Meine Schwester und ich waren ihre einzigen Stützen. Meine Zukunft war in diesem Moment vollkommen ungewiß.

Meine erste Flucht nach dem Westen – eine Odyssee

Am nächsten Morgen begleitete mich meine Freundin Sigrid Starke, wir kannten uns schon seit der Schulzeit, mit der Straßenbahn nach Weinböhla. Dort verabschiedeten wir uns.

Von da fuhr ich per Anhalter mit verschiedenen LKWs in Richtung Westen. Im Sonnenuntergang des ersten Tages kam ich nach Halle. Ich fühlte mich sehr verlassen und war sehr traurig. So ein schönes Leben, wie ich es aufgeben mußte, ich konnte es nicht fassen.

In einer Unterführung des Bahnhofes Halle übernachtete ich mit noch vielen anderen Leuten. Es war sehr kühl und mich fröstelte. Die Nacht verging, und ich brach sehr zeitig auf. Weiter ging es über Eisleben, Sangerhausen, bis hinter Nordhausen. Irgendwo in dieser Gegend verlief zu dieser Zeit die damalige Demarkationslinie. Die endgültige Grenze zwischen Ost und West wurde erst später festgelegt.

Die letzten Kilometer mußte ich, mit dem Koffer in der Hand, zu Fuß zurücklegen. Irgendwo stand dann plötzlich ein Posten der Roten Armee auf der Landstraße vor mir. Hier war die Ostzone zu Ende. Auf der Westseite stand kein Posten!

Der Soldat richtete seine MPi auf mich und hielt mich an:

„Du Towarischtsch (Genosse) oder du Faschist?"

„Ich Towarischtsch", log ich.

„Wo Dokument, Towarischtsch, du wohin?"

Ich zeigte ihm meinen Personalausweis und sagte: „Ich Musiker, ich nach Kassel, Musik machen." Das stimmte natürlich alles nicht, aber es ist mir gerade so eingefallen. Er verlangte von mir den Koffer zu öffnen, den er gründlich durchwühlte. Dabei gab er mir zu verstehen, daß er, falls er eine Pistole bei mir finden würde, mich erschießt. Ganz gleichgültig war mir diese Angelegenheit nicht. Als er im Koffer absolut nichts fand, was ihn interessierte, herrschte er mich an: „Wo Uri?" und zeigte auf meine linke Hand. Ich besaß eine einfache Armbanduhr von meinem Vater. Es war kein Wertobjekt, aber ich hing sehr daran. Außerdem war sie z. Zt. nicht ersetzbar. Ich wurde sie los. Er schob seinen Ärmel zurück und band sich meine Uhr um den Arm, wo sich bereits drei Uhren befanden. Das war wohl damals keine Ausnahme. Damit war ich entlassen. Mit einer Handbewegung gab er mir zu verstehen, daß ich gehen soll.

Ich hatte große Schwierigkeiten, in der Eile und Aufregung meinen zerwühlten Koffer wieder zu schließen. Ich mußte mich darauf knien und drückte dabei gleich ein Loch in meinen schönen Pappkoffer. Es war ein Schritt zur Verschlechterung meines allgemeinen Erscheinungsbildes.

Da ich keinerlei Kartenmaterial besaß, lief ich einfach in westlicher Richtung weiter, bis ich Eisenbahnschienen sah. Diesen folgte ich, bis ich im nächsten Ort an einen Bahnhof kam.

Nun begannen für mich Probleme, an welche ich vorher nicht gedacht hatte. Alles in allem sollte es eine wahre Odyssee werden.

Ich hatte zwar noch etwas Geld bei mir und wir hatten zu dieser Zeit auch noch die gleiche Währung, aber ich besaß für die Westzonen weder einen gültigen Personalausweis noch Lebensmittelmarken. Nicht einmal ein Stück Brot konnte ich mir für mein Geld kaufen.

Zwei Tage hatte ich schon nichts mehr gegessen und hatte natürlich entsetzlichen Hunger. Mir blieb nichts anderes übrig, als mir ein Stück Brot zu erbetteln. Zunächst war mir das ungeheuer peinlich, aber es ging leichter, als ich dachte.

Als ich den gröbsten Hunger gestillt hatte, kaufte ich mir eine Fahrkarte nach Mannheim. Von einem Freund in Dresden hatte ich mir die Adresse des Büros der Rhein-Main-Schiffahrt in Mannheim besorgt. Im Augenblick war dies die einzige Anlaufmöglichkeit für mich. Ich wollte versuchen, dort als Schiffsjunge anzuheuern.

In der Eisenbahn kam ich mit einem älteren Ehepaar ins Gespräch. Wir plauderten über Gott und die Welt. Als sie meine Geschichte gehört hatten, schenkten sie mir spontan eine geräucherte Flunder und etwas Geld. Die Flunder habe ich natürlich sofort aufgegessen. Nun hatte ich aber doch keine Möglichkeit, mich zu waschen, und mußte deshalb meine fettigen Hände mit dem Taschentuch abwischen. Der Erfolg davon war, daß ich sehr unangenehm nach Fisch roch.

In Mannheim angekommen, ging ich sofort in das oben erwähnte Büro, um mich zu bewerben. Ich war fest überzeugt, daß dort ein Schiffsjunge gebraucht wird, und freute mich schon auf diese Tätigkeit. Schiffahrt war schon immer ein geheimer Wunsch von mir. Um so unglücklicher war ich, als ich abgelehnt wurde. Das konnte ich einfach nicht fassen.

Als ich wieder auf der Straße stand, war ich so konsterniert, daß ich nicht wußte, was ich denken sollte. Ziellos irrte ich durch die Straßen und wußte nicht wohin. Die Sonne strahlte vom Himmel, als ob sie sagen wollte: „Sei nicht traurig, ich bin doch da", aber ich verstand sie nicht.

In einem Schaufenster sah ich mein Spiegelbild. Ich sah mich an und dachte: „Das kann doch nicht wahr sein." Was ich da sah, gab mir zu denken: ungewaschen, unrasiert, ungekämmt, total übermüdeter Eindruck, schon tagelang in den Sachen, sehr unangenehmer Geruch und einen kaputten Koffer. Alles in allem ein total heruntergekommenes Subjekt.

Nun wunderte ich mich nicht mehr, daß ich nicht angenommen worden bin. Zumindest nehme ich an, daß mein persönliches Erscheinungsbild sehr großen Einfluß auf die Ablehnung meiner Bewerbung hatte. Es blieb mir nunmehr nichts anderes übrig, als mich mit den Gegebenheiten abzufinden. Ich zwang mich zur Ruhe und dachte: „Ein paar Stunden Schlaf, Junge, dann sieht die Welt wieder anders aus."

Wie in Magdeburg, so stand auch in Mannheim ein ehemaliger Luftschutzhochbunker, welcher auch hier als Hotel genutzt wurde. Dort mietete ich mich ein, um mich etwas zu renovieren und endlich zu schlafen. Vielleicht wäre mein ganzes Leben anders verlaufen, wenn ich diesen Schritt zuerst getan hätte. Aber nun war es zu spät und nicht mehr zu ändern.

In so einem Bunker war es alles andere als angenehm. Die Zimmer hatten keine Fenster, man wußte also nie, ob draußen Tag oder Nacht ist. Zumal wenn man keine Uhr besitzt. Belüftet wurden die Räume künstlich, was mit einem ständigen Geräusch verbunden war. Trotz aller Widrigkeiten schlief ich wie ein Murmeltier.

Nachdem ich wieder etwas ausgeruht war, überlegte ich, was ich denn nun tun sollte. Ich war doch so überzeugt, daß ich zur Schiffahrt gehe. Über eine andere Möglichkeit hatte ich mir deshalb nie Gedanken gemacht. Das Beste wäre, ich fahre erst mal weiter nach Süden. Bayern und die Alpen hatten für mich schon immer einen besonderen Reiz und ich war noch nie dort gewesen. Mein Geld reichte gerade noch für eine Fahrkarte bis München. Was ich dann dort machen sollte, wußte ich noch nicht. Ich hatte gelernt, nur noch von einer Stunde auf die andere zu denken und dann die gegebene Situation neu einzuschätzen.

Als ich in München ankam, war es Abend, und ich fühlte mich genauso erbärmlich wie vor kurzem in Halle. Ich setzte mich in den Wartesaal und dachte angestrengt darüber nach, wie es weitergehen könnte. Vielleicht sollte ich versuchen, irgendwo bei einem Bauern eine Arbeit zu finden. Die Landarbeit war mir ja durch meine Zeit beim Landdienst der HJ nicht fremd. An meinem Tisch saßen zwei Männer im mittleren Alter und sprachen miteinander. Die müssen mir wohl meine Hilflosigkeit angesehen haben. Sie sprachen mich an und erkundigten sich nach meinem Woher und Wohin. Nachdem ich meine Geschichte erzählt hatte, meinte einer der Männer:

„Hier kannst du nicht bleiben. Gegen Mitternacht kommt die Streife der amerikanischen Militärpolizei und verhaftet jeden, der ohne gültige Fahrkarte angetroffen wird."

Mir fiel gleich mein Herz in die Hosentasche.

„Was soll ich denn bloß machen?" fragte ich, „ich weiß doch überhaupt nicht, wo ich hingehen soll."

Mein Gegenüber lud mich daraufhin ein, bei ihm zu übernachten. Ich war glücklich, einen rettenden Strohhalm gefunden zu haben. Wahrscheinlich wäre ich in dieser Situation auch mit dem Teufel mitgegangen, aber so schlimm sah der Mann nicht aus. Er war ordentlich gekleidet, etwas untersetzte Figur, und ich schätzte ihn so um die vierzig Jahre alt.

Eine geraume Zeit blieben wir noch sitzen, bevor wir aufbrachen.

„Wir müssen noch ein Stück mit dem Vorortzug fahren", sagte er.

„Aber ich besitz' doch kein Geld mehr", erwiderte ich.

„Das macht nichts, ich fahre jeden Tag diese Strecke und bezahle nie. Bevor der Schaffner kommt, steigen wir wieder aus", versuchte er mich zu beruhigen. Aber wohl war mir nicht dabei.

Eine halbe Stunde später stiegen wir auf irgendeinem dunklen Vorortbahnhof aus. Es kam tatsächlich kein Schaffner, und ich war froh, als ich den Zug verlassen konnte.

Es war fast Mitternacht. Wir gingen durch einen Vorort Münchens mit Ein- und Zweifamilienhäusern in Gartengrundstücken. Die Straßen waren menschenleer und stockdunkel. Nirgends eine Lampe. In keinem Haus brannte noch Licht. Der Wind jagte schwere Wolken über den Himmel. Von Zeit zu Zeit schrie in der Ferne ein Käuzchen. Mir wurde immer unheimlicher zumute. Der Mann neben mir keuchte, als wäre er sehr erregt.

„Komm, gib mir deinen Koffer", sagte er, „ich trag ihn, damit du besser laufen kannst."

Dabei meinte ich ein Zittern in seiner Stimme zu hören. Nun hatte ich richtige Angst.

„Nein, nein, danke, es geht schon", lehnte ich ab und hielt meinen Koffer ganz fest. Meine Sinne waren auf das äußerste geschärft und die Nerven bis zum Zerreißen gespannt. Alle möglichen Gedanken jagten mir durch den Kopf. Was wollte der Mann von mir? War seine Einladung aufrichtig oder was hatte er vor? Körperlich war ich ihm total unterlegen. Weglaufen konnte ich auch nicht. Ich konnte nur die Sinne wachhalten und hoffen. Der Weg nahm aber auch überhaupt kein Ende. Wo will der denn noch hin mit mir?

Endlich gingen wir in ein Zweifamilienhaus. Ich atmete auf und hoffte dort seine Frau zu treffen. Da aber alles dunkel war, sagte ich:

„Hoffentlich stören wir jetzt nicht Ihre Frau so sehr, sie wird sicherlich einen Schreck bekommen, wenn sie mich sieht."

„Ich habe keine Frau, ich bin Junggeselle", erwiderte er. Das auch noch, dachte ich.

Wir kamen in ein Zimmer, welches sehr spartanisch eingerichtet war. Ein Bett, ein Schrank, ein Tisch mit einem Stuhl sowie ein Waschtisch mit Schüssel und Krug. Sein Fahrrad stand auch noch mit in dem Zimmer. In der Mitte hing ein Lampenpendel mit einer Glühlampe ohne Schirm und verbreitete ein spärliches Licht. Aber ich war froh, daß ich überhaupt wieder etwas sehen konnte. Die Spannung in mir ließ etwas nach. Ich sah mich um und fragte:

„Haben Sie nur das eine Zimmer?"

„Ja", erwiderte er.

„O. k., ich schlaf hier irgendwo auf dem Fußboden."

„Das kommt überhaupt nicht in Frage, du schläfst in dem Bett."

„Und wo schlafen Sie?"

„Na auch in dem Bett. Es ist groß genug, da haben wir beide bequem Platz."

Es war mir zwar furchtbar unangenehm, aber mir blieb keine andere Wahl. Zum Glück trug ich Sportzeug unter der Kleidung, wie es bei den Jugendlichen üblich war. So brauchte ich mich nicht vollkommen zu entkleiden.

Als wir im Bett lagen, fing er an zu erzählen, wie gefährlich es z. Zt. sei, mit einer Frau zu schlafen.

„Die sind doch alle krank", meinte er. Dann sagte er noch:

„Weißt du, was ich möchte?" und fing an, mich zu betasten. Da wußte ich, was die Stunde geschlagen hatte. Nun war mir plötzlich sein ganzes bisheriges Verhalten klar. Ich bekam einen fürchterlichen Schreck und sprang intuitiv aus dem Bett.

„Bist du verrückt!" schrie ich ihn an, „das kommt überhaupt nicht in Frage, ich bin nicht schwul, und wenn du mich nicht in Ruhe läßt, schrei ich das ganze Haus zusammen."

„Um Gottes willen, Werner, sei still, ist ja gut. Ich will dir doch nichts tun. Leg dich wieder hin.". Er weinte und onanierte.

Homosexualität war ja damals fast ein Verbrechen und wurde hart bestraft. Anscheinend hatte er Angst, ich könnte ihn verraten. Er war also sehr gutmütig und versuchte mich zu beruhigen. Als ich dies erkannte, war mir doch etwas wohler, aber geschlafen habe ich in dieser Nacht trotzdem nicht viel.

Wie war ich froh, als es endlich hell wurde und ich aufstehen konnte.

Es war ein herrlicher Morgen mit einem strahlend blauen Himmel. Die Sonne verscheuchte alle Ängste und schlimmen Gedanken der Nacht.

Er war sehr freundlich zu mir und schenkte mir zum Abschied etwas Geld und ein paar Lebensmittelmarken. Jetzt war ich wieder richtig froh. Es ging wieder einmal ein Stück weiter.

Irgendwo mußte ich ja nun hin. Aus den Berichten meiner Eltern kannte ich Bayrischzell. Vor dem Krieg verbrachten sie dort einen Urlaub. Dort sollte es so wunderschön sein. Also fuhr ich hin.

Trotz meiner mißlichen Lage und der Tatsache, daß ich noch nicht wußte, was ich dort tun sollte, genoß ich diese Fahrt sehr. Die sonnenüberfluteten Berge zogen an mir vorüber wie eine märchenhafte Kulisse. Am Schliersee mit seinen grünen Ufern entlang, zogen mich immer wieder die wunderschönen Häuser mit ihren bunten Blumenfenstern in ihren Bann. Das war ein so schönes Erlebnis, daß ich es nie vergessen werde.

Aber auch diese Fahrt ging zu Ende, und die Sorgen hatten mich wieder.

In Bayrischzell angekommen, stand ich etwas verloren auf dem Bahnhof und wußte nicht recht, was ich tun sollte. Die Leute hasteten an mir vorüber. Jeder strebte seinem Ziel entgegen. Nur ich hatte keins. Etwas ratlos lief ich in den Ort. Da sah ich vor mir ein kleines Elektrogeschäft. Wenn ich mich recht erinnere, hieß die Firma „Elektro-Berger". Ich dachte mir, vielleicht gibt es dort Arbeit, man kann ja mal fragen.

„Es tut mir sehr leid, aber wir haben hier viel zuwenig Arbeit, um davon leben zu können, und auf gar keinen Fall reicht es, um noch einen Monteur zu beschäftigen."

Schade, aber es war nicht zu ändern, und ich zog weiter.

In der Nähe des Angers mit einer riesengroßen Linde sah ich einen größeren Bauernhof. Drei Gebäude standen in U-Form um einen großen Hof, an dessen rechter Seite sich ein großer Dunghaufen mit einer Grube befand. Dort fragte ich nach, ob sie nicht einen Knecht brauchen könnten. Die Bäuerin hörte sich meine Geschichte an und rief dann den Bauern. Er kam aus dem Stall und hörte sich ebenfalls meine Geschichte an. Er war schon etwas älter, vielleicht so zwischen 50 und 60 Jahre alt. Groß und hager, aber sehr sehnig, mit einem braungebrannten, harten Gesicht. Er musterte mich von oben bis unten und sagte dann:

„Ja, kannst du denn dös? Da brauchst a Kraft und a dn Kopf! Du sigst net so aus, als hättst du scho amal in dr Kuhscheißn geriehert."

„Versuch's mit mir, Bauer, ich kann's".

„Guat, bleib scho do, aber a Göld kannst nit kriagn, a Bett und a Brotzeit."

Damit war der Arbeitsvertrag abgeschlossen. Für mich war im Augenblick ein Quartier mit Verpflegung viel wichtiger als Geld.

Die Bäuerin führte mich in eine kleine Kammer unter dem Dach. Dort stand nur ein Bett, ein Schrank sowie ein Waschtisch mit Schüssel und Krug. Kein Tisch und kein Stuhl, dafür war in dem kleinen Zimmer kein Platz mehr. Aber ich hatte ein Dach über dem Kopf und konnte mich satt essen. Ich war zufrieden.

Da ich nur ein Paar Schuhe besaß, stellte mir die Bäuerin ein Paar Holzpantoffeln für die Arbeit zur Verfügung. Diese waren mir viel zu groß und ich hatte enorme Schwierigkeiten, damit zu laufen. Vor allem, wenn ich die beladene Dungkarre über den Holzsteg auf den Dunghaufen fahren mußte. Da flogen sie meistens davon, und manchmal kippte die Karre um. Die Bäuerin hat sich dabei halb totgelacht.

Nach wenigen Tagen kamen immer wieder Mädchen auf den Hof. Sie machten sich ein Behelfchen und wollten nur den neuen Knecht sehen, der doch von den Russen geflohen sein soll. Eine der Mädchen faßte sich ein Herz und sprach mich an. Wir plauderten ein Weilchen, dann lud sie mich ein, am Abend zur Linde am Anger zu kommen. Mehr als gern sagte ich zu. Der Anger mit der Linde war der allabendliche Treffpunkt der Jugend des Ortes.

Als ich dort hinkam, staunte ich nicht schlecht, da waren schon etwa 12 bis 14 Jugendliche, Jungen und Mädchen, versammelt. Das Mädchen, welches mich eingeladen hatte, kam mir ein Stück entgegen, begrüßte mich und stellte mich den anderen vor. Ich wurde sofort sehr herzlich in ihrer Mitte aufgenommen, was mich sehr froh stimmte. Ich mußte viel erzählen, und alle hörten mir mit großem Interesse zu.

Bis spät in die Nacht saßen wir zusammen. Die Zeit verging viel zu schnell, und wir vereinbarten, uns wieder zu treffen.

Ein paar Tage später kam die Mutter des Mädchens, welches mich in die

Gruppe gebracht hatte, ganz aufgeregt auf den Hof und berichtete, daß mich am nächsten Morgen die Polizei abholen will, da ich keinen Ausweis besaß und nicht gemeldet war. Sie wußte es von einer Nachbarin, deren Ehemann bei der Gemeindeverwaltung beschäftigt war.

Das war wieder ein Schock für mich. Mit so etwas hatte ich nicht gerechnet. Aus Angst vor der Polizei packte ich sofort meinen Koffer. Ich war sehr traurig und hätte heulen können. Es hatte doch alles so schön angefangen, und nun dies. Die Bäuerin war auch traurig. Sie gab mir noch etwas Geld und „a Brotzeit“ auf den Weg, dann verabschiedete ich mich.

In der Nacht bin ich förmlich zum Bahnhof geschlichen, damit mich ja niemand sieht. Kein Vogel sang mehr, ich glaube, die waren auch traurig. Mit dem nächsten Zug fuhr ich erst mal in Richtung München.

Wo sollte ich denn nun hin? Da kam mir ein Gedanke. Es war ein Strohhalm, an dem ich mich eventuell festhalten konnte. Mir fiel ein, daß in Fürth ein Bruder meiner Großmutter, mütterlicherseits, wohnte. Im Alter von sechs Jahren war ich einmal mit meinen Eltern dort auf Besuch. Allerdings hatten wir nie wieder Kontakt miteinander und ich konnte mich auch so gut wie an nichts mehr erinnern. Ich wußte lediglich, daß meine Großmutter eine geborene Berger war und ihr Bruder mit seiner Familie in Stadeln bei Fürth in einer Art Gartensiedlung wohnt.

Also auf nach Stadeln. Nach einigem Suchen und Fragen fand ich schließlich doch die Familie Berger. Sie staunten nicht schlecht, als ich vor der Türe stand. Sie konnten sich noch genau an meinen Besuch als Kind erinnern und nahmen mich sehr herzlich auf. Ich war richtig glücklich über die gefundene Lösung und war zunächst wieder einmal eine große Sorge los.

Das Tollste dabei war noch, daß der Sohn des Hauses, also mein Großonkel, Musiker war. Er war Trompeter bei dem Orchester Richard Linsner in Fürth. Dieses Orchester spielte seit längerem in einem Ami-Club in Fürth und suchte einen neuen Schlagzeuger. Das konnten doch fast keine Zufälle mehr sein. Nach dem Schock in Bayrischzell hatte mir der Herr diese neue Chance beschert. Ich konnte das Glück gar nicht fassen.

Gleich am nächsten Abend nahm mich mein Großonkel mit dorthin. Ich spielte den ganzen Abend Schlagzeug und hatte riesigen Beifall. Die Amerikaner tobten vor Begeisterung. Einer wollte mich sofort mit nach Amerika nehmen. Er hat lange versucht, mich zu überreden, aber dazu fehlte mir der Mut. Ich war mir nicht sicher, ob das alles stimmt, was der Mann mir erzählte und was ich in Wirklichkeit dort vorfinden würde. Das war mir mehrere Nummern zu groß.

Richard Linsner engagierte mich sofort und stellte mir eine Bestätigung zur Erlangung einer Aufenthaltsgenehmigung aus.

Aber noch bevor alles richtig zum Laufen kam, erhielt ich wieder die Geheiminformation, daß die Polizei im Anmarsch sei und mich holen will. Ich war verzweifelt. Sollte ich denn nie zur Ruhe kommen?

In der Zwischenzeit hatte ich Post von meiner Mutter erhalten. Sie schickte mir einen Brief meines Jugendfreundes Karl-Heinz Seidel. Er schrieb mir, daß er etwa vor sechs Monaten von Dresden weg ist und in Burgbernheim in Mittelfranken eine vorläufige Bleibe gefunden hat.

Da bot sich wieder ein Strohhalm. Vielleicht konnte mir der Karli irgendwie helfen, seßhaft zu werden.

Wieder hieß es Koffer packen und über Nacht verschwinden. Wieder war alles umsonst. Langsam war ich es leid, ständig auf der Flucht zu sein.

Meine Verwandten statteten mich mit allem Notwendigen aus, und dann war ich wieder unterwegs.

In der Nacht kam ich zunächst nur bis Nürnberg. Am nächsten Morgen fuhr ich dann weiter nach Burgbernheim. Es ist ein kleines Städtchen, angelehnt an einen Höhenzug. Fast der ganze Ort liegt am Hang. Damals gab es dort eine Uhrenfabrik, aber die existiert schon lange nicht mehr. Es war die einzige Industrie im Umkreis von vielen Kilometern.

Karli, wie wir den Karl-Heinz Seidel nannten, bewohnte gemeinsam mit Wilfried Wagner, auch ein Dresdner, eine ausgebaute Bodenkammer bei der Familie Liehr in der Nr. 19.

Als ich durch die Türe trat, hat sich Karli vor Freude fast überschlagen. Er konnte es gar nicht fassen, daß ich plötzlich da war. Er holte sofort etwas Milch und Brot, damit ich mich erst mal stärken konnte. Dann stellte er mich der Familie Liehr vor.

Nachdem ich meine Fluchtgeschichte erzählt hatte, bat ich die Familie Liehr um ihre Erlaubnis, dableiben zu dürfen. Sie gewährten mir die Bitte und ich konnte wieder einmal froh sein. Vor allem, ich war nicht mehr allein und hatte endlich einen Freund bei mir. Ich fühlte mich sofort wie zu Hause.

Morgens frühstückten wir für uns in unserm Zimmer mit Milch und Brot. Mittags erhielten wir, gemeinsam mit noch anderen Flüchtlingen, welche am Ortsrand in Baracken lebten, in der Gaststätte „Zur Linde“ kostenlos ein warmes Essen. Zum Abendessen waren wir bei der Familie Liehr eingeladen. Sie hatten eine Tochter namens Lore. Sie war im gleichen Alter wie ich und war mir sehr zugetan. Die Eltern hätten es auch gerne gesehen, wenn wir zusammengekommen wären. Leider konnte ich ihre Zuneigung nicht so erwidern.

Natürlich hatte ich unseren Wirtsleuten auch von der Tatsache, daß ich keine Papiere besaß und mich deswegen dauernd die Polizei verfolgte, berichtet. Nach etwa einer Woche kam frühmorgens, ich schlief noch, die Mama Liehr, wie wir sie nannten, die Bodentreppe hochgerannt:

„Werner, Werner, die Polizei kimmt!"

Sofort sprang ich aus dem Bett und versteckte mich auf dem Boden. O Gott, dachte ich, was denn nun. Mir schlug das Herz bis zum Hals, daß ich dachte, mir platzt der Kopf. Nach wenigen Augenblicken kam der Polizist die Treppe hoch. Er betrat unser Zimmer und fragte nach mir. Meine Freunde versuchten mich zu verleugnen. Er sah mein Bett an und dann meine Freunde:

„Hört mal zu, Freunde, wenn ihr glaubt ihr könnt mich verklapsen, dann seid ihr auf dem Holzweg. Das Bett ist benutzt und noch ganz warm. Also, entweder unser Freund meldet sich innerhalb einer Stunde bei uns auf der Wache, oder er wird geholt. Sagt ihm das!" Damit war er wieder weg.

Nun war guter Rat teuer. Mama Liehr war sehr rührend zu mir und versuchte mich zu trösten. „Komm, Werner", sagte sie, „ich geh mit dir mit, die können dir ja nicht den Kopf abreißen."

Ich sah ein, daß es vollkommen sinnlos war, wieder davonzulaufen. Es gab keine Alternative mehr. Also gingen wir gemeinsam zur Wache.

Zunächst mußten wir uns eine Moralpredigt wegen Verletzung der Meldepflicht usw. anhören. Aber der Polizist war trotz allem recht freundlich. Am Ende sagte er:

„Es nützt alles nichts, du mußt auf alle Fälle nach Ansbach ins Flüchtlingslager. Dort wirst du registriert und erst danach erhältst du einen Ausweis. Das ist die Voraussetzung, daß du beim Landratsamt in Windsheim eine Aufenthaltsgenehmigung beantragen kannst. Der Aufenthalt im Flüchtlingslager wird nicht mehr als vier Tage dauern. Es gibt keine andere Möglichkeit."

Damit war ich entlassen. Ich hatte zwar überhaupt keine Lust, in solch ein Flüchtlingslager zu gehen, war aber froh, daß es nicht schlimmer kam. Es blieb mir auch keine Wahl. Hätte ich allerdings geahnt, was mir dort widerfuhr, keine 10 Pferde hätten mich dorthin gebracht.

Wieder einmal hieß es Koffer packen und verreisen.

In Ansbach meldete ich mich sofort in dem Flüchtlingslager. Ich wurde aufgenommen und erhielt ein Bett in einem Schlafsaal zugewiesen. Wieder einmal kam ich mir sehr einsam und verlassen vor. Nun dachte ich, daß ich doch eigentlich nach der Registrierung mit einer entsprechenden Bescheinigung wieder abreisen könnte. Aber dem war nicht so.

Nach vier Tagen sprach ich in der Lagerverwaltung vor, um mich zu erkundigen. Dort erhielt ich die Auskunft, daß noch einige Tage vergehen werden, bis alles bearbeitet ist.

Etwa eine Woche später gehe ich, wie auch die Tage vorher, im Lagergelände spazieren. Es war ein wunderschöner Sommertag. Es duftete nach dem nahen Wald, und die Vögel sangen lustig. Aber ich war traurig und hing meinen Gedanken nach. So kam ich am äußersten Ende des Lagers an. Plötzlich wurde ich sehr unsanft aus meinen Gedanken gerissen. Da standen zwei amerikanische Soldaten mit der MPi im Anschlag und donnerten mich an:

„Go back to the camp, but quickly."

Mein Gott, hatte ich mich erschrocken. Was war denn los? Die waren doch gestern noch nicht hier. Neben den beiden lagen im Abstand von 10 bis 15 m weitere Soldaten mit Maschinengewehren im Gras und zielten auf das Lager. Ich war entsetzt. So schnell ich konnte lief ich ins Lager zurück und informierte meine Mitinsassen über dieses Erlebnis. Alle waren sehr betroffen und wußten nicht, wie dies alles zu deuten wäre. Alle Lagerinsassen kamen aus der Ostzone.

Etwa eine Stunde später wurden alle 120 Personen auf den Appellplatz gerufen. Der Lagerleiter teilte uns, in Anwesenheit der amerikanischen Militärpolizei, mit, daß wir auf Befehl der amerikanischen Militär-Administration keine Einreiseerlaubnis erhalten und in die Ostzone abgeschoben werden. Wir hatten 30 Minuten Zeit, um unsere Koffer zu packen. Dann sollten wir wieder auf dem gleichen Platz stehen.

Na toll, dachte ich, da hab ich ja was gekonnt. An eine Flucht war überhaupt nicht zu denken. Das ganze Lager war umstellt. Wir wurden bewacht wie Schwerverbrecher.

Auf dem Appellplatz mußten wir in vier Abteilungen zu je 30 Mann antreten und marschierten so zum Bahnhof, auf jeder Seite von 10 Soldaten, mit der MPi im Anschlag, eskortiert.

Mir kam das alles vor wie ein böser Traum. Es erschien mir so unwirklich, daß ich es einfach nicht glauben konnte.

Auf dem Güterbahnhof Ansbach stand schon ein Güterzug bereit. Auf der Laderampe davor standen noch mehr Flüchtlinge und Militärpolizei. Zu je 20 Personen wurden wir auf die Güterwagen verteilt. Es war so ein richtiger Gefangenentransport.

Ungeachtet, ob Mann oder Frau, wurden wir in die Wagen geschoben, die Türen verschlossen und plombiert. Mein Gott, steh mir bei, dachte ich.

Es waren geschlossene Güterwagen, welche auf jeder Seite vorn und hinten je eine Belüftungsöffnung hatten. Diese Öffnungen waren etwa 30 x 70 cm groß und befanden sich direkt unter dem Dach. Sie waren also zu hoch, um rausschauen zu können. Ich trug mich natürlich sofort mit Fluchtgedanken. Der Zug setzte sich in Bewegung und ratterte monoton dahin. Ich saß da und zermarterte mir das Hirn, wie ich es wohl anstellen könnte. Es war zum Wahnsinnig-Werden.

Ich beschloß, falls der Zug mal hält, die Gelegenheit zu nutzen, um mich durch diese Belüftungsöffnung zu zwängen und zu fliehen. Aber beim ersten Halt stellte ich fest, daß der Zug vorn und hinten mit Militärpolizei besetzt war. Diese Begleitung lief bei jedem Halt lautstark um den Zug und kontrollierte die Türverschlüsse. Ich war verzweifelt und hatte Angst. Angst davor, den Russen ausgeliefert zu werden. Ich hatte mich doch einem Arbeitsbefehl durch die Flucht entzogen. Ein Arbeits- oder Internierungslager war das mindeste, was mich erwartete. Eventuell sogar Gefängnis oder Deportation nach Rußland.

Diese Ängste waren der Grund, weshalb ich zu allem entschlossen war.

Durch eine Ritze in der Wand konnte ich verfolgen, wo wir uns befanden. Die Nacht brach herein, und die anderen begannen zu schlafen. Es dauerte nicht lange und der ganze Waggon schnarchte.

Mit jeder Minute, jedem Rattatat, Rattatat und jedem gefahrenen Meter kamen wir der verhängnisvollen Grenze näher. Meine nervliche Anspannung stieg ins unermeßliche.

Gegen Mitternacht näherten wir uns Hof. Als wir eine Bahnanlage mit vielen Gleisen passierten, verringerte der Zug seine Geschwindigkeit beachtlich. Auf den Gleisen standen viele abgestellte Waggons und ganze Züge. Der Zug stand nicht, es waren also keine Posten da, aber er fuhr sehr langsam. Ich dachte: Jetzt oder nie, dies ist die letzte Chance. Ich schob meinen Koffer durch die Öffnung und ließ ihn einfach fallen. Die anderen schliefen alle und merkten gar nicht, was da vorging. Mit größter Eile zog ich mich an der Öffnung hoch, zwängte mich durch (was heute nicht mehr möglich wäre) und sprang in Fahrtrichtung vom Waggon weg. Ich kam gut auf und rannte sofort zurück zu meinem Koffer. Der war zum Glück nicht unter den Zug, sondern neben das Gleis gefallen. Mit dem Koffer rannte ich sofort wie ein Wiesel unter den abgestellten Zügen hindurch über die Gleisanlage. Da hörte ich schon laute Pfiffe durch die Nacht gellen. Man hatte die Flucht entdeckt. Der Zug hielt mit einem lautstarken Ruck an. Ich hörte laute Stimmen durcheinander rufen und eilige Schritte auf dem Schotter, welche sich in meiner Richtung bewegten. Ich dachte: Jetzt nur nicht durchdrehen und Ruhe bewahren. Ich hatte ja ein ganzes Stück Vorsprung, und die anderen waren langsamer als ich, da sie suchen mußten. Das alles ging mir in Bruchteilen von Sekunden durch den Kopf. Nur nicht nachlassen, dachte ich noch.

Am Ende der Bahnanlage war eine mit Gras bewachsene Böschung. Diese sprang ich hinab und überschlug mich dabei, aber den Koffer hielt ich fest in der Hand. Ich kam auf einen Feldweg, welcher an dieser Stelle einen Knick machte und von der Bahnlinie wegführte. In dieser Richtung rannte ich weiter, immer ins Dunkle.

Es war eine stockdunkle Nacht, kein Mondschein, kein Stern zu sehen. Die Dunkelheit war mein Verbündeter und kam mir zu Hilfe. In deren Schutz rannte ich immer weiter. Auf dem Bahngelände sah ich Taschenlampen durcheinanderhuschen. Dann sah ich schon einige Lampen die Böschung herunterkommen. Jetzt wurde es ernst. Links vom Weg sah ich in der Dunkelheit ein Maisfeld auftauchen. Die Stengel waren höher als ich. Intuitiv rannte ich dort rein. Nach etwa 20 m hockte ich mich auf den Boden. Ich wagte kaum zu atmen und hatte doch vom Laufen enorme Luftnot. Es vergingen entsetzlich bange Minuten, die mir wie Stunden erschienen. Hier war Endstation, hier konnte ich nicht mehr weg. Sollten meine Häscher am Feldrand, im Schein ihrer Lampen, die beschädigten Maisstengel sehen, dann ist alles aus. Nur die Nerven behalten und in Ruhe warten. Endlich, nach einer schier endlos erscheinenden Ewigkeit, hatte ich den Eindruck, als wenn sich die Soldaten zurückziehen würden. Die Stimmen entfernten sich, und es wurde still. Irgendwo im Dschungel der Maisstengel piepsten ein paar Feldmäuse. Ganz in der Nähe hörte ich ein Käuzchen schreien, also konnte der nächste Wald nicht weit sein. Ein Pfiff der Eisenbahn ertönte, und dann hörte ich, wie sich der Zug in Bewegung setzte. Das klang in meinen Ohren wie Musik. Ein Engelschor sang dazu: „Du hast es geschafft, du bist frei!"

Als die Anspannung von meinen Nerven wich, mußte ich weinen. Es waren erlösende Tränen, die ich nicht verhindern konnte und auch gar nicht wollte.

Als ich ganz sicher sein konnte, daß niemand mehr in der Nähe war, verließ ich mein Versteck und lief den Feldweg einfach weiter. Es war eine laue Sommernacht und fast windstill. Nach vielleicht 10 Minuten erreichte ich einen Wald. Da ich sehr müde und abgespannt war, lief ich ein Stück in den Wald hinein, legte mich einfach auf den Boden und schlief sofort ein.

Am nächsten Morgen wurde ich sehr zeitig wach, denn es war in der zweiten Nachthälfte doch ganz schön frisch geworden und mich fröstelte.

Wieder einmal stand ich vor dem Problem: Was sollte ich nun tun? Ich besaß nur noch sehr wenig Geld. Es reichte keinesfalls für eine Fahrkarte. Auch besaß ich keinen Ausweis und keine Lebensmittelmarken. Es war wiedermal so richtig bescheiden. Ich entschloß mich, nach Burgbernheim zu laufen, und hoffte, daß man mir dort irgendwie weiterhelfen könnte. Was sollte ich denn sonst auch tun? Ich wußte keinen Ausweg. Burgbernheim mußte etwa 200 km von meinem Standort entfernt in südwestlicher Richtung liegen. Das Leben hatte mir ja in der Vergangenheit sehr reichlich Gelegenheit zum Überlebenstraining gegeben. Der vor mir liegende Weg schreckte mich also nicht.

Ich suchte mir einen passenden Stock, damit ich meinen Koffer auf der Schulter tragen konnte, und machte mich auf den Weg. Natürlich hatte ich erst mal fürchterlichen Hunger, wogegen ich unbedingt etwas tun mußte. Im nächsten Dorf ging ich in den ersten Gasthof und bat um eine Suppe. Das war damals fast normal, und niemand nahm daran Anstoß. Vor allem, wenn ich meine Flucht schilderte, fand ich immer offene Herzen. So hatte ich auch in diesem Gasthof Glück und erhielt eine Milchsuppe und ein Stück Brot. Was brauchte ich mehr? Die Tür vom Gastraum zur Küche stand offen. Dort saß die Wirtin mit ihren vier Kindern an einem Tisch, um zu frühstücken. Die Wirtin ermahnte die Kinder: „Noch nicht anfangen, ich spreche erst das Tischgebet!“ Das hörte sich dann etwa so an: „Lieber Gott im Himmel – Albert sei still – wir danken Dir – Finger weg Renate (begleitet von einem klatschenden Geräusch) – für Deine tägliche Gnade – ich hab das Brot vergessen, reich es mal rüber, Herbert – und den täglich reich gedeckten Tisch – nun setz dich doch mal ordentlich hin, Albert – und bitten Dich, erhalte uns gesund, Amen – Patsch (eine Ohrfeige), und wenn du noch mal mit deinen Dreckfingern in die Suppe langst, kriegst du noch eine, aber dann richtig.“

Ich mußte schmunzeln. Das war das Tischgebet einer überlasteten Mutter. Der Vater war sicher zur Arbeit auf dem Feld.

Von da an wanderte ich zügig durch den Frankenwald, durchquerte die Fränkische Schweiz, immer in Richtung Südwest. Das Wetter war wie ein Pflaster auf meine wunde Seele. Bis auf ein paar kleine Regenschauer hatte ich auf meinem Weg immer strahlenden Sonnenschein und kam gut voran. Außer den Zwangspausen zum Essen und Schlafen verlockten mich lediglich ab und zu die Felsen der herrlichen Fränkischen Schweiz, einige Augenblicke zu verweilen. Sie erinnerten mich sehr stark an die Sächsische Schweiz, das Elbsandsteingebirge in der Nähe von Dresden. Ich war sehr oft klettern in diesen Felsen bei Dresden.

Die Wanderung verlief ohne nennenswerte Zwischenfälle. Geschlafen habe ich im Wald und gegessen, wo ich etwas bekam.

Am siebenten Tag nach meiner Flucht bei Hof erreichte ich gegen Abend Burgbernheim. Die Freude über meine Rückkehr war genau so groß wie das Entsetzen über die Erlebnisse.

1947/48 – Meine Zeit in Burgbernheim

Gemeinsam setzten wir uns alle zusammen und berieten, was wir tun könnten, um der neuen Situation Herr zu werden. Nach langem Diskutieren sagte Papa Liehr: „Hört zu, Jungs, ich habe eine Idee. Wir stehen kurz vor den Kommunalwahlen. Jeder Beamte versucht alles Mögliche, um sich Wählerstimmen zu sichern. Fahr doch einfach nach Windsheim und geh zum Flüchtlingskommissar. Erzähl ihm deine Geschichte, vielleicht hilft er dir. Der Versuch lohnt sich auf alle Fälle. Ich kann mir einfach nicht vorstellen, daß die dich, bei den zu erwartenden Konsequenzen, auch abschieben wollen." Dieser Vorschlag brachte einen Schimmer von Hoffnung in mein Inneres.

Gesagt, getan! Und ich hatte Erfolg! Der Flüchtlingskommissar war sehr freundlich und zeigte großes Verständnis für meine Probleme. Auch er konnte nicht verstehen, wieso man mich abschieben wollte, und meinte: „Ja, ja, die menschlichen Aspekte interessieren die Herren von der Besatzungsmacht überhaupt nicht."

Das erste Mal seit dem Beginn meiner Odyssee lief nunmehr alles nach meinen Wünschen, ohne Probleme.

Am 1. Oktober 1947 erhielt ich die Zuzugsgenehmigung nach Burgbernheim. Am 9. Oktober erhielt ich die Ausweiskarte Nr. 284 Wi 9870 über die Registrierung beim Arbeitsamt. Zug um Zug ging es so weiter. Am 23. Oktober erhielt ich meine Kennkarte als Musiker und am 4. November die Meldebescheinigung zur Vorlage bei der Lebensmittelkarten-Ausgabestelle.

Endlich hatte ich meine Papiere zusammen und konnte in Ruhe mein Leben gestalten. Ein ungeheures Glücksgefühl überkam mich bei dem Gedanken, daß meine Irrfahrt, welche mehr als fünf Monate dauerte, nun vorüber war und ich mich in Geborgenheit frei bewegen konnte.

In dem Moment, wo ich meinen Ausweis besaß, teilte ich dem Arbeitsamt Dresden, Abteilung Arbeitsverpflichtung, mit, daß ich kurz vor dem Erhalt der Arbeitsverpflichtung zur Wismut nach Aue nach dem Westen verzogen bin. Leider ist mir diese Verpflichtung erst so spät nachgeschickt wurden. Selbstverständlich wäre ich der Verpflichtung nachgekommen, wenn ich noch in Dresden gewesen wäre.

Es hat geklappt, ich hatte eine wahre Glückssträhne. Am 11. 12. 47 hat man mir meinen Entpflichtungsbescheid zugestellt. Nun war ich wieder richtig froh, denn ich konnte auch nach Hause zurück, wenn ich wollte. Aber noch war es nicht so weit.

Gehen wir zurück zu dem Zeitpunkt, als ich von meiner Flucht in Hof wieder nach Burgbernheim kam. Es war die Zeit der Kirchweihfeste.

Wir hatten alle keine Arbeit, wollten aber irgendwie etwas für unseren Lebensunterhalt tun. Also sind wir zum Kuchen-Singen von Kirchweih zu Kirchweih gefahren. Wilfried Wagner spielte Gitarre, und wir sangen gemeinsam im Duett. Während wir beide sangen, ist Karli an die Türe und hat dafür Kuchen und Wurst in Empfang genommen. Das verstauten wir jeweils in einem Sack, den wir bei uns hatten. So sind wir von Hof zu Hof durch das ganze Dorf gezogen. Nach zwei Tagen waren die Säcke voll. Wir hatten nun zwar genug zu essen, aber kein Geld. Wir brauchten aber unbedingt Geld für die Übernachtung und anderes.

Da Wilfried auch Klavier spielte, nutzten wir diesen Vorteil aus und musizierten in den Gaststuben, wo immer ein Klavier stand, zur abendlichen Unterhaltung der Gäste. Natürlich sangen wir auch gemeinsam zu seinem Spiel. Nach einer gewissen Zeit sammelte Karli mit einem Teller Geld bei den Zuhörern. Damit konnten wir unsere Übernachtung immer bezahlen und es reichte auch noch für ein Glas Bier.

Zweimal gerieten wir auf dieser Tour in finanzielle Bedrängnis. Beim ersten Mal reichte das eingespielte Geld nicht, um die Übernachtung zu bezahlen. Wir mußten aber weiter zur nächsten Kirchweih. Karli und Wilfried schickten mich zum Pfarrer. „Du bist der einzige, der das kann. Versuche von ihm etwas Geld zu bekommen", meinten sie. Nach anfänglichem Protest meinerseits ging ich dann doch. Schweren Herzens begab ich mich zu seiner Wohnung:

„Guten Tag, Herr Pfarrer."

„Guten Tag, mein Junge, wo drückt Dir denn der Schuh?"

Die Güte und Freundlichkeit, die er ausstrahlte, wirkte sehr beruhigend auf mich, und ich gewann meine Selbstsicherheit zurück.

„Ja, also, das ist so", begann ich zögernd, während ich fieberhaft überlegte, wie ich es wohl am besten vorbringen könnte. Ich wollte auch nicht zu dick auftragen und soviel wie möglich bei der Wahrheit bleiben.

„Nur zu, mein Junge."

„Wir waren zu dritt hier auf der Kirchweih. Nach dem Gottesdienst haben wir mit Musik und Gesang versucht, den Leuten zur Kirchweih Freude zu bringen."

„Das ist sehr lobenswert."

„Ja, übernachtet haben wir im Hirsch, und als wir heute bezahlen wollten, mußten wir feststellen, daß unser gesamtes Geld verschwunden ist. Wir hatten nämlich eine Gemeinschaftskasse. Es hat aber auch keinen Sinn, deswegen zur Polizei zu gehen, denn wir sind uns nicht sicher, ob wir die Geldtasche verloren haben oder ob sie uns gestohlen wurde. Nun wissen wir nicht, was wir machen sollen. Wir müssen doch unsere Schulden bezahlen. Könnten Sie uns eventuell helfen, Herr Pfarrer?"

„So, so, wie hoch sind denn eure Schulden?"

„Wir müssen pro Bett 5,– RM pro Nacht bezahlen und waren zwei Nächte hier. Wir benötigen also 30,– RM."

„Na gut, ihr sollt das Geld haben. Aber in Zukunft gebt ihr besser acht auf eure Geldbörse."

Er gab mir das Geld aus seiner eigenen Börse, und ich verabschiedete mich mit einem herzlichen „Vergelt's Gott" (Gott möge mir verzeihen). Mir war auch gar nicht wohl dabei. Diese Maßnahme entsprach nicht meinem Naturell. Ich ließ mich zwar dazu überreden, aber ich schwor mir, so etwas nie wieder zu tun.

Da war der zweite Fall schon eher nach meinem Geschmack. Es war gegen Ende der Kirchweihzeit, kurz vor unserer Rückreise nach Burgbernheim. In Deutenheim gab es ein sehr gemütliches Etagen-Café. Eines Nachmittags gingen wir dahin, um eine Tasse Kaffee zu trinken und ein Stück von dem so lecker aussehenden Kuchen zu essen. Kurz bevor wir bezahlen wollten, stellten wir fest, daß keiner von uns Geld hatte. Jeder hatte sich blind darauf verlassen, daß irgendwer noch was hat. Zunächst waren wir sehr erschrocken. Was nun? Hier in dem Café singen? Nein! Kein Klavier, keine Gitarre dabei, nein. Karli hatte den Einfall der Rettung: „Werner, du mußt zaubern."

Seit meiner Kindheit befaßte ich mich schon etwas mit der kleinen Magie, der Tischzauberei. So manchen Trick kaufte ich als Kind für mein rares, gespartes Taschengeld bei der Fa. Zauber-Manfredo in Dresden in der Frauenstraße hinter dem Altmarkt. Einige dieser Tricks hatte ich immer bei mir, sie begleiteten mich durch mein ganzes Leben. Damit konnte ich z. B. Tücher verschwinden und irgendwo wieder erscheinen lassen oder eine brennende Zigarette in einem fremden Halstuch o. ä. verschwinden lassen und noch vieles mehr. Außerdem konnte ich auch mit fremden Gegenständen improvisieren.

Ich fing also an, einige Tricks an unserem Tisch vorzuführen. Natürlich wurde der Nachbartisch aufmerksam und schaute interessiert zu uns herüber. Das hatten wir bezweckt. Mit den Worten: „Wenn Sie das interessiert, komme ich gerne zu Ihnen rüber und zeig' es Ihnen noch mal". Natürlich wollten sie. Es dauerte nicht lange und die anderen Gäste wurden auch aufmerksam und baten mich an ihre Tische. Im Handumdrehen gab es in dem Lokal nur noch ein gemeinsames Thema: Wie macht der das? Mit etwas Phantasie brachte ich schon ein ganz passables Programm zusammen.

Die Wirtin war so begeistert, daß sie uns unsere Zeche spontan schenkte. Am liebsten hätte sie uns engagiert. Wir hatten erreicht, was wir wollten, und brauchten kein Geld an den Tischen zu sammeln. Es war ein durch und durch vergnüglicher Nachmittag.

Am nächsten Morgen traten wir vergnügt unsere Heimreise an. Wir hatten es ja nicht weit.

In Burgbernheim gingen wir dann erst mal unseren Wirtsleuten zur Hand. Papa Liehr war Eisenbahner. Er hatte Ziegen, welche an die Wegraine zum Fressen getrieben und gehütet werden mußten. Die Hühner mußten versorgt werden, und wir halfen auch beim Schlachten. Wir machten uns nützlich, wo wir nur konnten, um unseren Wirtsleuten unsere Dankbarkeit zu zeigen.

Oberhalb des Ortes, am Mühlenberg, war eine freie Wiese. Dort setzten wir uns oft am Abend hin und sangen unsere Lieder zur Gitarre von Wilfried. Sehr oft kamen dabei noch andere Jugendliche aus dem Ort und setzten sich zu uns, um uns zuzuhören. Dieser Umstand brachte uns auf die Idee, irgendwie öffentliche Auftritte zu organisieren. Vielleicht konnte man etwas machen, womit man Geld verdienen konnte.

Auf dem Mühlenberg gab es den sogenannten „Mühlensaal" mit einer richtigen Bühne. Dieser Saal war ungenutzt und bot sich für unsere Zwecke geradezu an. Wir hatten zwar noch keine richtige Vorstellung, was wir da so richtig machen wollten, aber den eisernen Willen, etwas in dieser Richtung zu unternehmen, hatten wir.

Wir zogen noch einige Jugendliche aus dem Ort ins Vertrauen und berieten mit ihnen über unsere Gedanken. Nachdem wir so einiges aufgezählt hatten, was wir so alles machen könnten, sagte einer:

„Gründen wir doch ein Varieté, ein Volksvarieté."

„Im Prinzip kein schlechter Gedanke", meinten die anderen, „wir müssen nur alles gut organisieren und gut verkaufen." Hier kamen mir meine Erfahrungen, welche ich bei dem Bühnenschau-Orchester Heinz auf der Heide sammeln konnte, sehr zugute.

Wir gingen sofort mit großem Elan daran, unsere Gedanken in die Tat umzusetzen.

Zunächst stellten wir einen Plan auf, was wir so alles für Programmpunkte eventuell realisieren könnten. Da kam doch schon allerhand zusammen.

Als erstes brauchten wir ein richtiges Orchester mit einer schmissigen Musik. Wir suchten im ganzen Bekanntenkreis nach ein paar Musikern und fanden auch, was wir brauchten. Folgende Besetzung brachten wir auf die Beine: Klavier (Wilfried Wagner), Schlagzeug (ich), eine Trompete, ein Saxophon, eine Violine und ein Schlagbaß. Alle von auswärts. Einige hatten ein eigenes Instrument, und einiges mußten wir uns leihen. Wir nannten uns „Jazzband Dresden".

Da die Stadtfarben von Dresden Gelb/Schwarz sind, organisierten wir uns schwarze Oberhemden und fertigten uns dazu selbst gelbe Krawatten an. Damit stand schon mal unsere Orchesterkleidung. Als Orchesterschilder bemalten wir Pappen mit gelber Farbe und schrieben mit schwarzer Farbe in großen Lettern schräg DRESDEN darauf. Davon wurde ein Schild am Schlagzeug und zwei an den Notenständern angebracht. Damit war das Outfit des Orchesters komplett. Natürlich probten wir parallel zu diesen Arbeiten schon fleißig im Orchester. Außerdem mußten wir ja auch noch die anderen Darbietungen aufbauen.

Wilfried und ich wollten als Gesangsduo mit zwei Gitarren auftreten. Aber ich konnte überhaupt nicht Gitarre spielen. Wilfried wußte einen Trick, wie ich mit meinen musikalischen Grundkenntnissen sofort Gitarre spielen konnte. Die Saiten wurden zum C-Akkord gestimmt und dann kann man jeden Akkord der Tonleiter im Barré, also mit dem Zeigefinger quer über das Griffbrett, greifen. Andere Tonkombinationen sind natürlich nicht möglich, aber zum Improvisieren reichte es aus. Unsere Gesangsnummer ist ganz toll angekommen. Unsere Top-Hits waren u. a.: Es war an einem Frühlingstag im sonnigen Sorrent und Ganz leis' erklingt Musik.

Als besonderen Show-Effekt sprach ich zwischen dem von Wilfried gesungenen Text einen Phantasietext. Das klang dann etwa so: „Ganz leis' – mein Liebes – erklingt Musik – ich sehn mich so nach Dir“ u. s. w. So etwas war damals absolute Spitze, und wir hatten einen Riesenerfolg damit.

Des weiteren trat ich als Zauberkünstler auf. Aber das war nicht so ein Erfolg. Für so eine Show auf der Bühne waren die Tricks zu klein und deshalb nicht geeignet. Das Publikum war zu weit weg. Das meiste davon ging deshalb etwas unter.

Weiterhin hatten wir noch einen Jongleur, der mit selbstgebastelten Utensilien arbeitete und sehr gut ankam.

Unsere Hauptattraktion jedoch war eine Clown-Nummer, welche wir dem Zirkus Sarasani nachgestaltet hatten: Enrico und Francesco im Gespensterschloß.

Karli spielte den Enrico und ich den Francesco. Der Inhalt ist in etwa folgender:

Enrico und Francesco treffen sich vor dem geschlossenen Vorhang. Enrico (das ist der einfältige Clown) erzählt dem Francesco (das ist der immer vornehme weiße Clown), daß sich ganz in der Nähe ein Schloß befindet, auf welchem es spukt. Enrico bittet Francesco, mit ihm doch dorthin zu gehen. Nach kurzem Dialog willigt er ein, und beide gehen hinter die Bühne. Währenddessen öffnet sich der Vorhang. Die Bühne ist im Halbdunkel. In der Mitte der Bühne steht ein Bett mit einem Nachtschrank, auf welchem ein Kerzenhalter mit einer Kerze steht. Die Türe öffnet sich langsam, und die beiden kommen herein, wobei sich Enrico ängstlich hinter Francesco versteckt. In der Mitte der Bühne angekommen, stellt Enrico beruhigt fest, daß ja gar keine Gespenster da sind.

„Die kommen erst um Mitternacht", sagt Francesco, „da müssen wir hier schlafen."

„Gut, gehen wir schlafen, gehen wir schlafen" meint Enrico und wiederholt es mehrfach.

Beide legen sich in das Bett. Die mit Schuhen bekleideten Füße, mit den Spitzen nach oben zeigend, sind nicht zugedeckt. Als beide schlafen, erscheint am Fußende ein drittes Paar Schuhe. Enrico schreckt hoch und sitzt sofort im Bett. Er zählt die Füße und dann die Personen. Zitternd vor Angst, weckt er Francesco. In diesem Moment verschwindet das dritte Paar Schuhe. Enrico erzählt nun aufgeregt, daß noch jemand im Bett liegt. Das Bett wird untersucht. Nachdem alles in Ordnung scheint, legen sich beide wieder hin. Das gleiche Spiel wiederholt sich. Nun schimpft Francesco mit Enrico, er habe wohl zuviel getrunken.

Als nächstes Ereignis wird mit einem Pfeifen die Bettdecke nach unten weggezogen. Aber immer, wenn Francesco aufwacht, ist alles wieder in Ordnung. Als drittes fährt plötzlich die Kerze aus dem Halter mit einem Heulton 70 cm in die Höhe und verschwindet natürlich sofort wieder, als Francesco hinsieht. Hier kommt von Enrico der berühmte Ausruf:

„Hilfe, die Kerze war im ersten Stock."

Nun kommt es zum Streit zwischen den beiden. Im Verlaufe desselben fängt es an zu donnern, zu pfeifen und zu heulen. Im Raum blitzt es. Die Türe springt auf, und mehrere gräßliche Gespenster stürzen mit lautem Getöse herein. Enrico springt schreiend aus dem Bett, springt von der Bühne, rennt ins Publikum und setzt sich jammernd und zitternd einer Dame auf den Schoß. Der Vorhang schließt sich, und Francesco holt Enrico bei der Dame ab. ENDE.

Sämtliche Requisiten hierzu fertigten wir uns selbst an. Die ganze Show war ein Bombenerfolg. Einen Monat lang hatten wir jeden Sonnabend und Sonntag ein ausverkauftes Haus. Aber dann kam jemand von einem Amt und hat uns sehr deutlich klargemacht, daß wir ja überhaupt keine Berechtigung hätten, so etwas zu machen. Dazu braucht man eine Lizenz und eine Gewerbeerlaubnis. Eigentlich war das ja klar, aber wir sind halt in solchen Dingen sehr unerfahren gewesen. Ab sofort durften wir nicht mehr auftreten, und der Saal wurde verschlossen. AUS!

Alles wurde aufgelöst. Wieder einmal war der Versuch fehlgeschlagen, etwas Vernünftiges zu unternehmen.

Eine kurze Zeit habe ich dann noch als Gelegenheitsmusiker etwas Geld verdient. Aber es hat mich auf die Dauer nicht zufriedengestellt. Eine richtige vernünftige Arbeit war einfach nicht zu bekommen. Dazu gab es dort weit und breit keine Gelegenheit.

Durch einen Flüchtling aus den bereits erwähnten Baracken wurde die Atmosphäre bei uns verdorben. Der besuchte uns täglich, und dann wurde Tag und Nacht durchgehend 17 und 4 gespielt. Dabei wurden wahnsinnige Schuldscheine ausgestellt. Es dauerte nicht lange und ich hatte die Nase voll. Das war kein Leben für mich.

In der Zwischenzeit erhielt ich die Nachricht, daß mein Vater aus russischer Gefangenschaft heimgekehrt sei. Mein Heimweh wurde von Tag zu Tag größer.

Da ich dieses halbe Vagabundenleben ohnehin satt hatte, entschloß ich mich dann auch, wieder nach Dresden zurückzukehren. Auch Karli und Wilfried erging es ähnlich. Sie verließen mit kurzen Zeitabständen ebenfalls Burgbernheim. Karli ging nach Minden und fand dort eine Arbeit als Technischer Zeichner. Dort lebt er heute noch und ist glücklich verheiratet.

Wilfried ging wie ich zurück nach Dresden.

Wieder zu Hause

Anfang Februar 1948, kurz vor meinem 19. Geburtstag, war ich wieder zu Hause. Die Freude war überall sehr groß.

Seit dem Untergang meiner Heimatstadt waren drei Jahre vergangen. Noch immer wurden aus den inzwischen freigelegten Kellern Leichen geborgen. Die Straßen waren beräumt, und in einem großen Teil fuhren wieder Straßenbahnen.

Die Lage der Menschen hatte sich ein klein wenig verbessert, aber von einer Normalisierung konnte man noch lange nicht sprechen.

Die Planetastraße war in der Zwischenzeit in „Fritz-Schulze-Straße“ umbenannt worden.

Man hatte auch schon begonnen, jede Privatinitiative zu ersticken und alles mögliche zu kollektivieren. Aus der ehemaligen Kapelle Günter Wolf war das FDJ-Tanzorchester Dresden-Plauen, Leitung Günter Wolf, geworden (FDJ = Freie Deutsche Jugend, die kommunistische Jugendorganisation der späteren DDR).

Zu dieser Zeit entstanden viele solcher Jugend-Tanzorchester. Unter anderem das

NJT-Orchester
(Naußlitzer Jugend-Tanzorchester)
Leitung: Helmut Liebig

sowie das Jugend-Tanzorchester des VEB Sachsenverlag Dresden.

In all diesen Orchestern spielte ich lange Zeit nebenberuflich mit.

Oft standen wir mit dem Jugend-Tanzorchester Dresden, Leitung Günter Hörig, im musikalischen Kapellenwettstreit auf der Bühne. Mit diesem Orchester zogen wir aber immer den kürzeren und verloren den Wettbewerb. Die waren einfach immer die Besseren. Aus diesem Jugend-Tanzorchester entstand später das berühmte Orchester „Dresdner Tanz-Symphoniker", Leitung Günter Hörig. Alle anderen Jugend-Tanzorchester gingen so nach und nach ein.

Die Jugendlichen wurden erwachsen und gründeten Familien. Alles veränderte sich, und die nachrückende Jugend hatte andere Interessen. Als die ersten Discos aufkamen, war die Orchestermusik gestorben.

Wie ich bereits erwähnte, musizierte ich nach meiner Rückkehr aus Burgbernheim nur noch nebenberuflich. Ich wollte wieder in meinem erlernten Beruf arbeiten.

Während meiner Abwesenheit von Dresden hatte sich in Freital bei Dresden an mehreren Stellen die Wismut AG sehr umfangreich niedergelassen. Sie suchten Elektromonteure für Über- und Untertage zu günstigen Bedingungen.

Es ist eine Ironie des Schicksals, daß ich nun doch noch bei der Wismut landete. Allerdings unter ganz anderen Voraussetzungen und vor allem: zu Hause!

Die Arbeit bei der Wismut war schwer und abenteuerlich. Ich gehörte zur Werkstatt Senning in Freital-Burgk. Unser Vorgesetzter war ein deutsch sprechender Russe. Er spielte sich gleich zweifach als weit über uns stehend auf. Erstens nannte er sich Meister (obwohl er fachlich überhaupt keine Ahnung hatte) und zweitens hat er uns immer spüren lassen, daß wir besiegte Faschisten waren. Aber Gott sei Dank kam er nur ab und zu, um uns zu kontrollieren.

Von dieser Werkstatt aus, gingen wir in die verschiedenen Schächte der Umgebung auf Montage.

Auch baute ich an der Freileitung durch das Pöbeltal mit und arbeitete in mehreren Schächten unter Tage. Wir erhielten relativ gutes Essen und zwei Liter Schnaps im Monat. Mein Verdienst betrug 260,– RM im Monat.

An einem Wochenende, an dem ich selbst nicht musizierte, wollten wir wieder einmal mit Freunden tanzen gehen, um andere Orchester zu hören. In Kaitz gab es einen Tanzsaal, da sollte eine gute Kapelle spielen. Das war unser Ziel.

Wir waren drei Pärchen und mußten mehr als eine Stunde laufen, um nach Kaitz zu gelangen. Aber davon ließen wir uns nicht abhalten, auch nicht von dem zu erwartenden Heimweg in der Nacht.

Der Abend verlief sehr aufregend, und ich werde ihn auch nie vergessen können.

Gegen 21 Uhr kamen zwei Soldaten der Roten Armee in den Saal getorkelt. Sie waren sehr stark angetrunken. Sie fuchtelten mit ihren Pistolen herum und verlangten sehr lautstark nach „Frau und Wodka". Die Kapelle verstummte, und alles blieb wie angewurzelt stehen. Einer der beiden langte nach einem Mädchen und diese schrie natürlich auf. Es kam zu einem Handgemenge, währenddessen der Freund des Mädchens dem Russen einen mächtigen Fausthieb versetzte. Wir hielten die Luft an und waren vor Schreck wie erstarrt. Beide Russen hatten plötzlich ihre Pistolen in der Hand und schrien etwas von Faschisten. Das andere war russisch, ich konnte es nicht verstehen. Da fiel der erste Schuß. Die Menge schrie auf, und alles verkroch sich blitzschnell unter den Tischen. Die beiden ballerten wie wild um sich und brüllten, daß die Wände wackelten. Ich dachte, die haben den Verstand verloren.

In der Zwischenzeit hatte der Wirt bereits die russische Kommandantur alarmiert. Innerhalb weniger Minuten kam ein Fahrzeug der Militärpolizei. Die beiden Randalierer wurden entwaffnet und draußen vor der Tür an Ort und Stelle verprügelt. Halb bewußtlos wurden sie in das Fahrzeug geworfen, und die Miliz brauste davon.

Der Tanzabend war zu Ende. Die Aufregung war grenzenlos. Es gab mehrere Verletzte, welche notdürftig verbunden wurden. Krankenwagen und Arzt wurden alarmiert. Jeder half jedem. Betreten gingen wir nach Hause.

Aus dieser Zeit stammt auch folgendes Freizeiterlebnis:

Im Herbst 1948 brachte das Bühnenschau-Orchester Rolf Agunte im Ballhaus Watzke in Dresden-Mickten eine Musik-Show. Diese wollte ich natürlich unbedingt sehen. Mein Bruder Walter hatte auch Interesse an der Show, und so gingen wir gemeinsam, er mit seiner Ehefrau Vera und ich mit einer vorübergehenden Liaison aus Freital-Birkigt, an einem Sonntagabend froh gestimmt zu dieser Veranstaltung.

Die Bühne war in ein überdimensionales Radio verwandelt, in welchem das Orchester saß. Der Moderator der Veranstaltung stellte dann jedesmal an überdimensionalen Knöpfen einen zu der Musik passenden Sender ein. Dann öffnete sich das Radio und das Orchester spielte die entsprechende Melodie. Jeder Musiker saß in einer angedeuteten Rundfunkröhre.

Es war eine absolut gelungene Show, und wir waren von der Musik begeistert. Die Vorstellung ging zu Ende, und wir verließen in Hochstimmung den Saal. Aber keiner von uns hatte daran gedacht, daß um diese Zeit keine Straßenbahn mehr fuhr. Taxis gab es damals in der Ostzone noch nicht. Also mußten wir nach Hause laufen, es gab keine Alternative. Die Ausgangssperre war zwar schon längst wieder aufgehoben, aber trotzdem war es nicht angeraten, in der Nacht draußen herumzulaufen. Betrunkene Russen machten die Straßen sehr unsicher. Jeder nächtliche Spaziergang wurde zu einem gefährlichen Abenteuer – und dies in ganz besonderem Maße für Frauen.

Von Dresden-Mickten nach Dresden-Plauen über die Elbe sind es immerhin rund 8 km, also auch schon von daher eine ganz schöne Belastung.

Am Anfang war es ja noch ganz lustig, da noch viele andere Leute mit uns liefen. Aber nachdem sich die Menge zerstreut hatte und wir allein auf der Straße waren, wurden wir doch merklich still. Keine Straßenbeleuchtung, überall nur Trümmer und Ruinen. Ab und zu hörte man irgendwo einen Schuß fallen. Es war gespenstisch.

Unsere gute Stimmung entschwand immer mehr und machte einer unangenehmen Beklemmung Platz. Wir liefen im Gänsemarsch und nahmen die Frauen in die Mitte. Unser gesamtes Umfeld beobachteten wir ständig und sehr konzentriert. Um alle Geräusche wahrnehmen zu können, sprachen wir kein Wort. Von Zeit zu Zeit schien der Mond durch die Wolken und tauchte die gespenstische Ruinenlandschaft in ein unwirkliches Licht. Wenn einer von uns etwas Verdächtiges sah, machte er nur psst, und sofort sind wir wie die scheuen Murmeltiere in den Bergen in der nächsten Ruine verschwunden oder hinter einer Mauer in Deckung gegangen. Erst nachdem wir das gesamte Umfeld mit den Augen genau abgesucht hatten, gingen wir weiter.

Das schlimmste stand mir aber noch bevor.

Gegen ein Uhr in der Nacht kamen wir entnervt und erschöpft in Plauen an. Nun mußte ich aber noch meine Freundin nach Hause bringen und von dort wieder nach Hause zurücklaufen.

Von Plauen durch den einsamen Plauenschen Grund nach Freital-Birkigt waren es auch etwa 10 km – und das dann nochmal zurück. An ein eventuelles gemeinsames Übernachten war damals nicht zu denken. Mein Bruder wollte mich zwar begleiten, aber mit Rücksicht auf seine Frau lehnte ich es energisch ab und tat so, als wenn ich mit meiner Freundin ja auch mal alleine sein möchte. Mir war aber in dieser Nacht nicht mehr danach zumute.

Die zweite Nachthälfte war ruhig, und ich kam relativ gut über die Strecke. Lediglich zweimal ging ich in Deckung. Aber das war mehr der Schreck über einen Hasen oder etwas ähnliches.

Total erschöpft kam ich gegen Morgen zu Hause an. Trotzdem mußte ich sofort auf Arbeit gehen. Es war gerade noch Zeit, die Sachen zu wechseln, dann mußte ich wieder fort. Es war ja Montag.

Es wurde Mai 1949. Die Währungsreform war schon ein Jahr vorüber. Nun gab es DM-Ost und DM-West.

Die ersten staatlichen Geschäfte der HO (Handelsorganisation) hatten eröffnet. Dort konnte man verschiedene Waren und auch Lebensmittel ohne Marken kaufen. Natürlich zu wesentlich erhöhten Preisen. Das Angebot war noch sehr bescheiden. Ein paar Fondant-Erzeugnisse, Schokoladenersatz, Bonbons und ähnliches. Bei unserem geringen Einkommen konnten wir uns ohnehin dort nicht viel kaufen. Im großen und ganzen hatte sich noch nicht viel verändert.

Der zweite Versuch – Flucht nach dem Westen – Hauptziel Schweden

Im Sommer 1949 ging bei uns Jugendlichen die Nachricht um, daß Schweden Auswanderer aus Deutschland aufnehmen würde. Da es uns immer noch sehr schlecht ging, wollte ich es versuchen. Zunächst sprach ich mit meiner Freundin Sigrid Starke darüber. Sie war zwar schockiert, trug es aber mit Würde. Allerdings machte mir ihre Mutter starke Vorwürfe, weil ich ihre Tochter jetzt alleine lassen wollte, wo sie mir doch schon ein ganzes Teil ihrer Jugendzeit geopfert habe. Meine Eltern waren natürlich auch sehr besorgt. Aber ich wollte es versuchen. Zwei Freunde von mir waren auch sofort begeistert und wollten mit.

Da ich aber etwas vorsichtig geworden war und mir den eventuellen Rückweg nicht abschneiden wollte, nahm ich mir bei der Wismut meinen Jahresurlaub.

Zu dritt fuhren wir also nach Westberlin und gingen dort sehr erwartungsvoll in die schwedische Vertretung. Dort informierte man uns, daß diese Nachricht zwar im Prinzip richtig sei, aber die Voraussetzung dafür sei erstens eine abgeschlossene qualifizierte Berufsausbildung, und zweitens kämen nur Bürger aus einer der Westzonen in Betracht. Bürger aus der Ostzone würden nicht aufgenommen.

Da die erste Voraussetzung bei uns gegeben war, ließen wir uns von dieser Auskunft nicht abschrecken. Wir sagten uns, daß wir dann eben Bürger der Westzonen werden müssen.

Per Anhalter fuhren wir mit einem LKW in Richtung Westen in das Grenzgebiet. Spät in der Nacht sind wir dann zu Fuß weitergelaufen. Immer westwärts, über Felder und Wiesen.

Ein Ehepaar hatte sich uns angeschlossen. Der illegale Grenzübertritt war zwar schon damals bei Strafe verboten, aber die Bewachung war noch so, daß man es noch riskieren konnte. Trotzdem war es ein abenteuerliches Unternehmen.

Bei tiefster Dunkelheit schlichen wir an der abfallenden Böschung eines tiefer liegenden Kanals entlang. Dieser Kanal war unsere einzige Orientierungsmöglichkeit, um nicht im Kreis zu laufen. Keiner sprach ein Wort. Ein ganz leises Plätschern des Wassers war das einzige Geräusch.

Der Himmel war dunkel bewölkt und machte einen bedrohlichen Eindruck.

Es duftete nach Gras und Erde. Plötzlich hörte ich hinter mir ein schabendes Geräusch und einen sehr gedämpften Aufschrei. Als ich mich umdrehte, sah ich auf dem Wasser des Kanals einen weißen Schuhkarton schaukeln.

„Verdammte Scheiße!" hörte ich jemanden leise fluchen.

Die Frau des uns begleitenden Ehepaares war die Böschung runtergerutscht und ins Wasser gefallen. Wir hatten zu tun, die Frau wieder aus dem Wasser zu ziehen und das Gepäck zu bergen. Die Frau war zwar pitschnaß, aber es half alles nichts, wir mußten weiter.

Ohne weitere Zwischenfälle kamen wir nach zwei Stunden an einen Bahnhof. Da wußten wir, daß wir im Westen waren. Hier trennte sich das Ehepaar von uns, und wir fuhren mit dem Zug nach Bochum. Wir hofften, hier evtl. Arbeit zu finden.

Bei strahlendem Sonnenschein kamen wir in Bochum an. Trotz des herrlichen Wetters, standen wir dort auf der Straße wie ein paar begossene Pudel. Die Häuser und die ganze Umgebung trist, grau und schmutzig. Wir waren richtig schockiert. Nein, hier wollten wir nicht leben. Da hatte ich einen Einfall.

„Hört mal her, Männer", sagte ich, „mein Vater war vor dem Krieg Handelsvertreter bei der Fa. Hans Neuhaus, Büroartikel, in Hamburg. Laßt uns dort hinfahren, vielleicht kann der uns helfen. Der Herr Neuhaus muß meinem Vater sehr zugetan sein, denn er hat uns während des ganzen Krieges, als mein Vater an der Front war, jedes Jahr zu Weihnachten beschenkt."

Zufällig hatte ich eine alte verbeulte Farbbandschachtel von der Fa. Neuhaus einstecken. So hatten wir sogar die Adresse.

Da wir aber nur sehr wenig Geld besaßen, mußten wir wieder versuchen, per Anhalter nach Hamburg zu kommen.

Wir standen schon ziemlich lange, als endlich ein LKW anhielt. Der fuhr zwar nach Hamburg, war aber mit losem Koks beladen.

„Wenn ihr wollt, nehm ich euch mit", sagte der Fahrer, „aber ihr müßt euch auf den Koks setzen."

Nach dem Motto „Lieber den Spatz in der Hand als die Taube auf dem Dach" willigten wir ein und kletterten auf den Koks.

Es war am Abend gegen 18 Uhr, als wir aufstiegen, und morgens gegen 7 Uhr, als wir in Hamburg ankamen. Es war die unbequemste und anstrengendste Reise meines Lebens. In der Nacht war es sehr kalt. Wir lagen auf dem Koks, hielten unsere Koffer fest und froren von Stunde zu Stunde mehr.

Schon nach kurzer Zeit drückte jedes Koksstückchen derart, daß wir einfach nicht mehr wußten, wie wir uns legen sollten. Wir kamen uns vor wie indische Fakire auf dem Nagelbrett. Zudem blies uns noch der Fahrtwind ständig Koksstaub in die Augen, welche natürlich schon nach kurzer Zeit wahnsinnig drückten und schmerzten. Es war das reinste Martyrium.

Wir waren heilfroh, als wir endlich absteigen konnten. Als es hell wurde und wir uns anschauten, sind wir vor Schreck fast umgefallen. Wir waren schwarz wie die Schornsteinfeger. Es sah wirklich schlimm aus. So konnten wir uns nirgends sehen lassen. Also gingen wir erst einmal auf den Hauptbahnhof und renovierten uns, so gut es ging, in der Toilette. Als wir wieder ein einigermaßen menschliches Aussehen hatten, machte ich mich sofort auf den Weg, die Fa. Neuhaus aufzusuchen.

Als ich in der Anmeldung darum bat, Herrn Neuhaus zu sprechen, sah man mich zunächst sehr verwundert an. Wahrscheinlich machte ich nicht den allerbesten Eindruck.

Der Seniorchef, Herr Hans Neuhaus, hatte sich zur Ruhe gesetzt und das Geschäft an seinen Sohn übergeben. Herr Neuhaus jun. empfing mich sofort, als er meinen Namen hörte. Der war ihm gut bekannt. Als ich ihm mein Problem vorgetragen hatte, meinte er: „Also wegen einer evtl. Arbeit und Wohnung kann ich Ihnen zwar nicht direkt helfen, aber zumindest kann ich ihnen ein paar Anlaufpunkte nennen." Er wandte sich an seine Sekretärin: „Frau Künzel, bitte schreiben Sie eine Kassenanweisung über 50,– DM Restprovision für Herrn Walther Hanitzsch aus Dresden aus."

Mit herzlichen Worten übergab er mir das Geld und verabschiedete mich mit den besten Wünschen. Es war zwar nicht viel, was ich dort erreicht hatte, aber immerhin hatten wir ein paar Tips und etwas Geld.

Nachdem wir eine Kleinigkeit gegessen hatten, machten wir uns auf den Weg, die Tips wegen Arbeit abzuklappern. Wir hatten enormes Glück. Noch am gleichen Tag hatten wir alle eine Arbeitszusage. Allerdings mit der Auflage, vorher eine Arbeitsgenehmigung bei dem Arbeitsamt einzuholen. Als wir dort vorsprachen, teilte man uns mit, daß wir nur eine Arbeitsgenehmigung erhalten können, wenn wir Wohnraum nachweisen.

Also gingen wir auf Wohnungssuche. Nach drei Tagen hatten wir Glück. In einem kleinen, leicht beschädigten Gebäude fanden wir ein paar leerstehende Räume. Es waren keine Luxus-Appartements, aber wir wollten sie uns recht gemütlich herrichten. Sehr schnell machten wir den Eigentümer ausfindig. Von ihm erhielten wir die Zusage zu den Räumen, vorausgesetzt, wir bringen vom Wohnungsamt eine Zuweisung. Ohne eine solche darf er nicht vermieten.

Am nächsten Tag zum Wohnungsamt. Wir hatten immer noch die Hoffnung, dieses Problem in den Griff zu kriegen. Es hatte doch bis jetzt alles gut geklappt.

Vom Wohnungsamt erhielten wir die Auskunft, daß wir eine Wohnungszuweisung nur erhalten können, wenn wir eine Arbeitsgenehmigung vorlegen können. Jetzt waren wir am Ende. Die Arbeitsgenehmigung war abhängig von einer Wohnungszuweisung und umgekehrt. Wir drehten uns immer im Kreise und hatten keine Möglichkeit, einen Anfang zu fassen.

Nach drei Wochen vergeblicher Versuche kapitulierten wir. Alles scheiterte an diesem wahnsinnigen Bürokratismus. Wir wußten absolut nicht mehr, was wir noch tun sollten.

Um zu Hause nun nicht noch größere Probleme zu bekommen, entschlossen wir uns schweren Herzens, unsere Pläne aufzugeben und nach Dresden zurückzukehren.

Von unserem letzten Geld kauften wir uns eine Fahrkarte nach Lauenburg. Weiter reichte es nicht. Es war die kürzeste Strecke von Hamburg zur Grenze.

Vom Bahnhof Lauenburg wanderten wir, den Koffer in der Hand, in gedrückter Stimmung in Richtung Osten. Das Wetter paßte nicht nur zu unserer Stimmung, sondern verschlechterte sie noch. Es war grau und trübe. Die Sonne hatte wahrscheinlich auch keine Lust, uns diesen Weg zu erleuchten. Es fehlte nur noch, daß es regnet, dachte ich. Aber wenigstens davon wurden wir an diesem Tag verschont. Nach kurzer Zeit erreichten wir ein Waldgebiet, in welches der Weg, auf dem wir liefen, hineinführte. Wenige hundert Meter weiter stand eine Blockhütte. Als wir uns derselben näherten, erschien ein Beamter des Grenzschutzes davor.

„Na, meine Herren, wo soll's denn hingehen?“ begrüßte er uns freundlich. Wir erzählten ihm unsere ganze Geschichte wahrheitsgemäß und hatten keinerlei Bedenken.

„Das kann ich verstehen, daß ihr da sauer seid“, meinte er. Sehr freundlich fuhr er fort:

„Also gut, Jungs, Kopf hoch und marschiert weiter. Ihr geht diesen Weg immer geradeaus. Nach 300 m macht der Weg einen scharfen Knick nach links. An dieser Stelle geht ihr nach rechts in den Wald in südöstlicher Richtung. Ab hier müßt ihr sehr wachsam sein. Die Ostgrenzer haben einen Streifen von 5 m Breite kreuz und quer mit Stolperdrähten bespannt. Diese befinden sich etwa in 20 cm Höhe. An den Kreuzungspunkten der Drähte sind Rasselbüchsen befestigt. Wenn ihr einen Draht anstoßt, werden noch 50 m weiter die Büchsen in Bewegung gesetzt und alarmieren die Posten. Die verstehen keinen Spaß. Ihr marschiert sofort ins Gefängnis. Also viel Glück."

Damit waren wir entlassen. Diese durch und durch menschliche und freundliche Behandlung durch einen Grenzposten hat mich damals enorm beeindruckt. Wir freuten uns über die Informationen und machten uns auf den Weg.

Wir fanden alles genau so vor, wie er es uns beschrieben hatte. Von dem Moment an, wo wir vom Weg in den Wald eintraten, übernahm ich das Kommando. Schließlich verfügte ich über die entsprechende Fronterfahrung, die uns hier sehr zugute kam. Meine beiden Begleiter mußten hinter mir laufen und hatten strenge Anweisung, jedes Geräusch zu vermeiden. Ich selbst lief vorn und hatte meine Augen und Ohren auf höchste Konzentration gestellt. Vor jedem Schritt untersuchte ich den Boden, beseitigte Äste und sah unter jeden Farnstrauch. Dabei kam mir der Gedanke in den Sinn, was denn wäre, wenn nun gerade jetzt irgendein Tier, durch uns aufgeschreckt, in die Drähte springt. Dann wäre wieder einmal alles zu spät. Ich hatte zu tun, diese Gedanken zu verdrängen, und hütete mich, diese meinen Freunden zu verraten.

Plötzlich standen wir vor der „ersten Grenzsicherungsanlage Ostdeutschlands".

Ich bedeutete meinen Kameraden stehenzubleiben und sich nicht von der Stelle zu rühren. Ich schlich zunächst nach beiden Seiten an den Drähten entlang, um das Umfeld zu erkunden. Die Wolkendecke riß auf, und die Sonne zeigte sich. Es mußte um die Mittagszeit sein, die Schatten waren sehr kurz. Vielleicht war das ein Vorteil für uns. Nachdem ich nichts Verdächtiges feststellen konnte, ging ich zurück zu meinen Kameraden.

Wir bereiteten uns vor, dieses Hindernis zu überwinden. Die Hosen wurden bis zu den Knien hochgerollt, und der Koffer mußte unter dem Arm getragen oder hochgehalten werden. Diese bequemen Reisetaschen wie heute gab es damals leider noch nicht. Wir schickten uns an, ganz langsam, Fuß für Fuß zwischen die Drähte zu setzen. Die Zwischenräume waren stellenweise ganz schön knapp, und wir mußten höllisch aufpassen. Aber wir schafften es. Der Schweiß stand uns auf der Stirn, als wir auf der anderen Seite ankamen. Wir wagten ja kaum zu atmen während dieser Aktion. Vorsichtig, aber zügig bewegten wir uns weiter. Nach weiteren 50 m war der Wald zu Ende. Etwa 50 m rechts von uns ging der Wald weiter. Er bildete hier also einen rechten Winkel. Vor uns war eine Wiese.

Kurz bevor wir aus den Bäumen heraustreten wollten, sah ich zu meinem Entsetzen, uns schräg gegenüber, zwei Grenzposten stehen. Ich war zu Tode erschrocken und stoppte sofort meine Begleiter. Wir versteckten uns hinter den Bäumen, und ich überlegte krampfhaft, was wir jetzt tun könnten. Warten bis zur Dunkelheit? Wir hatten mal gerade Mittag! Bestimmt würden die Posten auch Streife laufen und uns dann zwangsläufig entdecken. Zurück in den Wald? Sinnlos, da kommen wir nicht weit. Die Distanz zu den Posten betrug etwa 100 m. Was sollten wir bloß machen? Gerade als ich mir so das Gehirn zermarterte, kam ein Bauer mit einem Pferdefuhrwerk am Waldrand entlanggefahren. Den muß uns der liebe Gott geschickt haben. Der Wagen war schon fast voll Gras beladen. Vielleicht 5 m von uns entfernt hielt er an, um noch etwas Gras zu mähen. Die Posten kannten den Alten anscheinend schon. Sie wendeten sich ab und gingen in entgegengesetzter Richtung davon. Während der Bauer das Gras auflud, näherten wir uns vorsichtig dem Wagen. Mir schlug das Herz bis zum Hals. Wie würde der Mann reagieren? Wird er erschrecken und laut rufen?

Wir liefen so, daß der Wagen genau zwischen uns und den Posten stand. Als der alte Mann uns sah, stutzte er. Durch Auflegen des Fingers auf den Mund und das Bitte-Bitte-Zeichen bedeutete ich ihm, er möchte uns doch bitte nicht verraten. Anscheinend waren wir nicht die ersten, die an dieser Stelle über die Grenze kamen, denn er schien nicht sonderlich erschrocken zu sein. Er lächelte uns verständnisvoll an und nickte nur. Dann wendete er seinen Wagen und fuhr am Waldrand zurück. Wir begleiteten den Wagen immer im Sichtschatten der anderen Seite.

Unbehelligt erreichten wir das nächste Dorf. Nun wollte natürlich der Bauer von uns wissen, wo wir herkämen. Wir erzählten ihm alles, und er war's zufrieden.

„Da habt ihr ja wirklich noch mal Glück gehabt, vor allem auch, daß wir hier keinen Standort der Grenzpolizei haben, denn sonst würdet ihr hier nicht wegkommen."

Er lud uns sogar noch zum Essen ein. Es gab Pellkartoffeln und Quark. Für die damalige Zeit ein Festessen. Mein Gott, hatten wir wieder einmal ein Glück.

Gestärkt und gut gelaunt verabschiedeten wir uns mit einem herzlichen Dankeschön bei den Bauersleuten und zogen weiter. Wir wanderten an dem Tag noch an Boizenburg vorbei bis Hagenow.

Nun, da wir aus der Gefahrenzone heraus waren, setzten wir uns erst einmal hin, um zu beraten. Wie sollten wir denn nun nach Dresden kommen? Eile tat not! Mein Urlaub war bereits überschritten und ich befürchtete großen Ärger zu bekommen. Geld für eine Fahrkarte besaßen wir nicht.

Auf einer Elbzille als Arbeiter anheuern? Da sind wir noch zwei oder drei Wochen unterwegs. Ausgeschlossen!

Per Anhalter? Genauso unmöglich. Immerhin sind es bis Dresden rund 400 km! Wer weiß, wie lange wir da unterwegs sein würden. Alles keine Lösung.

Als ich so nachdachte, ging mir alles mögliche durch den Kopf. Ich dachte an den Pfarrer, wo ich einst Geld gebettelt hatte, aber mit der Kirche brauchte ich hier nichts anzufangen. Ich dachte an den Bauern, wo wir gerade gegessen hatten, und da kam mir die Erleuchtung.

Wie ein Blitz durchzuckte ein Gedanke meinen Kopf: Ich erinnerte mich an die Parolen „Jugend aufs Land“ und „Städter helfen Bauern.“ Viele Jugendliche sind damals während ihrer Ferien aufs Land zu einem Arbeitseinsatz gefahren. Teils aus Abenteuerlust und auch, um sich satt essen zu können. Mir fiel ein, daß ich doch damals bei dem Pfarrer auch erzählt hatte, uns sei das Geld abhanden gekommen. Meine Freunde waren sehr skeptisch und wußten nicht so recht, was ich eigentlich wollte. Sie kannten mich eben nicht genau genug.

Sofort ging ich in Hagenow zur FDJ-Kreisleitung und berichtete sehr niedergeschlagen, daß wir bei dem Bauern Alberts in dem Grenzdorf zum Arbeitseinsatz waren. Der sei nun zu Ende, und wir müßten schnellstens nach Dresden zurück, da unser Urlaub zu Ende sei. Gestern haben wir noch Abschied gefeiert. Irgendwie und irgendwo ist unsere Gemeinschaftskasse abhanden gekommen, und nun können wir uns keine Fahrkarten kaufen. Ich legte meinen Personalausweis vor und bat den Sekretär, uns das Geld für die Fahrkarten zu leihen. Wir würden es ganz bestimmt gleich am nächsten Tag zurückschicken. Es kamen noch ein paar FDJ-Funktionäre dazu und hörten sich interessiert meine Geschichte an. Einer von ihnen meinte dann:

„Im allgemeinen machen wir ja so etwas nicht. Wir sind kein Geldinstitut, aber die Tatsache, daß ihr die Grenznähe nicht ausgenutzt habt, um abzuhauen, sollte man belohnen.“

„Na, so etwas würden wir auch nie machen. Auf den Gedanken kämen wir gar nicht. Was sollten wir denn bei denen da drüben“, gab ich ihm kaltschnäuzig zur Antwort.

„Und außerdem“, sagte ein zweiter, „wenn wir die Fahrkarten nicht finanzieren, können die Jugendfreunde nicht pünktlich an ihrem Arbeitsplatz sein, und damit entstehen der Volkswirtschaft Verluste.“ Damit war der Fall entschieden.

Wir erhielten einen Schein, mit welchem wir drei Fahrkarten nach Dresden erwerben konnten. Dann wurden noch meine Personalien festgehalten, und schon war ich wieder draußen. Meine Kameraden staunten nicht schlecht, als ich mit diesem Schein ankam. Mit großer Genugtuung atmete ich tief durch. Nun war mir schon erheblich wohler. Mit dem nächsten Zug rollten wir nach Dresden. Selbstverständlich hielt ich mein Versprechen ein und schickte das Geld noch am nächsten Tag per Postanweisung zurück.

Wieder einmal endete eine Unternehmung mit einem Mißerfolg.

Da mein Urlaub überschritten war, blieb mir nichts anderes übrig, als mich nachträglich mit einer Finte krank zu melden. Natürlich mußte ich sofort zum Betriebsarzt. Wohl war mir nicht dabei.

Mit innerer Erregung saß ich im Wartezimmer und harrte der Dinge, die da kommen sollten. Endlich, nach einer zermürbenden Ewigkeit, wurde ich aufgerufen.

Der Arzt, dem ich nun gegenüberstand, war ein Bulgare. Er sprach einen sehr harten Akzent und hatte ein etwas brutales Gesicht. Ich hatte kein gutes Gefühl. Ich trug ihm meine Beschwerden vor, und er hörte mir geduldig zu. Dann sah er mich lange an, drehte meinen Kopf mit seinen Händen von einer Seite auf die andere und sagte:

„Solche Typen mag ich ganz besonders. Eine Mordsmähne und Dreck hinterm Ohr.“

Ich war schockiert. Mit so etwas hatte ich nicht gerechnet.

„Sagen Sie mal, Herr Hanitzsch“, hub er plötzlich an, „haben Sie Verwandte in Schweden?“

Ich dachte, mich trifft der Schlag! Mir blieb vor Schreck die Luft weg und ich stammelte:

„Wie kommen Sie denn auf so etwas? Wieso sollte ich denn Verwandte in Schweden haben?“ Ich hatte große Mühe, ruhig zu bleiben.

„Ich dachte nur“, erwiderte er, „es hätte ja möglich sein können.“ Weiter sprach er kein Wort über diese Angelegenheit. Ich hütete mich natürlich nachzuhaken, ich war ja froh, daß er nicht weiterbohrte. Ich erfuhr auch nie, wie er darauf kam oder von wem er eventuell einen Tip erhalten hatte. Trotz allem untersuchte er mich gründlich und schrieb mich wegen sehr schlechtem Allgemein- und Ernährungszustand arbeitsunfähig. Ich war sehr erleichtert, als ich das Sprechzimmer verlassen konnte. Ich war froh, daß ich mich noch ein paar Tage erholen konnte und trotz allem einen weichen Übergang zu meinem Wiedereinstieg in die Arbeit gefunden hatte.

Die „Deutsche Demokratische Republik“

Am 7. Oktober 1949 wurde die DDR gegründet.

Deutsche Demokratische Republik. Die Lüge begann schon mit der Namensgebung. Diese Republik war alles andere als demokratisch. Im Volksmund wurde sie deshalb „Deutsche Diktatorische Republik“ genannt. Dies kam den Tatsachen näher.

Damit begann für mich ein neuer Lebensabschnitt.

1949 bis 1990

Mein Leben in der DDR

Abschnitt I – 1949 bis 1958

Da mir die Tätigkeit bei der Wismut AG auf die Dauer zu abenteuerlich war, hatte ich die Bestrebung, in ein etwas gesitteteres Arbeitsverhältnis überzuwechseln.

Durch Vermittlung nahm ich am 1. Dezember 1949 eine Tätigkeit als Elektro-Monteur bei der Firma Ingenieur- und Montagebüro Dresden, Obering. Hans Hänel, auf. Zu dieser Zeit befand sich der Betriebssitz noch in Dresden-Strehlen auf der Wiener Straße. Herr Hänel hatte in seiner Wohnung ein kleines Büro mit einem Zeichenbrett eingerichtet. In seiner PKW-Garage im Nachbarhaus waren zwei Regale mit etwas Elektromaterial untergebracht. Sein Fahrzeug war ein umgebauter Opel P 4 mit Pritsche. Die Belegschaft bestand aus drei Monteuren und einer Bürohilfe. Das war der gesamte Betrieb.

Herr Hänel war spezialisiert auf Hochspannungs- und Stromerzeugungsanlagen. Der Anfang war sehr bescheiden und sehr mühsam. Material fehlte an allen Ecken und Enden. Es mußte sehr stark improvisiert werden.

Eines Tages wurde ich von der FDJ zu einer Versammlung eingeladen. Ich war zwar nicht Mitglied, dachte auch gar nicht daran, irgendwo einzutreten, ging aber aus Neugier trotzdem hin.

An diesem Tag trat dort Erich Honecker auf. Er war zu dieser Zeit Vorsitzender der FDJ. Ich kannte ihn nicht und hatte ihn noch nie gesehen.

In dieser Versammlung trat er gegen den Krieg auf. Er sprach davon, daß es auf der Welt keinen Krieg mehr geben könnte, wenn kein Mensch mehr eine Waffe in die Hand nimmt. Er veranlaßte uns, einen entsprechenden Schwur zu leisten. Diesen Schwur habe ich gerne geleistet. Wir schworen, nie wieder eine Waffe in die Hand zu nehmen, ganz gleich, wer es von uns verlangt.

In der Diskussion fragte ich den Erich (so wurde er von allen angesprochen), wie es denn damit stünde, wenn eines Tages die DDR eine Armee oder so etwas ähnliches aufstellen würde.

Erich Honecker antwortete:

„Jugendfreunde, ich schwöre euch, die DDR ist ein Garant des Friedens. In der DDR wird es nie und nimmer Waffen oder eine bewaffnete Organisation geben. Um den Sozialismus aufzubauen, brauchen wir keine Waffen. Eines Tages werden wir an der Seite der großen Sowjetunion so stark sein, und es wird uns so gutgehen, daß sich die Kapitalisten darum reißen werden, sich bei uns anschließen zu dürfen."

Der gleiche Erich Honecker hat wenig später erklärt, daß es gerechte und ungerechte Kriege gibt. Den Sozialismus zu verteidigen ist immer ein gerechter Krieg, und dafür brauchen wir Waffen.

Dies war für mich das Schlüsselerlebnis, welches mir bewies, daß man den Worten der Kommunisten keinen Glauben schenken darf. Die Begriffe werden gebogen, wie sie gebraucht werden. Was heute richtig ist, wird morgen verworfen und umgekehrt. Die ganze DDR war eine einzige Lüge. Als erstes wurden in den „volkseigenen" Betrieben Kampfgruppen gebildet und mit allen Waffen, auch mit schweren, ausgerüstet. Der Herr Honecker hatte seinen Schwur sehr schnell vergessen.

Als ich bei der Fa. Hänel einige Monate als Monteur gearbeitet hatte, fragte er mich eines Tages, ob ich nicht Lust hätte, bei ihm im Büro als Konstrukteur mitzuarbeiten. Da ich noch nie Angst vor neuen Aufgaben hatte, sagte ich natürlich sofort zu. Von Stund an arbeitete ich am Zeichenbrett und bin so, Schritt für Schritt, in die Entwicklung und Konstruktion von Schalt- und Steueranlagen hineingewachsen.

Es war eine ungeheuer interessante Tätigkeit mit viel Abwechslung. Es machte mir sehr viel Spaß. Es dauerte nicht lange und Herr Hänel übertrug mir immer mehr Aufgaben aus dem Leitungsbereich, bis zu seiner Vertretung.

Ich kam mir schon sehr erwachsen vor und dachte, da könnte man ja eigentlich auch heiraten. Mit einem Trauschein hatte man doch eine Lizenz für die Liebe. Das war doch wesentlich bequemer als ohne.

So heiratete ich 1950 meine damalige Freundin Sigrid Starke von der Kaitzer Straße in Dresden-Plauen. Wir hatten uns lieb, weiter dachten wir nicht. Über eventuelle Probleme der Zukunft machten wir uns keine Sorgen.

Zunächst wohnten wir bei meinen Eltern in der Fritz-Schulze-Straße. Wir bewohnten ein Zimmer, welches wir nur sehr bescheiden einrichten konnten. Ein Jahr später, am 8.7.1951, kam etwas unplanmäßig unsere Tochter Marion zur Welt. Unser Zimmer wurde nun zu klein. Aber wie zu einer Wohnung kommen? Die Wohnungsnot war derart groß, daß man schon viele Jahre warten und mit mehreren Kindern in viel schlechteren Verhältnissen leben mußte, um eventuell mal eine Chance zu haben.

Mit einer großen Portion Glück, etwas Findigkeit und einem Schuß Unverfrorenheit konnten wir das Wohnungsamt austricksen und schafften es. Die Tante meiner Frau, Hilde Finsterbusch, hatte in Coschütz auf dem Achtbeeteweg eine kleine Zweizimmerwohnung mit Küche und Bad. Seit dem Tod ihres Ehemannes lebte sie dort allein. Sie hatte die Absicht, die Wohnung aufzugeben und in das Haus ihrer Eltern zu ziehen. Es war uns natürlich vollkommen klar, daß wir die Wohnung nie bekommen würden, wenn wir sie einfach beantragten. Deshalb kam uns der Gedanke, einen Wohnungstausch vorzutäuschen.

Wir stellten einen Tauschantrag gegen das Zimmer in der Wohnung meiner Eltern. Das Wohnungsamt hat wohl den Braten gerochen und den Tauschantrag zunächst abgelehnt. Als ich dann aber der Behörde klarmachte, daß wir nach der Ablehnung massiv als Wohnungssuchende auftreten werden, sie dann ein Problem mehr zu lösen hätten, aber sich sonst nichts verändert, erteilte man uns am Ende doch noch die Genehmigung.

Als dann die Tante unser Zimmer nicht bezog, sondern sich in das Haus ihrer Eltern ummeldete, wurden wir zwar als Betrüger beschimpft, aber wir hatten eine Wohnung. Der Amtsschimmel wieherte!

Krank!

Bald zeigten sich für mich ernste Folgen der Hungerjahre der Nachkriegszeit.

Bei einer routinemäßigen Reihenuntersuchung einer Volksröntgen-Aktion wurde bei mir eine akute Lungen-Tbc festgestellt. Nachdem diese Diagnose durch gründliche Spezialuntersuchungen bestätigt wurde, mußte ich in der gleichen Stunde meine Arbeitsstelle verlassen, um mich sofort hinzulegen. Das war ein schwerer Schlag für mich: Wußte ich doch, daß die meisten Menschen mit Schwindsucht sterben müssen. Die Heilungsrate war damals sehr niedrig – und wenn überhaupt, dann war es sehr langwierig. Aber ich verlor nicht die Hoffnung.

Vom Arzt wurde sofort ein Platz in einer Lungenheilanstalt beantragt. Da diese aber alle überfüllt waren, mußte ich warten. Während dieser Wartezeit verordnete der Arzt folgende Therapie:

- Absolute Ruhigstellung
- Liegen an frischer Luft

– Tablettenkur und
– den ganzen Tag essen und trinken.

Im Verpflegungsplan war vorgeschrieben: Ziegenmilch, kleingewürfelter Schweinespeck, geräuchert, roh genossen, Pferdefleisch und zum Abend einen Liter Bier. Außer dem Bier alles Dinge, die ich überhaupt nicht mag. Aber ich hielt mit eiserner Disziplin alle Verordnungen ein. Allerdings war es nicht einfach. Ziegenmilch und Pferdefleisch konnte man nicht einfach irgendwo kaufen. Es mußte beschafft werden. Hier muß ich meiner Mutter einen ganz besonderen Dank aussprechen. Sie machte einen Bauern mit Ziegen ausfindig und traf mit ihm ein Vereinbarung. Alle zwei Tage kaufte sie zwei Liter Ziegenmilch bei ihm und brachte sie zu mir nach Hause.

In diesem Zusammenhang muß ich auch Ursula Jährig, meiner damaligen Sekretärin, welche ich in der Zwischenzeit hatte, da der Betrieb größer geworden war, ganz herzlich danken. Sie hat mit viel Geduld und großer Verbundenheit die ständige Verbindung und den Kontakt zu meinem Betrieb aufrechterhalten. Sie unterstützte mich, wo sie nur konnte. Ihre Aktivität und Anteilnahme gaben mir große Sicherheit und haben wesentlich zu meinem Heilungsprozeß beigetragen.

Nach acht Monaten (!) war mein Heilantrag durch. Nach der Untersuchung zu der geplanten Einweisung in die Heilstätte beglückwünschte mich der Arzt, weil ich durch meine vorbildliche Therapiedisziplin erreicht hatte, daß sich um den Tuberkelherd bereits eine Verkapselung zeigte. Die Einweisung in die Heilstätte war nicht mehr erforderlich.

Jetzt hieß es, die Verkapselung zu stabilisieren, den Körper wieder zu stärken und in Bewegung zu bringen. Durch das viele Essen hatte ich 25 kg zugenommen. Das lange Liegen hatte meine Muskeln derart geschwächt, daß ich kaum noch laufen konnte. Ich war nicht wiederzuerkennen, aber ich war gerettet. Hurra, ich lebe!

Zunächst durfte ich stundenweise aufstehen und kleine Spaziergänge machen. Auch an normale Kost mußte ich mich wieder gewöhnen. Gerne setzte ich alles wieder von meinem Speiseplan ab, außer dem Bier zum Abendessen. Das habe ich bis heute beibehalten.

Nach zwei Monaten gesteigertem Bewegungstraining durfte ich schon stundenweise arbeiten gehen. Nach weiteren drei Monaten war ich wieder voll einsatzfähig.

Beim Film

Kurze Zeit später wurde ich wieder sehr aktiv. Ich war schon immer ein großer Kino-Fan und wollte gern etwas mit der Filmerei zu tun haben. Wie schon so oft erhielt ich auch in diesem Punkt Anstöße durch einen Zufall.

Eines Tages fuhr ich mit meinem Vetter Günter Baumgart ins Erzgebirge, um Ski zu laufen. Wir nahmen uns beide eine Woche Urlaub, fuhren nach Schellerhau und mieteten ein Zimmer im Gasthof „Gebirgshof".

Am gleichen Tag reiste noch eine größere Gruppe an. Wie wir schnell erfuhren, waren sie von der Filmgesellschaft DEFA. Es waren ein Regisseur, Kameraleute, Techniker, Maskenbildner und Schauspieler. Sie hatten die Absicht, in Schellerhau die Außenaufnahmen einer sogenannten „Fuchsjagd" auf Skiern für den Spielfilm „Modell Bianka" zu drehen.

Am Abend saßen wir zufälligerweise mit einigen von ihnen am Tisch bei einem Glas Bier. Wir hörten von ihnen, daß noch ein paar gute Skifahrer als Statisten für diese Fuchsjagd benötigt werden. Natürlich bewarben wir uns sofort und wurden auch sofort engagiert. Wir erhielten das Drehbuch, um uns mit dem Ablauf der Aufnahmen vertraut zu machen. Wir freuten uns auf den nächsten Tag und hatten schon vor Aufregung ganz rote Gesichter.

Am nächsten Morgen standen wir sehr zeitig auf, um ja nichts zu verpassen. Man hatte uns nicht gesagt, wann es losgehen sollte. Gegen 9 Uhr kam als erster der Regisseur und informierte uns, daß ohne Sonne keine Aufnahmen möglich seien.

„Es wird wohl heute nichts werden", meinte er und schaute sich sorgenvoll den Himmel an.

Am nächsten Tag war es noch dunkler, wieder konnte nicht gedreht werden. Zu allem Überfluß fing es auch noch an zu schneien. Die Truppe saß den ganzen Tag in der Gaststube und trank Bier. Der Regisseur wurde schon unruhig, weil jeder verlorene Tag viel Geld kostete. Endlich am dritten Tag gegen 11 Uhr riß der Himmel auf, und die Sonne kam zum Vorschein.

Der Regisseur gab Alarm, und alle stürzten auf ihre Plätze. Wir zogen an einen Hang und machten die ersten Probeaufnahmen. Der Regisseur war zufrieden.

Am vierten Tag strahlend blauer Himmel. Die Sonne tauchte den Abfahrtshang, an welchem gedreht werden sollte, in gleißendes Licht, daß es den Augen schon schmerzte. Die Kamera wurde am Fuß des Hanges in Position gebracht. Der Regisseur stand mit einer „Flüstertüte“ daneben und erteilte Anweisungen.

Unsere Aufgabe bestand darin, den Hang in Schußfahrt herunterzukommen, auf die Kamera zuzufahren, kurz davor zu reißen und im Stemmbogen vorbeizufahren.

Immer und immer wieder mußten wir hoch und das gleiche noch mal machen. Irgend etwas war immer falsch. Zu weit von der Kamera entfernt vorbeigefahren, schlechte Haltung, ein Sturz oder ähnliches. Bei der sechsten Abfahrt nahmen wir uns vor, die Nerven zu behalten und so dicht wie möglich an die Kamera heranzufahren. Der Regisseur meinte:

„Der Schnee des Stemmbogens muß in die Kamera spritzen.“

Gesagt, getan. Mit einem mörderischen Tempo rasten wir den Hang runter, direkt auf die Kamera zu. Mein Vetter Günter halb schräg hinter mir. Ganz kurz vor der Kamera rissen wir beide die Skier herum. Der Schnee spritzte in Massen über die Gruppe. Der Regisseur und der Kamera-Assistent warfen sich zu Boden, aber der Kameramann behielt die Nerven und filmte weiter. Ich fuhr so nahe an der Kamera vorbei, daß ich den linken Arm mit dem Skistock über die Kamera drüberweg heben mußte, um sie nicht umzureißen. Der Regisseur meinte anschließend:

„Donnerwetter, das war knapp, für die Kamera habe ich keinen Pfifferling mehr gegeben. Die Abfahrt nehmen wir.“

Unser Urlaub ging zu Ende, und auch die Filmtruppe reiste ab. Für unsere Statistentätigkeit erhielten wir so viel Geld, daß wir unseren Aufenthalt im Gebirgshof bequem davon bezahlen konnten. So hatten wir nicht nur einen phantastischen Urlaubsspaß, sondern obendrein noch gut verdient dabei.

Wenige Monate später lief der Film in den Dresdner Kinos. Es war eine Familiensensation. Alle Verwandten, Freunde und Bekannten kamen, um uns im Film zu sehen.

Etwas enttäuscht waren wir allerdings. Alles, was wir in mehreren Tagen gemacht hatten, lief in wenigen Sekunden ab. Man sah uns den Hang runterkommen, aber da waren keine Gesichter zu erkennen. Lediglich wo ich so nahe an der Kamera vorbeirase, sieht man für den Bruchteil einer Sekunde mein grinsendes Gesicht in Großaufnahme auf der Leinwand. Aber es war ein herrliches Erlebnis.

Dadurch angeregt, beschloß ich Filmamateur zu werden. Die ersten Schmalfilmkameras waren gerade auf den Markt gekommen. Ich war einer der ersten, der eine solche Kamera kaufte. Eine 8-mm-Kamera AK 8. Ein sehr bescheidenes Gerät, aber man konnte eben filmen, und das war zu dieser Zeit eine Sensation. Als nächstes brauchte ich natürlich einen Projektor. Auch den erwarb ich als einer der ersten.

Nun filmte ich frisch drauflos. Familie, Urlaub, Landschaften usw. Das nächste Problem war, daß es lange Zeit keine 8-mm-Filme zu kaufen gab. Um aber weiterzukommen, kaufte ich 16-mm-Filme. Ein Filmlabor hat mir dieses Material in zwei 8-mm-Streifen getrennt und nachperforiert. Das war erforderlich, da der Perforationsabstand bei den 16-mm-Filmen doppelt so weit ist wie bei 8 mm. Damit war aber diese Misere noch nicht beendet. Als ich mir den ersten Film mit dem Ersatzmaterial ansah, war ich ganz verzweifelt. Das Bild sprang mit der Bildfrequenz rauf und runter. Dadurch konnte man kein Bild erkennen. Irgend etwas stimmte nicht mit der Perforation. Ich zerbrach mir den Kopf, wie ich denn nun weiterkäme.

Als eventuelle Lösung kam mir nur der Greifer des Filmtransportes im Projektor in den Sinn. Dieser Greifer besitzt zwei Finger. Kurz entschlossen entfernte ich einen davon, und siehe, das Experiment gelang. Der projizierte Film lief wieder sauber und scharf ab.

Ein Kompendium zur Herstellung der Titel wurde gebraucht. Masken, Filter und Vorsätze mußten gekauft werden. Das alles ging ganz schön ins Geld. Als ich dann solchermaßen ausgerüstet war, dachte ich, da müßte man eigentlich noch mehr damit machen. Einen richtigen Film drehen. Einen Spielfilm! Der Gedanke setzte sich in meinem Kopf fest und ließ mich nicht mehr los.

Aber wenn man so etwas machen will, sind doch auch Tonaufnahmen erforderlich. Mit Stummfilm wollte ich ja nun nicht anfangen. Aber wie? Der Ton mußte gleichzeitig mit dem Film auf ein Tonband aufgezeichnet werden, um überhaupt synchron mitlaufen zu können. Ich brauchte also eine transportable Tonaufzeichnungsanlage. So etwas gab es aber noch nicht. Die Zeit der Koffertonbandgeräte war noch nicht angebrochen. Aber irgendwie müßte sich doch so etwas bewerkstelligen lassen. Sicher wird man heute belächeln, was ich damals anstellte, um ein solches Ziel zu erreichen, aber wir hatten nicht viele Möglichkeiten, um unseren Drang nach Kreativität zu entfalten.

Als erstes kaufte ich mir ein Tonbandgerät Typ „Smaragd“ als Einbauchassis. Damit ging ich zu einem Rundfunkmechaniker und ließ mir dazu einen Verstärker mit Kontrollautsprecher anfertigen. Das mußte damals natürlich alles noch mit Transformatoren und Röhren bestückt werden. Da kann man sich leicht vorstellen, wie groß und schwer das alles war.

Als ich alles komplett zusammengestellt hatte, baute mir ein Tischler einen Kasten in der erforderlichen Größe, mit Deckel und Scharnieren. Mein Schulfreund Karl-Heinz Graf war von Beruf Sattlermeister und betrieb auf der Zwickauer Straße in Dresden-Plauen eine Sattler- und Täschnerwaren-Werkstatt. Er bezog mir diesen Holzkoffer mit Kunstleder und brachte Eckbeschläge sowie schwere Ledergriffe an – fertig war mein Tonbandkoffer. Allerdings mußte der von zwei kräftigen Männern getragen werden. Es war etwas umständlich, aber was machte das schon. Hauptsache, ich konnte etwas unternehmen.

Nun gründete ich gemeinsam mit meinem Vetter Günter Baumgart und einigen Freunden die Amateurfilmgemeinschaft „CINAMATON“. „CIN“ stand für Cinema, „AMA“ für Amateure und „TON“ für Tonfilm.

Die Filmidee hieß: „Graf Bobby als Filmschauspieler“. Das Kernstück bildete die Spiegelszene aus „Sieben Jahre Pech“. Zunächst mußte ein Drehbuch geschrieben werden mit Einstellungsplan, Kostümen, Requisiten usw. Es war ein schwieriges Unterfangen. Vor allem die Beschaffung der Requisiten stellte sich als besonders schwierig heraus. Nun standen wir vor der Frage: Wo könnte man denn so etwas drehen? Auch hier fanden wir eine Lösung. Der Schwager meiner Frau, Heinz Kirst, war im Landeshauptarchiv Dresden beschäftigt. Ein altes ehrwürdiges Gebäude in Dresden-Neustadt, welches von dem schweren Luftangriff 1945 verschont geblieben war. Dort gab es Direktionsräume mit schweren dunklen Möbeln und Ledersesseln. Diese Räume waren für unsere Zwecke geradezu wie geschaffen. Da der Virus des krankhaften Sicherheitsticks der DDR noch nicht um sich gegriffen hatte, gelang es meinem Schwager, von der Direktion des Archivs die Genehmigung zu den Filmaufnahmen in deren Räumen zu erlangen. Natürlich mußten wir die Abend- und Nachtstunden dafür benutzen. Wir hatten eine Garderobiere, eine Maskenbildnerin, einen Requisiteur und einen Tontechniker. Natürlich alles Laien, Verwandte und Freunde. Ich selbst war Regisseur und Kameramann in einem. Es gab nur drei Darsteller: Die Hauptrolle des Grafen Bobby übernahm mein Vetter Günter Baumgart, seinen Freund und Zechbruder, Graf Sylvester, spielte mein langjähriger Freund Werner Klemm aus Quohren, und der ewig betrunkene Diener Johann, welcher den Spiegel zerschlägt und damit das ganze Fiasko auslöst, wurde von meinem Schwager Heinz Kirst dargestellt.

Nach dem Abschluß aller erforderlichen Vorbereitungen und einiger Proben kam der Abend, an welchem die ersten Aufnahmen gemacht werden sollten. Der Tonkoffer stand an seinem Platz, die letzten Handgriffe des Schminkens wurden getan und ein paar Einstellungen besprochen. Die erste „Klappe" fiel, und die erste Szene lief. Ich war sehr zufrieden. Die Filmaufnahmen konnten wir natürlich nicht kontrollieren, aber die Tonaufnahmen wollten wir uns wenigstens anhören. Wir staunten nicht schlecht, als wir das Band einschalteten und an Stelle der Sprachaufnahmen laute Musik hörten. Es war richtig geisterhaft, und wir fanden zunächst absolut keine Erklärung für dieses Phänomen.

Wir waren so konsterniert, daß an weitere Aufnahmen an diesem Abend nicht zu denken war. Nach mehreren Versuchen und Untersuchungen stellten wir fest, daß der eingebaute Verstärker in dem Gebäude des Landeshauptarchivs wie ein Empfänger arbeitete. Aber nur in diesem Gebäude und nur für den Sender Dresden. Irgendwie hing das mit der Nähe des Dresdner Senders zusammen. Die Sprachaufnahmen waren so leise, daß sie praktisch nicht verwendbar waren. Wir fanden auch keine Möglichkeit, dies zu verändern. Die Technik, die uns zur Verfügung stand, war einfach zu primitiv. Durch diesen Umstand ist unser Film leider ein Stummfilm geblieben. Auch sind wir nie über dieses Versuchsstadium hinausgekommen. Die Belastungen dieses Aufwandes waren so groß, daß es neben der täglichen Arbeit einfach zu viel wurde. Das anfängliche Interesse an der Filmarbeit kühlte sich dadurch sehr schnell ab. In der Folgezeit beschränkte ich mich wieder auf die persönliche Berichterstattung.

Als sich mein Chef, Herr Hänel, einen neuen PKW kaufte, erhielt ich sein altes Fahrzeug als Dienstfahrzeug. Da ich das Fahrzeug auch privat nutzen durfte, war ich sehr beweglich und auch in diesem Punkt einer der ersten meines Bekanntenkreises, der mit einem Auto rumfahren konnte. Aber auch hier war der Nachkriegsanfang nicht einfach.

Noch das zweite Fahrzeug, welches die DDR auf den Markt brachte, der F 9, ein Nachfolger des DKW und Vorläufer des Wartburg, hatte noch kein Synchrongetriebe. Es mußte also noch mit Zwischengas geschaltet werden.

Es gab noch keine Blinker. Wenn man auf der Autobahn den Winker betätigen mußte, ging der wegen des Fahrtwindes nicht mehr zurück, sondern erst wenn man ganz langsam fuhr.

Aber das schlimmste war, diese Fahrzeuge hatten weder eine Heizung noch ein Scheibengebläse. Im Winter mußten wir uns während der Fahrt in eine Decke einwickeln.

Um die Scheiben frei zu haben, mußte man entweder die Fenster offen lassen oder bei strengem Frost die Scheiben immer wieder mit einem Salzsäckchen abreiben. Frostschutzmittel für das Kühlwasser kannten wir auch noch nicht. Bei Frost mußte man, je nach Temperatur, in bestimmten Zeitabständen den Motor laufen lassen oder das Kühlwasser ablassen. Die morgendliche Inbetriebnahme war dann immer mit viel Arbeit verbunden.

Die Ehe mit meiner Frau Sigrid stand wohl unter keinem besonders guten Stern. Es könnte auch sein, daß ich die erforderlichen Voraussetzungen für eine Eheschließung in meinem jugendlichen Alter doch unterschätzte.

Das gegenseitige Verständnis ließ nach, und das Zusammenleben wurde von Jahr zu Jahr schwieriger. Im Alltag der Ehe bleibt die Liebe auf der Strekke, wenn sie nicht so groß und ausgeprägt ist, daß man gegenseitig alle, aber auch wirklich alle Fehler und Eigenheiten toleriert. Aber noch hielt uns das gemeinsame Kind zusammen.

Wie die Zufälle so spielen, traf ich eines Tages meinen Freund Wilfried Wagner aus Burgbernheim in Dresden wieder. Auch er musizierte neben seiner Arbeit noch in einer kleinen Band.

„Du kommst mir wie gerufen“, sprach er mich an. „Wir spielen in zwei Wochen auf einer Hochzeit im Gasthof Schullwitz und haben keinen Schlagzeuger. Willst du nicht bei uns mitspielen?“

Natürlich wollte ich!

Wir kamen noch zu einer kleinen Probe zusammen, um unsere Besetzung auszuprobieren. Dann trafen wir uns an dem besagten Sonnabend in Schullwitz auf dem Saal. Es sollte die eigenartigste Hochzeitsfeier werden, welche ich je erlebte.

Alles fing so harmlos an. Wir musizierten, die Musik gefiel und kam gut an. Es wurde getanzt. Die Stimmung war gut und stieg mit dem Alkoholspiegel von Stunde zu Stunde. Auch wir erhielten ab und zu einen Schluck.

Einmal kam ein Onkel des Bräutigams in leicht alkoholisiertem Zustand mit einer Schnapsflasche in der Hand zu uns, um unsere Gläser zu füllen. In diesem Moment kam der Brautvater wütend angerannt und riß dem Onkel die Flasche aus der Hand, daß der Inhalt in einer hohen Fontäne herausspritzte. Er wollte anscheinend selbst über das verfügen, was er bezahlen mußte. Es kam zu einem lautstarken Wortwechsel, welcher natürlich noch andere Gäste anzog.

Der Streit verstärkte sich, andere mischten sich noch mit ein, und im Handumdrehen war eine saftige Prügelei im Gange. Alle Männer der Brautseite prügelten sich mit den Männern der Verwandtschaft des Bräutigams. Die Tanzfläche wurde zur Kampfarena, und wir spielten kräftig dazu: „Schön ist so ein Ringelspiel".

Plötzlich sah ich, wie sich eine junge Frau im Ballkleid in den Knäuel der prügelnden Männer stürzte. Sie warf sich zwischen die Kampfhähne und hatte anscheinend die Absicht, ihren Mann da rauszuziehen. Sie schrie verzweifelt und angsterfüllt auf. Ihr Kleid war sofort zerrissen. Es bestand die akute Gefahr, daß sie zertrampelt wurde. Das konnte ich nicht mehr mit ansehen und dachte: Junge, hier mußt du eingreifen, um die Frau zu retten. Ich sprang von meinem Schlagzeug weg auf das Parkett und stürzte der Frau hinterher. Gerade als sie zu Boden ging, bekam ich sie zu fassen. Mit sanfter Gewalt zog ich sie aus diesem Hexenkessel heraus und führte sie tröstend aus dem Saal. Sie schluchzte herzerweichend und sah in ihrem zerrissenen Ballkleid furchtbar mitgenommen aus.

Ein Teil der Männer löste sich von dem Pulk und rannte die Treppe hinunter in den Hof. Die anderen stürzten hinterher, dann prügelte sich alles auf dem Hof weiter.

Wir hörten auf zu spielen und sahen uns ratlos an. Es war 21 Uhr. An eine Fortsetzung der Feier war nicht zu denken. Alle Gäste, die noch auf dem Saal waren, gingen bestürzt nach Hause. Nur das Brautpaar saß konsterniert auf seinem Platz. Sie sahen sich an und wußten nicht, ob sie lachen oder weinen sollten. Dann brach ein befreiendes Lachen aus ihnen heraus. Die Spannung löste sich.

„Packt eure Instrumente ein und setzt euch zu uns", sagte der Bräutigam, „es sind jede Menge Speisen und Getränke vorhanden, das können wir jetzt alles alleine verbrauchen." Gemeinsam mit dem Brautpaar feierten wir die ganze Nacht. Es wurde eine sehr lustige Nacht, an deren Ende ich mich nicht mehr so recht erinnern kann. Jedenfalls, als ich am nächsten Morgen wach wurde, lag ich in einem umgestürzten Tisch. Ebenso meine Freunde. Das Brautpaar war nicht mehr anwesend.

Wir hatten ganz schön zu tun, um wieder richtig auf die Beine zu kommen.

Die von mir „gerettete" junge Frau, Brunhilde Schöne aus Schönfeld bei Weißig, kam noch am gleichen Morgen mit ihrem Ehemann Werner Schöne zu uns, um sich zu bedanken. Von diesem Tag an verband uns eine immerwährende Freundschaft.

Sängerwettstreit

1955, wenige Jahre nach dieser „Prügelhochzeit", verbrachte ich mit meiner Familie den Sommerurlaub in Koserow auf Usedom. Wen treffe ich am Strand? Den Wilfried Wagner! Die Überraschung war auf beiden Seiten groß. Er spielte in einer Band über die gesamte Saison in Koserow zum Tanz. Inzwischen hatte er geheiratet. Seine Frau Brigitte war auch anwesend, sie war für ein paar Wochen nach Koserow gekommen.

Lebhaft tauschten wir unsere Erlebnisse aus und erinnerten uns an gemeinsame Taten. Nachdem wir so eine Zeitlang geplaudert hatten, sagte Wilfried:

„Am nächsten Sonnabend findet in unserem Lokal ein Sängerwettstreit statt. Das wäre doch etwas für dich, Werner. Du singst mit Brigitte."

Nach einigem Hin und Her stimmten wir dann doch zu.

Sängerwettstreite waren damals sehr beliebte Veranstaltungen. Jeder, der Lust hatte, konnte ein Lied oder einen Schlager seiner Wahl mit Begleitung der Kapelle vortragen. Das Publikum entschied dann über die Plazierung. Für so etwas war ich damals natürlich immer zu haben.

Wir hatten uns das Duett von Caterina Valente und Sylvio Francesco: „Sing, Baby, sing ein Lied für Dich" ausgesucht. Natürlich mußten wir ein paar Tage probieren, aber es wurde ein Bombenerfolg, und wir gewannen den ersten Preis.

Wenige Monate nach diesem Urlaub wurde unsere Ehe geschieden. An tausend Kleinigkeiten ist sie zerbrochen.

Sehr lange war ich aber nicht allein, meine geschiedene Frau auch nicht.

Eine Hochzeitsreise in der zweiten Ehe

Am 30.3.1957 heiratete ich meine jetzige Frau, Christa Möbus. Unsere Ehe verlief vom ersten Tag an sehr harmonisch, aber auch recht abenteuerlich.

Zu dieser Zeit war es noch relativ einfach, von der DDR aus nach Westberlin oder in die Bundesrepublik zu reisen. Wir wollten gern eine Hochzeitsreise machen, hatten aber nur wenig Geld.

Durch Zufall hörten wir, daß die Freie Universität Berlin eine Studentenreise nach Paris durchführt. Meine Frau fuhr nach Berlin und buchte für uns beide diese Reise.

Nun ergaben sich für uns allerdings erhebliche Probleme. Das erste war die Bezahlung. Man räumte uns als DDR-Bürger zwar einen Sonderpreis ein. Wir sollten für zehn Tage Paris pro Person 160,– DM West bezahlen, aber das waren halt für uns 800 DM,– Ost. Der Wechselkurs stand meistens so um 1:5.

Dann benötigten wir einen internationalen Reisepaß, je ein Durchreisevisum für Belgien und Holland sowie ein Einreisevisum für Frankreich. Alles in allem für einen DDR-Bürger ein fast unmögliches Unterfangen. Wir versuchten es trotzdem.

Den internationalen Reisepaß mußten wir beim Alliierten Kontrollrat beantragen. Wider Erwarten erhielten wir diesen Paß sehr kurzfristig, jedoch nicht so die Visa.

Die größten Schwierigkeiten machte uns das Französische Konsulat. Als meine Frau dort den Antrag stellte, waren sie sehr unfreundlich zu ihr. Sie wurde behandelt, als wäre sie ein Faschist und Kommunist zugleich. Der größte Makel an ihr war aber, daß sie eine Deutsche war. Das Konsulat machte uns keine Hoffnung auf Erteilung der beantragten Visa, da wir aus der DDR kämen.

All diese Vorbereitungen trafen wir bereits vor unserer Eheschließung.

Am 30.3.1957 war unsere Trauung, am 31.3. fuhren wir nach Berlin, und am 1.4. sollte die Reise nach Paris losgehen. Als wir nach Berlin fuhren, hatten wir noch immer keine Nachricht von dem Konsulat. Aber wir hatten immer noch Hoffnung, daß noch alles klappt. Leider vergebens. Wir erhielten zwar die Visa, aber erst am 10.4. mit der Post nach Dresden.

Nun standen wir da. Die Koffer gepackt für Paris, Vorfreude im Herzen und keine Visa. Der Reiseveranstalter war sehr großzügig und gab uns das Geld zurück, da wir ja mitreisen wollten, aber nicht konnten. Wir waren sehr enttäuscht und sehr traurig.

„Laß uns nach Hause fahren“, meinte meine Frau, „nun wird doch nichts mehr aus unserer Hochzeitsreise.“

„Kommt überhaupt nicht in Frage“, erwiderte ich, „jetzt sind wir unterwegs und besitzen die 320,– DM West, wir werden schon noch eine Lösung finden.“

Etwas ziellos liefen wir durch die Straßen Westberlins und diskutierten über eventuelle Möglichkeiten. Da sah ich ein kleines Reisebüro. Es war nur ein kleines Ladengeschäft. Es gab noch nicht viele Reisebüros und uns im Osten waren sie ganz fremd, da gab es gar keine. Dort sind wir sofort rein:

„Guten Morgen, wir möchten gerne in Urlaub fahren, irgendwo nach Bayern in die Berge. Es sollen etwa zwei Wochen sein. Allerdings müssen wir zwei Bedingungen stellen: Erstens muß die Reise schon morgen losgehen, und zweitens darf sie für uns beide nicht mehr als 360,– DM kosten. Können Sie uns so etwas anbieten?“

„Da werden wir schon was Passendes finden“, meinte die Dame sehr freundlich und nahm einen Katalog zur Hand. Aber was da drin stand, war uns alles zu teuer.

„Hier habe ich etwas für Sie“, und zeigte uns einen Prospekt. „12 Tage nach Gries am Brenner in Tirol, Östereich. Dort wohnen Sie im Gasthof Zum Guschelbauer. Das ist eine Vorsaison-Werbereise und kostet komplett, also Reise mit Bus und Vollpension, 148,– DM pro Person. Die Reise beginnt morgen früh am Savignyplatz.“

Da jubelten wir natürlich. Das war so recht nach unserem Geschmack, und wir buchten sofort mit Begeisterung ohne jede weitere Überlegung.

Am nächsten Morgen waren wir pünktlich am Savignyplatz. Wir hatten richtiges Reisefieber und brachten vor Aufregung keinen Bissen runter.

Die Enttäuschung über die geplatzte Paris-Reise war verschwunden und hat, einer neuen Vorfreude Platz gemacht.

Der Bus stand schon da, und wir meldeten uns gleich bei dem Fahrer. Wir informierten ihn, daß wir DDR-Bürger seien, und mußten mit ihm vorsichtshalber ein paar Maßregeln treffen. Wir hatten etwas Angst vor den Grenzkontrollen. Wir saßen als DDR-Bürger in einem Westbus und fuhren von Westberlin durch die DDR nach Österreich. Wir besaßen nur einen sogenannten Interzonenausweis. Dieser berechtigte damals, die Grenze zur Bundesrepublik

Deutschland zu überschreiten, aber keinesfalls Deutschland zu verlassen und ins Ausland zu fahren. Dies galt als illegales Verlassen der DDR. Den Personalausweis hatte man in Dresden bei der Aushändigung der Interzonenausweise einbehalten. Darüber informierten wir unseren Busfahrer und übergaben ihm gleichzeitig unsere Reiseunterlagen zur Aufbewahrung. Auf eventuelle Fragen der Grenzbeamten sollte er die Auskunft geben, daß wir bis München gebucht hätten. Wir hatten uns als Lüge ausgedacht, daß wir die Reise nach München von meinem Onkel, Friedrich Hanitzsch aus Eutin/Holstein, zur Hochzeit geschenkt bekommen haben. Der Umtausch von DM Ost zu dem sogenannten „Schwindelkurs“ in DM West war ja offiziell verboten. Auch den Besitz der internationalen Reisepässe mußten wir verheimlichen, denn diese hatten wir uns ja illegal außerhalb der DDR beschafft.

So lernten wir von Anfang an, die Behörden der DDR zu belügen. Anders konnte man nicht existieren.

Die Reise begann pünktlich mit einem Reisebus, wie sie eben damals waren. Da gab es weder eine Kaffeemaschine o. ä. noch eine Toilette, und das war bei längeren Reisen ein erheblicher Nachteil. Wir sollten es sehr schnell feststellen.

Noch keine halbe Stunde waren wir auf der Autobahn, da hatte meine liebe Frau ein dringendes Bedürfnis. Ach du lieber Gott, dachte ich, was denn nun? An eine Rast war noch lange nicht zu denken. Aber meine Frau wurde immer blasser. Es war mir zwar sehr peinlich, aber ich mußte den Fahrer informieren und ihn bitten anzuhalten.

Für ihn war das kein Problem. Er war sicherlich an solche Situationen gewöhnt. So fuhr er auf den nächsten Parkplatz und rief in den Bus:

„Eine Gesundheitspause! Die Damen links und die Herren rechts.“

Fast alle nutzten die Gelegenheit und verschwanden in den Büschen. Es gab noch keine Raststätten oder Parkplätze mit Toiletten. Also, was blieb den Leuten auf so einer Reise anderes übrig, als die Natur zu benutzen.

Die Grenzkontrollen verliefen ohne Zwischenfall, und wir waren heilfroh, als wir die DDR hinter uns hatten.

Nun war noch die Frage, was die Beamten an der österreichischen Grenze sagen werden. Wir hatten ja keine Pässe der Bundesrepublik. So etwas ist immer wieder aufregend, und wir zitterten doch innerlich, als wir uns der Grenze näherten.

Dann standen wir am Kontrollplatz für Busse. Es war schon dunkel, und die Beleuchtung ließ die ganze Szenerie etwas unwirklich, ja fast gespenstisch erscheinen. Die Spannung stieg. Ich sah einen Beamten auf unseren Bus zukommen. Es fiel mir sehr schwer, ruhig zu erscheinen. Die Türe öffnete sich, und der Grenzschutzbeamte stieg ein.

„Grüaß Gott beinand, zeigt's amal eire Päß", rief er in den Bus. Jeder hielt seinen Paß bereit, und wir hielten die Luft an. Nachdem er sich zwei Pässe angesehen hatte, meinte er: „Ach woas, schaut's omal alle in eire Päß, ob's noch Giltigkeit hoam."

Jeder blätterte nun in seinem Paß herum. Währenddessen unterhielt sich der Grenzer mit dem Fahrer. Wieder zu den Leuten im Bus gewandt, fragte er: „Na, hoabt's alle nachgschaut? Alles ok? Na dann, guate Reise. Grüaß Gott." Und weg war er.

Uns fiel ein Stein vom Herzen. So eine gemütliche Grenzkontrolle hatte ich noch nie erlebt. Erleichtert lehnten wir uns im Sessel zurück und atmeten tief durch. Jetzt konnten wir uns erst richtig freuen.

Gegen 22 Uhr erreichten wir Gries am Brenner. Die Guschelbäuerin empfing uns wie langjährige Freunde. Sie umarmte uns und hieß uns herzlich willkommen.

Sie hatte uns unser Zimmer schon zugewiesen, als sie hörte, daß wir uns auf der Hochzeitsreise befinden. Spontan sagte sie: „Da bekommen Sie natürlich das Fürstenzimmer."

Alles war traumhaft schön. Zehn Tage lang wurden wir von allen Seiten verwöhnt. Die Tatsache, daß wir aus dem Osten kamen und uns auf der Hochzeitsreise befanden, veranlaßte die Guschelbäuerin die Küche und unsere Miturlauber, uns immer etwas mehr oder ein Extra zukommen zu lassen.

Ein kleines Handikap hatten wir. Unser Koffer war für Paris gepackt. Wir hatten festliche Kleidung für die Oper bei uns, aber keine Wetterkleidung für die Berge im April.

Eines Tages hatten drei Ehepaare von unseren Miturlaubern die Absicht, eine Hochtour auf den Sattelberg zu unternehmen. Sie wollten bis zum 2270 m hohen Gipfel wandern. Da wollte ich natürlich mit. Ich hatte ja meine Filmkamera dabei und wollte gern einmal die Bergwelt in dieser Höhe filmen.

Gegen 9 Uhr des nächsten Morgens brachen wir auf. Meine Frau wanderte bis zur Sattelbergalm mit uns. Dort befindet sich eine bewirtschaftete Berghütte. Sie steht noch im Wald, ein ganzes Stück unterhalb der Bewachsungsgrenze. Dort wartete sie auf unsere Rückkehr.

Meine Wanderkleidung bestand nur aus einer normalen Kordhose, einem Sakko und Halbschuhen. Es war Anfang April, also ohnehin noch sehr winterlich, da kann man sich vorstellen, wie kalt es in dieser Höhe war.

Wir hatten uns von der Hütte noch nicht weit entfernt, als wir auf den Schnee trafen.Vorsichtshalber band ich mir die Hosenbeine mit etwas Strick zu. Die Halbschuhe konnte ich allerdings nicht schützen.

Es dauerte nicht lange und wir hatten die Bewachsungsgrenze verlassen. Die Schneedecke wurde von Meter zu Meter höher. Eine ganze Strecke mußten wir durch meterhohen Schnee klettern. Bis zum Gürtel versank ich im Schnee, aber kalt war mir nicht mehr.

Nach etwa zwei Stunden anstrengender Bergwanderung durch den hohen Schnee erreichten wir den Gipfel. Der Sturm blies mir eiskalt um den Kopf. Die Hände wurden immer steifer. Es fiel mir schon sehr schwer, die Kamera zu umfassen und den Auslöser zu betätigen. Aber der Blick über die umliegende Bergwelt entschädigte mich für alle Strapazen. Ich filmte tapfer, bis die Spule zu Ende war. An einen Wechsel der Spule war überhaupt nicht zu denken. Die anderen trugen dicke Anoraks mit Kapuzen und steckten warm. Mir wurde in meinem Sakko im Laufe der Zeit doch recht ungemütlich. Wegen der eisigen Kälte machten wir uns dann auch sehr schnell an den Abstieg. Wegen der Schneeverhältnisse zog sich dabei unsere Gruppe immer weiter auseinander. In einem Augenblick der Unachtsamkeit verlor ich meine Begleiter aus den Augen. Sie waren wie vom Erdboden verschwunden. Plötzlich stand ich vollkommen allein im Schnee und wußte gar nicht recht, was ich davon halten sollte. Mir blieb weiter nichts übrig, als in der Richtung, die ich als richtig annahm, weiterzugehen. Auf alle Fälle mußte ich bergab. Dabei verfehlte ich wohl in einem kleinen Winkel die Richtung. Als ich dann den Wald erreichte, fand ich den Weg zur Hütte nicht wieder. Was blieb mir anderes übrig, als immer weiter bergab zu laufen?

Da wurde mir klar, daß ich mich vollkommen verlaufen hatte. Dabei machte ich mir die größeren Sorgen um meine Frau. Sie mußte ja einen furchtbaren Schreck bekommen, wenn meine Begleiter ohne mich zurückkommen.

Nach etwa 30 Minuten kam ich an einen Weg, welcher quer zum Hang verlief. Nach welcher Seite sollte ich mich wenden, um die Hütte zu finden? Ich wußte ja nicht, nach welcher Seite ich mich verlaufen hatte. Intuitiv lief ich nach rechts.

Nach kurzer Zeit kam mir ein alter Mann mit einer Holzkiepe auf dem Rücken entgegen. Das muß der liebe Gott gewesen sein, denn wie ist es anders zu erklären, daß gerade in diesem Augenblick in dieser total abgelegenen Gegend ein Mensch auftaucht? Jedenfalls konnte er mir erklären, wie ich wieder zur Sattelbergalm finde. Eine Stunde später war ich dort. Der Jubel und die Erleichterung war auf allen Seiten groß. Meine Begleiter hatten sich ebenfalls verirrt, aber nach der anderen Seite unserer Route und waren auch erst seit 20 Minuten in der Hütte. Diese 20 Minuten waren allerdings, wie ich vermutet hatte, für meine Frau voller Angst und Sorgen.

Man hatte beschlossen, noch eine Stunde zu warten und dann eine Suchaktion zu starten. Das war damals allerdings nicht so einfach wie heute. Da gab es noch nicht eine so durchorganisierte Bergwacht, und die Hütte hatte auch kein Telefon.

Nachdem wir in der Hüttenwirtschaft noch sehr reichlich und gut gegessen hatten, machten wir uns auf den Heimweg.

Nicht einmal eine Erkältung trug ich davon. Es war wie ein Wunder.

Die Tage vergingen, wie immer im Urlaub, viel zu schnell. Am vorletzten Tag sollte eine Abschiedsfeier stattfinden. Unsere Miturlauber hatten beschlossen, in Italien Rotwein für diese Feier zu kaufen. Von Gries bis an die Brennerpaßgrenze, sind es nur 30 Minuten zu Fuß. Wir sind bis an die Grenze mitgelaufen. Nach Italien durften wir als DDR-Bürger nicht mit. An der Mitfinanzierung dieses Einkaufs mußten wir uns nicht beteiligen.

Der Abschiedsabend kam. Das ganze Lokal wurde umgeräumt, damit alle an einem Tisch sitzen konnten. Die Guschelbäuerin mitten unter uns. Es entstand eine Stimmung, wie ich sie noch nie zuvor und auch nicht danach erlebte. Zu vorgerückter Stunde wurde eine Polonaise durch das ganze Haus veranstaltet, welche von der Guschelbäuerin selbst angeführt wurde. Es war die verrückteste Polonaise, die ich je mitmachte. Es wurden Schränke umgestellt und das Unterste zuoberst gekehrt. Die Feier ging bei bester Stimmung zu Ende.

Nachdem wir unseren Rausch ausgeschlafen und den Kater auskuriert hatten, hieß es Abschied nehmen. Es war, als würden wir einen alten guten Freund für immer verlassen.

Leider hatten wir auch nie wieder die Möglichkeit, Gries und den Gasthof „Zum Guschelbauer“ zu besuchen.

Die Heimfahrt verlief sehr ruhig. Wir waren alle noch etwas müde, und jeder hing seinen eigenen Gedanken nach. Unbeschadet erreichten wir unsere Heimatstadt Dresden.

Wir meinen, diese Rückkehr nach Dresden war unser erster großer Fehler, den wir machten. Wir besaßen beide noch nichts, und ich hätte mit Sicherheit Arbeit bei der Fa. Singer-Nähmaschinen bekommen können. Aber aus Rücksicht auf viele Leute, welche dann später selbst die DDR verlassen haben, kehrten wir brav zurück.

In der Heimat angekommen, fängt ein neues Leben an. Wie in diesem Lied, so war es auch bei uns. Für uns begann ein neuer gemeinsamer Alltag.

Zunächst brauchten wir wieder eine Wohnung. Irgend etwas mußte ich mir einfallen lassen.

Unsere erste Wohnung

Ich ging zum Wohnungsamt und fragte nach einer schwer vermietbaren Wohnung. Das sind Wohnungen, welche aufgrund ihres Zustandes niemand haben will. Es war natürlich sehr selten, daß so etwas vorkam, da ja jeder, der auch nur etwas handwerkliches Geschick hatte, auch eine heruntergewirtschaftete Wohnung nahm und sie selbst wohnlich herrichtete, um überhaupt eine Wohnung zu besitzen. Als ich also bei dem Amt vorsprach, sah mich die Dame mit großen Augen von oben bis unten an und meinte:

„Ich habe zwar hier eine solche Wohnung, aber so wie Sie aussehen, glaube ich nicht, daß Sie diese Wohnung nehmen."

„Das macht nichts. Wenn es nicht gerade eine Erdhöhle ist und man noch irgendwie etwas daraus machen kann, versuch ich es. Auf alle Fälle würde ich sie mir gerne ansehen."

Ich erhielt die Adresse und eine Besichtigungsgenehmigung und war wieder draußen. Wir freuten uns, daß wir überhaupt eine kleine Chance erhielten. Erwartungsvoll machten wir uns auf den Weg zur Mohorner Straße 13. Durch eine große Einfahrt betraten wir ein großes freies Grundstück. Gleich links stand ein kleines Haus. Es sah aus wie ein Bauernhaus und bestand aus einer Wohnung zu ebener Erde und einer darüber. Wir schauten uns an und glaubten nicht, was wir da sahen. Eine ländliche Oase, mitten in der Stadt. Das Grundstück dahinter war anscheinend sehr groß. Man sah nur ein paar Gärten und einen Weg, der im unbekannten Nichts verschwand.

Wir näherten uns dem Haus. Kleine ländliche Fenster und alles sehr alt. Sicherlich war hier schon seit Jahrzehnten nicht mehr renoviert worden. Wir öffneten die kleine Haustüre und betraten einen Flur. Zur Linken führte eine Sandsteintreppe nach oben, und geradehin war eine Wohnungstür mit einem Namensschild. Hier wohnte die Familie Gräfe.

Wir klopften an, und Frau Gräfe öffnete uns. Eine kleine weißhaarige alte Dame mit einem sehr freundlichen, rundlichen Gesicht. Wir zeigten ihr unsere Besichtigungsgenehmigung und fragten nach der Wohnung. Sie forderte uns auf, erst mal näherzutreten, und bat uns, in ihrem kleinen gemütlichen Wohnzimmer Platz zu nehmen. Wir wollten wissen, was es mit der Wohnung, dem kleinen Haus und dem großen Grundstück auf sich hat. Bereitwillig gab sie uns Auskunft auf all unsere Fragen.

Das Grundstück gehört zu der ehemaligen Brauerei Reisewitz, die unmittelbar dahinterlag. Schon vor dem Krieg wurde sie geschlossen. In diesem und einem danebenstehenden zweiten Haus waren die Pferde der Brauerei und die Kutscher untergebracht. Der alte Herr Gräfe, ihr Ehemann, war Kutscher bei Reisewitz und für die Pferde verantwortlich. Als die Brauerei geschlossen und die Pferde abgeschafft wurden, hat man die Ställe ausgebaut. Das war jetzt die Wohnung der Familie Gräfe. Ein zweiter ehemaliger Kutscher wohnte in der oberen Wohnung und war inzwischen verstorben. Besser sollte man wohl sagen: er hauste dort. Als wir so weit waren, sah uns Frau Gräfe genauso an wie die Dame vom Wohnungsamt und hatte die gleiche Meinung:

„So wie Sie aussehen, nehmen Sie die Wohnung auf keinen Fall."

Wir baten um den Schlüssel und stiegen die Stufen zu dem Obergeschoß hinauf. Die Wohnung bestand aus drei Räumen. Vom Hausflur betrat man sofort den ersten Raum. Etwa 12 qm groß, mit Wasser- und Gasanschluß, also als Küche zu benutzen. Von der Küche ging es in ein kleines Zimmer, ungefähr 8 qm groß, mit einem Fenster zum Garten. Das war das Wohnzimmer. Kein Ofen vorhanden. Von diesem Zimmer kam man in einen eigenartig geformten Raum. Der Raum bildete ein L und war nicht beheizbar. Aber der Platz reichte, um Betten aufzustellen. Der Gesamtzustand: unter aller Würde. Defekte Fenster, stellenweise kein Putz an den Wänden, überall Schmutz und Unrat, die Elektroleitungen hingen lose an den Wänden usw.

Frau Gräfe informierte uns noch, daß die Miete dieser Wohnung 12,– DM pro Monat kostet und daß darin die Stromverbrauchskosten pauschal enthalten seien. Wir wollten es nicht glauben, aber es war so. Es war die einzige Wohnung, von der ich je hörte, daß man einen derart geringen Pauschalbetrag für den Stromverbrauch zu bezahlen hatte.

Wir sagten uns, besser diese Räume als gar keine.

In der Zwischenzeit war Herr Gräfe von Arbeit gekommen. Er wurde altershalber in der Brauerei „Zum Felsenkeller" als Pförtner beschäftigt. Beide freuten sich sehr, daß wir die Wohnung trotz allem nehmen wollten. Sie hatten vom ersten Moment an Vertrauen zu uns und freuten sich, daß sie wieder jemanden im Haus hatten.

Es war kein Problem, vom Wohnungsamt die Zuweisung für diese Wohnung zu erhalten. Allerdings mußten wir unterschreiben, daß wir keinerlei Leistungen für die Instandsetzung derselben von der Wohnungsverwaltung verlangen würden.

Innerhalb von wenigen Wochen hatten wir in mühevoller Kleinarbeit aus diesen Räumen eine Puppenstube gezaubert. Wir zogen ein und waren dort sehr glücklich. Alles war sehr klein, aber dafür war der Garten größer.

In dem zweiten Haus wohnten auch zwei ältere Ehepaare. Wir vier Ehepaare hatten das Nutzungsrecht für das gesamte Grundstück, und das alles für 12,– DM im Monat. Da wir keinen Keller und keinen Boden hatten, stellte ich mir eine kleine Holzbaracke in den Hof. Mein Vater hatte sie mir für 5,– DM als Abfallholz bei der Bau-Union Dresden gekauft. Es war ein LKW voll Holzplatten, welche wir nur zusammenbauen mußten. Dort hatte ich zwei Lagerräume für Kohlen usw. und eine Garage für mein Dienstauto.

Meine erste Betriebsgründung

Parallel zu diesen Ereignissen absolvierte ich noch ein Fernstudium an der Fachschule für Energie in Zittau, und am 18.11.1957 legte ich die Meisterprüfung für das Elektro-Installateur-Handwerk ab.

Von diesem Moment an trug ich mich mit dem Gedanken, mich als Elektromeister selbständig zu machen und eine eigene Firma zu gründen.

Lange bevor es soweit war, hatten wir uns schon einen Namen für diese Firma ausgedacht. Es war mir zu profan, meine Firma einfach „Elektro-Hanitzsch" zu nennen, wie es viele andere taten. Nein, es sollte schon etwas aus dem Rahmen fallen.

Ich wollte wie die Firma Hänel Schaltanlagen, Hochspannungsanlagen und ähnliches herstellen und montieren. Deshalb nannten wir unsere zukünftige Firma:

„Schaltmontage Dresden – Werner Hanitzsch“.

Anfang 1958 begann ich mit den Vorbereitungen zu meiner Betriebsgründung.

In einer ehemaligen Souterrainwohnung, Nöthnitzer Straße 16, richtete ich mir mit Hilfe meiner Freunde und mit ganz geringen Mitteln ein kleines Büro mit einem Lagerraum ein.

Ich verfaßte ein Werbeschreiben und ließ es von meinem letzten Geld drukken.

Ende Februar gab ich meine Arbeitsstelle bei der Firma Hänel auf, um die letzten Vorbereitungen zu treffen.

Am 1. April 1958 war es dann so weit. Die Gewerbeerlaubnis war erteilt. Die Firma

Schaltmontage Dresden – Werner Hanitzsch

war gegründet und öffnete symbolisch ihre Pforten.

Mit diesem Tag begann wieder ein neuer Abschnitt in unserem bewegten Leben.

Abschnitt II – 1958 bis 1974

Kurz vor der Eröffnung hatte ich die bereits erwähnten Werbeschreiben abgeschickt. Etwa 200 große und mittlere Betriebe hatte ich angeschrieben und meine Dienstleistung für die Reparatur und Neuerstellung der elektrischen Anlagen angeboten. Ich war überzeugt, daß auf alle Fälle einige davon antworten würden. Wenn einmal der Anfang gemacht sein würde, wäre das schwierigste überstanden und ich konnte daran denken, evtl. einen Monteur einzustellen.

Vier Wochen lang starrte ich Tag für Tag auf das Telefon und wartete auf einen Anruf. Tag für Tag wartete ich mit Spannung auf den Postboten. Vergebens!

Was ich nie für möglich gehalten hätte, trat ein. Nicht eine einzige Antwort oder Anfrage kam auf meinen Werbebrief. Nun bekam ich es doch etwas mit der Angst zu tun. Wir hatten uns doch Geld geliehen, um das Büro einrichten zu können. Nun war es aber schon so weit, daß wir nicht mehr wußten, wovon wir leben sollten. Will mir denn niemand eine Chance als Anfänger einräumen?

Die Konkurrenz ist doch wirklich nicht groß. Irgend jemand müßte doch Bedarf haben. Aus meiner bisherigen Tätigkeit bei der Firma Hänel kannte ich doch mehrere Unternehmen. Da müßte sich doch eine Verbindung herstellen lassen. Ursprünglich wollte ich auf keinen Fall meinem ehemaligen Chef auch nur einen Kunden abwerben. Aber mir stand das Wasser bis zum Hals. Irgend etwas mußte geschehen.

Unter anderem war die Fa. Hänel schon lange in dem Bezirkskrankenhaus Arnsdorf tätig. Von daher hatte ich einen guten Kontakt zu dem Technischen Leiter. Es war ein Strohhalm, an den ich mich klammerte.

Also lieh ich mir von meinem Freund Karl-Heinz Graf, dessen Moped und fuhr nach Arnsdorf.

„Guten Morgen, Herr Geis", begrüßte ich ihn. „Sicher hat Ihnen jemand von der Fa. Hänel berichtet, daß ich mich selbständig gemacht habe. Vor vier Wochen eröffnete ich meine Firma und habe bis heute noch keinen Auftrag erhalten. Wenn Sie auch nichts für mich zu tun haben, muß ich meinen Betrieb wieder schließen und mir eine Arbeit suchen, wo ich Geld verdiene."

„Na, das wär ja noch schöner", gab er mir zur Antwort, „von wegen schließen. Das kommt überhaupt nicht in Frage. Selbstverständlich haben wir Arbeit für Sie. Die Generatoren unserer Stromerzeugungsanlage müssen dringend überholt werden. Sie können sofort anfangen."

Ich hätte am liebsten laut gejubelt, ich war gerettet. Ich mußte auf alle Fälle Zeit gewinnen.

Drei Generatoren waren vorhanden. Wenn ich für jeden eine Woche Arbeit rechnete, war ich drei Wochen beschäftigt. Dann wird sich schon noch was ergeben.

Drei Wochen lang fuhr ich jeden Tag mit dem Moped meines Freundes von Dresden nach Arnsdorf, um das Geld für die Übernachtung zu sparen. Der Benzinverbrauch dieses Mopeds war so gering, daß ich damit weitaus günstiger kam, als wenn ich mir in Arnsdorf ein Zimmer gemietet hätte. Nach diesen drei Wochen konnte meine Frau die erste Rechnung der Fa. Schaltmontage Dresden schreiben. Diese sah folgendermaßen aus:

3 x 48 Std. = 144,0 Std. Meisterlohn à 3,78 =	DM 544,32
3 x 6 Tage = 18 Tage Auslösung à 7,– =	DM 126,–
Kein Materialeinsatz	______
Gesamtsumme	DM 670,32

Die Wochenarbeitszeit betrug damals noch 48 Stunden, auf sechs Tage verteilt. Der Verrechnungssatz von DM 3,78 pro Leistungsstunde in der Lohngruppe VIII, das war die höchste Lohngruppe, die es gab, war für das Elektrohandwerk praktisch noch gültig, als die DDR zusammenbrach. Lediglich von dem Zeitpunkt an, als in der DDR der Akkordlohn eingeführt wurde, der ja erst total verpönt und verboten war, durften wir auf diesen Stundensatz noch die Erfüllungsprozente aufschlagen. Aber dafür waren mehrere Vorbedingungen zu erfüllen, und der Höchstsatz der Leistungserfüllung war genehmigungspflichtig. Er betrug max. 120 %. Alles kam jetzt darauf an, Aufträge mit Materialeinsatz zu bekommen.

Da ich schon immer ein Glückspilz war, ließ der nächste Auftrag nicht lange auf sich warten. Noch in der gleichen Woche nach Arnsdorf erhielt ich vom VEB Transformatoren- und Röntgenwerk Dresden mehrere kleine bis mittlere Installationsaufträge.

Es lief an, wenn auch bescheiden, aber es lief an. Schon konnte ich es nicht mehr allein bewältigen und mußte den ersten Monteur einstellen. Der erste Monteur der Fa. Schaltmontage Dresden war Karl-Heinz Straube. Er ist es wert, festgehalten zu werden, da die Fa. Schaltmontage Dresden noch sehr groß geworden ist, er als junger Mann in die Firma eintrat, dort später seinen Ingenieur machte und bis zu seinem Rentenalter dort beschäftigt war.

Mein großer Vorteil war, daß ich bei der Firma Hänel das Projektieren gelernt hatte und im Anlagenbau versiert war. Dies sprach sich denn auch sehr schnell herum.

Wenige Wochen später erhielt ich vom Rat des Kreises Riesa den Auftrag, für den Neubau eines Betonwerkes in Bobersen die gesamte Elektroversorgung zu projektieren, zu liefern und zu installieren. Das war ein Traumauftrag, welcher schon besondere Maßnahmen erforderlich machte.

Es wurden noch Monteure gebraucht. Nun waren es schon derer drei. Auch benötigte ich nun dringendst ein Fahrzeug für den Material- und Werkzeugtransport. Durch Zufall erfuhr ich, daß ein Berufskollege einen alten Lieferwagen ausrangiert hat und verschrotten will. Ungesehen kaufte ich dieses Wrack für 1200,– M der DDR. Besser als gar nichts, dachte ich. Eine andere Möglichkeit, zu einem Fahrzeug zu kommen, gab es ohnehin nicht.

Es war ein alter Praga mit einer 3,5-Liter-Maschine, umgebaut mit Pritsche. Ein uraltes Gefährt. Mir wurde mitgeteilt, daß das Fahrzeug in Freital bei einer Auto-Reparaturwerkstatt auf dem Hof stehe. Dort sollte ich es abholen. Ich fuhr sofort hin. Der Hof dieser Werkstatt sah aus wie ein Autofriedhof, aber nicht wie eine Werkstatt. Da stand es! Mein erstes selbst gekauftes Auto! Das erste Fahrzeug der Fa. Schaltmontage Dresden! Grau und schmutzig. Alle vier Räder platt. Die großen Lampen schauten mich traurig an und schienen zu fragen:

„Wirst du mich wirklich retten und mich hier wegholen?“

„Ich tu's“, sagte ich und strich ihm über die Kühlerhaube. Es lag etwas Historisches und Feierliches in diesem Moment. Heute, im Zeitalter des Konsums modernster Technik, einfach unvorstellbar und nicht mehr nachvollziehbar.

So gut es ging, ließ ich dieses Auto fahrbereit machen. Das Problem dabei war, daß es dafür absolut keine Ersatzteile gab. Es mußte sehr stark improvisiert werden und trotzdem war nichts richtig in Ordnung. Doch es rollte. Zwar mit erheblichen Schwierigkeiten, aber trotz allem, es rollte.

Auf der Ladefläche hatte ich immer einen Kanister mit Wasser. Aller 50 km mußte ich Kühlwasser nachfüllen. Die Wasserpumpe war so ausgeschlagen, daß sie ständig Wasser verlor.

Auch konnte ich den Motor nicht mit dem Anlasser starten, sondern mußte ihn mit der Handkurbel andrehen. Es war ein LKW-Motor mit einem großen Anlasser. Dafür war die Batterie viel zu klein. Schlimm wurde es, wenn ich mit diesem Auto durch die Stadt fuhr. Ich kam an keiner Straßenbahn vorbei, weil mein Auto zu langsam war. An jeder Haltestelle mußte ich also auch anhalten. Da der Leerlauf auch nicht so richtig funktionierte, mußte ich ständig Gas geben. Wenn ich das doch mal verpaßte, blieb der Motor stehen. Das bedeutete, ich mußte aussteigen und das Auto ankurbeln, dann schnell reinspringen, um sofort Gas zu geben. Während dieser Aktion standen die anderen Autos hinter mir und hupten. Es war also eine ganz schöne Nervenbelastung.

Aber es rollte, ich war beweglich und konnte transportieren. Sogar unser Vergnügen hatten wir damit.

Wir hatten uns ein kleines Zelt gekauft. Die Camping-Bewegung war erst im Entstehen begriffen. Die Ausrüstung war noch sehr primitiv. Es war Pfingsten, und wir wollten etwas unternehmen.

In der Nähe von Dresden, bei Moritzburg, ist ein sehr schönes Naturbad: Bad Sonnenland. Heute ist dort noch ein großer Campingplatz. So etwas gab es damals noch nicht, aber zelten durfte man trotzdem schon am See. Das war unser Ziel.

Mehrere Freunde und Verwandte wollten mit. Es hatten ja nur sehr wenige eine Gelegenheit, mit einem Auto zum Zelten zu fahren. Mein Auto war mit Spriegel und Plane ausgerüstet, also praktisch auch als Zelt zu verwenden. Die Ladefläche legten wir mit Matratzen aus. Meine Frau hatte einen ganzen Eimer voll Quarkkeulchen gebacken, dann wurde alles verstaut. Aber außer dem Gepäck mußten noch 6 (in Worten: sechs) Personen auf der kleinen Ladefläche untergebracht werden. Es war ja nur ein umgebauter PKW. Bei uns im Hof schauten alle Leute zum Fenster raus, als wir das Fahrzeug packten und dann noch acht Personen darin verschwanden (zwei vorn und sechs hinten). Dann war die Arche voll.

Bei strahlendem Sonnenschein starteten wir zu unserem Pfingstausflug. Kein Wölkchen war am Himmel zu sehen. Alle waren in prächtigster Stimmung und sehr lustig. Ich mußte Anweisung erteilen, daß alle ganz still sein müßten, wenn das Fahrzeug hielt. Ich hatte Bedenken, daß vielleicht gerade an einer solchen Stelle ein Polizist stehen könnte und die Stimmen unter der Fahrzeugplane hörte. Diese Ladefläche war ja für Personenbeförderung nicht zugelassen und erst recht nicht das Auto für acht Personen. Aber was macht man nicht alles, wenn man jung ist.

Unbehelligt erreichten wir Bad Sonnenland und richteten uns für ein paar unbeschwerte Sonnentage ein. Für uns gab es einfach keine Probleme. Unser kleines Zelt war für zwei Luftmatratzen, also für zwei Personen, gedacht. Zu diesem Pfingstausflug schliefen wir dort zu fünft. Nämlich mein Freund Karl-Heinz Graf, seine Ehefrau Ingeborg und meine Tochter Marion aus erster Ehe. Freilich wäre das heute nicht mehr möglich. Aber damals war unser Körperumfang noch so, daß wir halt zu zweit auf einer Luftmatratze Platz fanden, auch wenn es etwas eng war. Allerdings, geschlafen haben wir nicht allzuviel. Die Tage waren sehr heiß, wir gingen oft baden. Die Abende waren mild, und es wehte ein laues Lüftchen, aber im Zelt war es immer noch zu heiß. Das störendste jedoch waren die Frösche. Sie quakten ihre Liebeslieder, veranstalteten ein regelrechtes Chorkonzert wie immer im Frühling, bis der Morgen dämmerte. Trotzdem verlebten wir ein paar herrliche Tage, und ich drehte einen sehr lustigen Film.

Die Tage vergingen wie im Fluge und schon hieß es: einpacken! Ich hatte den Eindruck, es sei jetzt noch mehr Gepäck als bei der Anreise. Es quoll förmlich und wurde immer mehr. Als ich das alles liegen sah, dachte ich nicht, daß wir es wieder verstauen könnten. Aber nichts ist unmöglich!

Nicht gerade ausgeruht, aber doch erholt und gut gelaunt, traten wir die Heimfahrt an. Es war Pfingstmontag, 15 Uhr. Wir hatten es ja nicht weit und waren nicht in Eile.

Gegen 17 Uhr waren wir auf der Bühnaustraße in Dresden-Löbtau, da passierte es. Es gab einen fürchterlichen Knall, das Auto humpelte und schlingerte. Ein Reifen war geplatzt. Was blieb uns anderes übrig, als das Rad zu wechseln? Also hielt ich an und gab den Befehl zum Absitzen.

Die vielen Pfingstspaziergänger auf der Straße, die ohnehin durch den lauten Knall aufmerksam geworden waren, blieben nun stehen und staunten über die vielen Personen, die von dem kleinen Auto herabkletterten. Nun mußten wir aber auch noch entladen, um an das Reserverad und das Werkzeug zu kommen. Es war ein Schauspiel am Pfingstmontag nachmittag, welches sich die Leute schmunzelnd ansahen. Wir trugen es mit Humor. Aber meiner Frau war es, wie immer, sehr peinlich, denn sie wollte auf keinen Fall auffallen, weder positiv noch gar negativ. Bei allem Pech hatten wir doch noch unwahrscheinliches Glück, daß es dabei nicht noch regnete.

Nach einer guten Stunde konnten wir dann unsere Fahrt fortsetzen und erreichten wohlbehalten den heimatlichen Hof. Der Alltag hatte uns wieder.

Die Wohnung wird zu klein

Inzwischen war es Frühjahr 1959 geworden. Bei uns hatte sich Nachwuchs angemeldet. Nun war guter Rat teuer. Unsere Wohnung war zwar eine Puppenstube geworden und wir waren dort sehr glücklich, aber mit Kind entschieden zu klein. Im September sollte das Kind kommen. Bis dahin mußten wir unbedingt eine Lösung finden. Aber wie?

Wir wälzten zunächst sämtliche Tageszeitungen und suchten alle Tauschanzeigen heraus. Aber wer würde schon mit unserer Miniwohnung in diesem alten Haus tauschen? In einer sehr aufwendigen Sisyphusarbeit stellten wir einen möglichen Ringtausch zusammen, besuchten die Inserenten und holten deren Zustimmung ein. Verhandelten über die Tauschbedingungen und boten den Leuten, die nicht so richtig interessiert waren, besondere Vergünstigungen an.

Endlich hatten wir alle unter einem Hut und konnten den Tauschantrag stellen. Schnell gaben wir den Antrag bei dem Wohnungsamt ab, und – wie konnte es bei uns anders sein – der wurde abgelehnt.

Es war zum Verrücktwerden. Die Wohnung, welche wir haben wollten, war für uns mit nur einem Kind angeblich zu groß. Nicht etwa, daß die zu viel Zimmer gehabt hätte, nein, es waren einfach für drei Personen ein paar Quadratmeter zu viel. Der Bürokratismus trieb wieder einmal seine Scherze mit uns. Alle persönlichen Verhandlungen blieben erfolglos. Ich dachte bei mir, wie können die Menschen nur so hirnlos sein? Da kommt einer und bietet eine Lösung der Wohnungsprobleme für vier Familien an, ohne daß ein einziger Quadratmeter zusätzlicher Wohnraum verlangt wird, und das wird abgelehnt, nur weil meine Wohnung 5 qm zu groß ist. Es war einfach nicht zu fassen.

Da fiel uns ein, daß meine Schwiegermutter irgendwie mit der Ehefrau des derzeitigen Oberbürgermeisters der Stadt Dresden bekannt war. Diese kannte auch meine Frau, allerdings nur als Kind. Ein Kontakt bestand schon viele Jahre nicht mehr. Diese Verbindung mußten wir nutzen.

Wir meldeten uns bei ihr an und baten um ein Gespräch. Sie ahnte natürlich sofort, daß wir Probleme hatten, weshalb sonst würden wir wohl nach so langer Zeit die Verbindung zu ihr plötzlich herstellen. Aber sie gewährte uns die Bitte und empfing uns sehr herzlich. Als wir ihr dieses ganze Tauschproblem erläutert hatten und ihr klar war, daß wir durch diese Ablehnung ein dringendes Wohnungsproblem hatten, schüttelte auch sie verständnislos den Kopf.

„Das kann doch nicht wahr sein", meinte sie, „macht euch keine Sorgen, ich kümmere mich darum."

Es genügte ein Telefongespräch von ihr – und die Tauschgenehmigung war da! Nie in meinem Leben werde ich die Menschen, die damals in der DDR in irgendwelchen Ämtern das Sagen hatten, begreifen.

Kurzfristig organisierten wir den Tausch und zogen im Sommer 1959 auf die Ockerwitzer Straße 63 in Dresden-Cotta. Die Wohnung lag im Erdgeschoß und hatte noch Außentoilette. Wir hatten viel Arbeit, um unsere Vorstellungen von Gemütlichkeit zu verwirklichen. Meine Frau war hochschwanger, und unser Betrieb lief auf Hochtouren. Es war also sehr belastend. Aber diese Wohnung brachte uns noch einen Riesenvorteil. An dieser Wohnung befand sich ein ehemaliges Ladengeschäft. Dort konnten wir unser Büro einrichten und unseren Betriebssitz von der Nöthnitzer Straße 16 in die Okkerwitzer Straße 63 verlegen.

Nun mußte meine Frau in ihrem Zusatnd nicht mehr jeden Tag raus. Sie hatte jetzt den Betrieb zu Hause. Das sollte sich bald als großer Vorteil für einen reibungslosen Betriebsablauf herausstellen.

Am 14. September 1959 kam unsere Tochter Heike zur Welt. Nun waren wir zu dritt.

Eine vollkommen neue Ära bahnt sich an

Aus der Zeit meiner Tätigkeit bei der Fa. Hänel kannte ich mehrere Getreidemühlen in der DDR, da wir dort jahrelang die Elektroanlagen verändert und neu gebaut hatten. Dabei hatte sich auch zwangsläufig eine enge Verbindung zu dem VEB Mühlenbau Dresden entwickelt. In der Phase der Projektierung war da eine enge und direkte Zusammenarbeit erforderlich.

Eines Tages rief mich ein Projektingenieur vom Mühlenbau an und bat mich, zu ihm zu kommen, er hätte etwas Wichtiges mit mir zu besprechen.

Durch den jahrelangen Kontakt stand ich zu fast allen Projektanten des Mühlenbaus in einem schon freundschaftlichen Verhältnis.

Der Kollege eröffnete mir, daß er eine 24-Tonnen-Weizenmühle für Ägypten projektieren müßte und noch keinen Elektroprojektanten hätte. Er bat mich, diesen Auftrag zu übernehmen.

Selbstverständlich wollte ich! Ich witterte nicht nur einen guten Auftrag, sondern vor allem witterte ich eine Möglichkeit, eventuell einmal ins Ausland zu kommen.

Was ich damals noch nicht wußte: Dieser Tag war für mein ganzes Leben ein historischer Tag und ging so in meine Lebensgeschichte ein. Ich konnte ja nicht ahnen, was sich da für mich und meine Familie entwickelte. Aber sehen wir es uns der Reihe nach an.

Ich nahm also die Zeichnungen und Pläne der Mühle mit nach Hause und begann mit den Projektarbeiten.

Das staatliche Exportunternehmen, welches für Mühlenanlagen zuständig war, hieß Unitechna Berlin. Der zuständige Ingenieur für den Mühlensektor in diesem Unternehmen war Ernst Guhlmann.

Während der Projektbearbeitung entstanden zwangsläufig technische Fragen zur Stromversorgung der Mühle und zu den Wünschen des Kunden über den Ausrüstungsumfang. Keiner der zuständigen Ingenieure konnte mir diese Fragen beantworten. Deshalb gab ich in der nächsten gemeinsamen Beratung bekannt, daß es erforderlich sei, zwecks technischer Klärung nach Ägypten zu reisen. Ich hatte es mehr im Scherz gesagt, denn ich hätte nie daran gedacht, tatsächlich eine solche Reise durchführen zu dürfen. Wir hatten ja eine Vertretung in Kairo, und ich war der Meinung, daß diese Leute die anstehenden Fragen vor Ort klären müßten. Um so überraschter war ich, als man sagte:

„Ja, wir halten das auch für erforderlich."

Herr Guhlmann ergänzte noch: „Ja, ich denke auch. Ich werde sofort die Reiseunterlagen beantragen."

Ich dachte, ich träume! Ich konnte es einfach nicht fassen. Ägypten!!!

Sollte ich wirklich dieses Land besuchen dürfen? Sollte ich wirklich einer der Privilegierten sein, die das „Ghetto" DDR verlassen dürfen? Obwohl es zu diesem Zeitpunkt bei weitem noch nicht so streng war wie nach dem Bau der Mauer, wagte ich es nicht zu glauben. Und doch!

Das schier Unglaubliche trat ein. Ich erhielt einen Dienstreiseauftrag, einen Dienstpaß mit Einreisevisum für die VAR, ein Flugticket und Reisedevisen.

Ich konnte es einfach nicht glauben, daß mir ein solches Glück widerfuhr.

In Vorbereitung der Reise hatte ich natürlich allerhand zu tun. Vom Tropenarzt mußte ich mich auf Tropentauglichkeit untersuchen lassen und mich den verschiedensten Schutzimpfungen unterziehen. Ich tat das alles mit größtem Vergnügen.

Die größte Last dabei hatte meine Frau zu tragen. Sie hatte ein Baby zu versorgen und mußte sich ganz allein um den Betrieb kümmern. Wir hatten ja immerhin schon 5 Monteure.

Am 2. November 1959 war es dann soweit.

Meine erste Reise nach Ägypten

Die Koffer waren gepackt. Ich hatte Schwierigkeiten, mich zu entscheiden, was ich einpacken sollte, da ich nicht recht wußte, welche Temperaturen mich um diese Jahreszeit in Ägypten erwarteten. Vorsichtshalber hatte ich von allem etwas bei mir.

Die Nacht vor der Reise konnte ich vor Aufregung kaum schlafen. Ich hatte richtig schlimmes Reisefieber. Es war ja nicht nur eine große Reise, nein, es war ein ungeheures Ereignis, welches ich immer noch nicht richtig fassen konnte.

Endlich war der Morgen da. Ein grauer, kalter Novembertag. Ich spürte die Novemberkälte nicht, für mich schien die Sonne. Meine Frau ertrug alles sehr tapfer und ließ mich nicht spüren, daß es ihr schwerfiel, alleine zu sein. Ich war ihr sehr dankbar.

Ein Taxi brachte mich zum Bahnhof. Immer noch war ich sehr aufgeregt und mußte unbedingt dem Taxifahrer erzählen, daß ich unterwegs nach Ägypten sei. Er staunte richtig und meinte:

„Nu, das is dor doll, isch hab schonn viel davon gehärt, mei Freind war als Griechsgefangner dort und hat mir viel erzählt. Es muß sehr interessant sein."

Das kurze Gespräch mit jemandem, der schon ein klein wenig mehr wußte als ich, tat mir sehr gut und gab mir etwas innere Ruhe.

Mit dem Zug fuhr ich nach Berlin zum Flugplatz Schönefeld. Zum damaligen Zeitpunkt gab es noch keine Direktverbindung der Interflug Berlin–Kairo. Mit einer IL 14 flog ich nach Prag und von da mit einer TU 104 der CSA nach Kairo. Zu dieser Zeit war die TU 104 das größte und modernste

Flugzeug. Ich war sehr stolz. Ein unsagbares Gefühl der Erhabenheit und grenzenloser Freiheit überkam mich, als ich in 9000 Metern Höhe dahinflog. Es war ein seltsames Gefühl eines nie gekannten Glückes.

Natürlich hatte ich meine Filmkamera bei mir und filmte bereits im Flugzeug. Ein klein wenig flau war mir doch im Magen. Das Essen während des Fluges wollte mir nicht so recht schmecken.

Es dauerte nicht lange und die dichte Wolkendecke, welche die Sicht zur Erde versperrte, riß auf und gab die Sicht frei. Phantastisch! Noch nie in meinem Leben sah ich die Erde aus dieser Perspektive. Berge, Täler, Flüsse und Städte, alles wie Spielzeug in einem Sandkasten angeordnet. Ich konnte mich einfach nicht satt sehen und machte mir fleißig Notizen über meine Eindrücke und Gefühle.

Dann erschien unter uns das Mittelmeer: traumhaft schön, wie der Herr unsere Welt erschaffen hat. Wie ein riesiges Gemälde lag diese schier endlose blaue Fläche unter mir, hin und wieder durch ein winziges Schiff mit einer weißen Bugwelle unterbrochen. Ab und zu eine Insel als Farbtupfer. Dann Kreta wie eine riesige schwimmende, bizarr geformte Scheibe auf dem Wasser. Die Zeit verging mir im wahrsten Sinne des Wortes wie im Fluge.

Nach etwa fünf Flugstunden kam Alexandria in Sicht. Ein riesiges Dreieck aus winzigen Häusern und den Armen des Nildeltas. Ein faszinierender Ausblick auf die Nordküste Afrikas.

Schnell waren wir über Alexandria hinweg. Unter uns nun der Nil in seiner ganzen Pracht. Es dauerte nicht lange und unsere Maschine verlor an Höhe. Es kam das Signal: „Fasten your seat belts, please – bitte anschnallen".

Die Stewardeß verteilte das Landebonbon, was damals noch obligatorisch war, um den Druckausgleich in den Ohren zu erleichtern. Die Maschine legte sich 40 Grad auf die Seite und flog in einer langgezogenen Linkskurve über Kairo hinweg. Mein Herz schlug mir bis zum Hals. Inzwischen waren wir schon so tief, daß man bereits Einzelheiten wie Straßen und einzelne Häuser deutlich erkennen konnte. Noch einmal flogen wir eine Kurve. Unter uns der Anfang der Wüste Sahara. Es ist nicht zu fassen.

Plötzlich, wie aus dem Nichts, tauchte direkt unter mir die Landepiste auf, und schon holperte es. Die Maschine rollte aus und fuhr langsam zum Liegeplatz. Der Druck auf meinen Ohren während der Landung war so stark, daß ich richtige starke Schmerzen hatte und die ersten Minuten kaum etwas hören konnte. Diese Erscheinung hatte ich damals bei jeder Landung, da die Technik mit dem automatischen Druckausgleich in der Kabine noch nicht so weit entwickelt war, jeden Meter Höhenunterschied exakt auszugleichen.

Ich zog meinen Mantel an (was ich lieber nicht hätte tun sollen) und begab mich zum Ausstieg. Als ich aus dem Flugzeug auf die Gangway kam, dachte ich, mich trifft ein Hammer. Zu Hause hatten wir + 8 °C, als ich abflog, und hier empfingen mich 32 ° im Schatten. Es war Nachmittag, und die Sonne knallte unbarmherzig auf die Gangway. Im Handumdrehen stand mir der Schweiß auf der Stirn. Das hatte ich nicht erwartet.

Dann war mir doch etwas beklommen zumute. Würde der Vertreter von Unitechna bei der Handelsvertretung Kairo, dessen Name mir genannt wurde, mich auch tatsächlich abholen? Was sollte ich denn tun, wenn er nicht da ist? Mich umfing ein lautes Stimmengewirr, ich verstand kein Wort. Trotz der vielen Menschen um mich herum fühlte ich mich plötzlich sehr einsam. Alles um mich herum war so entsetzlich fremd und bedrohlich.

Nachdem ich die Paß- und Zollkontrolle endlich hinter mich gebracht hatte, strebte ich mit gemischten Gefühlen dem Ausgang zu. Da standen vielleicht 20 Männer und blickten alle gespannt auf die Ankömmlinge. Der überwiegende Teil von ihnen war europäisch gekleidet. Nur einige trugen eine Galabea, die ich in diesem Moment das erstemal sah. Aber ich hatte keine Zeit und keine Andacht, mir darüber Gedanken zu machen. Der Schweiß lief mir schon fast in Strömen vom Gesicht. Für diese Temperaturen war ich viel zu warm bekleidet.

Ich stellte mich an die Türe und rief zu den Männern:

„Ist Herr X hier?“

Einer hob die Hand. Gott sei Dank, dachte ich bei mir, nun kann nichts mehr schiefgehen. Wir begrüßten uns und machten uns bekannt. Mit seinem Dienstauto fuhren wir in Richtung Stadt. Der Flugplatz ist etwa 20 km von Kairo entfernt. Ich hatte also genügend Zeit, mich etwas zu sammeln und die vielen neuen Eindrücke auf mich wirken zu lassen. Diese erste Fahrt durch Kairo war ein unvergeßliches Erlebnis. Ich war wie benommen. In den Straßen Auto an Auto, nebeneinander und hintereinander. Dazwischen hasteten Menschen über die Straße. Ständig wurde gehupt, es war ein frenetisches Konzert. Von den Seitenstraßen schoben sich immer wieder Fahrzeuge in den Hauptstrom. Mir fiel sofort auf, daß die Fahrer alle den linken Arm zum Fenster raus hielten und sich gegenseitig eigenartige Zeichen gaben. Die Autos mit Rechtssteuerung trugen auf dem Heck ein Zeichen mit einer Hand in einem roten Kreis und einem Schrägstrich über dieser Hand, ähnlich einem Parkverbotszeichen. Was hatte das zu bedeuten?

Mein Begleiter klärte mich als frisch Importierten gerne und freundlich auf. Hier fährt man nicht mit Blinker, sondern nur mit Hupe und Handzeichen. Da gibt es Zeichen für:

– Vorsicht, langsam fahren.
– Vorsicht, nicht überholen.
– Überholen Sie mich jetzt.
– Achtung, ich biege links ab.
– Achtung, ich stoppe.

Seltsam! Ich kam aus dem Staunen nicht heraus. Wie dieser Verkehr überhaupt fließen konnte und es dabei nicht ständig Unfälle gab, war mir ein Rätsel. Mein Begleiter erläuterte mir alles sehr geduldig und meinte:

„Sie werden im Verlaufe Ihrer Tätigkeit noch sehr viele seltsame Dinge kennenlernen."

Wie recht er hatte, sollte ich bald erfahren. Allerdings konnte ich zu diesem Zeitpunkt weder ahnen, noch hätte ich es überhaupt für möglich gehalten, daß sich aus dieser Angelegenheit eine jahrelange Tätigkeit in Ägypten entwickelt, daß ich für mehrere Jahre mit meiner Familie hier wohnen würde und ich eines Tages in Kairo den Führerschein machen würde, um selbst hier Auto zu fahren. Nein, das konnte ich nicht ahnen! Noch war ich der Meinung, diese Reise sei eine einmalige Angelegenheit. Aber davon berichte ich erst später. Im Augenblick befand ich mich auf meiner ersten Fahrt durch Kairo und konnte die vielen Eindrücke kaum verkraften.

Nach einiger Zeit hielten wir im Zentrum Kairos, auf der Straße des 26. Juli, vor einem Etagenhotel. Hier hatte die Handelsvertretung ein Zimmer für mich bestellt. Damals war dieses Hotel zweitklassig in Kairo. Heute ist es vierte Klasse.

Mein Begleiter brachte mich noch in das Hotel, welches sich in der dritten Etage befand, und verabschiedete sich dann von mir mit dem Hinweis, daß er mich am nächsten Morgen um 9 Uhr vom Hotel abholen werde.

Ich war allein. Allein in Kairo! Ich sah zum Fenster hinaus auf den brodelnden und hupenden Verkehr. Mir wurde ganz schwindelig.

Durch ein lustiges Erlebnis, welches in dieser Form wirklich nur einem Neuling, einem sogenannten „Greenhorn", passieren kann, hat sich in meinem Gedächtnis meine damalige Zimmernummer fest eingebrannt. Ich hatte das Zimmer Nr. 15.

Als ich meinen Koffer ausgepackt hatte, machte ich noch einen kleinen Spaziergang, um mir das Leben auf der Straße etwas näher anzusehen. Weit ging ich nicht, ich hatte noch etwas Beklemmung. Verstand kein Wort Arabisch und mein Englisch war auch nicht das allerbeste. Ich hatte Angst, ich könnte in dieser großen Stadt mein Hotel nicht wiederfinden. Die Unsicherheit eines Kleinbürgers, der das erste Mal in die große Welt kommt, machte sich in mir breit. So ging ich also bald wieder zurück in mein Hotel. Der Portier händigte mir meinen Zimmerschlüssel aus. Auf dem Anhänger stand richtig eine 15. Ich hatte mir auch gemerkt, wo mein Zimmer lag, und ging direkt dahin. Doch wie staunte ich, daß an der Zimmertüre, vor der ich stand, keine 15, sondern eine 10 angebracht war. Aber ich war mir ganz sicher, daß ich vor meinem Zimmer stand. Allerdings traute ich mich nicht aufzuschließen. Vielleicht ist es doch ein anderes Zimmer, und ich hatte mich verlaufen? Ich schaute mir die anderen Zimmernummern an und wußte nicht, was ich davon halten sollte. Es waren mir unverständliche Ziffern, aber eine 15 konnte ich nirgends finden. Mein Zimmer war verschwunden. Sofort kamen mir einschlägige Kriminalfilme ins Gedächtnis. Es blieb mir weiter nichts übrig, als mich an den Portier zu wenden.

In der Diele, nahe dem Portier, saß an einem Tisch ein Ehepaar. Zwangsläufig hörten sie mit, als ich dem Portier mein Problem vortrug. Sie lachten so herzlich, daß ich erschrak. Der Portier lächelte verständnisvoll. Das Ehepaar bat mich, an seinem Tisch Platz zu nehmen. Es waren Engländer. Als ich mich zu ihnen setzte – ich sah wohl etwas hilflos aus –, sprach mich der Herr in Deutsch an:

„Ihrem Englisch ist anzuhören, daß Sie aus Sachsen kommen, stimmt's?“

Ich war sprachlos. Nicht einmal mit einer Fremdsprache kann man seine sächsische Abstammung verheimlichen. Aber warum sollte ich auch, dachte ich dann. Wenn ich so Englisch sprechen könnte, wie diese Leute Deutsch sprachen, wäre ich glücklich gewesen. Aber noch stand ich ja am Anfang.

An diesem Abend, der für mich ungeheuer interessant war, erhielt ich meine erste Lektion in Landeskunde.

„Um hier einigermaßen zurechtzukommen, müssen Sie die arabischen Ziffern und fünf arabische Begriffe kennen“, begann der Herr die Lektion, „zuerst die Ziffern.“ Er nahm einen Zettel und Stift zur Hand.

„Ich denke, wir benutzen schon die arabischen Ziffern?“ erwiderte ich etwas verständnislos.

„Das stimmt nicht. Wir sagen nur deshalb arabische Ziffern dazu, weil sie von rechts nach links gelesen werden. Die richtigen arabischen Ziffern sehen folgendermaßen aus:

1 = ١ ; 2 = ٢ ; 3 = ٣ ; 4 = ٤ ; 5 = ٥ ; 6 = ٦ ; 7 = ٧ ; 8 = ٨ ; 9 = ٩ ; 0 = ٠ .

An Ihrer Zimmertür ist diese Ziffer: ١٥

Das ist die arabische 15. Deshalb waren Sie irritiert. Aber machen Sie sich keine Gedanken, das passiert auch Leuten, die nicht zum ersten Mal hier sind. Und nun zu den wichtigsten fünf Begriffen. Diese benötigen Sie, wenn Sie mit einem Taxi fahren wollen:

- maschi = fahren Sie
- stenne = anhalten oder stehen bleiben
- chimal = links
- jimin = rechts und
- alladul = geradeaus.

Mit diesen Worten können Sie den Taxifahrer durch ganz Kairo dirigieren, vorausgesetzt natürlich, Sie kennen den Weg. Wenn Sie ihm nur das Ziel nennen, müssen Sie damit rechnen, daß er mit Ihnen eine Weltreise veranstaltet. Der Preis steht dann am Tachometer.“

So hatte ich am ersten Abend doch schon allerhand Nützliches gelernt. Von dem Moment an war mir vieles schon vertrauter und ich fühlte mich schon viel sicherer.

Ich erkannte, daß es sehr wichtig ist, möglichst viel in Erfahrung zu bringen, was dieses Land betrifft. Wissen gibt Sicherheit. Ich nahm mir vor, die Augen offenzuhalten und alles zu hinterfragen.

Obwohl ich von der Reise ganz schön geschafft war, schlief ich in dieser Nacht nur sehr wenig. Der Straßenlärm mit dem frenetischen Dauerhupkonzert hielt bis spät in die Nacht an. Hinzu kam die Hitze im Zimmer. Dieses Hotel hatte keine Klimaanlage. Draußen war es in der Nacht zwar recht angenehm kühl, aber wegen des Lärmes und der Mücken war es nicht möglich, das Fenster zu öffnen. Als ich nach Mitternacht endlich etwas zur Ruhe kam und der Schlaf mich übermannte, wurde ich gegen drei Uhr sehr unsanft wieder in die Wirklichkeit zurückgeholt.

In der benachbarten Moschee begann der Muezzin sein Morgengebet.

Früher ist der Muezzin auf das Minarett gestiegen und hat in alle vier Himmelsrichtungen gerufen, sicherlich war dies nicht so störend. Jedoch heute hat auch dort der technische Fortschritt seinen Siegeszug angetreten. Auf dem Minarett sind in allen vier Himmelsrichtungen starke Lautsprecher montiert. Der Muezzin kann nun gemütlich in der Moschee vor dem Mikrofon sitzen. Ich wurde durch Geräusche, wie sie entstehen, wenn jemand gegen ein Mikrofon klopft, um zu prüfen, ob es eingeschaltet ist, geweckt. Zunächst wußte ich überhaupt nicht, was das eigentlich war, und lauschte auf diese Laute. Dann hustete der Muezzin und räusperte sich, daß ich erschrak. Noch immer wußte ich nicht, was ich denken sollte, ich kannte es ja noch nicht. Als dann sehr lautstark sein „Allah il akbar“ (Gott ist der Größte) durch die Nacht schallte, war ich sofort hellwach und wußte nun auch, was da vorging. Etwa 30 bis 40 Minuten sang der Muezzin seine Suren aus dem Koran. Es war schon recht interessant, wenn es nicht gerade zu dieser Nachtzeit gewesen wäre und ich nicht ein so dringendes Schlafbedürfnis gehabt hätte.

Am nächsten Morgen ging ich ziemlich müde in den Frühstücksraum. Allerdings verflog diese Müdigkeit sehr schnell bei den Eindrücken, welche mich empfingen. Aus versteckten Lautsprechern erklang leise arabische Musik. Der Raum hatte ein orientalisches Flair, und das Bedienungspersonal (alles Männer) trug farbenprächtige und reich verzierte Galabeas mit orientalischen Kappen. Ich kam mir vor wie in einem Märchen aus Tausendundeiner Nacht.

Die erste Woche verging wie im Fluge mit Kundengesprächen und technischen Aufnahmen. Selbstverständlich wurde ich noch ständig von dem Unitechna-Delegaten der Handelsvertretung begleitet. Erst in der zweiten Woche begann ich allein mit dem Taxi in Kairo herumzufahren und den Kunden zu besuchen. Zu dem Zeitpunkt hatte ich auch die ersten massiven Verdauungsbeschwerden.

Eine Durchfallerkrankung ist in einem tropischen Land unumgänglich. Aber dagegen gibt es in den Pharmacie-Geschäften (Apotheken) sehr wirksame Medikamente. Trotzdem waren diese Tage die Hölle. Wenn man mit krampfartigen Leibschmerzen beim Kunden sitzt und trotz allem lächeln und sprechen muß, dann erfordert diese Beherrschung eine Menge Kraft. Nach drei Tagen ging es mir wieder gut. Nun hatte ich auch wieder Lust, etwas zu unternehmen.

Die nächste Erfahrung machte ich bei einem Spaziergang am Nil. Ich wollte ja einen möglichst eindrucksvollen Film von Ägypten drehen. Nun gibt es dort viele Ecken, Winkel und Menschen, welche die Ägypter nicht unbedingt im Ausland zeigen möchten.

Ich kam an eine Teestube der armen Leute. Das war eine halb verfallene Bretterbude mit einer Bank zum Sitzen und einem kleinen Tisch. Ein älterer Mann in einer schmuddeligen Galabea stand an einem Benzinkocher mit einem Wasserkessel und brühte schwarzen Tee in kleinen Gläsern auf. Die Gäste, die den Tee tranken, sahen genau so aus wie er. Sie standen oder saßen in und vor der Hütte. Einige von ihnen rauchten Wasserpfeife. Kinder, welche dringendst einer Reinigung bedurft hätten, spielten neben der Hütte mit einem ausgemergelten Hund. Ein solches Motiv ist ganz alltäglich und ich sah es auch nicht zum ersten Mal hier. Aber jetzt hatte ich meine Kamera bei mir und wollte eine solche „Teestube" im Film festhalten.

Während der Aufnahmen hörte ich plötzlich von der Seite hastige Schritte näherkommen. Im nächsten Moment sah ich kein Bild mehr im Sucher. Jemand hatte sich dicht davor gestellt. Als ich die Kamera von den Augen nahm, standen fünf junge Männer im Halbkreis vor mir und starrten mich finster und wütend an. Einer von ihnen hatte ein Fahrrad an der Hand und war europäisch gekleidet. Aus dem Tonfall hörte ich heraus, daß sie auf mich schimpften. Sie versuchten mir die Kamera zu entreißen. Nun war es mir aber nicht mehr egal. Der mit dem Fahrrad sprach etwas Englisch und versuchte mir klarzumachen, daß ich den Film vernichten solle. Sie wollten keine Ausländer hier haben, die dann Ägypten wegen der armen Leute im Ausland schlechtmachen würden. Mir wurde richtig ängstlich zumute. Ich redete auf ihn ein und versuchte ihm zu erklären, daß ich ein großer Freund Ägyptens sei und hier vorübergehend arbeite. Jedoch die anderen wurden immer zudringlicher, ich hatte zu tun, mich ihrer zu erwehren.

In der Zwischenzeit hatten sich noch mehrere Araber versammelt. Alles schnatterte durcheinander, ich verstand kein Wort. Zum Glück kam in diesem Augenblick ein Touristenpolizist vorüber. Vielleicht hatte er auch diesen Menschenauflauf gesehen und wollte nachschauen, was da los ist.

Der Polizist schob sich zwischen mich und die Araber und drängte sie erst mal ab. Er schimpfte fürchterlich mit den Männern, die mich bedrängten, und haute dem Mann, der nach meiner Kamera langte, auf die Finger. Dann bedeutete er mir, ich solle hier nicht fotografieren und solle weitergehen. Eilig befolgte ich seine Aufforderung und war froh, daß ich mich entfernen konnte.

Noch von weitem sah ich, wie sich einige in der Gruppe stritten. Wenn sich zwei Araber streiten, stehen sie ganz dicht voreinander, daß man meint, ihre Gesichter würden sich berühren. Mit den Armen wild gestikulierend, schreien sie sich an, bis einer von ihnen plötzlich ganz ruhig und beschwichtigend sagt: „Malisch, malisch" (macht nichts) und dem anderen versöhnlich auf die Schulter klopft. Der andere antwortet dann meistens: „Hadr, hamdulillah" (in Ordnung, Gott sei Dank). Dann gehen sie auseinander.

Aber zu dieser Zeit kannte ich die Mentalität der Araber noch zu wenig. Deshalb hat mich dieses Verhalten noch etwas geängstigt und ich war froh, daß diese Sache so glimpflich abgelaufen war.

Beladen mit Souvenirs, trat ich Ende November den Rückflug auf der gleichen Flugroute an.

Meine Frau holte mich in Berlin mit dem Auto ab. Der Klimawechsel auf der Rückreise fiel mir wesentlich schwerer als auf der Hinreise. Aus dem herrlichen Sonnenschein Ägyptens in den tristen Nieselregen eines kalten, grauen Novembertages. Mich fröstelte gewaltig.

Es war ein epochales Erlebnis. Trotzdem war ich richtig froh und glücklich, wieder zu Hause bei meiner Familie zu sein. Es war so richtig kuschelig zu Hause. Auch hatte ich so richtigen Heißhunger auf eine Schnitte Roggenbrot und eine Bockwurst. Beides gibt es nicht in Ägypten. Nach einigen Wochen vermißt man die heimatlichen Speisen sehr stark.

Die Arbeiten an dem Projekt für Ägypten liefen nun auf Hochtouren.

Nach wenigen Wochen wurde mir bereits ein zweiter Auftrag angetragen. Eine 50-Tonnen-Weizenmühle in Ausim, einem kleinen Dorf in der Nähe Kairos. Eine alte Dieselstation mit drei Generatoren sollten die Mühle mit Strom versorgen. Es wurde eine Hauptschaltanlage mit Synchronisiereinrichtung für den Parallelbetrieb der Generatoren benötigt. Mein Spezialgebiet. Zur technischen Klärung der Generatordaten wurde eine erneute Reise in das gelobte Land erforderlich. Ich konnte es kaum glauben. Bereits im Januar 1960 trat ich diese Reise an.

Um es vorweg zu sagen, es kamen noch mehrere Weizenmühlen hinzu, welche im gesamten Nildelta, bis nach Alexandria, verteilt waren.

Bis 1971, also 12 Jahre, arbeitete ich persönlich in Ägypten. Während dieser Zeit bin ich ständig zwischen Kairo und der Heimat gependelt, jedoch den überwiegenden Teil dieser Zeit hielt ich mich in Ägypten auf.

Die größten Aufträge dieser Zeit erhielt ich vom VEB Mühlenbau Wittenberg. Da ging es um drei 500-Tonnen-Reismühlen im Nildelta. Die größten und modernsten ihrer Art zu dieser Zeit.

Insgesamt nahmen diese Aufträge einen Umfang an, welcher mich in der Bundesrepublik zum Millionär gemacht hätte, jedoch in der sozialistischen DDR brachen sie mir das Genick.

Aus der gesamten Zeit werde ich nun nur über die herausragenden Ereignisse sowie die Höhen und Tiefen berichten.

1960 bis 1971 – Meine ägyptischen Jahre

Ab Januar 1960 pendelte ich zwischen Dresden und Kairo ständig hin und her, wobei ich mehr in Ägypten als zu Hause war.

Sehr schnell wurde mir klar, daß es sehr wichtig war, wenigstens etwas Arabisch zu sprechen. Nicht alle Ägypter sprechen Englisch. Vor allem in den ländlichen Gebieten gab es mit Englisch erhebliche Verständigungsschwierigkeiten.

Der größte Teil der Mühlenstandorte befand sich im Nildelta, teils in Dörfern und teils in kleinen Städten. Bereits ab meinem zweiten Aufenthalt in Ägypten bemühte ich mich, möglichst viele arabische Vokabeln zu erlernen. Jedes Wort, was ich wiederholt hörte, hinterfragte ich und legte mir ein kleines, eigenes Wörterbuch an. Es war zwar sehr mühevoll, aber es lohnte sich. Es dauerte nicht lange und ich verfügte schon über einen ganz beachtlichen Wortschatz. Dies brachte mir ungeheure Vorteile.

Wenn ich z. B. in Kairo nach Khan el Khalili auf den Basar ging, um ein Souvenir zu kaufen, wurde ich immer zunächst als Tourist angesehen und man nannte mir einen hohen Preis. Wenn ich dann aber sagte: „Esma, änne musch Tourist, änne sterchel henne" (hör mal, ich bin kein Tourist, ich arbeite hier), da war der Preis sofort um die Hälfte niedriger.

Oder der Einsatz der arabischen Hilfskräfte während der Montagearbeiten wäre ohne diese Sprachkenntnisse nur sehr erschwert möglich gewesen. Von unschätzbarem Vorteil waren diese Kenntnisse bei den Vertragsverhandlungen mit den Kunden. Wir waren meistens vier bis fünf Personen auf unserer Seite und verhandelten mit der gleichen Anzahl Personen der staatlichen Mühlengesellschaft Ägyptens. Die Mitglieder dieser Kommission wußten natürlich nicht, daß ich einigermaßen Arabisch spreche. Denn verhandelt wurde in Englisch, und wenn sich unsere Partner in ihrer Sprache austauschten und abstimmten, konnte ich meine Kollegen darüber sofort informieren. Dieser Umstand brachte uns so manchen schnellen Abschluß ein.

Und noch etwas aus meiner Jugendzeit brachte mir einen großen Vorteil. Meine kleinen Zaubertricks, von denen ich ja schon berichtete!

Sobald Stockungen oder gar Verhärtungen in den Verhandlungen eintraten, sagte ich einfach:

„Let us have a rest, to think it over" (machen wir eine Pause, um es zu überdenken). Nahm mir eine Zigarette, ließ sie verschwinden und wieder erscheinen, dann erst brannte ich sie mir an. Damit war das Interesse geweckt, und die Gedanken waren abgelenkt. Ich mußte mehr zeigen, und plötzlich war die Verkrampfung gelöst. Allgemeine Heiterkeit trat an die Stelle der vorangegangenen Verbissenheit.

Zum Schluß meiner kleinen Pausenvorstellung verriet ich den verdutzten Männern noch einen kleinen Trick und hatte damit alle auf meiner Seite. Plötzlich waren sie sehr entgegenkommend, und so manches Problem konnte nun gelöst werden.

Allerdings war leider auch ein Fall mit tragischem Ausgang dabei. In der ganzen Zeit erweiterte ich, wo ich nur konnte, mein Repertoire. Kleinere Tricks kaufte ich gleich mehrfach ein, um sie bei solchen Gelegenheiten zu verschenken. Das war immer ganz besonders wirkungsvoll. Unter anderem hatte ich einen kleinen mechanischen Trick bei mir, der nannte sich die „Guillotine" und sah auch so aus. In einer doppelten Platte befanden sich zwei Öffnungen. In dem Hohlraum zwischen den Platten wurde ein Messer geführt, welches man von außen bewegen konnte. Zur vorbereitenden Demonstration wurden durch diese beiden Öffnungen zwei Zigaretten o. ä. gesteckt und mit dem Messer im Inneren zerschnitten. Bei der eigentlichen Vorführung des Tricks wurde dann durch die eine Öffnung der eigene Finger und durch die Zweite wiederum eine Zigarette gesteckt. Dann schlägt man von oben auf das „Fallbeil". Der Finger bleibt heil und die Zigarette wird zerschnitten. Schauderndes Erstaunen!

Ein älterer Herr aus der Verhandlungsgruppe interessierte sich sehr stark für diesen Trick und wollte ihn unbedingt besitzen. Allein in seinem Büro, schenkte ich ihm die Mini-Guillotine und erklärte ihm den Trick. Bei Beachtung der Sicherheitsvorkehrungen war der Trick vollkommen ungefährlich.

Ich erläuterte ihm auch genau die Gefahren, welche entstünden, wenn man den Ablauf verwechselte. Bei der dritten oder vierten Vorführung, welche er durchführte, geschah es dann. Er hackte sich den Finger ab.

Es gab eine entsetzliche Aufregung, und ich hatte zu tun, meine Unschuld an dem Unglück zu beweisen. Eine Zeitlang brachte ich keinen Zaubertrick mehr auf den Tisch. Jedoch als sich alles beruhigt hatte, lief wieder alles so wie vorher.

In den Wochen, in denen ich zu Hause war, bereitete ich meine Monteure intensiv auf ihren Einsatz in Ägypten vor. Meine Sprachkenntnisse, welche ich in der bisherigen Zeit in Ägypten gesammelt hatte, sowie alles Wichtige über das Land vermittelte ich ihnen in regelrechten Lehrgängen.

Dann war es soweit. Die erste Anlage war ausgeliefert und mußte montiert werden. Zwei Monteure erhielten die Ausreisegenehmigung. Um die zu erhalten, wurde die gesamte Verwandtschaft überprüft.

In der Zwischenzeit hatte die DDR eine „Flugroutenbestimmung“ erlassen. Es gab noch keine direkte Flugverbindung Berlin–Kairo, aber die Flugroute und die Fluglinie wurden bindend vorgeschrieben. Wir mußten mit der Interflug von Berlin nach Belgrad fliegen und von dort mit der JAT (Jugoslawish Airline Transport) mit Zwischenlandung in Athen nach Kairo.

Als wir drei in Berlin an Bord einer IL 18 gingen, waren wir die einzigen Fluggäste. Die Stewardessen setzten sich mit uns an einen Tisch und servierten uns, was das Herz begehrt. In Budapest war eine Zwischenlandung vorgesehen. Kurz zuvor informierte uns der Kapitän, daß von Budapest keine zusteigenden Passagiere gemeldet wurden und wir deshalb nicht landen würden.

So flog die IL 18, mit nur drei Fluggästen besetzt, von Berlin nach Belgrad. Es war der lustigste Flug meines Lebens.

Als wir in Belgrad landeten, mußten wir uns am Geländer der Gangway festhalten, um nicht zu zeigen, daß wir nicht mehr richtig geradeaus laufen konnten. Im Transitraum hat uns dann der Alkoholspiegel sanft ins Reich der Träume geschickt.

Ausgeruht und gut gelaunt, setzten wir dann den Flug fort und erreichten ohne weitere Vorkommnisse Kairo.

Aus Gründen der Wirtschaftlichkeit mieteten wir uns eine möblierte Wohnung in Kairo–Zamalek.

Während die Montagen liefen, hatte ich mit der Vorbereitung und Klärung neuer Projekte zu tun. Einen Tag in der Woche war ich mit auf der Baustelle, um aufgetretene Probleme zu klären. Neue Abschlüsse wurden getätigt. Neue Baustellen vorbereitet.

Begegnung mit dem Präsidenten El Nassr

In Kairo lief eine Industriemesse. Die Handelsvertretung der DDR hatte dort einen Stand, wo auch Unitechna mit einer Mühlenwerbung vertreten war. Am Tag der Eröffnung war ich mit auf unserem Stand. Wir waren informiert, daß an diesem Tag gegen 11 Uhr der Präsident Gamal Abd el Nasser seinen Eröffnungsrundgang machen würde.

Wie immer hatte ich natürlich meine alte gute Schmalfilmkamera bei mir und wollte versuchen, ein paar Meter Film mit dem Präsidenten zu belichten.

Als ich hörte, der Präsident sei auf dem Messegelände angekommen, ging ich auf die Straße vor unserem Pavillon und stellte mich in der Mitte derselben auf. Es dauerte nicht lange, da kamen einige Ordnungshüter in Uniform. Sie kontrollierten und räumten den Weg, den der Präsident gehen sollte. Natürlich kamen sie auch zu mir und forderten mich auf, in den Pavillon zu gehen. Ich sei dienstlich hier, gab ich ihnen Bescheid. Daraufhin kontrollierten sie meinen Paß. Während sie darin blätterten, fragte ich: „Kollo tamam?“ (alles in Ordnung?). Er sah mich verdutzt an und erwiderte: „Hamdulillah“ (Gott sei Dank), gab mir meinen Paß zurück und ließ mich stehen. Innerlich war ich doch etwas aufgeregt, aber ich triumphierte, weil ich auf der Straße stehen bleiben durfte.

Wenige Minuten später sah ich den Pulk kommen. Wie eine Lawine aus Menschenleibern wälzte sich eine große Menge die Straße entlang und ging in den Nachbarpavillon. Es schien mir eine Ewigkeit zu sein. Was macht der denn so lange dort drin, dachte ich ungeduldig bei mir.

Am Himmel war kein Wölkchen zu sehen. Die Sonne schien wie immer in Ägypten, einfach herrlich, und brannte schon ganz beachtlich.

Endlich war es soweit, er erschien mit seinem Gefolge wieder auf der Straße. Die Gruppe kam direkt auf mich zu. Ganz vorn in der Mitte Gamal Abd el Nasser, umgeben von einem Heer von Männern, größerenteils in Zivilkleidung.

Nur jetzt die Nerven behalten, dachte ich bei mir und fing an zu filmen. Sie kamen immer näher. Stur wie ein Pfahl blieb ich stehen und wich nicht einen Zentimeter zur Seite. Der Präsident kam direkt auf mich zu und lächelte. Er lief unmittelbar an mir vorüber. Sein Begleiter, welcher direkt neben ihm lief, mußte mir ausweichen, so daß ich zwischen ihm und dem Präsidenten zu stehen kam. Dadurch sind mir unwahrscheinliche Filmaufnahmen von dem damaligen Präsidenten Ägyptens, Gamal Abd el Nasser, gelungen, welche ich heute noch besitze. Ich war sprachlos. Ich hatte ganz fest damit gerechnet, daß mich so ein Leibwächter zur Seite abdrängt. Es war ein unvergeßliches Erlebnis.

Unser erstes Haus auf dem Dorf

Zwischendurch mußte ich immer wieder mal nach Hause. Die Projekte liefen ja auf Hochtouren. Hier muß ich noch einmal meine Bewunderung für meine Frau zum Ausdruck bringen. Was sie in dieser Zeit geleistet hat, macht ihr so schnell niemand nach. Natürlich hat sie Helfer gehabt, aber sie mußte alles in der Hand haben. Inlandmontagen, Auslandmontagen, Geschäftsablauf, Warenbewegung und den Haushalt mit Kleinkind.

Zu allem Überfluß hatten wir noch in Hermsdorf am Wilisch ein kleines Haus gekauft. Es befand sich in einem sehr desolaten Zustand. Man könnte schon sagen, es war halb verfallen. Das Haus war Gemeindeeigentum und die Gemeinde hatte keine Möglichkeit, dieses Haus zu erhalten.

Wir hatten die Absicht, für uns und unsere Mitarbeiter ein Wochenend- und Feriendomizil einzurichten. Nachdem uns der Bürgermeister versichert hatte, daß Hermsdorf am Wilisch keine Wohnungssuchenden hat und wir das Haus für diesen Zweck benutzen dürften, wenn wir es in Ordnung brächten, kauften wir es.

Mit einem ungeheuren Aufwand an Energie und Geld brachten wir das Haus mit tatkräftiger Unterstützung und Hilfe vieler Freunde in Ordnung. Eine eigene Hauswasserversorgung wurde installiert, eine geräumige Doppelgarage mit Dachterrasse angebaut. Neue Fenster wurden angebracht und im Dachboden zusätzliche Räume ausgebaut.

Das Gebäude wurde vollkommen saniert, verputzt und erhielt eine freundliche Farbgebung. Was dies alles bedeutete, kann nur nachempfinden, wer die wirtschaftlichen Verhältnisse in der DDR kennt. Jedes Stück Baumaterial mußte irgendwo mit Bestechung organisiert werden.

Es war zwar immer noch ein altes Haus, aber es war für unsere Begriffe traumhaft schön geworden.

Als alles fertig war, teilte mir der Rat der Gemeinde mit, daß es in der DDR gesetzlich verboten sei, zwei Wohnungen zu besitzen, und ich deshalb diese Wohnung sofort vermieten müsse. In Hermsdorf am Wilisch gab es wieder Wohnungssuchende und diese müßten befriedet werden.

Nun standen wir da! Alles nur für andere gebaut? Bei einer Mieteinnahme von 30,– DM pro Monat amortisiert sich der Aufwand nie. Was sollten wir also tun?

Schließlich entschlossen wir uns, unsere Wohnung auf der Ockerwitzer Straße in Dresden aufzugeben und unseren Wohnsitz nach Hermsdorf am Wilisch zu verlegen.

Es war wunderschön dort, und wir waren sehr glücklich. Im Ort akzeptierte man uns sofort, und wir erwarben schnell das Vertrauen der Einwohner. In kurzer Zeit hatten wir viele Freunde im Ort.

So schön alles war, die Probleme ließen jedoch nicht lange auf sich warten. In unsere Wohnung auf der Ockerwitzer Straße waren meine Eltern gezogen. Deshalb konnten wir unseren Betriebssitz dort belassen. Alles lief gut. Die Entfernung zwischen meinem Büro und der Wohnung betrug nun 25 km. Es war gerade noch tragbar, jeden Morgen und Abend diese Strecke zu fahren. Aber bald mußte ich wieder nach Ägypten. Nun mußte meine Frau alleine jeden Tag nach Dresden fahren. Für sie war die Belastung wesentlich größer als für mich. Sie hatte ja noch den Haushalt und das Kind zu versorgen. Heike mußte also jeden Morgen sehr zeitig mit nach Dresden und saß den ganzen Tag mit im Büro. Sie hatte einen Kindertisch mit Schreibutensilien und einem Spielzeugtelefon. Dort saß sie die meiste Zeit und ahmte mich oder die Mutti nach. Am lustigsten war dabei, wenn sie telefonierte. Sie konnte ja noch nicht richtig sprechen. Das sah dann so aus: Sie riß den Telefonhörer hoch und schrie laut hinein:

„Hier Hani Deden, Ment Meier, verdehn sie mich nich“ (Hier Hanitzsch Dresden, Mensch Meier, verstehn Sie mich nicht).

Dann kam der nächste Winter. Zum Glück war ich wieder einmal zu Hause. Eines Morgens hatte es in der Nacht geschneit, und ich mußte wie jeden Tag nach Dresden. Es lagen mindestens 20 cm Schnee. Die Straße und die

Felder waren mit einer gleichmäßigen Decke so überzogen, daß man den Verlauf der Straße absolut nicht mehr erkennen konnte. Außerdem war es natürlich noch stockdunkel und schneite noch immer. Trotzdem mußte ich es versuchen. Ich kam nicht weit. Nach etwa 500 Metern lag ich mit dem Auto im Straßengraben. Die Straßenbegrenzung war einfach nicht erkennbar. Ich mußte zurück laufen und hatte zu tun, zu Fuß den Weg zu finden. Ich bat einen Bauern, mich mit seinen Pferden aus dem Graben zu ziehen, was er natürlich auch sofort tat.

Da ich mich nicht traute, weiterzufahren, fuhr ich danach vorsichtig in den Ort zurück. Wohl oder übel mußte ich warten, bis der Schneepflug durch war. Gegen Mittag war die Straße dann soweit geräumt, daß ich es noch mal versuchen konnte.

Nach diesem Ereignis kamen uns die ersten Zweifel, ob es richtig war, unseren Wohnsitz nach Hermsdorf am Wilisch verlegt zu haben.

Bei uns hatte sich wieder Nachwuchs angemeldet, meine Frau war hochschwanger. Die damit zusätzlich auftretenden Probleme verstärkten natürlich unsere Zweifel.

Am 10. Januar 1963 mußte ich morgens gegen 4 Uhr meine Frau mit starken Wehen nach Dresden ins Krankenhaus fahren. Heike nahmen wir mit und brachten sie zu meinen Eltern. Es war eine sternenklare Nacht mit klirrendem Frost. Ich war sehr aufgeregt und dachte an die Möglichkeit, daß wir vielleicht nicht durchkommen könnten. Zum Glück war die Sorge unbegründet. Aber die Angst saß mir im Nacken und ließ in mir langsam den Gedanken reifen, doch wieder nach Dresden zu ziehen.

Am gleichen Tag wurde unser Sohn Helge geboren.

Als meine Frau aus den Wochen war, mußte ich wieder nach Ägypten. Die Aufgaben wurden immer umfangreicher. Die Belastungen für meine Frau stiegen ins Unerträgliche. Sie mußte in der Zeit, in der ich nicht zu Hause war, spätestens 4 Uhr früh aufstehen, um mit den beiden Kindern um 7 Uhr in Dresden zu sein.

Spätestens zu dieser Zeit wurde auch ihr klar, daß wir diesen Zustand nicht mehr lange durchhalten könnten. So faßten wir schließlich den Entschluß, unser Haus in Hermsdorf am Wilisch zu verkaufen und ein Haus in Dresden zu erwerben. Dieser Entschluß fiel uns sehr schwer. Wir haben lange mit uns gekämpft, aber so konnten wir nicht weiterleben. Die Belastungen waren einfach zu groß.

Unser Haus in Dresden

Schon bei meinem nächsten Heimataufenthalt machten wir uns auf die Suche. Über einen Immobilienmakler erhielten wir mehrere Angebote. Wir sahen uns alles an, aber es war nichts dabei, was uns gefallen hätte. Dann erhielten wir ein Angebot über ein größeres Einfamilienhaus mit Villencharakter in einem doppelten Flurstück auf der Hohendölzschener Straße in Dresden-Dölzschen. Es war zwar auch ein älteres Haus und im Prinzip zu groß für uns, aber es hatte den großen Vorteil, daß es eine ehemalige Souterrainwohnung besaß, wo wir unseren Betrieb sofort unterbringen konnten, und daß die Wohnung des bisherigen Eigentümers tauschlos frei wurde. Die bisherigen Eigentümer waren Rentner und durften aus Altersgründen nach dem Westen verziehen.

Außerdem räumte man uns sehr günstige Zahlungsbedingungen bei einem ohnehin günstigen Preis ein. So entschlossen wir uns doch für dieses Objekt, obwohl es uns etwas Angst machte. Es war groß und wuchtig, hatte den Charakter einer alten Villa. Aber wir sagten uns, wenn unsere Kinder groß sind, können wir sie gut unterbringen und sie werden uns bei der Pflege und Erhaltung des Grundstückes helfen. Nun mußten wir aber erst unser Haus in Hermsdorf verkaufen, sonst hätten wir keine Kaufgenehmigung für das Haus in Dresden erhalten. In der DDR durfte man nur ein Haus besitzen.

Der Verkauf war nicht ganz einfach, da Hermsdorf am Wilisch doch etwas abgelegen war und ein sehr kleines Dorf ist. Aber auf Grund des außerordentlich guten Zustandes, in welchen wir ja das Haus gesetzt hatten, gelang es uns doch noch.

Zwei schwerwiegende Hürden hatten wir aber immer noch zu nehmen. Erstens mußten wir wieder die Zuzugsgenehmigung nach Dresden beantragen, die war uns ja wegen unseres Verzuges verlorengegangen, und zweitens mußten wir bei dem Rat der Stadt Dresden die Kaufgenehmigung für das Objekt Hohendölzschener Straße 6 beantragen. Die Stadt oder der Staat hatte in der DDR grundsätzlich das Vorkaufsrecht an frei werdenden Grundstücken. Zum Glück war ich in der Handwerksorganisation sehr aktiv tätig. Zu dieser Zeit war ich Obermeister des Stadtbezirkes Dresden-West und Vorsitzender des Arbeitsausschusses Technik der Einkaufs- und Liefergenossenschaft des Elektro-Handwerks Dresden. Dieser Umstand hat mir einige Wege geebnet. So konnte dann endlich der Kaufvertrag abgeschlossen werden.

Nun ging alles wieder von vorn los. Wie in Hermsdorf, so mußten wir auch hier viel verändern und in Ordnung bringen. Auch hier mußten wir wieder eine Garage bauen, alles wie gehabt. Aber wir waren jung, voller Energie und Elan. Es dauerte nicht lange und wir konnten einziehen. Stolz brachte ich am Tor unser Firmenschild an:

Schaltmontage Dresden
Werner Hanitzsch

Nun hatte es meine Frau doch wenigstens etwas leichter. Wir hatten nun alles im Haus. Während meiner Abwesenheit mußte sie wenigstens mit den Kindern nicht mehr wegfahren. Obwohl natürlich trotz allem die Belastungen mit zwei kleinen Kindern, dem Betrieb und dem Haus enorm waren. Aber an diesem Umstand ließ sich zunächst nichts Grundsätzliches verändern.

Die Aufträge in Ägypten liefen auf Hochtouren, und ich mußte zwangsläufig mehr in Ägypten sein als zu Hause. Ich denke, daß ich der einzige private Handwerksmeister in der DDR war, der dieses Glück hatte.

Es hat sich auch sehr schnell herumgesprochen, daß ich Monteure nach Ägypten schicke. Während andere Betriebe große Probleme wegen akutem Personalmangel hatten, konnte ich mir die Monteure aus vielen Bewerbern aussuchen.

Für mich war das alles wunderbar, es konnte gar nicht besser sein. Leider erkannte ich die Gefahr und Brisanz, die darin steckte, viel zu spät. Aber noch sind wir nicht soweit.

In der Zwischenzeit war die Mauer in Berlin errichtet worden, und es wurde immer schwieriger, eine dienstliche Ausreisegenehmigung zu erhalten. Man mußte „Reisekader" werden. Ich nehme an, daß ich wegen meiner jahrelangen ständigen Reisen, schon vor der Mauer, dieses Privileg erwarb. Aber so mancher Monteur von mir wurde abgelehnt und durfte nicht reisen. Immer wurde dabei eine Sehnsucht zerstört und bei dem Betroffenen das Gefühl einer Gefangenschaft in einem Ghetto erzeugt. Diese Sache sollte noch sehr, sehr ernst werden. Aber davon später.

Zunächst gehen wir wieder nach Ägypten und sehen uns einige Höhen und Tiefen aus meinen Reisen an. Bewußt verzichte ich darauf, die touristischen Sehenswürdigkeiten dieses Landes zu schildern. Diese werden so oft gezeigt und beschrieben, daß ich darauf verzichten möchte. Vielmehr möchte ich einen kleinen Einblick in das wirkliche Leben, abseits der Touristenwege, geben. Auf keinen Fall sollen aber meine Schilderungen als eine Abwertung des Landes verstanden werden. Im Gegenteil, man muß gerade in Ägypten neben den Pharaonen und Pyramiden das Leben der einfachen Leute betrachten, um die Größe und Erhabenheit dieses Landes verstehen zu können.

Vieles ist uns als Europäer dabei unverständlich. Auch ist es für uns nicht immer leicht, damit umzugehen. Aber es heißt nicht umsonst: „Wer einmal Nilwasser getrunken hat, kehrt immer wieder dahin zurück.“

Ein kleines „James-Bond-Abenteuer“

Wieder einmal war ich in Kairo angekommen. Ich war allein. Es liefen keine Montagen und keine größeren Verhandlungen. Ich hatte in Kairo und Alexandria technische Klärungen und Vorbereitungen durchzuführen.

Längst brauchte ich keinen Begleiter mehr und war in der Lage, mich allein zurechtzufinden. Die Handelsvertretung der DDR befand sich in Kairo–Zamalek, Sharia Aziz Osman 10. Von dort erhielt ich im Bedarfsfall Unterstützung.

In einem drittklassigen Hotel im Zentrum der Stadt hatte man mir ein Zimmer bestellt. Die Zimmer hatten keine Klimaanlagen, sondern nur große Ventilatoren an der Decke. Die davon erzeugte Luftbewegung brachte nur wenig Erfrischung. Die Hitze war unerträglich. Am angenehmsten war es in der Nacht im Freien. Da an Schlaf bei der Hitze im Zimmer und bei dem früher schon geschilderten Straßenlärm ohnehin nicht viel zu denken war, ging ich oft in der Nacht spazieren, um mich wenigstens von den Tagestemperaturen etwas zu erholen.

Es war Sommer und wir hatten am Tage Temperaturen um 46 bis 48 °C im Schatten. Bei diesen Spaziergängen in der nächtlichen Kühle am Nil hatte ich Muße, über vieles nachzudenken. Besonders ein Problem beschäftigte mich sehr stark. Als ich das letztemal zu Hause war, besuchte mich, nach einer Vermittlung, ein Handwerksmeister einer anderen Branche. Dessen Sohn, verheiratet, keine Kinder, arbeitete im Auftrag eines westdeutschen Unternehmens in einem großen, modernen Geschäft in Kairo. Er lebte schon sehr lange hier und kannte sich in allem und überall sehr gut aus.

Eines Tages unternahm er, gemeinsam mit zwei Freunden, einen mehrtägigen Ausflug mit dem Auto. Sie beluden ihr Fahrzeug mit Benzin- und Wasserkanistern sowie mit Lebensmitteln. Sie beabsichtigten, quer durch die Wüste nach Marsa Matruk zu fahren. Wie ich bereits erwähnte, waren sie mit den örtlichen Verhältnissen bestens vertraut und kannten auch die Gefahren der Wüste sehr genau.

Sie kamen nie an! Als sie als vermißt gemeldet wurden, startete man eine polizeiliche Suchaktion mit Hubschraubern.

Man fand sie mitten in der Wüste. Alle drei waren tot! Sie hatten das Auto, samt aller Vorräte, verlassen und lagen verstreut im Umkreis von 1000 Metern einzeln im Sand. Sie hatten keinerlei Lebensmittel oder Wasser bei sich. Im Auto war alles noch vorhanden. Das Fahrzeug hatte keinen Defekt und noch genügend Treibstoff.

Da die Ermittlungen der Kriminalpolizei keinerlei Anhaltspunkte für ein eventuelles Verbrechen oder sonstige Gewaltanwendung ergaben, wurde der Polizeibericht mit einer Unfallbestätigung abgeschlossen und alle weiteren Ermittlungen wurden eingestellt.

Bei allem Unverständnis für das merkwürdige Verhalten der drei Männer hätte man nun sagen können und auch sagen müssen: Es liegt eigenes Verschulden vor und nichts kann daran mehr rückgängig gemacht werden. Der Vater des Verunglückten, der bei mir war, konnte sich jedoch nicht damit abfinden. Er zeigte mir einen abgerissenen Fetzen Packpapier, auf welchem sein Sohn am Tag vor dieser Reise ein Testament zugunsten einer Araberin aufgeschrieben hatte. Durch dieses Testament wurde nun alles derart mysteriös, daß mich der Vater darum bat, doch mal das Geschäft, in welchem sein Sohn beschäftigt war, zu besuchen, um dort mit jemandem darüber zu sprechen. Er hatte ja überhaupt keine Chance, jemals nach Kairo zu kommen. Deshalb wollte ich ihm den Gefallen gern tun.

Als ich in diesem Geschäft nach jemandem fragte, der Herrn X gekannt hat, sah mich die Dame sehr erschrocken an und bat mich, einen Moment zu warten. Nach wenigen Minuten erschien ein sehr gut gekleideter Herr und bat mich in sein Büro.

Ich stellte mich vor und informierte ihn über mein Anliegen. Der Herr war Deutscher, und so gab es zum Glück keinerlei Verständigungsprobleme.

Er versuchte mir klarzumachen, daß diese Angelegenheit ein ganz bedauerlicher Unfall war, und es wäre vollkommen sinnlos, da nach irgend etwas zu suchen. Wir könnten da ganz beruhigt sein, ich sollte das lassen. Ich bat ihn noch, mir zu erklären, wo er begraben sei, und schon war ich wieder draußen.

Da ich natürlich das Grab gerne sehen wollte, bin ich noch am gleichen Tag hin. Es war ein koptischer Friedhof in einem Stadtteil am Rande Kairos. Ein paar Blumen hatte ich besorgt, welche ich im Namen seines Vaters auf sein Grab legen wollte. Ich mußte längere Zeit suchen, um das Grab zu finden. Endlich stand ich davor. Es war gepflegt und gegossen, mit frischen Blumen bepflanzt. Auf einem schlichten Holzkreuz stand sein Name mit Geburts- und Todestag. Nachdenklich stand ich in der glühenden Sonne vor dem Grab und wußte nicht recht, was ich von der ganzen Sache halten sollte.

Als ich die Blumen niederlegte, standen plötzlich zwei Männer mit ernsten Gesichtern neben mir. Ich war sehr erschrocken. Es waren europäisch gekleidete Araber. Sie trugen Jeans und Turnschuhe, dunkles gekräuseltes Haar. Sie sahen mich durchdringend an und einer sagte:

„What is the reason for your visit? – Was ist der Grund für Ihren Besuch? Wir sagen Ihnen, die Luft hier ist sehr ungesund! Wenn Sie gesund bleiben wollen, dann lassen Sie den Mann ruhen! Haben Sie mich verstanden?“

„Ja, ja, natürlich“, beeilte ich mich zu antworten und verließ schnell den Friedhof.

Da ich kein James Bond bin, war ich ganz schön geschockt. Damit hatte ich nicht gerechnet. Auch hatte ich weder die Absicht noch irgendwelche Ambitionen, mich hier in Kairo in Abenteuer einzulassen, die ich überhaupt nicht einschätzen konnte. Deshalb stellte ich keinerlei weiteren Nachforschungen an. Natürlich war mir nun klar, daß die ganze Sache einen Haken hatte. Es sind auch Vermutungen geäußert worden, aber ich hütete mich und werde mich noch immer hüten, darüber zu sprechen.

Die Negativseite des Orients

Nach zwei Wochen packte mich zum zigsten Male die orientalische Touristenkrankheit. Man krümmt sich vor Leibschmerzen und kann die Toilette kaum verlassen. Aber diesmal hatte es mich anscheinend ganz besonders schlimm erwischt. Ich war nicht in der Lage, mein Hotelzimmer zu verlassen, und mußte mir von meinem Zimmerboy etwas zu essen auf mein Zimmer bringen lassen. Es war ein bulliger, dunkelhäutiger Araber in einer nicht mehr ganz sauberen Gallabea. Er sprach kein Wort Englisch. Ich versuchte ihm klarzumachen, daß ich krank sei und etwas Leichtes mit möglichst wenig Fett zu essen haben möchte. Er erwiderte:

„Hadr Effendim, änne fahim, hadr“ (in Ordnung Herr, ich verstehe, in Ordnung), dabei strahlte er mich wohlwollend an und verließ mit 10 Verbeugungen mein Zimmer.

Als er nach 20 Minuten zurückkam, dachte ich, ich seh' nicht recht. Er schleppte ein großes Tablett durch die Türe, beladen mit einem großen Berg orientalischen Reises, gemischt mit Rosinen und Nierchen. Dazu einen vollen Teller mit gebratenem Fleisch vom Büffel, alles sehr fettig. Fladenbrot, Dahena und Zubehör. Er strahlte mich an und konnte mein verzweifeltes Gesicht nicht verstehen. Er stellte alles auf den Tisch, deutete auf die Teller und meinte: „Kollo quais aui, aui aui“ (alles sehr, sehr gut).

In meiner Verzweiflung sagte ich ihm in deutscher Sprache: „Mensch, Kerl, wenn ich das esse, bin ich morgen tot.“

„Hadr Effendim, hadr, kollo tamam“, meinte er daraufhin (in Ordnung Herr, in Ordnung, alles bestens). Er konnte ja nicht ahnen, was ich gesagt hatte. Dann bestellte ich noch eine Flasche Whiskey bei ihm. Von dem Essen habe ich so gut wie nichts zu mir genommen, aber dem Whiskey sprach ich reichlich zu. Danach schlief ich wie tot.

Schweißgebadet wachte ich am nächsten Tag irgendwann auf und hatte Mühe mich zurechtzufinden. Da ich mich aber immer noch sehr elend fühlte, rief ich nun doch den Dr. Mughrabi an. Er hatte in Heidelberg studiert und sprach daher sehr gut Deutsch. Ich hatte seine Telefonnummer, weil er alle Deutschen in Kairo betreute. Es war schon ein älterer Herr mit ergrauten Haaren. Mit den Worten „Was hast du denn gemacht?“ betrat er mein Zimmer. Nachdem ich ihm alles geschildert und er mich untersucht hatte, meinte er:

„Mein Junge, du hast eine wunderschöne Amöbenruhr eingefangen, aber der Whiskey hat dich gerettet. Jetzt nimmst du noch ein paar Tage diese Tabletten, und wenn du wieder auf den Beinen bist, kommst du noch mal zu mir in die Praxis.“

Er verabschiedete sich wie ein alter Freund, was mir sehr gut tat. Es war ein sehr sympathischer Arzt und Mensch, bei allen Leuten sehr beliebt.

Nach einigen Tagen war wieder alles in Ordnung und es ging mir wieder gut. Allerdings haben mich diese Tage nachhaltig geprägt. Wenn man tagelang mit hohem Fieber in solch einem Hotelzimmer, mit Temperaturen wie in einem Backofen, liegt, nicht weiß, was man essen soll, und nur arabisch sprechende Menschen um sich hat, kommt man ins Grübeln.

Kurz vor meiner Abreise machte ich noch einen Bummel durch den Muski-Basar Khan el Khalili, um ein paar Souvenirs für zu Hause einzukaufen.

In einem Geschäft mit den bekannten Intarsienartikeln, Büchsen, Schachteln und Tellern, sah ich mir die Arbeiten an und unterhielt mich mit dem Verkäufer.

Bei einer Tasse Masbut (arabischer Kaffee, stark und süß) erzählte er mir, daß alles, was ich hier sehe, bei ihm in eigener Werkstatt hergestellt wird.

Da mich diese Manufaktur sehr interessierte, bat ich ihn, mir diese Werkstatt zu zeigen. Freudig willigte er ein und bat mich sehr freundlich, ihm zu folgen. Wenn man durch die engen Gassen der Basare geht, hat man absolut keine Vorstellung, was sich hinter den kleinen Läden noch so alles verbirgt. Staunend lief ich hinter meinem Verkäufer durch dunkle kühle Gänge, über enge, verwinkelte Lehmstiegen, durch kleine Hinterhäuser, bis wir in einer oberen Etage des dritten oder vierten Hinterhauses vor einer Türe standen, hinter der ich das Geräusch einer Schleifmaschine hörte. Er öffnete die Türe, und wir traten ein.

Ich traute meinen Augen nicht. Was ich da sah, erinnerte mich sehr stark an das Mittelalter. Der Raum war etwa 3 x 3 m groß. In der Mitte stand ein schmaler, aber langer Tisch, welcher in der Mitte, in Längsrichtung, mit einem Aufsatz versehen war. Darauf standen viele Pappschachteln.

Zwei nackte Glühlampen, welche an einem Pendel an der niedrigen Decke hingen, erhellten mehr schlecht als recht den kahlen Raum. An beiden Längsseiten des Tisches saßen dichtgedrängt auf Bänken je fünf Kinder. Ihr Alter schätze ich auf 8 bis 12 Jahre. In einer Ecke des Raumes stand ein Schleifbock. Ein junger Mann war damit beschäftigt, die Rohlinge vorzubereiten, indem er die zu belegenden Flächen mit Leim bestrich. Dann übernahm ein Kind den so vorbereiteten Rohling.

In den Pappschachteln in der Mitte auf dem Tischaufsatz befanden sich zugeschnittene Knochen- und Perlmuttstückchen in den unterschiedlichsten Formen und Größen. Jedes Kind hatte einen Rohling vor sich und eine Pinzette in der Hand.

Mit einer ruckartigen Bewegung schnellte die Hand mit der Pinzette vor, erfaßte das benötigte Stück und schnellte zurück zu dem Rohling. Dort wurde das Teil an den Platz gedrückt, wo es hingehört. Ohne die Lage des Stückes noch einmal zu korrigieren, schnellte die Hand wieder vor, um das nächste Teil zu holen.

Diese Bewegungen waren ungeheuer präzise und konzentriert. Man hatte den Eindruck, als säßen nur Roboter an diesem Tisch. Irgendwie fühlte ich mich sehr unangenehm berührt und war etwas ratlos. So etwas hatte ich noch nie gesehen und kannte ähnliches nur aus Schilderungen mittelalterlicher Manufakturen. Ich war froh, als ich wieder draußen war. Dieser Besuch stimmte mich sehr nachdenklich. Man sieht eine glitzernde, bunt schillernde Fassade und weiß nie, was sich dahinter verbirgt.

Einen ähnlichen Eindruck hatte ich, als ich das erste Mal eine Teppichknüpferei besuchte. Diese sind sehr zahlreich rund um Kairo und im Nildelta vorhanden.

Auch dort sitzen 4 bis 5 Kinder, im Alter zwischen 8 und 12 Jahren, auf einem Bänkchen vor dem Knüpfrahmen.

Mit ungeheuer flinken Fingern knüpfen sie den Faden in der richtigen Farbe an die richtige Stelle und schneiden ihn ab. Das geht so schnell, daß man mit den Augen die einzelnen Phasen der Bewegungsabläufe nicht erfassen kann. Als ich eine solche Knüpferei besichtigte, bat ich deshalb meinen Begleiter, er möchte doch bitte ein solches Kind veranlassen, ein paar Knoten ganz langsam zu knüpfen. Was jetzt geschah, war erstaunlich.

Als hätte man an einer Maschine den Regler auf „Langsam" gestellt, wurden die Bewegungen des Kindes stetig langsamer, bis die Geschwindigkeit erreicht war, wo ich den Vorgang verfolgen konnte. Es war ein etwa 10jähriges Mädchen mit halbdunkler Hautfarbe, die langen Haare unter einem Kopftuch versteckt. Ich klopfte ihr auf die Schulter und sagte:

„Änndi sterchel quais aui" (du arbeitest sehr gut).

Sie strahlte mich an, während ihre Hände, ohne hinzusehen, weiterknüpften. Das kleine Lob tat ihr sichtlich gut. Auf ein Zeichen des Meisters fuhr sie die Arbeitsgeschwindigkeit wie eine Maschine wieder hoch.

Die Teppiche, die dabei entstanden, waren wirkliche Kunstwerke.

Wenn Sie heute Ägypten besuchen, werden Sie vergeblich nach einer „Carpet Factory" suchen. Aber Sie finden eine „Carpet School" an der anderen. Wie das?

In der Zwischenzeit wurde die Kinderarbeit in Ägypten verboten. Aber man wußte sich zu helfen. Kurzerhand wurde aus einer Factory eine School gemacht. Nun produzieren die Kinder keine Teppiche mehr, sondern sie erlernen die Kunst des Teppichknüpfens. Daß dabei, zwangsläufig, Teppiche entstehen, ist reiner Zufall.

Der Sozialismus schlägt zu

Eines Tages erhielt ich ein Telegramm von zu Hause mit einem Termin für eine Unterredung beim Rat der Stadt Dresden. Dort müßte ich unter allen Umständen erscheinen. Um diesen Termin einhalten zu können, mußte ich sofort mit der nächsten Möglichkeit nach Hause fliegen. Deshalb erhielt ich eine Genehmigung zur Abweichung von der vorgeschriebenen Flugroute. Die nächste Möglichkeit über Belgrad wäre erst nach fünf Tagen gewesen. Ich buchte für den nächsten Tag mit der Swiss Air nach Zürich und von dort weiter über Prag nach Berlin.

Wegen eines Maschinenschadens startete die Maschine erst 6 Stunden nach der vorgesehenen Zeit. Von allen etwa 70 Einzelflügen während all der Jahre war dies der allerschönste. Bei strahlendem, wolkenlosem Himmel überquerten wir die Alpen. Wir flogen direkt am Matterhorn vorüber. Majestätisch erhob sich der Berg in den wolkenlosen Himmel, als ob er sagen wollte: „Ihr winzigen Menschlein, auch wenn ihr mit eurem zerbrechlichen Flugzeug über mir seid, ich bin trotzdem viel größer und mächtiger als ihr." Es war überwältigend!

Da wir mit mehrstündiger Verspätung in Zürich eintrafen, war natürlich die Verbindung nach Prag weg. Deshalb erhielten alle Weiterreisenden auf Kosten der Fluggesellschaft ein Hotelzimmer. So kam ich unverhofft in den Genuß, als DDR-Bürger eine Nacht in Zürich verbringen zu dürfen. Eine winzige Begebenheit beeindruckte mich in diesem Hotel so stark, daß ich sie nicht vergessen kann.

Im Lift begegnete mir ein sehr eleganter Herr im dunklen Anzug mit einem Diplomatenkoffer in der Hand. Er grüßte mich überaus freundlich. Ich war überzeugt, den Direktor dieses Hotels vor mir zu haben. Wie erstaunt war ich jedoch, als der Herr auf dem Gang an einen Wandschrank trat, ihn öffnete und seinen Aktenkoffer da hineinstellte. Er entnahm dem Schrank eine dunkelgrüne Arbeitsschürze, welche er sich anlegte. Weiter entnahm er dem

Schrank einen Schuhputzkasten und begann fröhlich die Schuhe zu putzen, welche vor den Türen standen. Er nickte mir freundlich zu, als ich zurückkam. Die Ausstrahlung dieses Etagendieners war es, die mich so beeindruckte.

Ich zog daraus einen Schluß für meine Lebensphilosophie: Es ist ganz gleichgültig, was man im Leben arbeitet, wichtig dabei ist, daß man es mit Freude und Kreativität tut.

Am nächsten Morgen war mein kurzer Aufenthalt in Zürich schon zu Ende. Eine IL 14 brachte mich nach Prag und von dort nach Berlin. Auf dem Flug von Prag nach Berlin saß mir gegenüber der damalige militärpolitische Kommentator, Graf von Frankenberg. Wir unterhielten uns sehr angeregt. Dabei stellte sich heraus, daß wir einen gemeinsamen Bezugspunkt hatten. Er war mit der Familie Hänel, bei der ich einst beschäftigt war, verwandt. Während der Landung in Berlin mußte ich das Gespräch leider abbrechen. Der Druckausgleich in der Kabine war so miserabel, daß ich es vor Ohrenschmerzen kaum aushielt und kaum noch etwas hörte. Nach der Landung verloren wir uns sofort aus den Augen.

Meine Frau holte mich am Flughafen Schönefeld ab. Auf der Rückfahrt nach Dresden offenbarte sie mir, daß einige unangenehme Angelegenheiten meiner harrten.

Die Dienstreiseanträge für alle Monteure, welche ich eingereicht hatte, waren abgelehnt worden, und man hatte mich zum Rat der Stadt einbestellt. Aber „Kraft meiner Wassersuppe" saß ich noch auf dem hohen Roß und meinte:

„Das können die doch nicht machen, die können doch nicht die Montagen blockieren und damit die Exportaufträge platzen lassen. Da würden die ja ihren eigenen Staat schädigen. Nein, das ist völlig ausgeschlossen. Das krieg ich schon in den Griff. An diesem Kampf schärfe ich nur meine Waffen. Also, keine Panik."

Aber ich hatte die Rechnung ohne den Wirt gemacht. Der Sozialismus war noch viel rigoroser, als ich ohnehin der Meinung war.

Am nächsten Morgen 8 Uhr, Rathaus Dresden, Referat Handwerk. Das folgende Gespräch fand mit dem Referatsleiter, Herrn Gabriel, statt:

„Herr Hanitzsch, seit einigen Jahren beobachten wir schon ihre Aktivitäten in Ägypten, was uns schon lange sehr mißfällt. Aber nun ist das Maß voll. Sie haben für alle Ihre Monteure die Ausreise nach Ägypten beantragt. Sind

Sie verrückt geworden? Oder größenwahnsinnig? Wollen Sie vielleicht Ihren ganzen Betrieb nach Ägypten verlegen? So geht das nicht weiter! Ich habe dafür gesorgt, daß Sie nicht einen einzigen Monteur mehr rauskriegen!"

„Aber das können Sie doch nicht machen, Herr Gabriel. Von der Verlegung meines Betriebes nach Ägypten kann doch überhaupt keine Rede sein. Aber ich habe so viele Exportaufträge zu erfüllen, daß ich die Monteure dafür in Ägypten brauche. Keiner davon will für immer dort bleiben, dafür ist das Land viel zu anstrengend. Jeder ist froh und glücklich, wenn er nach der Montage wieder nach Hause zu seiner Familie kann. Wenn Sie mir keine Monteure genehmigen, platzen alle Aufträge. Wie stellen Sie sich das vor?"

„Ich? Wie ich mir das vorstelle? Sie müssen sich das fragen, Herr Hanitzsch! Sie hätten sich vorher überlegen müssen, ob Sie Monteure haben, die die Ausreisegenehmigung erhalten werden. Wenn Sie keine solchen beschäftigen und deshalb nun die Verträge nicht erfüllen können, müssen Sie eben nun die Vertragsstrafe bezahlen!"

„Aber ich habe doch durchweg sehr gute Fachleute, gute, ordentliche und sehr zuverlässige Menschen."

„Das zu beurteilen müssen Sie schon uns überlassen! Und im übrigen, Sie sind als Handwerksmeister überhaupt nicht prädestiniert, solche Anlagen im Ausland zu bauen. Dafür haben wir volkseigene Betriebe. Zum Beispiel den VEB Elektroanlagen Zittau. Ihre Aufgabe als Handwerksmeister ist, dafür zu sorgen, daß bei der Frau Schmidt die gewünschte Steckdose installiert wird und in den Haushaltanlagen die Reparaturen schnell ausgeführt werden. Es sei denn, Sie gründen eine PGH (Produktionsgenossenschaft des Handwerks = halbsozialistische Betriebsform im Sozialismus, Vorstufe zum volkseigenen Betrieb), dann könnten wir noch mal über Ihre Aufträge in Ägypten sprechen. Lassen Sie sich das mal durch den Kopf gehen und geben Sie mir Bescheid, wenn Sie sich entschieden haben. Unsere Unterredung ist beendet, Sie können gehen."

Draußen ballte ich die Fäuste. Ich hatte zu tun, die Tränen der Wut und der Ohnmacht zu unterdrücken. Ich war fix und fertig. Diesen Erpressern macht es überhaupt nichts aus, eine mühsam aufgebaute Existenz zu zertreten, nur um ihre politischen Ziele zu verwirklichen.

Schneller als ich je gedacht hätte, hatte man mich brutal von meinem hohen Roß heruntergezerrt, auf dem ich glaubte, mit gutem Recht sicher und stolz sitzen zu können.

Mir blieb überhaupt keine Wahl. Man hatte mir doch die Entscheidung schon längst abgenommen. Die Vertragsstrafe hätte ich nie bezahlen können. Von allen Übeln war also das der PGH noch am kleinsten. Ich war zwar nicht mehr selbständig und hatte keinen eigenen Betrieb mehr, konnte aber meine Aufgaben in Ägypten weiterführen. Also suchte ich mir zwei Berufskollegen, die daran interessiert waren, und meldete die Gründung an.

Am 1. Juli 1967 wurde die „PGH Schaltmontage Dresden" gegründet. Die Gründungsversammlung bestand aus 18 Mitgliedern und wählte mich einstimmig zum Vorsitzenden der PGH. Ein Vertreter des Rates der Stadt überbrachte mir einen Blumengruß und die Zusicherung der möglichen Dienstreise der Monteure.

Wenige Tage später mußte ich wieder nach Ägypten.

Orientalische Kuriositäten

In Kairo war inzwischen von der Handelsvertretung der DDR ein Technisch-Kommerzielles Büro (TKB) eingerichtet worden. Dort waren die Vertretungen aller Außenhandelsunternehmen der DDR untergebracht, die in Ägypten tätig waren. Auch Unitechna mit der Gruppe Mühlenbau, also wir, hatte dort einige Büroräume. Man war bestrebt, alle Dienstreisenden und ständigen Delegaten arbeitsmäßig und wohnungsmäßig zentral unterzubringen. Dadurch wurde die Kontrolle durch die Überwachungsorgane wesentlich leichter durchführbar.

Ich wohnte mit einigen Kollegen der Gruppe Mühlenbau in einer wunderschönen Wohnung in einem Hochhaus in Kairo-Zamalek. Die Wände waren mit weißer Seide tapeziert. Zwei Schlafzimmer waren vorhanden, und in der Wohndiele war eine Hausbar eingebaut. Wir teilten uns mit anderen Dienstreisenden ein arabisches Dienstmädchen, welches uns den Haushalt versorgte und die Wohnung sauber hielt. Aus Prestigegründen waren wir dazu verpflichtet. Vor diesem Hintergrund erscheint die folgende Begebenheit besonders kraß.

Eines Tages klingelte es an der Tür, und ich öffnete. Da stand eine Araberin, schätzungsweise Ende dreißig, in ein schwarzes Tuch eingehüllt, wie es in Ägypten für verheiratete Frauen vorgeschrieben ist, mit ihrer Tochter. Sie könnte etwa 15 Jahre alt gewesen sein und trug ein buntes Kleid. Zunächst dachte ich, sie wollten betteln oder irgend etwas verkaufen, denn da erscheint ja laufend jemand an der Türe. Aber als die Ältere anfing zu sprechen, war ich total überrascht. Das folgende Gespräch, was in arabischer Sprache in etwa so ablief, gebe ich der Einfachheit halber hier in Deutsch wieder:

„Der Tag soll Ihnen hell sein, Herr."

„Der Tag soll Ihnen sein wie das Licht", erwiderte ich.

„Herr, schauen Sie meine Tochter Fausea, sie ist jung und gesund. Besitzt noch alle Zähne (dabei öffnete sie dem Mädchen den Mund und zeigte mit den Fingern auf das Gebiß) und ist noch Jungfrau. Kein Mann hat sie je berührt. Sie, Herr, leben allein hier. Sie brauchen eine Frau. Bitte, heiraten Sie meine Tochter."

„Das ist völlig ausgeschlossen, ich bin verheiratet. Meine Frau ist in Deutschland."

„Aber Herr, Sie sollen ja meine Tochter nur solange heiraten, wie Sie hier sind. Wir machen einen Vertrag über ein Jahr oder ein halbes – und dann kommt sie wieder nach Hause, so Gott will."

„Nein, das geht wirklich nicht. Uns Christen ist es auch streng verboten, zwei Frauen zu heiraten."

„Aber es ist doch nur vorübergehend. Gefällt Ihnen meine Tochter nicht?"

„Doch, Sie haben eine schöne Tochter, sie ist schön wie der Mond (ein ganz besonderes Lob), aber es geht wirklich nicht. Bitte, gehen Sie."

„Bitte, Herr, ich kann sie nicht mehr ernähren, ich habe kein Geld. Mein Mann ist gestorben, und ich habe noch mehr Kinder."

Jetzt wurde es mir aber doch zuviel und ich mußte deutlich werden. Ich drückte ihr 50 Piaster in die Hand und sagte:

„Kaufen Sie ihr was zu Essen und nun Schluß! Geh mit Gott." Damit schloß ich die Türe und ließ die beiden einfach stehen. Es fällt mir in jeder Situation schwer, unhöflich zu sein, aber manchmal geht es einfach nicht anders.

Auch ist es mir lange Zeit sehr schwergefallen, mit der orientalischen Mentalität zurechtzukommen und sie richtig einzuordnen. So auch in der nächsten Begebenheit.

Es liefen zu dieser Zeit zwei Baustellen. Laut Vertrag hatten meine Monteure die Leitung und Aufsicht der Montage, sie waren „supervisor". Für die Montagearbeiten selbst waren einheimische Hilfskräfte eingestellt. Freilich war das nicht immer leicht. In Ägypten gibt es nicht eine solche Berufsausbildung wie bei uns, aber es ging. Auch die Einstellung zur Arbeit ist manchmal recht kompliziert. Hierbei muß man eben wieder die Mentalität der Menschen dieses Landes berücksichtigen.

Zum Beispiel, wenn wir einen jungen Mann als Elektromonteur bei uns beschäftigten, der so richtig mit Werkzeug einen Arbeitsauftrag ausführt, dann ist es absolut unter seiner Würde, niedere Verrichtungen vorzunehmen. Er braucht unbedingt einen Boy (arabisch „wolle"), ein Kind, welches ihm das Werkzeug trägt, Material und von Zeit zu Zeit ein Glas Tee holt. Das Kind wird dann auch von ihm selbst entlohnt.

Einer unserer Montagehelfer war, ohne uns zu informieren, eine ganze Woche nicht auf der Baustelle erschienen. Als er wieder da war, riefen mich meine Monteure, um mit ihm zu sprechen.

„Wo warst du so lange? Weshalb bist du nicht arbeiten gekommen?" fragte ich ihn.

„Ich war zu Hause, ich hatte Geburtstag."

„So, so, du hattest Geburtstag. Wie alt bist du geworden?"

„Zweiundzwanzig."

„Aber das ist doch kein Grund, eine ganze Woche zu Hause zu bleiben."

„Mein Onkel hat mir zum Geburtstag eine Frau geschenkt, und da mußte ich erst mal mehrere Tage mit ihr schlafen."

„Wie bitte? Ich denk du bist schon verheiratet?"

„Ja, ich habe schon zwei Frauen. Dies ist die dritte. Nun kann ich noch eine vierte heiraten, aber dazu fehlt mir das Geld."

Es war für ihn vollkommen selbstverständlich, daß er unter diesen Umständen nicht zur Arbeit kommen konnte. Es ist einfach nicht möglich, dabei europäische Maßstäbe anlegen zu wollen.

Ein anderer Montagehelfer, schon etwa an die fünfzig Jahre alt, kam einen Tag nicht zur Arbeit. Er hatte gleich neben der Baustelle eine kleine Wohnung. Als ich ihn darauf am nächsten Tag ansprach, teilte er mir mit, daß seine Frau das 10. Kind zur Welt gebracht hätte. Er strahlte zwar, jammerte aber, daß das Geld nicht reicht und seine Frau ein Kind nach dem anderen bekommt. Als ich ihn fragte, ob er denn nichts dagegen tun würde, meinte er:

„Doch, doch, Herr, ich besitze sogar zehn Kondome. Die werden immer wieder ordentlich gewaschen und getrocknet. Schauen Sie, Herr, da drüben, das ist mein Balkon, da hängen sie."

Tatsächlich, da war eine kleine Leine, und darauf hingen fein säuberlich eine Reihe Kondome. Gezählt habe ich sie allerdings nicht.

„Das kannst du doch nicht machen“, versuchte ich ihn aufzuklären. „Das ist doch viel zu gefährlich. Erstens gefährdest du die Gesundheit deiner Frau, und zweitens sind die nicht mehr dicht.“

„Die sind noch dicht genug. Es kommt nur ganz wenig Wasser raus beim Auswaschen, und meine Frau macht sie ganz gründlich sauber. Neue Kondome kann ich mir nicht kaufen, die sind viel zu teuer.“

Mit solch intimen Dingen gehen die Araber sehr locker um. Es gibt drei Begriffe, die den Arabern völlig fremd sind: Hygiene, Ekel und Scham. Tausendfach konnte ich das erleben und werde noch genügend Gelegenheiten haben, Ihnen davon zu berichten.

Auf der Baustelle der Mühle sah ich immer wieder einen Mann rumlaufen, den ich nicht kannte und der nichts tat. Als ich mich bei meinem Auftraggeber, dem Bauherrn, erkundigte, wer das denn sei, lächelte er mich sehr bedeutungsvoll an und sagte:

„Das ist der Direktor der Mühle.“

„Wie bitte?“ staunte ich. „Ich hab doch noch nie etwas mit ihm zu tun gehabt“, erwiderte ich mit leisem Protest.

Er bat mich Platz zu nehmen und ließ mir eine Flasche Cola servieren. In einem freundschaftlichen Gespräch versuchte er mir zu erklären, daß es in Ägypten viele Probleme und Vorschriften gäbe, die man in so einem Betrieb nicht ohne weiteres einhalten könnte. Deshalb hätte er diesen Direktor.

Ich muß ihn sehr verständnislos angesehen haben. Er lächelte und versuchte nun etwas deutlicher zu werden:

„Also, wenn in meine Mühle eine staatliche Kontrolle kommt und es werden Verstöße gegen bestehende Vorschriften der Produktion, der Preise oder ähnliches festgestellt, dann wird der Direktor dafür verantwortlich gemacht. Dafür muß er dann ein paar Wochen oder ein paar Monate ins Gefängnis und dafür bezahle ich ihn.“

„Wenn ich Sie richtig verstehe, dann beschäftigen Sie den Mann nur dafür, daß er sich hin und wieder einsperren läßt“, fragte ich etwas ungläubig nach.

„Genauso ist es“, erläuterte er weiter, „denn nur dadurch kann der Betrieb weiterlaufen. Wenn ich mich selbst einsperren ließe, würde hier alles stehenbleiben.“

Ich war sprachlos. So etwas hatte ich noch nicht gehört. Wir plauderten noch ein Weilchen, und er lud mich zum Abendessen in einen Nachtclub ein.

Wir gingen in den Club „The tree“ (der Baum). Dieser Name kommt daher, weil mitten im Lokal ein dicker Baum steht, der noch weit über das Dach ragt. Das Lokal ist also um den Baum drumherum gebaut worden. Die Lage ist sehr schön. Direkt an der Nil-Corniche, unmittelbar am Nilufer, so daß man immer einen Blick über den Nil mit seinen Booten hat.

Es waren noch zwei Monteure von mir mit eingeladen, und es wurde ein überaus unterhaltsamer Abend. Der Hauptinhalt eines solchen Abends war der orientalische Tanz.

Da wir die einzigen Europäer im Lokal waren, kam die Tänzerin immer wieder an unseren Tisch getanzt, bis sie sich am Ende auf meinen Schoß setzte. Ein offizieller Fotograf war sofort zur Stelle und schoß davon mehrere Aufnahmen. Ich nutzte natürlich sofort die Gelegenheit für einen kleinen Gag. Ich hatte, wie immer, ein paar Zauberutensilien bei mir. Da ich gerade rauchte, flüsterte ich der Tänzerin ins Ohr: „Don't be afraid“ (haben Sie keine Angst), nahm ihr Kleid in meine Hand und ließ darin meine brennende Zigarette verschwinden. Plötzlich war es totenstill. Es schien, als würden alle die Luft anhalten. Sicherlich dachte jeder, daß ich jetzt ein Loch in dieses herrliche Kleid gebrannt hätte. Als ich dann die Unversehrtheit des Kleides demonstrativ zeigte, brach ein Beifall los, der gar nicht enden wollte. Man bedrängte mich, ich sollte auf die Bühne gehen und mehr zeigen. Das tat ich natürlich nicht. Sicher hatten die Leute aufgrund der kleinen Einlage viel mehr erwartet, als ich ihnen hätte bieten können. Es war ein richtiger orientalischer Abend, der erst weit nach Mitternacht zu Ende ging.

Das Kloster Katherina auf Sinai

Wir näherten uns den Pfingstfeiertagen. An solchen Tagen dachte ich immer mit etwas Heimweh an zu Hause. Da wäre ich viel lieber bei meiner Familie gewesen. Auch wußte man nie so richtig, was man an solchen Tagen in Kairo anfangen sollte. Während der Montage in Alexandria ging es ja noch an, da konnten wir am Strand baden gehen. Aber um in Kairo ein Freibad zu besuchen, mußte man einem Club beitreten oder in einem Hotel mit Swimmingpool wohnen. Der Clubbeitrag für ein ganzes Jahr war uns zu teuer, also waren wir auf Ausflüge angewiesen. Dieses Pfingsten sollte jedoch noch sehr abenteuerlich werden.

Unser Bauherr hatte uns zu einem gemeinsamen Ausflug ins Kloster Katherina auf der Halbinsel Sinai eingeladen. Wir hatten schon viel von dem Kloster gehört und freuten uns natürlich sehr, es einmal sehen zu können. Auch war der Ort ja außerordentlich geschichtsträchtig. Das Kloster liegt unmittelbar am Fuße des Berges Sinai, auf welchem Moses, auf der Flucht mit seinem Volk von Ägypten nach Israel, 40 Tage zugebracht hat. Dort wurden ihm von Gott zwei steinerne Tafeln mit den 10 Geboten überreicht. Deshalb wird dieser Berg auch Berg Moses oder Moussa genannt.

Um das Kloster Katherina besuchen zu dürfen, benötigte man eine besondere Genehmigung des höchsten Würdenträgers der Griechisch-Orthodoxen Kirche Ägyptens. Unser Bauherr hatte das alles für uns besorgt und die Reise vorbereitet. Teilnehmer waren zwei Kollegen vom Mühlenbau, einer meiner Monteure, ich selbst und natürlich unser Bauherr.

Er hatte einen großen Chevrolet älteren Baujahrs. Wir hatten zu fünft bequem Platz. Er versicherte uns, daß er alles besorgt und im Auto habe, was wir für diese Reise benötigten. Wir brauchten nur noch einzusteigen.

In Ägypten fällt der Ruhetag der Woche, also bei uns der Sonntag, auf den Freitag. Der Sonntag ist somit der zweite Arbeitstag der neuen Woche. In Anpassung an diese Regelung verschoben sich auch unsere Feiertage zu Pfingsten von Freitag bis Sonntag.

Wir starteten deshalb am Donnerstag vor Pfingsten am späten Nachmittag nach der Arbeit. Die Sonne strahlte, wie immer in Ägypten, von einem stahlblauen, wolkenlosen Himmel, daß man meinte, der liebe Gott hätte die Menschen in Ägypten ganz besonders lieb, weil er sie so sehr mit schönem Wetter verwöhnt. Mit der allerbesten Laune fuhren wir zunächst von Kairo in östlicher Richtung durch die Wüste bis Suez, welches wir gegen Abend erreichten. Der Einfachheit halber nenne ich nun unseren Bauherrn und Reiseführer Machmut.

Da die Brücke über den Golf von Suez nur in der Nacht von 1 bis 3 Uhr für den Straßenverkehr geöffnet ist und der nächste Tag sehr anstrengend werden würde, hatte Machmut vorgesehen, in einem Hotel ein paar Stunden zu schlafen, um ausgeruht an der Brücke sein zu können. Gegen 2 Uhr passierten wir dann diese Brücke. Es ist gewissermaßen die Stelle, wo der Golf von Suez aufhört und der Suezkanal beginnt. Der Golf von Suez und der Suezkanal trennen die Erdteile Afrika und Asien. So sind wir also in wenigen Minuten von Afrika nach Asien gefahren.

Die Nacht war angenehm mild. Mond und Sterne tauchten die uns so fremd anmutende Landschaft in ein gespenstiges, farbloses Licht. Aus dem Lautsprecher des Autoradios erklang orientalische Musik. Ich war noch sehr müde und etwas verschlafen. Alles erschien mir so unwirklich, daß ich dachte, ich träume.

Zunächst fuhren wir in südlicher Richtung, immer in Küstennähe. Gegen Morgen, als der Tag die Nacht verdrängte und die Palmen und Pflanzen so langsam wieder Farbe bekamen, machten wir die erste kleine Rast an einer Wasserstelle in der Nähe eines kleinen Lehmhüttendorfes.

Machmut erklärte uns, daß auch Moses mit seinem Volk hier an dieser Wasserstelle gerastet hatte. Dort trafen wir zwei Journalisten des Deutschen Fernsehens ARD. Auch sie machten die erste Rast und hatten die Absicht, das Kloster Katharina zu besuchen. Wir kamen ins Gespräch und machten uns bekannt. Nach einem kleinen Schwätzchen setzten wir unsere Reise fort. Die Fernsehleute wollten noch warten, bis es ganz hell war, um noch ein paar Aufnahmen machen zu können.

Spät am Vormittag erreichten wir Abu Zenima, einen kleinen Ort am südlichen Teil der Westküste Sinais. Es ist ein Mangan-Umschlageplatz der Schiffahrtswege. Außer einem sehr freundlichen Regierungs-Rasthaus gibt es hier nur wenige Hütten und einen gestrandeten Frachter, der schon halb verrostet im Flachwasser liegt. Am Ortsrand fraßen ein paar junge freilebende Kamele die vereinzelten Steppengrasbüschel, die hier an der Küste noch wuchsen.

Bis hierher führte eine schöne Asphaltstraße, welche wir nun verlassen mußten. Der Weg führte nun durch ein ausgetrocknetes Flußbett in östlicher Richtung, direkt in die Wüstenregion im Zentrum Sinais.

Hin und wieder war der Weg mittels einer kleinen Steinpyramide markiert. Links und rechts des Flußbettes war noch ein Streifen von etwa 80 bis 100 Meter Sandwüste mit viel Steinen versetzt. Dann begannen zu beiden Seiten die Berge des Sinai-Gebirges. Die schroffen Wände erhoben sich unvermittelt steil nach oben. Sie machten in der glühenden Hitze einen drohenden Eindruck und verwandelten durch ihre Wärmeabstrahlung die Umgebung in einen Backofen.

Wir passierten den Felsen, aus welchem Moses Wasser geschlagen hatte und dadurch sein Volk vor dem Verdursten rettete.

Es dauerte nicht lange und wir hatten eine Reifenpanne. Wir standen in der glühenden Sonne, weit und breit nicht der geringste Schatten. Machmut stand etwas ratlos neben seinem Auto und erhob die gefalteten Hände zum Himmel, als wollte er Gott um Hilfe anflehen. Als ich ihm sagte, daß eine Reifenpanne doch nicht so schlimm sei, gestand er mir, daß er keinen Wagenheber im Fahrzeug habe. Just in diesem Augenblick kam das Auto mit den Männern vom Fernsehen an. Machmut strahlte und meinte:

„Allah hat mich gehört."

Die Männer halfen uns, das Rad zu wechseln. Wegen des fehlenden Werkzeuges bat ich die Männer, doch die Reise mit uns gemeinsam fortzusetzen. Sie willigten ein, was uns nun sehr stark beruhigte. Als ich das Reserverad sah, erschrak ich mächtig. Der Reifen war vollkommen glatt, er hatte nicht einmal mehr die Andeutung eines Profils. Wie ich nun feststellte, waren die anderen Reifen nicht sehr viel besser. Mein Gott, dachte ich, laß uns hier gut wieder rauskommen. Wie kann man denn mit so einer Ausrüstung eine derartige Reise unternehmen.

Die Bestrafung dieses Leichtsinns ließ nicht lange auf sich warten. Freilich war die Belastung der Reifen bei solch unwirtlichen Wegverhältnissen enorm, aber das uns z. Zt. begleitende Fahrzeug der Fernsehleute mußte es ja auch aushalten.

Schon nach ganz wenigen Kilometern hatten wir die zweite Reifenpanne. Wir waren nur froh, daß wir die Begleiter hatten. Nun hatten wir allerdings kein Reserverad mehr, was wir nur zu wechseln brauchten. Der arabische Fahrer des uns begleitenden Fahrzeuges entwickelte eine erstaunliche Fertigkeit, mit diesem Problem fertigzuwerden. Er reparierte uns den Schlauch und montierte alles wieder wie ein echter Profi. Allerdings dauerte es seine Zeit, und das war unseren Freunden dann doch etwas zu viel. Sie entschuldigten sich bei uns, sie hätten noch sehr viel vor und müßten sehen, daß sie etwas schneller zum Ziel kämen.

Mit den Worten „Seid uns nicht böse, aber so viel Zeit steht uns nicht zur Verfügung" bestiegen sie nach der Reparatur ihr Auto und fuhren davon. Wir konnten nur hoffen, daß es die letzte Panne war. Von nun an waren wir alleine in der Wüste.

Machmut fuhr langsam und vorsichtig. Diese Pannen waren ihm sichtlich unangenehm.

Das Flußbett wurde breiter und immer breiter. Die Steine wurden immer weniger. Ohne merklichen Übergang kamen wir in eine schier endlos erscheinende weglose Sandwüste. Von dem vor uns fahrenden Auto keinerlei Spuren. Zeitweise schlingerten wir wie auf schneeglatter Straße. Die Geschwindigkeit verringerte sich rapide, und immer öfterer drehten die Räder durch.

Die Sonne brannte unbarmherzig auf das Autodach und trieb uns den Schweiß aus allen Poren. Die Fenster waren alle weit geöffnet, was allerdings keinerlei Erfrischung brachte. Der heiße Wüstenwind blies uns wie aus einem Heißluftgebläse an. Wir wurden immer langsamer, trotz hochtourig laufendem Motor, bis wir uns keinen Zentimeter mehr vorwärts bewegten. Es war wie im Schnee. Die Räder drehten und gruben sich immer tiefer in den Sand ein. Also aussteigen.

Wir versuchten das Auto zu schieben. Vergebens! Die Räder standen bis zu den Achsen im Sand. Wir hatten keine Chance, das Auto so aus dem Sand zu befreien. Etwa 500 Meter halb rechts vor uns entdeckten wir eine einzelne Pinie. Der einzige Baum weit und breit. Dort mußten wir hin, um ein paar Zweige zu holen, die wir unter die Räder legen konnten. Es war eine Höchstleistung, in dieser sengenden Hitze durch den lockeren Sand dahin zu laufen, Zweige von dem Baum zu schneiden und damit zurück zum Fahrzeug zu marschieren.

Mit bloßen Händen mußten wir dann zunächst den Sand vor den Rädern entfernen. Dann konnten wir die Zweige vor die Räder legen. Mit Motorkraft und gleichzeitiger Unterstützung durch Schieben bekamen wir das Auto frei. Nun mußten wir aber die Zweige immer wieder hinten wegnehmen und erneut vor die Räder legen. Diese Sandstrecke war etwa 6 km lang. Wir benötigten dafür zwei Stunden. Als sich der Sand dann etwas festigte und die Piste wieder einigermaßen befahrbar war, sind wir total – erschöpft, verschwitzt und mit feinem Sand verklebt – in unser Fahrzeug gefallen. Keiner sprach ein Wort.

Es dauerte nicht lange und wir hörten ein rhythmisches Schleifen, welches sich ständig verstärkte. Ich bat Machmut, doch anzuhalten, damit wir nachschauen könnten.

Ich wollte meinen Augen nicht trauen. Am linken Hinterrad trieb es seitlich eine Beule heraus, diese schliff bei jeder Radumdrehung an der Karosse. Es war nur noch eine Frage der Zeit, bis diese Beule platzen würde. Es war Fakt, so konnten wir nicht weiterfahren.

Wir waren ratlos, und Machmut schien wieder Allah anzurufen. Aber diesmal half er nicht, sondern überlies uns alles. Sicher wird er sich gesagt haben, daß so viel Leichtfertigkeit bei solch einer Reise bestraft werden müßte. Was blieb uns übrig? Irgend etwas mußten wir tun.

Wir saßen mitten in der Wüste von Sinai. Weit und breit keine Menschenseele. Wir selbst waren schon total erschöpft, und die Sonne versengte uns fast die Kleidung.

Wieder eine Reifenpanne, aber diesmal weder einen Wagenheber noch ein Reserverad und auch keine Helfer in der Not.

Also los, nur nicht aufgeben! Wir beschlossen, den Wagen aufzubocken und das Rad auszugraben. Also trugen wir zunächst Steine zusammen und packten sie unter die Hinterachse. Das mußte sehr, sehr gewissenhaft bewerkstelligt werden. Die Vorstellung, daß vielleicht das Auto nach der Demontage des Rades von dem Steinbock rutschen könnte, ließ uns erschaudern. Also immer noch einmal prüfen und absichern. Als es uns sicher genug erschien, begannen wir das defekte Rad mit den Händen freizulegen. Der Sand war hier schon wieder ganz schön fest. Uns schmerzten die Hände. Wir mußten uns abwechseln und versuchten Steine als Hilfsmittel zu benutzen. Endlich hatten wir es geschafft. Das Rad war frei, man konnte es bequem drehen. Wir baten Machmut, der uns etwas ungläubig zuschaute, um das Bordwerkzeug und den Radmutterschlüssel. Es schien mir, als wäre in seinem Gesicht so etwas wie absolute Verständnislosigkeit und Ratlosigkeit zu lesen.

„Bitte, Mr. Machmut, geben Sie mir schon das Werkzeug, wir wollen weiter“, forderte ich ihn erneut auf. Hastig räumte er den Kofferraum aus. Alles, was er daraus hervorbrachte, war ein kräftiger Schraubendreher, eine relativ kräftige Kombi-Zange und eine Luftpumpe. Mir wurde übel.

Wir konnten es einfach nicht fassen, wie man mit solch einer Ausrüstung eine Reise in so ein abgelegenes Gebiet unternehmen konnte. Aber was soll's, nun waren wir in diesem Schlamassel drin und mußten sehen, wie wir da wieder rauskamen.

Nie in meinem Leben wäre ich jemals auf die Idee gekommen, eine Radmutter mit einer Kombi-Zange zu lösen. Aber hier mußten wir es tun. Es war höllisch schwer. Mit abwechselnder Kraft und viel Klopfen gelang uns schließlich das fast Unmögliche. Wir hatten das Rad ab. Aber wie und mit was sollten wir es reparieren?

Mit dem Schraubendreher gelang es uns, den Reifen von der Felge zu hebeln. Der Schlauch war, Gott sei Dank, noch in Ordnung. Die Decke hatte einen Leinwandbruch. Wir zerschnitten eine Fußmatte und verarbeiteten sie als Beilagen in die Decke.

Trotz aller Widrigkeiten gelang es uns schließlich doch, dieses Rad in einem einigermaßen fahrbaren Zustand wieder zu montieren.

Mit etwas Genugtuung über diese gelungene Reparatur setzten wir unsere Reise fort. Unser psychischer Zustand war noch in Ordnung, allerdings war unser physischer Zustand nicht mehr der allerbeste.

Gegen Nachmittag erreichten wir erschöpft die Oase Feiran. Ein winziger Ort inmitten der Wüste. Es ist erstaunlich, welche Frische eine solche Oase ausstrahlt, wenn man aus der Hölle der glühenden Wüste kommt. Da gibt es kleine Lehmhütten, Beduinenzelte, Gärten mit Bananenstauden, Orangenbäume, Feigen und viele Dattelpalmen. Da sind Brunnen, Wasserstellen und Bewässerungskanäle.

Hier befindet sich eine Außenstelle des Klosters Katherina, welche wir sofort besuchten. Ein Priester in der Kleidung eines Würdenträgers begrüßte uns sehr herzlich. Er führte uns durch einen herrlichen schattigen Garten zu einer Sitzterrasse. Ein Diener brachte uns Wasser, etwas Fladenbrot und Coca-Cola. Wir dankten Gott und labten uns an diesen Gaben. Es erschien uns wie ein Festessen.

Nach einer kurzen Pause verabschiedeten wir uns mit seinem Segen, natürlich nicht, ohne eine kleine Spende dort zu lassen.

Von hier aus war es bis zum Kloster nicht mehr weit. Am Rande der Oase, bevor man wieder von der Wüste umfangen wird, stand eine ganze Anzahl verdörrter, ja fast verkohlter Dattelpalmen. Es war ein entsetzlicher Eindruck, welchen diese Palmenstümpfe in mir hervorriefen. Es schien, als würden sie sich zum Abschied zu uns neigen und rufen:

„Fahrt nicht in die Wüste, sonst geht es euch wie uns."

Aber wir waren wieder etwas gestärkt und fuhren guter Dinge unserem Ziel entgegen.

Als wir um ein riesiges Bergmassiv herumfuhren und in ein Tal einbogen, sahen wir unvermittelt vor uns das Kloster liegen. Es war ein beeindruckender Anblick.

Mitten in dieser unwirtlichen Steinwüste, umgeben von hohen Bergen, dieses Kloster. Es macht den Eindruck einer mittelalterlichen Festung. Umgeben von einer etwa 10 Meter hohen Mauer, auf deren Krone sich ein überdachter Wehrgang befindet. Ganz oben, kurz vor dem Ende der Mauer, befinden sich nebeneinander zwei hölzerne Häuschen ohne Boden. Das eine ist ein ganzes Stück größer als das andere. Diese beiden Häuschen waren früher die einzige Möglichkeit, in das Innere des Klosters zu gelangen. Das größere war ein Personenaufzug und das kleinere ein solcher für Lasten.

Mittels einer Spillanlage wurde ein Korb an einem Seil heruntergelassen und mit dem Besucher wieder hochgezogen. Nur gut, daß es heute nicht mehr so ist. Schon vor mehreren Jahren hatte man einen richtigen Zugang geschaffen. Aber keine Einfahrt für Fahrzeuge! Das Fahrzeug mußte draußen bleiben. Vor dem Kloster befindet sich ein Parkplatz.

Wir waren sehr erstaunt, dort sechs Autos zu sehen, davon zwei Taxen. Wenn wir glaubten, wir seien allein in dieser Wildnis, so hatten wir uns zu unserem Glück getäuscht. Das Kloster war erstaunlich gut auf Besucher eingestellt.

Wir wurden sehr herzlich begrüßt und erhielten für je zwei Personen ein Zimmer zugewiesen. Die Zimmer lagen in einem eigens für Besucher vorgesehenen Trakt. Sie waren sehr einfach, aber trotzdem gemütlich eingerichtet. Ich war angenehm überrascht. Natürlich gab es kein fließendes Wasser. Das mußten wir uns an einem Brunnen schöpfen. Aber was spielte das für eine Rolle.

Als wir uns etwas erfrischt hatten, bat uns Machmut in sein Zimmer. Wir nahmen an, er wolle mit uns das weitere Programm absprechen. Jedoch eröffnete er uns, daß sein Benzintank leer sei. Dieses stundenlange Fahren mit großem Gang hat viel zuviel Treibstoff verbraucht. Nun hätten wir nichts mehr für die Rückreise.

„Warum haben Sie denn keinen Reservekanister mit Benzin mitgenommen? Sie mußten doch wissen, wieviel Treibstoff Ihr Fahrzeug für solch eine Reise benötigt!“

Mein Tonfall war schon etwas angehoben. So langsam verlor ich meine Fassung.

„Ich konnte doch nicht ahnen, daß wir solche Schwierigkeiten haben werden“, gab er zur Antwort.

„Und was wollen wir nun machen? Wie, denken Sie, kommen wir wieder nach Kairo?“

„Kein Problem“, meinte er, „ich fahre mit einer Taxe, die hier ist, mit nach Suez, kaufe einen Kanister Benzin und komm mit einer Taxe zurück.“

„Und wann, denken Sie, könnten Sie wieder hier sein?“

„Also, ich denke, spätestens in einer Woche bin ich wieder hier."

Ich rang nach Luft.

„Wissen Sie, was geschieht, wenn wir erst in einer Woche wieder in Kairo sind? Nein? Da dürfen wir am nächsten Tag nach Berlin fliegen und werden dort erst mal von den freundlichen Herren der Stasi in Gewahrsam genommen."

Zur Erläuterung muß ich erst mal sagen, daß es uns laut Dienstvorschrift streng verboten war, derartige Einladungen anzunehmen. Auch wenn wir ohne Gastgeber Kairo zu einem Ausflug verlassen wollten, waren wir verpflichtet, die Handelsvertretung bzw. später die Botschaft zu informieren.

Jedes private Gespräch mit einem westlichen Ausländer oder mit einem Bürger der BRD war meldepflichtig. Daran hat sich natürlich kein Mensch gehalten. Aber wenn so etwas herauskam, waren die Konsequenzen sehr drastisch.

Also machte ich ihm klar, daß er sich diese Lösung aus dem Kopf schlagen kann. Wir müssen eine andere Möglichkeit finden. Ich hatte eine Idee, wobei mir meine Kenntnisse der Landessprache sehr zugute kamen.

Ich sammelte sämtliche Vorräte an Zigaretten ein, die wir bei uns hatten. Rauchen müssen wir nicht unbedingt, sagte ich meinen Kollegen. Sie sahen mich verständnislos an, aber ich sagte nur: „Laßt mich nur machen." Mit diesen Worten und den Zigaretten verließ ich den Raum.

Die Fahrer der Autos, die vor dem Kloster standen, hatten ein eigenes gemeinsames Quartier. Dort ging ich hin. Ich erzählte den Leuten unsere Geschichte und bat sie im Namen Allahs, uns zu helfen. Jeder sollte etwas von seinem Benzin gegen Geld und Zigaretten abgeben. Gerade so viel, wie er entbehren konnte. Nicht einer schloß sich aus. Einige hatten Reservekanister dabei, die anderen saugten etwas aus ihrem Tank ab. Ich bekam einen ganzen Kanister voll. 20 Liter, damit waren wir wieder einmal gerettet.

Nachdem wir das Benzin eingefüllt und den Kanister zurückgegeben hatten, konnten wir uns in Ruhe dem Kloster widmen. Aber für diesen Tag waren wir geschafft. Todmüde fielen wir in unsere Betten und schliefen den Schlaf der Gerechten.

Am nächsten Morgen gingen wir zeitig in den Besucher-Speiseraum und frühstückten, was wir bei uns hatten. Vom Kloster konnten wir keinerlei Verpflegung bekommen. Also mußten wir sehr sparsam wirtschaften.

Wenn wir vor der Reise geahnt hätten, wie das alles abläuft und was da alles auf uns zukommt, dann hätten wir uns selbst um die Vorbereitung gekümmert.

Nach dem Frühstück baten wir einen Mönch, er möchte uns doch bitte das Kloster umfassend zeigen und erläutern. Mit ihm begannen wir unseren Rundgang, den ich mein Leben lang nie vergessen werde.

Zunächst ging er mit uns an eine Stelle an der Innenseite der Klostermauer und zeigte uns „the burning bush", den brennenden Busch. Es ist der Busch, der bei dem Propheten Elias gebrannt hat, ohne zu verbrennen.

Dann besichtigten wir den Wehrgang auf der Klostermauer mit dem großen Spill für den ehemaligen Personenaufzug. Von hier aus hatten wir einen phantastischen Überblick über die gesamte Klosteranlage. Im Hintergrund, gewissermaßen als hintere Abschlußmauer, stand vor der Kulisse des Berges Sinai das Repräsentationsgebäude des Klosters. Mehrstöckige Arkaden mit durch Bögen verbundene Säulen bieten einen imposanten Anblick. In diesem Gebäude sind die Besucherquartiere und die Schätze des Klosters untergebracht.

Die davor liegende Klosteranlage bietet dazu ein kontrastreiches Gegenstück. Im Zentrum dieser Anlage steht der Turm einer Kirche einträchtig unmittelbar neben dem Minarett einer Moschee. Ein sehr interessantes und ungewöhnliches Bild. Um diese beiden Gotteshäuser kuscheln sich die Unterkünfte der Mönche.

Der uns begleitende Mönch erläuterte uns, daß in der Vergangenheit jeder neu ankommende Mönch sich selbst eine Unterkunft bauen mußte, und so sah es auch aus. Etwa 100 bis 150 selbstgebaute Hütten nebeneinander und übereinander. Jede mit einer anderen Form und einer anderen Größe. Dort, wo gerade Platz oder eine Lücke war, wurde ein Hüttchen dazwischen gebaut. Es machte einen chaotischen Eindruck, aber sah sehr interessant aus. An dem Mauerteil, auf welchem wir standen, war das Verwaltungsgebäude angebaut. Im Erdgeschoß desselben befand sich der Speiseraum der Mönche. Im Kloster lebten zur Zeit unseres Besuches nur noch 12 bis 20 Mönche, einmal mehr und einmal weniger.

Als wir den Speiseraum besichtigten, sah ich sehr viele leere Wein- und Schnapsflaschen auf dem Fußboden herumstehen. Ich war sehr erstaunt und fragte unseren Führer:

„Dürfen Sie denn hier Alkohol trinken?"

Die Antwort werde ich nie vergessen, deshalb gebe ich sie wörtlich wieder:

„Of course, of course, but we have not enough“ (Natürlich, natürlich, aber wir haben nicht genug).

Dazu hatte er eine sehr hohe entmannte Stimme. Es war eine beeindrukkende Erfahrung. Diese Äußerung war wie eine Aufforderung. Demonstrativ griffen wir alle zu unserer Geldbörse und kamen derselben nach. Er strahlte uns an und freute sich mächtig.

Anschließend besichtigten wir den Klostergarten. Hier arbeitete eine Fellachenfamilie mit ihren Kindern. Es wurde alles angebaut, was in der Klosterküche benötigt wird. In früheren Zeiten war das Kloster fast ausschließlich auf Selbstversorgung angewiesen. Es gab sogar eine kleine Mühle und eine Bäckerei. Lediglich Salz, Gewürze, alkoholische Getränke und ähnliches wurden von draußen über die Händler und Beduinen bezogen.

Hinter der Gärtnerei lag der Friedhof mit dem Gebeinhaus. Als wir an den Friedhof kamen, wunderten wir uns sehr. Der war nicht größer als ein großes Wohnzimmer, etwa 4 x 6 Meter. Es war eine glatte Sandfläche. Weder Grabhügel noch Gedenksteine waren zu sehen. Verwundert fragten wir unseren Führer, wie das denn möglich sei. Seit vielen Jahrhunderten wohnten hier viele Mönche, wo sind die denn beigesetzt? Er bat uns, ihm zu folgen.

Wir betraten das neben dem Friedhof stehende Gebeinhaus und konnten uns bei dem Anblick, der sich uns hier bot, des Gruselns nicht erwehren.

In einem Abteil lag ein Berg von Totenschädeln, etwa 3 x 3 x 3 Meter. Es waren mehrere hundert an der Zahl. Im Nebenabteil lag ein Berg von Gebeinen, fein säuberlich aufgeschichtet. Oben darauf lagen mehrere komplette Gerippe und eine Mumie.

Neben der Tür, auf einem Stuhl, saß die Mumie des St. Stephan in seiner Originalkleidung. St. Stephan saß vor 1400 Jahren vor einem kleinen gemauerten Torbogen, welcher etwa in halber Höhe auf dem Weg zum Gipfel des Berges Moses stand und heute noch dort steht. Es führt kein anderer Weg hinauf als durch diesen Torbogen. Hier saß St. Stephan sein ganzes Leben lang und erteilte jedem Pilger, der auf den Gipfel wollte, die Absolution und den Segen Gottes. Der kleine Torbogen heißt seit dieser Zeit „St.-Stephan-Bogen“.

Nun erläuterte uns unser Führer das Geheimnis des kleinen Friedhofes: Immer wenn ein Mönch verstarb, wurden die Gebeine des am längsten in der Erde liegenden Leichnams ausgegraben und im Gebeinhaus wahllos und anonym eingelagert. Lediglich Priester und Würdenträger erhielten einen besonderen Platz in einem gesonderten Regal und wurden mit dem Namen des Verstorbenen versehen.

Dabei kam es schon mal vor, daß ein Leichnam noch nicht verwest war. Dann wurden die sterblichen Überreste eben so, wie sie waren, in das Gebeinhaus eingelagert. In der trockenen Hitze trat dann, im Laufe der Jahre, eine natürliche Mumifizierung ein.

Zum Abschluß unserer Besichtigung durften wir uns die Schätze des Klosters ansehen. In diesen Räumen hatten wir den Eindruck, als befänden wir uns direkt in einem Märchen aus Tausendundeiner Nacht. Vor Ehrfurcht und Staunen blieb uns der Mund offen. Da standen große Kandelaber aus massivem Gold, Becher, Kannen, Altarschmuck und Gegenstände aller Art. Alles massiv Gold, besetzt mit Rubinen, Smaragden, Diamanten und anderen Edelsteinen. Ich konnte es nicht begreifen, daß man uns dort überhaupt so ohne weiteres hineingelassen hat. Unser Führer erläuterte uns noch die Geschichte von verschiedenen Gegenständen. Zum Beispiel waren zwei von diesen goldenen Kandelabern ein Geschenk eines Zaren. Auch alle anderen Gegenstände waren wertvolle Geschenke, welche das Kloster zu den Gedenkfesten der heiligen Katherina aus aller Welt bekam. Katherina starb den Märtyrertod, weil sie in Alexandria fünf verfolgten Christen Unterschlupf gewährt hatte. Ihr wurden die Arme, die Beine und dann der Kopf abgeschlagen.

Nach der Legende brachten Engel die sterblichen Überreste von Katherina zum Kloster. Sie wurde heiliggesprochen und das Kloster nach ihr benannt. Der Rumpf und die Gliedmaßen der heiligen Katherina werden in der Klosterkirche in einem prunkvollen Sarg aufbewahrt. Der Kopf hingegen liegt in der Kapelle Katherina, welche eigens dafür auf dem höchsten Berg von Sinai errichtet wurde. Auch dieser Berg trägt nun ihren Namen. Es ist der Nachbarberg vom Berg Moses. Von dort kann man die Kapelle mit bloßem Auge gut sehen.

Einmal im Jahr wird in dieser Kapelle eine heilige Gedenkmesse zelebriert. Zu diesem Zweck wird der Sarg mit den Körperteilen in einer Prozession auf den Berg Katherina getragen und dort in der Kapelle symbolisch zusammengefügt. Anschließend kommt alles wieder an seinen alten Platz.

Am Nachmittag sind wir gemeinsam mit unserem Mönch auf den Berg Moses gestiegen. Schon vor tausend Jahren wurde ein Weg für Pilger bis auf den Gipfel angelegt, damit auch die Mönche in ihren langen Kutten den Gipfel erklimmen konnten. Unendlich viele Stufen mit unterschiedlichen Höhen und Breiten waren darin enthalten. Deshalb war der Aufstieg und vor allem der Abstieg sehr, sehr beschwerlich und anstrengend. Dazu eine höllische Hitze, welche von den Felswänden reflektiert wurde. Die Felsen wurden aufgeheizt wie in einem Backofen. Es gehörte schon eine ganze Portion Überwindung dazu, unter diesen Umständen den Aufstieg zu unternehmen. Da wir uns jedoch im klaren waren, daß wir vielleicht nie wieder an diesen Ort kommen werden, zögerten wir keinen Augenblick.

Etwa in zweidrittel Höhe erreicht man ein weites Plateau. Hier erwartet den Wanderer ein wahres Wunder, welches man kaum begreifen kann. In der Mitte dieses Plateaus befindet sich ein umfriedeter Garten mit uralten Zypressen, deren gewaltig anmutende Höhen ich auf etwa 20 bis 30 Meter schätze. Daneben trifft man unvermittelt auf einen Schöpfbrunnen mit einem phantastischen kristallklaren Trinkwasser. Auch wir haben uns daran erfrischt, es war ein Genuß. Man hält es einfach nicht für möglich, hier in dieser Höhe und in dieser Steinwüste Wasser anzutreffen.

Am Rande des Plateaus, angelehnt an die schroff aufsteigenden Felswände, stehen zwei kleine Gebäude: ein sehr kleines Stallgebäude und ein etwas größeres Wohngebäude. Hier auf diesem Plateau, in diesem Gebäude wohnte der Prophet Elias. Vor Ehrfurcht standen wir ganz still da und ließen diesen Eindruck in uns einfließen. Hätte ich einen Hut auf dem Kopf gehabt, dann hätte ich ihn an diesem Ort ganz bestimmt abgenommen.

Ganz benommen von diesem Erlebnis, stiegen wir weiter bergan.

Auf dem Gipfel bot sich uns ein phantastischer Ausblick über das gesamte Sinai-Gebirge. Gegenüber sahen wir den Berg Katherina mit der Kapelle. Es war ein erhebendes Gefühl. Nicht nur dieser Blick über das Gebirge, nein, vor allem an der Stelle zu stehen, an der Moses die 10 Gebote von Gott erhalten hat. Vierzig Tage und Nächte hat Moses auf diesem Gipfel zugebracht. In einer kleinen Felsnische, welche noch heute vorhanden ist, schlief er zur Nacht. Daneben hat man eine kleine Kapelle und einen kleinen Gebetsraum für Mohammedaner errichtet. So hat jeder die Möglichkeit, an diesem einmaligen Ort sein Gebet in seiner Glaubensrichtung zu verrichten.

Vollgestopft mit Eindrücken und Filmaufnahmen, begannen wir mit dem Abstieg.

Total erschöpft von den Anstrengungen dieses Tages, überwältigt von den vielen Eindrücken, aber gut gelaunt und in bester Stimmung, erreichten wir wieder das Kloster.

Nach einem schmalen Abendbrot legten wir uns beizeiten zum Schlafen nieder. Erstens waren wir ohnehin vollkommen übermüdet, und zweitens wollten wir am nächsten Morgen möglichst zeitig die Rückreise antreten.

Gegen Mitternacht weckte uns ein fürchterliches Gewitter auf. Das Zimmer wurde von den unaufhörlich niedergehenden Blitzen taghell erleuchtet. Der Donner kam Schlag auf Schlag und wurde von den Felswänden ringsum verstärkt und hin- und hergeworfen.

Wir standen auf, um uns dieses schaurigschöne Naturschauspiel draußen an der Balustrade anzusehen. Ein Gewitter mit einer solchen Intensität hatte ich noch nie erlebt. Blitz auf Blitz schlug in die umliegenden Berge, so daß man glaubte, der liebe Gott wolle diese sprengen.

Nach wenigen Minuten trockenen Gewitters öffnete der Himmel sämtliche Schleusen. In einem stundenlangen Wolkenbruch schüttete der Himmel unvorstellbare Wassermassen über dieses Land.

Wir versuchten noch ein wenig zu schlafen, was uns aber nicht so richtig gelingen wollte. Ich war richtig froh, als die Nacht zu Ende war und wir aufstehen konnten.

Das Frühstück war schnell eingenommen. Wir hatten nicht mehr viel zu essen.

Mit etwas Sorge machten wir uns schließlich auf den Weg. Bis zur Oase Feiran ging es immer etwas bergab. Der Weg war von dem Regen etwas gefestigt, und unser Fahrzeug rollte gut. Unsere Stimmung hatte sich etwas verbessert und wir wurden wieder zuversichtlich. Auch nach der Oase Feiran lief alles noch eine Zeitlang gut, bis wir in das vormals ausgetrocknete Flußbett einbiegen wollten.

Durch das nächtliche Unwetter war hier ein sehr ansehnlicher Fluß entstanden. Das Wasser reichte von einer Felswand bis zur anderen über die gesamte Talbreite. Machmut meinte, es könne nicht sehr tief sein. Wir müßten es auf alle Fälle versuchen. Einen anderen Weg gäbe es nicht. Langsam, ganz langsam fuhren wir in den Fluß. Wir mußten jeden Augenblick damit rechnen, daß entweder das Wasser in das Auto reinlief oder wir an einen großen Stein anstießen. Eine ganze Zeit ging es erstaunlich gut. Es war nicht mehr sehr weit bis Abu Zenima.

Das Wasser wurde etwas tiefer und drang schon ab und zu durch die Türe in das Wageninnere. Da blieb der Motor stehen. Es war zum Verzweifeln. Uns blieb auf dieser Reise aber auch gar nichts erspart. Was nun? Wir waren von

Wasser eingeschlossen, und der Motor gab keinen Laut mehr von sich. Machmut wußte Rat!

„Nicht weit von hier, kurz vor Abu Zenima, befindet sich eine Kamelfarm. Dort lauf ich hin und hol ein Fahrzeug zum Abschleppen", meinte er. „Es dauert nicht lange, ich bin gleich wieder da."

Ohne unsere Antwort abzuwarten, sprang er aus dem Auto und watete durch das knietiefe Wasser. Uns blieb nichts anderes übrig, als zu warten. Langsam wurde uns klar, daß wir nun doch nicht mehr pünktlich in Kairo sein werden. Wir konnten nur hoffen, daß wir wenigstens am nächsten Tag ankommen würden und das man uns an dem Montag nicht zufällig suchte. Nach einer reichlichen Stunde kam er tatsächlich mit einem Landrover zurück. Wir atmeten auf und hofften, daß der Rover uns abschleppen werde. Er fuhr rückwärts an uns heran.

Aufmerksam verfolgten wir vom Fahrzeug aus das Manöver. Von der kleinen Ladefläche nahm der Fahrer einige Ringe massiven Eisendrahts, etwa 5–6 mm stark. Er schickte sich an, diesen Draht wie ein Abschleppseil irgendwo zu befestigen. Wo, das konnten wir nicht sehen.

Machmut erläuterte uns, daß die Kamelfarm kein Abschleppseil besitzt, aber die Leute hätten sofort ein Stück einer Arealabsperrung demontiert. Die Hilfsbereitschaft der Ägypter ist nicht zu überbieten. Das konnte ich in all den Jahren immer wieder feststellen.

Also, als die Männer den Draht befestigt hatten, konnte es losgehen. Der Landrover setzte sich in Bewegung. Machmut saß bei uns am Steuer und rief dem Fahrer durch das geöffnete Fenster zu: „Alamälek" (langsam).

Der Draht spannte sich. Langsam versuchte der Fahrer, unser Fahrzeug anzuziehen. Jedoch nichts rührte sich. Wir bewegten uns keinen Zentimeter von der Stelle. Wahrscheinlich hatte das Wasser unsere Räder in den Sandboden eingespült. Ich versuchte noch dem Machmut klarzumachen, daß es besser sei, wir würden aussteigen und versuchten durch Schieben etwas nachzuhelfen. Da krachte es schon. Es gab einen klirrenden metallischen Knall, und der Landrover fuhr mit unserer Stoßstange an dem Abschleppdraht davon. Machmut starrte ihm fassungslos hinterher.

Trotz der ganzen Tragik war alles so komisch, daß wir lauthals lachen mußten. Wir konnten nicht anders. Wie kann man denn ein so schweres Fahrzeug an der Stoßstange abschleppen wollen. Wir wunderten uns sehr über so viel Blauäugigkeit der Männer. Aber nun war es geschehen.

Nun mußten wir doch noch ins Wasser. Schuh und Strümpfe in der Hand, die Hosen bis zu den Knien hochgerollt, so wateten wir durch das Wasser in Richtung Abu Zenima. Machmut begleitete uns und brachte uns zu einem englischen Ingenieur. Der wohnte etwa 30 Minuten entfernt auf einer kleinen Landzunge, welche in den Golf von Suez hineinragte. Da stand eine weiße Luxusvilla mit Swimmingpool, umgeben von Palmen, Bananen und Orangen. Dieses Kleinod wurde umspült von den Wellen des Golfes. Es war ein Traum.

Machmut bat den Ingenieur, uns für zwei Stunden aufzunehmen, bis er sein Auto wieder fahrbereit hätte. Dann ging er zurück zu seinem Fahrzeug.

Wir wurden sehr herzlich aufgenommen. Es war für den Engländer eine willkommene Abwechslung, denn er wohnte hier allein und ziemlich fernab von jeglicher Zivilisation.

Auf meine Frage, ob es denn nicht viel schöner sei, in den Wellen des Meeres zu schwimmen als im Pool, bat er uns, mit ihm an den Strand zu kommen. Wir befanden uns am Ufer einer relativ kleinen Meeresbucht. Dort tummelten sich mehrere Haifische.

„Nun wissen Sie, weshalb ich diesen Pool brauche. Das ist auch der Grund, weshalb hier kein Tourismus entsteht", gab er uns freundlich Auskunft. Er zeigte uns sein gesamtes Anwesen und erklärte uns noch viele interessante landesspezifische Dinge.

Nach etwa drei sehr interessanten Stunden holte uns Machmut tatsächlich mit seinem Auto ab. Er hatte es mit seinen Helfern wieder flottgemacht.

Die Straße von hier bis Abu Zenima war sehr ordentlich und frei von Wasser. Da es schon sehr dunkel war, eröffnete uns Machmut, daß wir in Abu Zenima übernachten müssen. Es war klar, der Tag war zu anstrengend und das Benzin wieder alle. Wir konnten nicht weiter.

In dem Rasthaus der Regierung erhielten wir sehr gemütliche Zimmer, in denen wir uns erst einmal richtig waschen konnten. Von der Küche erhielten wir einige knusprig gebratene Hühnchen und hatten so, nach den Tagen voller Strapazen und Entbehrungen, wieder ein sehr reichliches und leckeres Abendbrot. Wieder versöhnt mit der Welt, legten wir uns zur Ruhe.

Am nächsten Morgen konnten wir noch richtig frühstücken und setzten dann, in bester Stimmung, unsere Reise in Richtung Kairo fort. Ohne weitere Zwischenfälle erreichten wir Suez.

Hier mußten wir eine kleine Zwangspause von einigen Stunden in Kauf nehmen, um auf das Öffnen der Brückenüberfahrt zu warten. Während dieser Zeit hatten wir ausreichend Gelegenheit, uns Suez mit der Einfahrt zum Kanal anzusehen, ordentlich zu essen und uns die Schuhe putzen zu lassen.

Spät in der Nacht erreichten wir Kairo. Wir waren froh, daß wir dieses Abenteuer unbeschadet überstanden hatten. Zum Glück hatte uns niemand gesucht und wir konnten diesen Ausflug geheimhalten.

Im nachhinein bin ich dem Mr. Machmut natürlich sehr, sehr dankbar, daß er diese Strapazen auf sich genommen und mit uns diesen Ausflug unternommen hat. Es war ein einmaliges Erlebnis mit einmaligen Filmaufnahmen. Danke, Machmut, danke!

Die Partei

Kurze Zeit später mußte ich wieder einmal nach Hause, wo eine Menge Arbeit und ein Berg von Problemen auf mich warteten.

Als Vorsitzender einer Produktionsgenossenschaft des Handwerks unterstand ich nun direkt der Handwerkskammer und mußte zu allen möglichen Beratungen dort erscheinen. Natürlich war nun auch die SED auf mich aufmerksam geworden und bedrängte mich sehr stark. Als ich nicht mehr wußte, wie ich ausweichen sollte, war der einzige Ausweg, welcher mir noch blieb, der Beitritt in eine Blockpartei. Kurz entschlossen trat ich der NDPD bei. Von dem Moment an hatte ich zwar Ruhe vor der SED, zog mir aber ihren Unmut zu. Als PGH waren wir verpflichtet, einen Parteisekretär der SED hauptamtlich zu beschäftigen. Dieser Mann hatte natürlich viele Möglichkeiten, mir Schaden zuzufügen. Es war für ihn ein leichtes Spiel, während meiner Abwesenheit meinen Stellvertreter und den Vorstand entsprechend zu beeinflussen.

Der Personalstand wurde von 20 auf 120 Mitglieder erhöht. Der erste Vorteil für meine Gegner war dabei, daß 100 von den 120 Mitgliedern, mich, also den Vorsitzenden der PGH, nicht kannten. Dann wurde eine Mitgliederversammlung mit der Wahl des Vorstandes und des Vorsitzenden durchgeführt. Dabei wurde die Meinung indiziert: Was nützt uns ein Vorsitzender, der dauernd in Ägypten ist. Und schon waren die Rollen vertauscht.

Neue Dimensionen

Die Aufträge für Ägypten hatten in der Zwischenzeit einen enormen Umfang angenommen. Den größten Umfang hatten dabei drei 500-Tonnen-Reismühlen im Nildelta. Sie sollten von einer Zentrale aus gesteuert werden. Damals gab es noch keine elektronischen Steuerelemente. Alles mußte mit Starkstromrelais gelöst werden.

Der Schaltschrank mit Schaubild in der Steuerzentrale war 5 Meter lang. Für den Stromlaufplan mußte ich mir etwas einfallen lassen. Schließlich mußte man ja damit im Störungsfall arbeiten können. Links und rechts am Zeichenbrett brachte ich eine Haltevorrichtung für eine Rolle Transparentpapier an. So konnte ich von der Rolle direkt über das Brett ziehen und auf der anderen Seite wieder aufrollen. Ich hielt die Zeichnung auf DIN-A4-Höhe und zeichnete den Stromlaufplan in einem Stück. Diese Zeichnung wurde 10 Meter lang. Ich glaube, es war die längste Zeichnung, die jemals angefertigt wurde. Dieser Stromlaufplan wurde auf A4-Größe wie eine Ziehharmonika gefaltet. So konnte man bequem zur Montage und im Störungsfall jeden Strompfad nach der Nummer wie in einem Buch aufschlagen.

Aufgrund der Umwandlung der Fa. Schaltmontage Dresden, Werner Hanitzsch, in die PGH Schaltmontage Dresden versuchten nun die Repräsentanten von Unitechna, den Kunden in Ägypten diese Veränderung nahezubringen. Diese verstanden jedoch nicht den eigentlichen Sinn der ganzen Angelegenheit. Sie meinten, sie hätten jahrelang sehr gut mit der Fa. Werner Hanitzsch zusammengearbeitet und möchten das so beibehalten. Sie beharrten alle darauf, ihre Elektroausrüstungen auch weiterhin von mir zu erhalten. Nun war guter Rat teuer! Was sollte man tun? Die Fa. Werner Hanitzsch existierte nicht mehr. Der Sozialismus hatte sie geschluckt. Aber sie wollten auch nicht die Verträge gefährden. So wurde ein salomonisches Urteil gefällt:

1. Die PGH mußte dafür garantieren, daß ich auch weiterhin zur Verfügung stand, und
2. Alle Anlagen und Anlagenteile sind auch weiterhin mit meinem bisherigen Firmenschild zu versehen und sind unter diesem Namen auszuliefern.

Für mich war das eine Genugtuung und eine Sensation. Ein halbsozialistischer Betrieb mußte seine Erzeugnisse unter dem Privatnamen des vorherigen Eigentümers der Firma ausliefern. Einfach toll!!!

Von nun an war mein Titel in der PGH: „Abwicklungsleiter VAR“. So hieß damals Ägypten: Vereinigte Arabische Republik.

Es wurde festgelegt, daß ich meinen Wohnsitz mit meiner Familie für einige Jahre nach Kairo verlegen sollte, um vor Ort alle Vorbereitungen, Montagen und Inbetriebnahmen überwachen zu können. Dieser Beschluß versetzte die gesamte Familie in helle Aufregung. Heike war 8 und Helge 5 Jahre alt. In der Schule stand Heike von Stund an im Mittelpunkt des Interesses, und ich mußte vor der Klasse einige Vorträge halten.

Fieberhaft trafen wir unsere Reisevorbereitungen. Es ist schon fast ein Umzug, wenn vier Personen für mehrere Jahre verreisen. Die Auswahl fällt nicht leicht. Die Kinder möchten sich nicht von ihrem Lieblingsspielzeug trennen, und auch für uns war es nicht einfach. Wir mußten schon darauf achten, daß wir für eine gewisse Zeit alles bei uns hatten, was gebraucht wird. Ich durfte nur einen sehr begrenzten Satz pro Tag für meine Frau und meine Kinder umtauschen. Ich selbst erhielt einen Tagessatz von 3,– Ä. Pfund (zu dieser Zeit etwa 30,– DM Ost). Wenn wir für uns oder für die Kinder etwas kaufen wollten, mußten wir eisern sparen. Wir konnten ja auf keine Rücklagen zurückgreifen. Also mußten wir sehr überlegt einpacken. Dabei mußten wir natürlich auch auf den Umfang unseres Gepäcks achten. Jedes Kilogramm Luftfracht kostet ja enorm viel Geld. Am Ende waren es 18 große Koffer und zwei Kisten. Wir brachten es mit dem LKW zum Zoll und von dort ging es direkt per Luftfracht nach Kairo.

1968 bis 1971 – Mit der Familie in Ägypten

Im April 1968 war es dann soweit. Die Vorbereitungen hatten uns viel Zeit und noch mehr Kraft gekostet. Untersuchung auf Tropentauglichkeit, jede Menge Impfungen mit einigen Komplikationen wie Fieber usw. waren überstanden. Die Kontrolle und Überwachung unseres Grundstückes mußten organisiert werden. Vor allem die Räum- und Streupflicht mußte gesichert sein. Der nächste Winter kommt ganz bestimmt.

Endlich ging es los. Unser Kraftfahrer brachte uns nach Berlin zum Flugplatz Schönefeld. Es war so ein richtiger Apriltag. Alles grau in grau, diesig, der Himmel mit Wolken verhangen, Nieselregen und sehr kühl.

Wir hatten uns zwar alle auf diesen Tag gefreut, aber nun konnte keine rechte Freude aufkommen. Irgendwie hatten wir alle etwas an dem Abschied von der Heimat zu knabbern. Das düstere Wetter trug nicht zur Verbesserung der Stimmung bei.

Gegen Abend gingen wir an Bord einer IL 18 der Interflug zum Direktflug Berlin–Kairo, ohne Zwischenlandung. Auf der Gangway fauchte uns noch einmal ein eisiger Nordostwind von der Seite an, als wollte er sagen: „Macht schon, daß ihr wegkommt."

Erst im Flugzeug, nach dem Start, verbesserte sich unsere Stimmung aufgrund der vielen neuen Eindrücke. Je näher wir unserem Ziel kamen, um so stärker wurde die erwartungsvolle Spannung.

Gegen 2 Uhr in der Nacht landeten wir in Kairo. Als wir aus dem Flugzeug auf die obere Plattform der Gangway traten, wehte uns trotz der nächtlichen Stunde ein heißer Wüstenwind ins Gesicht. Der Wind war schon der Anfang des Chamsun, dem alljährlichen Frühlingssandsturm. Etwa eine Woche lang hüllt er Kairo in eine Wolke aus feinstem Sand. Zeitweise ist es wie bei einem dichten Nebel, man hat nur wenige Meter Sicht. Dieser Sand dringt durch die feinsten Ritzen in die Wohnungen und überzieht jeden Gegenstand mit einer dicken Staub- und Sandschicht. Mund, Augen und Nase werden verklebt. Ständig kaut man auf Sand. Dieser Chamsun verwandelt Kairo in einen Backofen. Er bringt die große Hitze, die dann bis in den November hinein anhält. Von Ende November bis Anfang April ist das Klima in Ägypten für Europäer sehr angenehm.

Aber nun zurück zu unserer Ankunft.

Als wir die Plattform der Gangway betraten und über die uns entgegenschlagende Hitze fast erschraken, stürmte plötzlich ein Araber in Dienstkleidung des Bodenpersonals die Gangway hoch, nahm ohne ein Wort unseren Helge auf den Arm und stürmte wieder die Gangway hinunter. Wir erschraken furchtbar. Aber alles ging so schnell, daß wir kein Wort herausbrachten. Unsere Ängste waren natürlich vollkommen unbegründet. Es war nur der Schreck der Überraschung. Es war nur eine Hilfestellung für uns und den kleinen Helge. Am Ende der Gangway stand der Mann mit Helge auf dem Arm und wartete auf uns. Helge war natürlich auch sehr erschrocken und schaute uns ängstlich mit vor Schreck weit aufgerissenen Augen an. Er war froh, als er wieder bei uns war.

Der Flugplatz war in ein eigenartig gespenstiges Licht getaucht. Die Luft war erfüllt von dem Dröhnen der Flugzeugmotoren. Der heiße Wind und unsere Übermüdung verstärkten den merkwürdigen Eindruck, der uns in diesem Moment umfing.

Die Paß- und Zollabfertigung brachten wir relativ schnell hinter uns. Die Beamten hatten wohl Mitleid mit unseren übermüdeten Kindern.

Am Ausgang erwartete uns die Famlie Hans Kaiser aus Wittenberg. Sie brachten uns mit einem Kleinbus, Barkas B 1000, in unsere Wohnung.

Gemeinsam mit den Familien Kaiser und Löwe, beide aus Wittenberg, wohnten wir in einem neu errichteten Dreifamilienhaus in Madin de Mohandesin (Stadt der Ingenieure), ein neu entstehender Vorort Kairos. Sehr großzügig und weiträumig angelegt. Mit Gärten und villenähnlichen Grundstücken. Damals eine hervorragende Wohnlage in offener Bauweise.

Damascus Street 5, ein sehr modernes Haus, Erdgeschoß, I. und II. Obergeschoß. Wir bewohnten das I. Obergeschoß.

Hans Kaiser fuhr mit dem Auto in den kleinen Hof vor dem Haus. Alles war hell erleuchtet. Der Hof wurde unterbrochen und umgeben von gartenähnlich angelegten Beeten mit Bananenstauden, Gummibäumen, Agaven und Kakteen. Eine breite Treppe aus weißgrauem Marmor führte mit fünf Stufen zu der Haustüre aus Glas, reichhaltig mit schmiedeeisernen Elementen verziehrt, empor.

Gegenüber auf der anderen Straßenseite stand ein halbfertiges Haus, eine Baustelle. Dort wohnte in einer winzigen Lehmhütte ein Araber mit seiner Frau und drei Kindern. Dieser Mann war der Boab von der Baustelle und von unserem Haus. Ein Boab ist so etwas wie ein Hausmeister und Mädchen für alles. Er kümmert sich um die Mieter und hält Haus und Garten in Ordnung. Unser Boab hieß Mohamed.

Als wir bei unserer Ankunft ausstiegen, stand Mohamed schon bereit. Er half den Kindern und der „Madam“ beim Aussteigen und trug das gesamte Gepäck in unsere Wohnung. Natürlich geht so eine Dienstleistung in Ägypten nie ohne den obligatorischen „Bakschisch“ ab. Wir waren froh, die doch recht anstrengende Reise hinter uns zu haben und endlich an Ort und Stelle zu sein. Vor allem die Kinder sehnten sich nach einem Bett. Frau Kaiser hatte mit ihrem Dienstmädchen alles für unsere Ankunft sehr schön vorbereitet. Die Betten waren schon bezogen, so konnten wir unsere Kinder sofort hinlegen.

Danach setzten wir uns erst mal bei einem kühlen Drink zusammen, um Grüße und Neuigkeiten auszutauschen.

Total übermüdet und sehr erschöpft legten wir uns schließlich zum Schlafen nieder.

Am nächsten Morgen sahen wir uns erst mal gemeinsam unsere Wohnung an, welche für die nächsten Jahre unsere Heimstatt sein sollte. Die Wohnung nahm die gesamte Etage ein und befand sich in zwei Ebenen. Im Zentrum der Wohnung befand sich ein langgezogener Korridor, der Fußboden war vollkommen mit grauem Marmor belegt. Etwa in der Mitte des Korridors befand sich die Ebenenteilung. Vier Stufen verbanden die untere mit der oberen Ebene. In der unteren Ebene war der Eingang, eine gesonderte Tür für Dienstboten, die Küche, ein Speisezimmer (ca. 25 qm) und ein Wohnzimmer (ca. 35 qm). Hier ging der Korridor nahtlos in einen Wintergarten über. Der war etwa 40 qm groß und besaß über seine gesamte Breite ein Schiebefenster. Im offenen Zustand hatte man eine 6 m breite Fensteröffnung. An dem Wohnzimmer befand sich ein Balkon, welcher um die Hausecke gebaut war.

In der oberen Ebene war zunächst eine wunderschöne Fensternische im Korridor mit einem Sessel und einem kleinen Handarbeitstisch. Daneben ein sehr geräumiges Bad, das elterliche Schlafzimmer, ein Gastzimmer und ein sehr geräumiges Kinderzimmer. An dem Gast- und Kinderzimmer war wiederum ein Balkon angeordnet, welcher auch hier um die Hausecke verlief. Wir waren alle sehr zufrieden und fühlten uns wohl. Die Ausstattung der Räume war zwar nicht das Allerneueste, aber zweckmäßig und gemütlich.

Aller Anfang ist schwer

Die ersten Tage waren sehr anstrengend. Vollgestopft mit organisatorischen Aufgaben und für meine Frau und die Kinder mit vielen neuen, aufregenden Erlebnissen.

Die Luftfracht mußte ausgelöst werden. Auspacken, Wohnung gestalten, ein Dienstmädchen einstellen, die Kinder in der Schule bzw. im Kindergarten anmelden usw. Nebenbei mußte ich auch noch mein Büro einrichten und schon arbeiten.

Daß in diese Wohnung „frisch importierte“ Europäer eingezogen waren, hatte sich wie der Blitz bei den Arabern herumgesprochen. Alle paar Minuten klingelte es an der Wohnungstür und ein dienstbarer Geist bot seine Dienste an oder wollte etwas verkaufen. Da kam der Bügeljunge (der holt und bringt die Bügelwäsche für eine Bügelanstalt), der Bote eines Lebensmittelgeschäftes (nimmt eine Bestellung auf und bringt das Gewünschte sofort), Blumenhändler, Korbhändler, Händler für Bier, Eier, Obst, Messerschleifer, Klempner und und und. Das Problem war, wir hatten noch kein Dienstmädchen, und meine Frau sprach noch nicht ein Wort Arabisch. Es dauerte aber nicht lange und wir hatten diese Anfangsschwierigkeiten überwunden.

Die Schule der DDR war in einer Villa in der Nähe der Pyramiden von Gizeh untergebracht. Ein Schulbus brachte die Kinder jeden Morgen dahin und im zeitigen Nachmittag zurück.

Die erste Aufregung hatte meine Frau schon in den ersten Tagen unseres Aufenthaltes in Kairo. Nicht weit entfernt von unserer Wohnung befand sich ein großes Lebensmittelgeschäft. Meine Frau war mit Helge gewissermaßen auf „Erkundungsgang", um die nähere Umgebung und die Einkaufsmöglichkeiten kennenzulernen. So kam sie auch in besagtes Geschäft. Vier ältere Araberinnen, in die obligatorischen schwarzen Tücher gehüllt, standen mit großen Körben mitten im Geschäft und hielten einen Plausch. Als meine Frau mit dem Jungen das Geschäft betrat, hielten sie inne und wandten sich ihr zu. Meine Frau mußte an der Gruppe vorüber. Die vier Frauen strahlten den Jungen an und riefen: „Schuf, wahed Mister abiat soraye, quais aui, quais aui" (seht nur, ein kleiner weißer Mister, sehr schön, sehr schön). Damit hob die erste der vier Frauen den Helge empor, herzte und küßte ihn, um ihn dann an die nächste weiterzureichen. Helge, der zu diesem Zeitpunkt 5 Jahre alt war, strampelte und wehrte sich nach besten Kräften, aber es half ihm nichts, er mußte sich von allen vier Frauen küssen lassen. Alles ging so schnell, und meine Frau war derart überrascht, daß sie eine geraume Zeit benötigte, um darauf zu reagieren. Etwas sprach sie nun schon Arabisch. Sie entwand Helge den Frauen und herrschte sie an: „Challas dilwati" (Schluß jetzt) und ging davon. Die Frauen lächelten freundlich und sprachen auf sie ein, was sie jedoch nicht verstand. Helge sah die Frauen mit großen, entsetzten Augen an und war sehr erschrocken. Sie winkten ihm noch lange nach und warfen ihm Kußhände zu. Selbstverständlich muß man dieses ganze Ereignis von der freundlichen Seite sehen, aber aufregend war es für die beiden trotzdem.

Nach wenigen Tagen entdeckten wir bei uns im Schlafzimmer an der Decke einige Geckos. Das sind kleine, etwa 10 cm lange, fast durchsichtige Echsen. Wir waren furchtbar erschrocken. Unsere Bekannten machten uns darauf aufmerksam, daß diese Tierchen in der Wohnung sehr nützlich seien. Sie ernähren sich ausschließlich von Insekten und dabei in der Hauptsache von Kakerlaken. Die Kakerlaken sind in allen tropischen Ländern eine Plage. Man hat sie zu Hunderten und, wenn man nicht aufpaßt, zu Tausenden in der Wohnung. Sie werden dort mehrere Zentimeter lang und bis zu zwei Zentimeter breit. In der Nacht, wenn alles still ist, hört man sie sogar laufen. Sie fressen alles, was sie finden, ganz gleich ob Lebensmittel, Textilien oder Zigaretten. Ein Monteur von mir, hatte einmal eine etwas kleinere Kakerlake in der Butter und zerbiß sie. Gegen Kakerlaken muß man ständig kämpfen. Deshalb war jeder froh, wenn er Geckos in der Wohnung hatte, die diese Plagegeister vertilgten. Am Tage saßen die Geckos nur oben an der Zimmerdecke und verhielten sich ganz ruhig. Nur in der Nacht, wenn auch die Kakerlaken aktiv wurden, gingen die Geckos auf Jagd. Dabei mußte man allerdings auch in Kauf nehmen, daß so ein Gecko einem mal über das Gesicht huschte. Das war zwar völlig ungefährlich, aber auch nicht gerade besonders angenehm.

Unsere Perlen

Am Anfang hatten wir kein besonderes Glück bei der Auswahl unserer Dienstmädchen. Es war ohnehin für uns ein enormes Problem, überhaupt ein Dienstmädchen einzustellen und zu beschäftigen. Erstens waren wir es nicht gewöhnt und zweitens hätten wir es auch nicht unbedingt gebraucht. Meine Frau hätte genügend Zeit für den Haushalt gehabt und kannte es ja auch nicht anders. Aber aus Prestigegründen war es zwingend vorgeschrieben. Niedere Arbeiten darf nur verrichten, wer in diese Klasse gehört. In dieser Beziehung besteht kein großer Unterschied zu dem Kastensystem in Indien. Zum besseren Verständnis ein kleines Beispiel:

Als wir in Alexandria eine Mühle fertig hatten und diese in Betrieb ging, wurden alle Montagehilfskräfte entlassen. Wir hatten einen jungen Montagehelfer bei uns, der sehr fleißig, zuverlässig und intelligent war.

In der Mühle wurde noch ein Arbeiter für den Walzenboden benötigt. Wir baten den Mühlenbesitzer, doch unseren Helfer einzustellen, was er auch tun wollte. Der junge Mann lehnte jedoch ab, weil unter anderem zu seinem Aufgabenbereich das Fegen des Fußbodens gehörte. Mit dieser Tätigkeit hätte er sein Gesicht verloren. Deshalb ließ er sich lieber entlassen. Stand mit 0,0

Piaster auf der Straße, an Stelle des gesicherten Einkommens als Walzenbodenarbeiter.

Aber nun zurück zu unserer Dienstboten-Auswahl. Das erste Mädchen, welches sich bei uns vorstellte, machte einen recht ordentlichen Eindruck. Braunhäutig, dunkelhaarig, sauber gekleidet, etwa 20 Jahre alt, schien es sehr interessiert zu sein. Wir stellten sie ein. Es war ein Fehler!

Sie bewegte sich durch die Wohnung wie eine Dampfwalze. Es kam ihr darauf an, daß für jede Bewegung möglichst viel Zeit verbraucht wurde.

Als wir eines Tages vom Einkaufen zurückkamen, lag sie im Wohnzimmer auf dem Fußboden und schlief. Trotz unserer Ermahnungen und Vorhaltungen wiederholte sich dies. Nach dem dritten „Schlaftag" war sie entlassen.

Das zweite Mädchen machte einen ähnlich ordentlichen Eindruck auf uns, schien aber wesentlich lebhafter zu sein. Wir stellten sie ein. Zwei Wochen lief es eigentlich ganz gut. Als wir eines Tages wieder einmal mit unseren Kindern einkaufen gingen, erteilte ihr meine Frau den Auftrag, die ganze Wohnung gründlich zu reinigen.

Nach einigen Stunden kamen wir ahnungslos zurück. Uns traf fast der Schlag. Bereits im Treppenhaus kam uns das Wasser entgegengelaufen. Ich sprang die letzten Stufen hinauf und konnte vor Aufregung gar nicht schnell genug die Wohnungstür öffnen. Was ich dann sah, brachte meinen Adrenalinspiegel zum Überschwappen. Das Mädchen stand mitten im Speisezimmer (alles Parkettfußboden), einen Wasserschlauch in der Hand und spritzte fröhlich die Wände, Decke und Lampen mit vollem Strahl ab. Meiner Frau blieb fast das Herz stehen. Schnell stürzte ich zum Wasserhahn und drehte das Wasser ab.

Um größeren Schaden abzuwenden, holten wir alle verfügbaren Eimer und Putzlappen aus dem Haus zusammen. Jeder mußte mithelfen, das Wasser so schnell wie möglich aufzuwischen. Zum Glück gelang es uns, das Parkett zu retten. Da auch die Wände mit wasserfester Farbe gestrichen waren, konnten wir den Schaden in Grenzen halten. Das Mädchen wurde sofort entlassen. Es war uns zu riskant, mit ihr zu arbeiten.

Wir hatten uns nun vorgenommen, ein etwas älteres Dienstmädchen auszusuchen. Durch Vermittlung stellte sich einige Tage später eine ältere Sudannegerin bei uns vor. Sie hieß Suad und machte einen sehr freundlichen Eindruck. Wir wollten es versuchen. Man konnte ohnehin nie im voraus sagen, was einen erwartet.

Suad arbeitete recht ordentlich und zuverlässig. Allerdings Hygiene und Sauberkeit ließen zu wünschen übrig. Meine Frau bemühte sich sehr, ihr wenigstens einiges davon beizubringen. Der Erfolg war sehr bescheiden.

Eines Tages gab es eine schon mehr lustige Begebenheit.

Die Hauptaufgabe meiner Frau bestand darin, zu versuchen, unsere Ernährung möglichst heimatnah zu gestalten. Zu diesem Zweck brachten wir uns von zu Hause ein kleines Glas Sauerteig mit. Alle paar Tage versuchten wir Roggenmehl aufzutreiben. Damit wurde der Sauerteig angesetzt, geknetet und Brot gebacken. Von dem Sauerteig wurde wieder eine kleine Menge für den nächsten Ansatz abgenommen usw.

Nun war das Mehl, welches wir nur über Mittelsleute kaufen konnten, nicht besonders sauber. Es war durchsetzt mit Käfern und allem möglichen Besatz. Deshalb mußte es unbedingt gesiebt werden. Suad erhielt von meiner Frau den Auftrag, eine Mehllieferung zu sieben.

Als meine Frau nach kurzer Zeit die Küche betrat, sah sie folgendes Bild:

Suad hatte auf dem Fußboden alte Zeitungen ausgebreitet, stand mit ihren nackten, schmutzigen Füßen mitten in einem Mehlberg und siebte fleißig weiter. Meine Frau schlug die Hände über dem Kopf zusammen und fragte Suad, was sie da tue. Suad war sehr erschrocken über diese Reaktion und beteuerte meiner Frau, sie habe sich strikt an ihre Anweisung gehalten und vor Beginn der Arbeit die Hände gewaschen.

Wir konnten ihr jedoch nicht böse sein. Die Situation war so umwerfend komisch, daß wir letztlich doch nur lachen konnten.

Der Führerschein

Kurze Zeit nach unserem Eintreffen in Kairo erhielt ich vom VEB Mühlenbau Wittenberg für meine Tätigkeit als Montageleiter Elektro der Reismühlen im Nildelta einen Pkw Wartburg Tourist zur Verfügung gestellt. Per Schiff kam das Auto in Alexandria an. Mit einem Kollegen fuhr ich dahin, um es auszulösen. Es befand sich in einem bejammernswerten Zustand, als ich es in Empfang nahm. Die ursprüngliche Sandfarbe war nicht mehr zu erkennen. Es war schwarz und verschmiert, eine Schlußleuchte zerdrückt, die Scheibenwischer waren verbogen und die Chromteile vom Salzwasser angegriffen. Die Batterie gab kein Volt mehr von sich. Vermutlich hatte man das Fahrzeug beim Entladen mit der Batterie gefahren. Wir hatten einen ganzen Tag zu tun, um das Auto fahrbereit zu machen.

Endlich war es dann soweit, ich konnte mit meinem eigenen Dienstwagen von Alexandria nach Kairo fahren. Es war ein herrliches Gefühl der Freiheit. Die Sonne strahlte wie immer. Zwischen Kairo und Alexandria gibt es zwei Verbindungen. Die eine Straße führt direkt durch die Wüste und die andere durch das Nildelta. Ich wählte die letztere. Sie war abwechslungsreicher und interessanter.

Mein Vorgesetzter im TKB informierte mich am nächsten Tag, daß ich mit meinem DDR-Führerschein in Ägypten nicht fahren dürfe. Ich müßte unter allen Umständen hier eine Fahrprüfung ablegen, um einen Führerschein des Landes zu erwerben.

Dieser Schlag saß! Damit hatte ich nicht gerechnet. Aber was blieb mir anderes übrig, als mich in das Unvermeidliche zu schicken. Freilich hatte ich Angst davor. Jedesmal, wenn ich daran dachte, regte ich mich innerlich fürchterlich auf.

Da ich jedoch nicht allein zur Polizei gehen wollte, bat ich unseren Dolmetscher, mich zu begleiten, um mich zu einer Fahrprüfung anzumelden. Außerdem waren da bestimmt Formulare auszufüllen. Ich konnte zwar einigermaßen Arabisch sprechen, aber lesen oder gar schreiben, das konnte ich nicht. Auch wußte ich überhaupt nicht, was da alles auf mich zukommt.

Wir vereinbarten, am nächsten Morgen 9 Uhr gemeinsam zu der entsprechenden Polizeidienststelle zu fahren. Ich fuhr mit meinem eigenen Auto! Mir war wirklich nicht wohl dabei, aber er war Araber und sagte nur: „Malisch“ (macht nichts).

Vor der Polizei war ein großer Hof, dort stellten wir das Auto ab. Also, ich hätte mich das nie getraut.

Dann standen wir vor dem Schalter. Dahinter saß ein Polizist mit grimmigem Gesicht. Anscheinend war er noch sehr müde. Mir zitterten die Knie.

Nach einem kurzen Gespräch reichte uns der Polizist mehrere Formulare mit der Anweisung „Ausfüllen!“ durch das Fenster.

15 Minuten später gaben wir die ausgefüllten Formulare bei dem gleichen Beamten wieder ab. Er sah sich alles sehr aufmerksam an und meinte dann: „Wir brauchen ein ärztliches Attest von dem Mann.“

Ach du lieber Gott, dachte ich, daß kann ja lange dauern, bevor ich den Führerschein habe.

„Kommen Sie mit“, meinte mein Dolmetscher, „ich kenne einen Arzt, da fahren wir gleich mal hin.“

Irgendwo im Zentrum Kairos hielten wir an.

„Geben Sie mir bitte 5 Pfund“ (damals 50,– DM), sagte er und stieg aus. „Soll ich gleich mitkommen?“ rief ich ihm noch nach. Er schüttelte nur den Kopf und verschwand in der Menschenmenge. 20 Minuten später war er wieder da. Mit den Worten „Wir können zurückfahren“ stieg er zu mir ins Auto.

„Zurück ins Büro?“ fragte ich nach, „und wann kann ich zu der Untersuchung kommen?“

„Nicht ins Büro, zur Polizei“, gab er mir Bescheid und zeigte mir gelassen mein ärztliches Attest.

„Was, der Arzt hat mich doch gar nicht gesehen, wie kann das sein?“

Er sagte nur „malisch“. Das ist ein Zauberwort in Ägypten. Ich war sprachlos.

Eine Stunde nach der Abgabe der Antragsformulare gaben wir bei dem Beamten mein ärztliches Attest ab. Der war nicht einmal verwundert darüber. Er las sich das Attest aufmerksam durch und sagte dann:

„In dem Attest fehlt der Hinweis, ob der Mann farbenblind ist oder nicht.“ Ich erschrak. So ein Mist, dachte ich. Der Beamte schob das Attest über die Schaltertheke zurück. Mein Dolmetscher ergriff seinen Kugelschreiber, sagte „malisch“ und schrieb eigenhändig, vor den Augen des Beamten, auf das Attest: „Herr Hanitzsch ist nicht farbenblind.“

Ich kam aus dem Staunen nicht mehr heraus. Der Beamte akzeptierte diesen Vorgang ohne ein Wort. Wieder gab er uns das verflixte Attest zurück. „Unter dem Attest ist kein Stempel.“ Himmeldonnerwetter, nimmt das denn überhaupt kein Ende?

Der Dolmetscher nahm das Attest und ging mit mir in ein kleines Lebensmittelgeschäft, welches sich unmittelbar neben der Polizei befand. „Bitte geben Sie mir für einen Augenblick Ihren Stempel“, bat er den Verkäufer. Ohne jede Frage händigte er den gewünschten Stempel aus. Nach dem Anfeuchten auf dem Stempelkissen drückte mein Dolmetscher den Stempel unter das Attest und machte die Schrift durch eine kleine Drehung unleserlich. Mit einem „Schukran“ (Danke) verließen wir das Geschäft und begaben uns sofort wieder zu unserem Beamten. Der war zufrieden und stellte keine weiteren Fragen. Mit den Worten „Der Offizier zur Unterschrift kommt erst gegen 11 Uhr, Sie müssen warten“ waren wir bei ihm entlassen.

Nach etwa 30 Minuten war es soweit. Der Herr Offizier erschien mit einer kleinen Reitpeitsche in der Hand im Raum. Alle Bediensteten in Uniform standen stramm, als er den Raum wie ein König durchquerte.

Nach weiteren 10 Minuten gab man uns Bescheid, wir möchten uns in den Hof begeben. Dort stand ein kleiner Tisch. An diesem saß der besagte Offizier mit einem Berg von Papieren. Um den Tisch standen mehrere Männer.

Der Offizier schrieb und sprach anscheinend gleichzeitig mit allen. Mein Dolmetscher schickte mich zu meinem Auto und ging ebenfalls zu diesem Tisch. Nach einer geraumen Zeit, welche mir wie eine Ewigkeit erschien, rief er mir zu, ich möchte mit meinem Auto zu diesem Tisch fahren. Ich begriff zwar nicht den Sinn, tat aber, wie mir geheißen. Die Entfernung betrug etwa 20 Meter.

Dort angekommen, löste sich mein Begleiter aus dem Pulk der den Tisch umstehenden Männer und stieg zu mir ins Auto. Verständnislos sah ich ihn an. Er grinste nur und drückte mir meinen Führerschein in die Hand.

Ich wollte es nicht glauben. Da hatte ich doch tatsächlich innerhalb von drei Stunden in Kairo den Führerschein gemacht.

Jetzt wurde mir auch klar, warum dort so manche Leute derart eigenartig fahren. Man braucht nur genügend Geld und eine entsprechende gesellschaftliche Position, dann „holt“ man sich einfach einen Führerschein.

Mir fiel ein Stein vom Herzen. Ich hatte mir alles sehr viel schwieriger vorgestellt.

Kairo – ein hupendes Chaos und andere Abenteuer

Es war erstaunlich, wie schnell ich mich an das Fahren in diesem ewig hupenden Chaos in Kairo gewöhnt hatte. Manchmal hielt ich es einfach nicht für möglich, daß der Verkehr trotz allem und ohne größere Unfälle so fließend lief. Ein Verkehrspolizist von uns zu Hause hätte hier sicherlich schon nach zwei Wochen einen totalen Nervenzusammenbruch erlitten. Aber auch die Fußgänger bewegen sich teilweise auf den Straßen, als wären sie zu Hause im Garten. Ganz besonders ausgeprägt sind solche Situationen in den kleineren Städten. Die Menschen laufen auf der Fahrbahn, man hupt und hupt, und wenn man dann schon ganz dicht hinter ihnen ist, drehen sie sich ganz erstaunt um und wundern sich, daß hier überhaupt ein Auto kommen kann. Natürlich bei hoher Verkehrsdichte.

Nachdem ich nun stolzer Inhaber des ägyptischen Führerscheins war, fuhr ich täglich viele Kilometer durch das Land. Mitunter war ich die ganze Woche draußen im Nildelta, manchmal auch nur einen Tag. Jeder Tag war ein Abenteuer. Manchmal unangenehm und manchmal nicht ungefährlich. So manches Erlebnis war aber auch zum Schmunzeln geeignet.

So z. B. ein Erlebnis, welches ich in Kairo auf der Nil-Corniche hatte:

Ein sehr wichtiges und über das ganze Land verbreitetes Transportmittel ist der einachsige Tafelwagen mit einem Esel als Zugtier. Wo man geht und steht, trifft man auf diese Gefährte. Auf einem Teil der Corniche, welche leicht ansteigt, bewegte sich ein solches Transportmittel, hoch beladen mit Zementsäcken!

Der Wagen war hoffnungslos überladen, und der kleine Esel war nicht in der Lage, den Wagen mit der Last die kleine Steigung hinaufzuziehen. Der Eseltreiber schlug auf das arme Tier ein, versuchte es am Halfter zu ziehen. Es half alles nichts, der Esel war schon total entkräftet und lief keinen Schritt mehr. Sobald sich in Ägypten irgend etwas auf der Straße ereignet, laufen sofort viele Männer zusammen. So auch hier. Sie standen um den Wagen herum, diskutierten lautstark und wild gestikulierend. Dann kam jemand auf die Idee, mitzuschieben. Mehrere Männer stemmten sich hinten gegen den Wagen. Dabei haben sie wohl etwas auf das Wagenende gedrückt und dadurch das letzte bißchen Übergewicht des Esels aufgehoben. Der Wagen kippte nach hinten, und der Esel hing in seinem Geschirr in der Luft. Ängstlich zappelte er mit den Beinen, als wollte er schnell weglaufen. Nun war das Geschrei riesengroß. Alles lief aufgeregt um den Wagen herum. Einige versuchten tatsächlich, den Esel an den Beinen herunterzuziehen. Dann rief einer: „Abladen, schnell abladen!"

In hektischer Eile wurde die Verschnürung gelöst. Viele Hände zerrten die Zementsäcke von dem Wagen herab. Die logische Folge ließ nicht lange auf sich warten. Ganz plötzlich hatte der Esel das Übergewicht und knallte auf die Straße. Dabei hatte er sich so unglücklich im Geschirr verfangen, daß er nicht von selbst wieder aufstehen konnte. Sicherlich war er auch vollkommen erschöpft. Man versuchte, den Esel aufzuheben, was aber nicht gelang. Er war zu schwer.

Die Männer um den Wagen wurden immer aufgeregter. Einer setzte sich hinten auf den Wagen. Sofort sprangen noch acht Männer dazu. Na klar, der Esel hing wieder hoch oben in der Luft. Alle purzelten erschrocken durcheinander, und damit lag der arme Esel wieder auf der Straße.

Nun endlich hatte man begriffen und belastete den Wagen gerade soviel, daß der Esel auf die Beine kam und ausgeschirrt werden konnte.

Auf die Erlebnisse draußen im Nildelta komme ich etwas später noch zu sprechen.

Ein großes Problem in Kairo, vor allem in den Vorstädten wie bei uns in Madin de Mohandesin, sind die streunenden Hunde. Die scheinen sich maßlos zu vermehren und streunen nachts in ganzen Rudeln durch die Straßen. Was in der Innenstadt das frenetische Hupkonzert ist, wird etwas außerhalb durch die Hunde und Katzen veranstaltet. Zeitweise konnten wir deshalb nächtelang nicht schlafen.

Um diese Plage etwas einzudämmen, wird von der Stadtverwaltung in bestimmten Zeitabständen auf diese Hunde Jagd gemacht. Es gibt zwei Jagdarten, welche abwechselnd angewandt werden. Die eine ist so furchtbar wie die andere. Die eine für die Menschen und die andere für die Hunde.

Bei der ersten kommt die berittene Polizei und schießt die Hunde ab. Das wäre noch erträglich, wenn die Kadaver beseitigt würden. Aber nein, die bleiben einfach liegen. Nach wenigen Stunden verbreitet sich ein penetranter Gestank, der einem das freie Durchatmen unmöglich macht. Nach wenigen Tagen sind diese Kadaver entweder aufgefressen oder vollkommen vertrocknet. Man muß ja dabei bedenken, daß am Tage 45 bis 48 °C im Schatten sind und die Luftfeuchtigkeit sehr niedrig ist.

Bei der zweiten Jagdart fährt ein LKW durch die Straßen. Auf der Ladefläche stehen zwei Männer mit Ketten, an welchen sich große Angelhaken befinden. An den Haken werden Fleischstücke als Köder befestigt. Die ausgehungerten Hunde schnappen nach diesen Ködern und werden dann laut jaulend auf das Fahrzeug gezogen. Dort werden die Haken brutal entfernt und die Hunde in einen Käfig gesperrt. Der LKW gehört zum Zoo. Die Hunde werden verfüttert. Allerdings muß man bei alledem beachten, daß diese streunenden Hunde wirklich eine enorme Plage darstellen.

Kleine Wehwehchen und Freuden

Inzwischen hatte sich Heike an die Schule und Helge an den Kindergarten gewöhnt. Die tägliche Fahrt mit dem Schulbus war recht interessant. Die Straße zu den Pyramiden ist eine geradlinige breite Allee von mehreren Kilometern Länge. Auf einer Strecke von vielleicht zwei Kilometern steht ein Eukalyptusbaum dicht neben dem anderen. Es könnten etwa 100 Bäume sein. Die Eukalyptusbäume sind die Schlafplätze der Ibisse.

Morgens, wenn die Kinder zur Schule fuhren, schwärmten die weißen Vögel aus. Den Tag verbringen sie draußen auf dem Land. Man sieht sie oft auf dem Rücken der Wasserbüffel sitzen, um die Insekten abzupicken.

Am Abend kommen sie dann alle wieder zu ihren Schlafplätzen zurück. Dann sind die Bäume dicht bevölkert. Bis spät in den Abend ist das lustige Zwitschern zu hören. Dann tritt eine regelrechte Nachtruhe ein.

Auch von Flöhen wurden wir recht geplagt. Am schlimmsten war Helge immer betroffen. Zeitweise sah er aus, als hätte er die Masern. Jeden Abend wurde die Kleidung neben dem mit Wasser gefüllten Waschbecken ausgezogen. Die Flöhe springen dann mit Sicherheit auf die Wasserfläche und können dann weggespült werden. Selbstverständlich wurde die Wäsche jeden Tag gewaschen. Aber am nächsten Tag hatte man wieder neue Flöhe.

Trau, schau, wem...

Selbst in Ägypten wurden wir von den DDR-Organen bespitzelt und gegängelt. Keiner wußte, wer für die Stasi arbeitet. Deshalb mußte man auch bei guten Freunden, Kollegen und Bekannten Vorsicht walten lassen.

Diese Organisation ist das einzige, was in der DDR hundertprozentig funktionierte. So war es uns u. a. bei Strafe und sofortiger Rückführung verboten, Kontakte zu Bürgern der Bundesrepublik herzustellen oder zu pflegen.

Allein aus dieser Dienstanweisung ergaben sich für uns enorme Probleme. Man hatte mir ja sogar nahegelegt, keinerlei Briefkontakt mit meinen Eltern zu pflegen, welche in Eutin lebten. Sie waren kurz nach unserer Ausreise nach Ägypten offiziell als Rentner zum Bruder meines Vaters übergesiedelt. Dies lehnte ich allerdings kategorisch ab. In diesem Fall hätte ich auch alle

Konsequenzen in Kauf genommen. Um nichts in der Welt hätte ich mir verbieten lassen, mit meinen eigenen Eltern zu korrespondieren.

Aber es gab noch andere Probleme in dieser Richtung. In unserem unmittelbaren Nachbarhaus wohnte eine deutsche Familie, welche auch zwei Kinder hatte. Die Kinder waren nur geringfügig älter als unsere. Der Mann der Familie war Studienrat und arbeitete im Goethe-Institut. Die Entfernung zwischen unseren Häusern betrug etwa 6 Meter, und unsere Küchenfenster lagen genau gegenüber.

Am Küchenfenster kam es zu den ersten Kontakten zwischen den beiden Frauen. Das wurde mit äußerster Vorsicht getan, denn in unserem Haus wohnten ja noch zwei DDR-Familien. Es waren zwar meine Kollegen vom VEB Mühlenbau Wittenberg, die ich schon sehr lange kannte, aber als DDR-Bürger hat man gelernt, in solchen Dingen auch keinem Freund zu trauen.

Die Kinder unserer Nachbarn spielten im Garten. Natürlich wollte unser Helge dorthin. Das hätte uns aber sofort das Genick gebrochen. Wie sollten wir es aber den Kindern beibringen, daß dies nicht sein darf? Nun wußten wir ja auch nicht, inwieweit unsere Nachbarn über derartige Anordnungen informiert sind. Vielleicht halten sie uns für schlimme Kommunisten?

Die Situation war unerträglich. Wir mußten unbedingt eine Möglichkeit finden, mit unseren Nachbarn ein Gespräch zu führen. Meine Frau informierte die Nachbarin bei einem „Fenstertreff" über unseren Wunsch. Sie vereinbarten, daß wir eine Gelegenheit suchen, an einem günstigen Abend nach Einbruch der Dunkelheit sie zu besuchen.

An den nächsten Abenden machten wir Spaziergänge, um unsere Mitbewohner daran zu gewöhnen. Eines Abends sind wir dann wieder, wie gewohnt, in entgegengesetzter Richtung weggegangen, um dann im Dunklen auf einem Umweg das Nachbarhaus zu erreichen. Wie Diebe schlichen wir uns in das Haus und wurden von unseren Nachbarn auf das herzlichste empfangen. Es wurde ein sehr gemütlicher Plauderabend.

Sie kannten die Problematik der „Westkontakte" gründlich und hatten für unser Verhalten vollstes Verständnis. Die Kinder mußten wir leider mit tausend Notlügen von den Kontakten fernhalten. Aber wir wiederholten die geheimen Treffen noch des öfteren. Sie unterstützten uns, wo sie nur konnten. Es entwickelte sich eine herzliche Freundschaft, welche auch nach unserer Rückkehr anhielt und heute noch besteht.

Der erste Sommer unseres Aufenthaltes in Ägypten neigte sich dem Ende zu. Wir hatten uns an vieles gewöhnen müssen und fühlten uns fast schon wie alte Hasen.

Im November werden die Abende und Nächte etwas kühler und es kann schon mal vorkommen, daß es etwas regnet. Aber nur im November.

Weihnachten in Kairo

Das erste Weihnachtsfest fern der Heimat nahte. Wir versuchten es so zu gestalten, daß die Kinder möglichst nichts vermissen sollten. Wohlweislich hatten wir von zu Hause einiges für die Weihnachtsdekoration mitgebracht. Im Raum Dresden, am Fuße des Erzgebirges, ist es Brauch und Sitte, in der Weihnachtszeit das Zimmer mit Räuchermännchen, Pyramiden und Lichtern zu schmücken. Es sollte nach Möglichkeit alles so sein wie zu Hause.

Die richtige Weihnachtsstimmung kam freilich nicht auf. Dazu war das Wetter viel zu schön und zu warm. In der europäischen Buchhandlung Lehnert & Landrock konnten wir sogar Adventskalender kaufen.

In der Zwischenzeit hatten wir uns ein kleines Kofferradio zugelegt. Der Sender Kairo brachte jeden Abend eine halbe Stunde deutsche Musik, in der Weihnachtszeit sehr oft dem Fest entsprechend. So konnten wir an den Adventssonntagen richtig mit Weihnachtsmusik „lichteln".

Sorgen machten wir uns aber noch über den Heiligabend. In Ägypten gibt es keine Tannen oder Fichten. Aber Weihnachten ohne Weihnachtsbaum? Unvorstellbar! Wir fanden eine Lösung.

Über ein Blumengeschäft trieben wir drei große Eibenzweige auf. Diese banden wir zusammen und steckten sie in einen Topf mit Sand. Wir schmückten das Gebilde genau wie einen Weihnachtsbaum. Die Ähnlichkeit war verblüffend und die Illusion perfekt. Wir feierten ein richtig schönes Weihnachtsfest, bei dem es natürlich auch nicht ohne Tränen der Rührung abging.

Am Tage vor dem Fest hatten wir noch ein lustiges Erlebnis. Der Besitzer unseres Hauses besuchte uns, um uns eine frohe Weihnacht zu wünschen. Als Geschenk zum Fest brachte er uns einen lebenden Truthahn mit. Sein Diener trug ihn und setzte ihn in unserem Wohnungseingang ab. Mit einem lauten „Gaudr, Gaudr, Gaudr" rannte er sofort den Korridor entlang. Vor lauter Angst kleckerte er dabei unseren schönen Fußboden voll.

Wir müssen wohl ein sehr entsetztes Gesicht gemacht haben. Unser Hauswirt sah uns ganz erstaunt an und versuchte uns zu überzeugen, daß dies ein ganz exzellenter Braten sei.

„Ja, natürlich, ich weiß", erwiderte ich ihm schnell, „und wir sind Ihnen auch sehr, sehr dankbar dafür, aber bitte verstehen Sie uns, wir sind Großstädter und haben noch nie in unserem Leben ein Tier geschlachtet. Wir können das nicht und wollen das auch nicht. Bitte, seien Sie uns deshalb nicht böse."

Nun lachte er sehr herzlich darüber, wie wir, immer noch entsetzt, auf den herumstolzierenden Truthahn schauten. Wir wußten wirklich nicht, was wir mit diesem Federvieh anfangen sollen.

„Kein Problem", lachte der Hauswirt, „ich nehm ihn wieder mit und lass' ihn schlachten."

Wir atmeten erleichtert auf und waren ihm sehr dankbar. Eine Stunde später hatten wir unser Geschenk bratfertig in der Küche liegen. Der Festtagsbraten war also gesichert. Aber auch für das allgemeine Essen an den Festtagen hatten wir allerhand unternommen.

In der Innenstadt Kairos gab es damals einen österreichischen Fleischer, welchen wir ausfindig gemacht hatten. Dieser Fleischer hat uns Schweinefleisch besorgt, was man ja sonst in Ägypten nirgends bekommt. Daraus stellte meine Frau Sülze, kalten Braten und vor allem Leberwurst her. Dazu selbstgebackenes Brot und polnische Butter. Herrgott, war das ein Festessen. Es ist schon nicht so einfach, als Europäer längere Zeit in einem solch artfremden Land zu leben. Ernährungstechnisch verläuft das etwa folgendermaßen:

Am Anfang schmeckt alles wunderbar, weil es neu und fremd ist. Nach einer kurzen Zeit bekommt man Verdauungsschwierigkeiten. Der Körper kämpft mit der Umstellung.

Dann beginnt man die heimischen Nahrungsmittel zu vermissen, und versucht dies auszugleichen. Nach längerer Zeit hat man sich an die fremde Kost gewöhnt und beginnt sie richtig zu schätzen. Ist man dann wieder zu Hause, vermißt man sie.

Das Weihnachtsfest ging vorüber, und wir bereiteten uns auf das neue Jahr vor. Silvester feierten wir in unserem Haus alle gemeinsam. Es war sehr lustig. Ich veranstaltete eine kleine Zaubershow, worüber sich vor allem die Kinder im Haus freuten.

1969 und was es brachte

Das Jahr 1969 ließ sich nicht besonders gut an. Es begann für mich mit Nierenkoliken. Unser Hausarzt war zu dieser Zeit noch Dr. Mughrabi. Er kannte mich ja schon aus der Zeit, wo ich noch allein in Ägypten war. Er bemühte sich immer sehr um uns und war sofort zur Stelle, wenn wir ihn benötigten.

Gemäß seiner Anweisung sollten wir jeder mindestens drei Liter Flüssigkeit am Tage zu uns nehmen. Von diesem Tag an hatten wir eine kleine Saftproduktion zu Hause. Es standen immer mehrere große Krüge mit Mangosaft im Kühlschrank.

Als ich wieder arbeiten ging, trank ich eines Tages bei einem Kunden eine Flasche Coca-Cola. In dieser Flasche befand sich ein Glassplitter vom Öffnen, welchen ich verschluckte. Ich war entsetzlich erschrocken und setzte mich sofort mit meinem Arzt in Verbindung. Er meinte beruhigend:

„Machen Sie sich keine Sorgen, was einmal durch den Schlund ist, kommt auch wieder heraus."

Wenige Tage später bekam ich Schluckbeschwerden, die sehr rasch zunahmen. Nun machte ich mir doch Sorgen und konsultierte erneut meinen Arzt.

Nachdem er mich gründlich untersucht hatte, eröffnete er mir, daß ich in der Speiseröhre einen Abszeß hätte. Der Glassplitter hatte mir beim Schlukken in der Speiseröhre einen Schnitt beigebracht und dabei gleich die Wunde infiziert.

Etwas erschrocken war ich denn doch ob dieser Diagnose. Aber mein Arzt wußte Rat. Er nahm einen etwa 15 cm langen Stab, an dessen einem Ende ein Höllenstein befestigt war. In mehreren Sitzungen wurden damit der Abszeß und die Infektion in der Speiseröhre ausgeätzt. Es war zwar nicht besonders angenehm, aber es war zu ertragen.

Inzwischen war die Anreise eines meiner Monteure mit Familie angekündigt worden. Er sollte in der Nähe von Kairo arbeiten. Wir hatten also die Aufgabe, möglichst in unserer Nähe eine Wohnung für diese Familie mit zwei Kindern zu organisieren.

In einer kleinen Villa, zwei Straßen von uns entfernt, fanden wir eine. Sie hatte genügend Räume und war auch ganz gemütlich eingerichtet.

Am nächsten Tag ging ich mit meiner Frau und unserer Suad in diese Wohnung, um alles etwas zu reinigen und für den Einzug vorzubereiten. Bis zum Eintreffen der Familie hatten wir noch drei Tage Zeit. Aber wie erschraken wir, als wir zum Saubermachen die Schränke und Schieber öffneten. Überall Kakerlaken und noch mal Kakerlaken.

Es blieb uns aber nichts anderes übrig, als den Kampf aufzunehmen. Eine andere Wohnung konnten wir in der kurzen Zeit nicht mehr suchen. Zunächst nahmen wir die Chemie zu Hilfe und sprühten alle möglichen Gifte gegen dieses Ungeziefer in der Wohnung aus. 24 Stunden später sind wir dann zur Großreinigung übergegangen.

Wir arbeiteten Tag und Nacht, um die Wohnung in Ordnung zu bringen, und beseitigten dabei bergeweise die Kakerlakenkadaver. Uns war richtig übel dabei. Aber endlich war es soweit. Alles war blitzblank, keine Kakerlaken waren mehr zu sehen. Überall roch es frisch und alles war wieder auf- und eingeräumt.

Es war keine Stunde zu früh. Nachdem wir noch ein paar Blumen hingestellt und das Nötigste an Essen und Trinken bereitgestellt hatten, fuhren wir, meine Frau und ich, zum Flugplatz.

Die Familie kam mit dem gleichen Flug wie wir an, also etwa gegen 2 Uhr in der Nacht. Sie waren genauso aufgeregt und total übermüdet wie wir bei unserer Anreise. Wir kannten uns ja schon sehr lange und freuten uns auf unser Wiedersehen. Nach der herzlichen Begrüßung machten wir uns auf den Weg in ihr neues Zuhause.

Die Luft war noch mild und die Fahrt durch das nächtliche Kairo für die Familie ein aufregendes Erlebnis. Sie kamen das erste Mal nach Ägypten. Stolz berichteten wir von ihrer Villa in einem tropischen Garten, wo sie nun wohnen werden. Von den Kakerlaken und unserer Aktion sagten wir freilich kein Wort.

Am Gartentor schaltete ich das Licht ein und drückte meinem Kollegen stolz seine Schlüssel in die Hand. Erwartungsvoll öffnete er gemeinsam mit seiner Frau die Wohnungstüre und schaltete die Raumbeleuchtung ein.

Bei dem folgenden Aufschrei der Frau erstarrte unser Lächeln auf unseren Gesichtern zu einer undefinierbaren Maske. Ich starrte in das Wohnzimmer und traute meinen Augen nicht. Hunderte von Kakerlaken huschten über den mit einem Teppich belegten Fußboden. Das fehlte mir noch. Die arme Frau stand da und weinte.

„Hier schlaf ich keine Minute“, jammerte sie, „wir fliegen sofort wieder nach Hause.“

Ich hatte zu tun, sie zu beruhigen und ihr so einige Probleme dieses Landes nahezubringen. Da aber nach wenigen Augenblicken von den Kakerlaken nichts mehr zu sehen war, gelang es uns denn schließlich doch, sie zu beruhigen.

Wie bei unserer Ankunft haben wir auch hier mit einem kleinen Umtrunk noch ein Weilchen geplaudert. Gemeinsam haben wir in den folgenden Tagen die Wohnung dann doch noch in den Griff bekommen. Die Familie hat sich gut eingelebt und noch einige Jahre dort verlebt.

Immer wenn jemand von zu Hause „frisch importiert" wurde, war das erste, was besucht werden mußte: die Pyramiden von Gizeh. Jeder, der ankam, war begierig, diese Pyramiden endlich zu sehen.

So sind wir also mit unserer Kollegenfamilie zum achten Mal dorthin. Ist ja überhaupt kein Problem. Von unserer Wohnung fährt man mit dem Auto nicht länger als eine halbe Stunde.

Kamelritt

Als wir auf dem Parkplatz an den Pyramiden unser Auto verließen, wurden wir sofort von mehreren Kamelvermietern umringt. Alle wollten uns ihre Kamele für einen Ritt um die Pyramiden vermieten. Lautstark und gestikulierend redeten alle auf uns ein. Langsam bewegten wir uns in Richtung der abgestellten Kamele, da wir tatsächlich die Absicht hatten, einen solchen Ritt zu unternehmen. Das hätten wir uns nicht anmerken lassen dürfen.

Einer der uns umwerbenden Vermieter nahm sich unseren Helge und setzte ihn einfach auf ein Kamel. Er war furchtbar erschrocken und schaute mich mit großen entsetzten Augen an. Aber da lachte ich noch und beruhigte ihn. Ein zweiter Vermieter erfaßte die rechte Hand meiner Frau und zog sie in Richtung seiner Kamele. In diesem Moment ergriff der erste Vermieter die linke Hand meiner Frau und hielt sie fest. Beide schrien sich fürchterlich an und zogen meine Frau, jeder in entgegengesetzter Richtung. Ich dachte nicht anders, als daß sie meine Frau zerreißen würden. Bei allem Verständnis für orientalischen Handel und Kundenwerbung, aber nun wurde mir die Sache entschieden zu bunt. Ich sprang zu meiner Frau und schrie die beiden an:

„Roche fudaija!" (Fahrt zur Hölle!), „entweder ihr laßt sofort los oder ich rufe die Polizei."

Da waren sie aber erschrocken. Erstens ist die Belegung mit dem Fluch „Fahr zur Hölle!“ für einen Araber das schlimmste, was ihm passieren kann, und zweitens hatten sie natürlich nicht damit gerechnet, daß ich Arabisch spreche. Sie ließen beide sofort los und versuchten mich zu beschwichtigen: „Hadr, Effendhim, kollo tamam, malisch, kollo tamam“ (Gut, Herr, alles in Ordnung, macht nichts, alles in Ordnung), dabei klopften sie mir unentwegt auf die Schulter. Ich schimpfte sie noch mächtig aus. Dann haben wir sie einfach stehenlassen und sind zu einem dritten Vermieter gegangen.

So ein Ritt auf einem Kamel ist nicht jedermanns Sache. Vor allem das Aufstehen und Hinlegen des Kamels ist unangenehm. Man hat das Gefühl, als würde man abstürzen.

Bei unserem Ausflug zu den Pyramiden trafen wir noch ein uns gut bekanntes Ehepaar aus Erfurt. Der Mann vertrat in Kairo den pharmazeutischen Außenhandel der DDR. Wir plauderten ein wenig, und er erzählte mir, daß er in den nächsten Tagen mit dem Schiff von zu Hause einen PKW „Wolga“ als Dienstfahrzeug erhielte. Er selbst könne aber nicht Auto fahren und einen Fahrer hätte er noch nicht. Ob ich nicht jemanden wüßte, der einen Wolga fahren könnte, damit er das Fahrzeug wenigstens erst mal in Alexandria auslösen könne und es in Kairo hätte.

„Freilich kenne ich da jemanden“, gab ich ihm Bescheid, „ich selbst kann das. Ich besitze zu Hause einen eigenen Wolga und bin gern bereit, dir zu helfen.“ Er freute sich natürlich sehr und war eine große Sorge los. Gemeinsam holten wir wenige Tage später sein Auto in Alexandria ab.

Es dauerte noch eine geraume Zeit, bis er seinen eigenen Fahrer hatte. Aber auch dann war es ja so, daß ihm der Fahrer nur während der Dienstzeit zur Verfügung stand. Deshalb fragte er mich, ob wir nicht gemeinsam mit seinem Auto von Zeit zu Zeit einen Ausflug machen wollten. Er trage die Benzinkosten, und ich sollte dafür fahren. Selbstverständlich wollte ich. Auch meiner Frau war es sehr recht, da wir uns alle sehr gut verstanden.

So kam es, daß wir über einen längeren Zeitraum viele gemeinsame Ausflüge in das Land unternahmen und dadurch sehr interessante Sehenswürdigkeiten kennenlernten.

Einer dieser gemeinsamen Sonntagsausflüge hat sich ganz besonders in meinem Gedächtnis eingebrannt.

Der Krieg mit Israel war schon eine Zeitlang im Gange. Allzuviel merkten wir davon nicht. Nur, daß überall Befestigungen der Armee entstanden. Flakstellungen wurden gebaut, und in bestimmten Regionen gab es gesperrte Gebiete.

Wir hatten vereinbart, am kommenden Sonntag gemeinsam die Oase Faijum zu besuchen, um uns die weltberühmten Wasserschöpfräder anzusehen. Wenn ich hier vom „Sonntag" spreche, so ist dies natürlich symbolisch zu verstehen. Kalendarisch handelt es sich um den Freitag. Wie ich bereits an früherer Stelle erwähnte, ist in Ägypten der arbeitsfreie Tag der Woche nicht der Sonntag, sondern der Freitag.

Faijum ist die größte Oase Ägyptens und liegt etwa 70 km südwestlich von Kairo. Es führen insgesamt drei Straßen nach Faijum. Eine von Gizeh aus, an der Stufenpyramide von Sakkara vorbei, in den nördlichen Teil der Oase. Diese Straße verläuft etwa 60 km nur durch die Wüste. Uns wurde berichtet, daß kurz hinter Gizeh ein Armeegebiet beginne und daß deshalb diese Straße gesperrt sei.

Die zweite Straße verläßt etwa 50 km südlich von Kairo zwischen El-Quturi und El-Haram das Niltal und führt in westlicher Richtung etwa 15 km durch die Wüste, um bei El-Fahmiya die östlichste Grenze der Oase zu passieren. Die dritte führt etwa 100 km südlich von Kairo bei El-Lahua in nordwestlicher Richtung durch eine schmale bewachsene Zone nach 20 km in die Oase. Wir hatten beschlossen, die zweite Straße zu benutzen.

An dem besagten Freitag holten wir frühmorgens unsere Freunde in deren Wohnung ab. Sie wohnten ebenfalls in Mohandesin in einer Villa im Erdgeschoß. Als wir dort ankamen, war alles in heller Aufregung. Durch die Türe, welche zu ebener Erde von der Küche in den Garten führt, war ein Skorpion eingedrungen und hatte sich unter dem Gasherd versteckt.

Der Boab wurde gerufen und mußte den Skorpion jagen. Alle hatten fürchterliche Angst und hielten sich in respektvoller Entfernung. Selbst der Boab, mit solchem Getier schon etwas mehr vertraut als wir, konnte seine Aufregung nicht verbergen. Skorpione sind äußerst schnell und ihr Stich ist meistens tödlich. Es wurde eine aufregende Jagd. Aber am Ende siegte der Boab.

Der Tag fing ja gut an. Mit etwas Verspätung stiegen wir ins Auto und fuhren bei strahlend blauem Himmel los. Die Sonne lachte vom Himmel, daß es eine Lust war, und die morgendliche Frische war noch nicht ganz der Tageshitze gewichen.

Bald hatten sich unsere Gemüter beruhigt. Im Kofferraum standen Kühltaschen mit leckeren Speisen und Getränken.

In allerbester Stimmung fuhren wir in südlicher Richtung am Nil entlang. Von Zeit zu Zeit stoppten wir kurz die Fahrt, um eine besonders interessante archimedische Schraube, welche zum Wasserschöpfen in Ägypten sehr verbreitet sind, zu bewundern oder den Tridel-Booten auf dem Nil zuzuschauen. Es war ein richtig gemütlicher und interessanter Ausflug. An besagter Straße bogen wir dann nach rechts ab und verließen das Niltal. Gemütlich rollten wir auf einer sehr schönen Asphaltstraße.

Die Wüste war noch nicht erreicht. Links und rechts der Straße wurde Reis und Baumwolle angebaut. Am Straßenrand standen Dattelpalmen und spendeten den vereinzelten Bauern, die mit aufgespanntem Regenschirm auf einem Esel daherritten, etwas Schatten.

Plötzlich versperrte uns ein Schlagbaum die Weiterfahrt. Neben dem Schlagbaum befand sich ein kleines massives Gebäude mit der Wachstube. Vor dem Schlagbaum stand ein arabischer Soldat mit einer Maschinenpistole im Anschlag. Er stoppte uns und fragte, was wir hier wollten.

„Wir wollen Faijum besuchen", gab ich ihm Bescheid, „ist es verboten, dorthin zu fahren?"

Er kam unmittelbar neben das Auto und sah sich alles an, wer und was sich darin befand. Auf der hinteren Ablage befanden sich ein Fotoapparat und meine Filmkamera. Er zeigte mit der Hand auf diese Geräte und stellte die eigenartige Frage:

„Wozu brauchen Sie das und warum?"

„Na, in Faijum gibt es doch viel interessante Dinge zu sehen, und diese wollen wir fotografieren."

„Es ist verboten, hier zu fotografieren, geben Sie mir die Apparate!"

„Nein, nein, das kommt überhaupt nicht in Frage", widersprach ich heftig, „ich packe diese Apparate ganz hinten in den Kofferraum, damit ist es unmöglich zu fotografieren, o. k.?"

Mit diesen Worten nahm ich die beiden Kameras und legte sie in die äußerste Ecke des Kofferraumes. Er äußerte keine Einwände und sagte nur:

„Bleiben Sie hier stehen, ich muß telefonieren!"

Sprach's und ging in die Wachstube. Nach vielleicht 10 Minuten erschien er wieder in der Türe und bedeutete uns, wir müßten hier warten, der Offizier käme gleich.

Wir standen vor dem Schlagbaum, mitten auf der Straße. Die Sonne brannte unbarmherzig auf unser Autodach. Die angenehme morgendliche Frische war schon längst der glühenden Hitze des Tages gewichen. Wir konnten unmöglich noch sehr lange in dieser Sonnenglut stehen bleiben. Die Blechteile waren so heiß, daß man sie nicht anfassen konnte, ohne sich dabei die Finger zu verbrennen.

„Wir fahren dort in den Schatten der Palme“, rief ich dem Posten zu, „hier ist es für die Kinder zu heiß!“

„O. k., aber wenn Sie wegfahren, schieße ich.“ Er lud seine MPi durch und hielt sie unmißverständlich auf uns gerichtet.

„O. k., o. k., ist schon gut.“ Mit diesen Worten stieg ich ins Auto und rangierte es etwas in den Schatten. Viel war es ohnehin nicht. Der Posten ließ uns nicht eine Sekunde aus den Augen.

Nach geschlagenen zwei Stunden, während der ich immer wieder den Posten bedrängte, sah man in der Ferne eine riesige Staubwolke, welche sich uns näherte. Es waren vier Militärfahrzeuge, zwei Jeeps und zwei LKWs. Ich traute meinen Augen nicht.

Als uns die Fahrzeuge erreicht hatten, sprang ein Offizier, mit einer Reitpeitsche in der Hand, aus einem Jeep. Ein paar kurze Befehle hallten über den Platz, und von den beiden LKWs sprangen etwa 20 Soldaten mit MPis in der Hand.

In großem Bogen umstellten sie unser Fahrzeug und entsicherten ihre Waffen. Wir waren sprachlos. Langsam stieg aber nun doch ein mächtiger Zorn in mir auf. Ich trat zu dem Offizier, mit dem ich ja nun Englisch sprechen konnte:

„Sind Sie verrückt?“ schrie ich ihn an. „Was glauben Sie, wer wir Sind? Wir sind DDR-Bürger und arbeiten hier für Ihr Land!“

Die Reitpeitsche unter den linken Arm geklemmt, hob er lässig die rechte Hand zum Gruß an die Schirmmütze.

„Ihren Paß bitte.“ Das war die ganze Antwort.

Mein Paß war voll von Visa und Einreisestempeln, da hatte er ganz schön zu tun. Nachdem er sich alle Pässe angesehen hatte, sagte er höflich, aber bestimmt:

„Sie müssen mit zur Kommandantur, bitte folgen Sie uns mit Ihrem Fahrzeug!“

Er erteilte einen kurzen Befehl, wonach die Soldaten ihre Fahrzeuge bestiegen. Wir mußten in der Mitte der Fahrzeuggruppe fahren. An der Spitze war ein Jeep, dann ein LKW, dann wir, hinter uns wieder ein LKW und am

Schluß wieder ein Jeep. Nun hatten wir aber doch die Nase voll. Inzwischen war uns klargeworden, daß aus unserem Ausflug nach Faijum nichts mehr wird.

Jetzt machten wir uns schon ernsthafte Sorgen, daß wir mit unseren Kindern zum Abend wieder zu Hause in Kairo sind.

Schätzungsweise 10 km fuhren wir durch eine unwirtliche Gegend mit ein paar Lehmhütten, bis wir einen kleinen Ort erreichten. Es waren nur wenige Lehmhütten und ein paar kleine massive Häuser. Ein einziges Haus war etwas größer als die anderen. Dort residierte der Standortkommandant. Er empfing uns mit ausgesuchter Höflichkeit und sprach ein sehr gutes Englisch:

„Bitte verzeihen Sie diese Unannehmlichkeiten, meine Damen und Herren, aber wir befinden uns im Krieg. Bitte haben Sie deshalb Verständnis für unsere Maßnahmen. Wenn wir irgendwo etwas bauen oder lagern, wissen das schon am nächsten Tag unsere Feinde, die Israelis, und wir können uns nicht erklären, wie dies möglich ist. Deshalb sind wir gezwungen, jeden Fremden, der in unsere Nähe kommt, genauestens zu überprüfen. Ich habe bereits die Sicherheitspolizei in Kairo informiert. Es wird nicht lange dauern. Sobald wir von dort die Nachricht erhalten, daß alles in Ordnung ist, können Sie wieder gehen. Bitte machen Sie es sich so gemütlich wie möglich und betrachten Sie mein Haus als Ihr Haus."

„Das versteh ich schon und habe auch Verständnis für Ihre Maßnahmen der Sicherheit", gab ich ihm zur Antwort, „aber wer soll denn wissen, daß sich an dieser Straße ein militärisches Sperrgebiet befindet. Hätten wir es gewußt, wären wir nie in diese Gegend gekommen. Sie müßten eben diese Straße schon am Anfang sperren oder es irgendwie bekanntmachen."

„Nein, mein Herr, dies können wir eben nicht," erwiderte der Kommandant, „da könnten wir es ja auch gleich den Israelis mitteilen, daß sich hier ein militärisches Objekt befindet!"

Damit war die Unterredung beendet.

Wir saßen da und hatten keine andere Wahl, als zu warten. Wir standen mit unserem Fahrzeug auf der Dorfstraße vor der Kommandantur. Natürlich haben wir dieses Haus nicht als das unsrige betrachtet und sind lieber draußen geblieben. Das, was wir gesehen hatten, sah nicht besonders einladend aus.

Inzwischen waren wir nun schon sechs Stunden unterwegs. Die menschlichen Bedürfnisse wurden immer dringender. Ich ging ins Haus und suchte einen Bediensteten, um ihn nach einer Toilette zu fragen. Bereitwillig zeigte er mir die einzige Toilette des Hauses. Die Türe war defekt und hielt nicht zu. Es war eine französische Toilette, deren Beschreibung Sie mir bitte erlassen müssen. Es half alles nichts, wir mußten sie benutzen.

Nun meldete sich natürlich auch der Hunger. Waren wir froh, daß wir uns auf Selbstverpflegung für unterwegs eingerichtet hatten. Also, Kofferraum auf und Kühltaschen geöffnet. Wir hatten Kartoffelsalat, kleine Kalbsteaks, selbstgebackenes Brot und diverses Zubehör.

Inzwischen waren wir umringt von 20 bis 30 Kindern und mindestens 15 erwachsenen Arabern. Sicherlich waren dort noch nie Touristen, und deshalb haben diese Menschen auch noch nie Europäer gesehen. Sie bestaunten unsere Kleidung, unser Aussehen, unsere Sprache und unsere Ausrüstung. Als sie sahen, was und wie wir essen, kicherten und tuschelten sie.

Ich konnte mir nicht verkneifen, dem zunächststehenden Kind etwas anzubieten. Es schüttelte den Kopf und versteckte sich, schamvoll kichernd, hinter seiner Freundin. Erst als wir anfingen, Süßigkeiten zu verteilen, wurden sie etwas zutraulicher.

Vier Stunden mußten wir dort in der Hitze ausharren, bis sich der Kommandant wieder bei uns meldete.

„Hier sind Ihre Pässe. Es ist alles in Ordnung. Bitte entschuldigen Sie noch mal diese Überprüfung, aber es mußte sein. Ich wünsche Ihnen noch einen angenehmen Aufenthalt in Ägypten."

Er winkte uns noch nach, als wir, begleitet von einer mitrennenden Kinderschar, die Rückfahrt antraten.

Gegen 19 Uhr erreichten wir unsere Wohnung und waren ganz schön sauer. Gemeinsam setzten wir uns auf den Balkon und tranken genüßlich einen eisgekühlten Campari Soda. An Gesprächsstoff fehlte es uns an diesem Abend nicht.

Wie an fast allen Abenden kam auch an diesem Abend ein Obstverkäufer mit einem Handtafelwagen auf der Straße gefahren und bot Kakteenfrüchte an. Schon von weitem hörte man ihn rufen. Mit einer hohen, einschneidenden Stimme rief er:

„Jajaja Nazis, jajaja Nazis."

Was immer das heißen mag, ich hab es nie richtig verstanden. Wir wußten jedenfalls, es sind Kakteenfrüchte. Wir ließen uns ein paar Kilo heraufbringen und genossen so den Rest des Abends.

Ein kleines Abenteuer „à la Karl May“

Während der Zeit, als ich noch als Dienstreisender allein in Kairo war, mietete ich mir ab und zu an den Pyramiden ein Pferd für einen Ritt in die Wüste. Eines Tages erzählte ich begeistert meinem arabischen Auftraggeber von meinen Ausritten. Er freute sich darüber und sagte mir, daß er ebenfalls ein begeisterter Reiter wäre. Daraufhin lud er mich zu einem abendlichen Ritt zu einem Beduinenlager in die Wüste ein. Natürlich nahm ich dankbar an. Wir vereinbarten einen Termin und trafen uns auf dem Parkplatz an den Pyramiden. Er hatte eine gute Verbindung zu den Vermietern. Dadurch erhielten wir zwei besonders gute Pferde.

Gegen 20 Uhr verließen wir die Pyramiden und trabten zunächst gemächlich in westlicher Richtung in die Wüste. Als wir aus dem Sicht- und Hörbereich der Zivilisation heraus waren, legten wir einen gestreckten Galopp ein. Mit einem lauten „He, he, he“ feuerte mein Begleiter die Pferde an, die sofort wie die Pfeile über die Sandfläche schossen. Vor lauter Übermut zog mein Begleiter seine Pistole heraus und schoß zweimal in die Luft. Wie er mir dann sagte, sei er offizieller Waffenträger.

Nach wenigen Kilometern wendeten wir uns mehr nach Norden, um das Wadi El Natrun zu erreichen. Dort statteten wir dem Kloster einen kurzen Besuch ab. Da es aber bereits dunkel geworden war, traten wir bald den Rückweg an.

Vom Wadi El Natrun aus schlugen wir einen Bogen in südlicher Richtung. Der Himmel war vollkommen wolkenlos. Mond und Sterne tauchten die Wüste in ein gespenstisches Licht. Eine drückende Stille lag über der Landschaft, nur das Schnauben der Pferde und das leise Klappern des Zaumzeuges war zu hören. Es war richtig romantisch.

Meine Gedanken wanderten automatisch durch die Erzählungen von Karl May. Mein Begleiter deutete mit der Hand nach vorn:

„Sehen Sie dort das Feuer? Das ist ein Beduinenlager. Ich kenne den Stammesältesten sehr gut. Dort reiten wir jetzt hin.“

Nach wenigen Minuten erreichten wir das Lager. Es war eine düstere Szene, die sich dort unseren Blicken bot. In weitem Umkreis standen unregelmäßig mehrere Beduinenzelte. Vor den Zelten saßen Frauen und Kinder. Alle blickten gespannt zu dem Lagerfeuer, welches in der Mitte der kleinen Zeltstadt brannte.

Um dieses Feuer saßen Männer und bildeten einen Kreis. Über dem Feuer stand auf einem Gestell eine leere kupferne Pfanne. Grimmig blickten die Männer auf diese Pfanne. Über allem lag eine schaurige Ruhe. Selbst die Kinder vor den Zelten, welche gewöhnlich umhertollen, schienen in diesem Bann zu stehen.

Einer der Männer am Feuer sprach in einem eigenartigen monotonen Tonfall Dinge, die ich nicht verstand.

Als wir uns dem Lager näherten, kam uns einer der Männer entgegen und sprach mit meinem Begleiter. Sie sprachen einen eigenartigen Dialekt, welchen ich nur sehr mangelhaft verstand. Mein Begleiter informierte mich, daß wir jetzt nicht stören dürften und außerhalb des Kreises Platz nehmen sollten. Als wir uns niedergelassen hatten, bat ich meinen Begleiter leise um Aufklärung dieser Szenerie.

Just in diesem Augenblick erhob sich der Mann mit dem Singsang. Er ging zum Feuer, nahm die Pfanne und ging damit zu mehreren Männern der Runde. Mit dem gleichen Singsang hielt er ihnen die heiße Pfanne vor das Gesicht. Diese Männer mußten mit der Zunge die Pfanne berühren.

Im Kreis entstand Unruhe. Der Alte hob die Hand und gebot Ruhe.

Plötzlich schrie einer der Männer, welcher an der Pfanne geleckt hatte, laut auf. Sofort entstand Tumult. Mehrere Männer sprangen auf und alles schrie durcheinander.

Mein Begleiter meinte, daß es wohl besser wäre, wir würden wegreiten. Wir hätten einen ungünstigen Zeitpunkt für unseren Besuch erwischt.

„Ich muß schon sagen", fing ich auf dem Rückweg an, „dieser nächtliche Spuk hier in der Wüste hat mich enorm beeindruckt. Was ist hier eigentlich vorgegangen?"

„Nach altem Beduinenbrauch war hier die Gerichtsbarkeit des Stammes tätig. Wenn irgend etwas Kriminelles vorgefallen ist und der Schuldige gesucht wird, dann müssen alle Verdächtigen an dieser glühenden Pfanne lecken. Man sagt, wer ein gutes Gewissen und deshalb keine Angst hat, der besitzt in dem Moment genügend Speichel, um dies gefahrlos tun zu können. Jedoch der Schuldige, der Angst vor der Entdeckung hat, der besitzt in dem Moment keinen Speichel. Er hat einen trockenen Angstmund und bleibt mit der Zunge an der Pfanne kleben. Das war der Moment, als der Tumult ausbrach."

Was für ein Land! Immer wieder erlebt man Überraschungen. Es war eines dieser Erlebnisse, welche ich nie vergessen werde.

Gegen Mitternacht war ich wieder zu Hause. Todmüde sank ich in mein Bett.

Unangenehmes

Zahnschmerzen kündigten sich an. Sie wurden immer quälender. Also mußte ich wohl oder übel zum Zahnarzt.

Im allgemeinen ist das ja nichts Besonderes, aber ich hatte so eine Pechsträhne. Alles, was mir widerfuhr, wurde irgendwie schlimm. Natürlich ging ich trotzdem hin. Es war ein Araber, der in der Schweiz studiert hatte. Er eröffnete mir, daß ein Backenzahn links unten gezogen werden müsse. Trotz der Spritze, die ich erhielt, hatte ich wahnsinnige Schmerzen bei der Aktion.

Nachdem er den Zahn endlich draußen hatte und ich dachte, ich könnte nun ausruhen, sagte er mir, daß ein Stück Wurzel abgebrochen sei und noch in der Wunde stecke. Er gab mir noch eine Spritze, die jedoch überhaupt keine Wirkung zeigte. Dann arbeitete er kraftvoll mit vielen Werkzeugen in der Wunde, daß ich dachte, Ostern und Pfingsten fällt auf einen Tag.

Eine volle Stunde quälte er mich wie in einer Folterkammer. Erschöpft legte er das Werkzeug aus der Hand und sagte:

„Es tut mir sehr leid, ich kann das Stück Wurzel nicht finden. Es muß jetzt erst mal drinbleiben".

Nur mit großer Mühe konnte ich antworten:

„Na gut, läßt sich nicht ändern. Soll ich morgen wiederkommen?"

„Das geht leider nicht. Morgen fahr ich in Urlaub in die Schweiz."

„Und wann kommen Sie wieder?"

„In drei Monaten."

„Wie bitte? In drei Monaten? Ja, was haben Sie sich denn dabei gedacht? Wie können Sie denn am Vorabend Ihrer Abreise eine solche Extraktion durchführen? Sie müssen doch wissen, daß unter Umständen eine Komplikation eintreten kann, welche dann behandelt werden muß. Das ist unverantwortlich von Ihnen!"

„Es tut mir sehr leid. Damit hatte ich nicht gerechnet. Aber ich kann es auch nicht mehr ändern."

Wortlos stand ich auf und verließ die Praxis, ohne zu bezahlen.

Nun konnte ich nur noch hoffen, daß die Wunde auch so verheilte.

Das war wohl sehr naiv gedacht, denn genau das trat natürlich nicht ein. Nach wenigen Tagen hatte ich eine dick geschwollene Wange und unerträgliche Schmerzen. Trotz allem ging ich Tag für Tag arbeiten.

Nach einer reichlichen Woche saß ich wieder einmal in einem Büro der Mühlenorganisation in einer Beratung. Ich hielt die Schmerzen kaum noch aus.

„Kennen Sie nicht einen guten Zahnarzt?" fragte ich meinen Gesprächspartner und schilderte ihm mein Erlebnis.

„Ja, natürlich, ich sehe schon", war seine Antwort. Mit den Worten „Kommen Sie mit, wir fahren sofort hin" erhob er sich und ging mit mir zu seinem Auto. Wir fuhren quer durch Kairo. Der Zahnarzt schien ein guter Freund von ihm zu sein, denn wir wurden, trotz anderer Patienten im Wartezimmer, sofort in ein Behandlungszimmer geführt.

Er begrüßte uns sehr herzlich, und meine Vermutung wurde bestätigt. Ich war richtig froh, endlich in eine Behandlung zu kommen.

Der Zahnarzt schlug die Hände über dem Kopf zusammen:

„Um Gottes willen, was ist denn hier passiert?"

Ich schilderte ihm mein Mißgeschick. Er untersuchte die Wunde sehr vorsichtig und mit größter Sorgfalt. Danach sagte er:

„Ja, dieses Stück Wurzel steckt noch im Unterkiefer. Aber bevor wir es entfernen können, muß erst mal diese Entzündung verschwinden. Sie haben eine enorme Infektion in der Zahnwunde. Es wird allerhöchste Zeit, daß die Wunde behandelt wird."

Ich erhielt verschiedene Medikamente mit entsprechenden Anwendungsvorschriften und wurde für eine Woche später wieder bestellt.

Auf der Rückfahrt zu dem Büro erzählte mir mein Begleiter, daß er früher bei der Verkehrspolizei Offizier war. Stolz berichtete er mir weiter, daß ihn immer noch alle Posten auf der Straße kennen und grüßen.

„Passen Sie auf, ich werde Ihnen jetzt was zeigen."

Wir näherten uns einer großen, stark befahrenen Kreuzung. In der Mitte stand ein Posten, der mit den Armen den Verkehr regelte. Als wir dort ankamen, war unsere Fahrtrichtung gesperrt. Er fuhr mit seinem Auto auf die für uns gesperrte Kreuzung bis zu dem Posten. Dort hielt er und brüllte den erschrockenen Posten an:

„Was fällt dir ein, die Kreuzung für mich zu sperren? Siehst du nicht, daß ich es eilig habe? Mach die Kreuzung sofort frei, aber ein bißchen schnell!"

Der Posten salutierte und stand stramm. Mit einem „Hadr Effendhim, hadr, owam“ (in Ordnung Herr, in Ordnung, schnell) machte er für uns mit einem grellen Pfiff der Trillerpfeife die Kreuzung frei. Mein Begleiter grinste stolz:

„Haben Sie gesehen? Jeder Posten hier in Kairo macht sofort die Kreuzung frei, wenn er mich sieht.“

Zum wiederholten Male kam mir dabei das Lied „Das gibt es nur in Texas“ in den Sinn, wobei ich automatisch „Texas“ mit „Kairo“ vertauschte.

Nach einer Woche war tatsächlich die Entzündung abgeklungen, und ich ging zuversichtlich wieder zu dem Zahnarzt.

Nach der Untersuchung erhielt ich im Abstand von je 15 Minuten insgesamt drei Injektionen. Nach der letzten Spritze meinte der Arzt:

„Dieses Stück Wurzel steht genau auf einem Nerv. Das ist der Grund, weshalb die Spritzen nicht wirken. Aber es nützt alles nichts, wir müssen unter allen Umständen das Wurzelstück entfernen. Auch wenn es etwas weh tut.“

Er holte drei Helfer. Einer stand hinter mir sowie links und rechts je einer. Der hinter mir hielt mir den Kopf fest und die beiden anderen die Arme.

Es war eine Tortur, wie ich sie schlimmer und schmerzhafter nie erlebt habe. Nach einer halben Stunde hielt er das Objekt meiner Qualen stolz in der Hand.

„Wir haben gesiegt, Mister, kommen Sie, setzen Sie sich erst mal ein paar Minuten mit zu mir und rauchen Sie eine Zigarette.“

Ich dachte, ich hör nicht richtig, und fragte:

„Ja, darf ich denn das? Ich denke, man darf mit so einer Wunde nicht rauchen? Da könnte doch Nikotin in die Wunde gelangen.“

„Ach wo, rauchen Sie nur, da kann nichts passieren.“

Ich war viel zu erschöpft, um noch weiter darüber nachdenken zu können. Deshalb rauchte ich. Ich glaube, ich hatte ungeheures Glück, daß dabei tatsächlich nichts passierte.

Inzwischen war die Baufreiheit der ersten Reismühle erreicht. Die Montage konnte beginnen. Der Standort war am Rande des Dorfes Qutur in der Nähe von Mehalla El Kubra, einer Kleinstadt im Nildelta.

Mit Hilfe der örtlichen Vertretung der Mühlenorganisation wurden einige Wohnungen in Mehalla El Kubra für die Monteure eingerichtet. Die kinderlosen Ehepaare konnten gemeinsam am Einsatzort bzw. in unmittelbarer Nähe desselben wohnen. Familien mit Kindern wurden in Kairo untergebracht.

Zur Unterstützung der Montage war ich meistens mehrere Tage, manchmal sogar die ganze Woche draußen auf der Baustelle. Auch benötigten die Ehepaare oft meinen Beistand. Für die Ehefrauen war es nicht einfach, in so einer Kleinstadt zu leben. Oft fehlten Dinge in der Wohnung, die wir als Europäer halt voraussetzen. Die Beschaffung und Bezahlung dieser Dinge war oft mit großen Schwierigkeiten und langen Verhandlungen verbunden. Tagsüber waren die Frauen alleine und an die Wohnung gebunden. In so einer orientalischen Kleinstadt, wo es keine Touristen oder andere Europäer gibt, muß eine Frau schon sehr beherzt und resolut sein, um alleine auf die Straße zu gehen. Nicht, daß ihr etwas Ernstliches zustoßen könnte, nein, aber sie genießt dort Seltenheitswert, und damit sind naive Belästigungen vorprogrammiert. Ganz besonders ausgeprägt ist es, wenn die Frau blond ist.

Während der Zeit, wo ich draußen im Delta war, wohnte ich bei einem befreundeteten Monteursehepaar in ihrem Gästezimmer. Die ständigen Fahrten durch das Delta verliefen nicht immer problemlos. Vor allem bei Dunkelheit bestand auf der Staatsstraße Kairo–Alexandria eine enorm hohe Unfallgefahr.

Dort besteht die Unsitte, daß die Autos (hauptsächlich die LKWs) ohne Licht fahren, dann plötzlich voll aufblenden, um gleich wieder auszuschalten. In diesem Moment wird man derart geblendet und geschockt, daß man für einen Augenblick nichts sieht. Eselkarren und Eselreiter besitzen ohnehin kein Licht. Zu allem Überfluß überqueren ständig Fußgänger diese Straße. Vor allem Kinder sind hierbei sehr stark gefährdet.

Wir hatten die strikte Dienstanweisung, im Falle eines Unfalles mit Personenschaden auf keinen Fall anzuhalten!! Wir waren angewiesen, sofort bis in die nächste Stadt weiterzufahren und erst dort die Polizei zu alarmieren. Dieser Verhaltensmaßregel lag ein sehr tragisches Ereignis zugrunde.

Ein deutsches Ehepaar, er Ingenieur, sie Ärztin, beide in Ägypten tätig, fuhren gemeinsam durch das Delta. In einem Dorf lief ihnen ein Kind ins Auto. Sie hielten an, und die Ärztin bemühte sich sofort um das Kind. Der Mann lief weg, um ein Telefon zu suchen oder die örtliche Polizei zu alarmieren. In dieser Zeit starb das Kind, und die Frau wurde erschlagen.

Da ich mich im Nildelta inzwischen sehr gut auskannte, benutzte ich sehr oft sogenannte „Schleichwege“ über die Dörfer, um den Weg abzukürzen. Aber auch dies brachte sehr oft Probleme. Ägypten hatte ja nicht nur *noch* Krieg, sondern der hatte sich verstärkt und ausgebreitet. Ich habe so manchen

Luftkampf über dem Delta beobachtet, und auch in Kairo sind uns die Splitter der Flak um die Ohren geflogen.

Eines Tages war ich auf dem Weg von Mehalla El Kubra zurück nach Kairo. Wie immer benutzte ich Nebenstraßen über die Dörfer.

Kurz vor einem Dorf stand links von der Straße eine Schule. Schon von weitem sah ich auf dem Dach eine Flakstellung, dachte mir aber nichts weiter dabei. Als ich an der Schule war, wurde ich von einem Militärposten gestoppt.

Er verlangte meinen Paß und forderte mich auf, ihm in die Wachstube zu folgen. Der diensthabende Offizier stellte mir ein paar Fragen über Woher und Wohin. Natürlich fand er es sehr merkwürdig, daß ich als Ausländer nicht die große Deltastraße benutzte, sondern über diese abgelegenen Straßen fuhr.

Nach diesem kurzen Gespräch schob er mich in einen Gefängnisraum und bedeutete mir, hier zu warten. Der Schlüssel drehte sich im Schloß, und ich war allein. Das hatte mir noch gefehlt. Ich wußte überhaupt nicht, wie mir geschah. Ich saß da und wartete. Um mich herum wurde es still. Irgendwo piepste eine Maus.

Ich weiß nicht, wie lange ich so saß, jedenfalls machte ich mir entsetzliche Sorgen um meine Frau. Sie wußte, um welche Zeit ich im allgemeinen nach Hause kam. Sicherlich machte sie sich fürchterliche Sorgen um mich. Sie wußte ja nicht, wo ich mich befand und was los war.

Als es mir dann doch zu dumm wurde, trommelte ich mit den Fäusten gegen die Türe und verlangte lautstark einen Offizier zu sprechen. Endlich kam jemand.

Aufgebracht protestierte ich gegen diese Maßnahme. Ich erklärte ihm, wo ich arbeite und was ich mache. Dann verlangte ich, daß ich sofort nach Hause fahren dürfte. Er bedauerte und erzählte mir die ähnlichen Dinge wie der Kommandant bei Faijum. Weiter informierte er mich darüber, daß er die Sicherheitspolizei in Kairo von meinem Auftauchen in Kenntnis gesetzt hätte und daß die Beamten herkommen wollen, um mich zu vernehmen. Damit schloß sich die Türe wieder.

Nun war mir klar, daß ich gefangengehalten wurde und daß ich keine Chance hatte, vor dieser Vernehmung hier rauszukommen.

Es war eine schlimme Nacht. Ich lag auf einer schmalen Holzpritsche und konnte kein Auge zumachen. Heerscharen von Mücken fielen über mich her und peinigten mich.

Als endlich der Morgen graute, war ich total übermüdet, aber froh, daß die Nacht vorüber war.

Gegen 11 Uhr kamen endlich die erwarteten Beamten. Es waren vier Geheimpolizisten in Zivil. Die Vernehmung verlief wie eine normale Unterhaltung in freundschaftlicher Atmosphäre.

Als sie sich alles angehört und überprüft hatten, entschuldigten sie sich für die erlittenen Unbilden und baten mich, wie schon gehabt, um mein Verständnis. Sie verabschiedeten mich sehr freundlich und empfahlen mir, in Zukunft nicht mehr diese Nebenstraßen zu benutzen. Diesen Rat befolgte ich ab sofort uneingeschränkt. Ich hatte endgültig die Nase voll von den Verdächtigungen der Spionagetätigkeit.

Allerdings, einmal noch, sollte ich Schwierigkeiten mit der Geheimpolizei bekommen.

Zur Erleichterung der Montagearbeiten hatten wir von zu Hause mehrere Handsprechfunkgeräte erhalten, sogenannte „Walkie-talkie". Es war wirklich eine große Erleichterung. Das Mühlengebäude in Qutur hatte immerhin acht Etagen. Ohne diese Geräte waren wir ständig auf der Treppe. Ein Arbeitstag war eine sportliche Höchstleistung.

Eine Woche hatten wir die Geräte in Betrieb, dann war die Geheimpolizei auf der Baustelle. Man hatte uns angepeilt und ausfindig gemacht.

Es ist Krieg, sagte man uns wieder einmal unmißverständlich. Wir könnten eventuell mit diesen Geräten Befehle oder Informationen auffangen.

Die Geräte wurden in eine Kiste verpackt, mit viel Draht verschnürt, mehrfach plombiert und versiegelt. Das war's! Unsere sportliche Betätigung war wieder gesichert.

Ramadan

Eine sehr schwierige Zeit in Ägypten ist die Zeit des Ramadan.

Ramadan ist eine Fastenzeit und dauert einen ganzen Monat. Während dieser Zeit dürfen die gläubigen Moslems von Sonnenaufgang bis Sonnenuntergang weder essen, trinken noch rauchen. Am Abend, zum Sonnenuntergang, verkündet ein Böllerschuß:

„Gläubige, ihr dürft jetzt essen."

Dieser Zeitpunkt wird überall und von allen gut vorbereitet. Im Moment des Böllerschusses tritt eine sofortige Pause im gesamten Leben Ägyptens ein. Der Polizist setzt sich mitten auf der Kreuzung auf die Erde, breitet vor sich einen Bogen Zeitungspapier mit seinem Essen aus und tut sich gütlich. Gleichermaßen sitzt jegliches Verkaufspersonal in den Geschäften auf dem Fußboden. Die öffentlichen Verkehrsmittel, Busse und Taxen, alle stoppen.

Viele Leute essen in dem Moment zu viel und müssen sich dann übergeben. In der Zeit des Ramadan wird die Nacht zum Tag gemacht. Die ganze Nacht wird gegessen und getrunken.

Bis zum Sonnenaufgang werden alle drei Stunden die Gläubigen zum Gebet gerufen. Das erfolgt, indem zu jeder Gebetszeit Trommler durch die Straßen ziehen. Auch wir konnten deshalb während des Ramadans kaum schlafen. Auch das Militär mußte fasten. Erst in dem aktuellen Krieg mit Israel wurde das Militär von den Pflichten des Fastens entbunden.

Während des gesamten Ramadans lief auf unseren Baustellen so gut wie nichts. Das gesamte Personal lag den ganzen Tag müde und erschöpft in den Ecken rum. Sie waren nicht in der Lage, etwas zu tun. Zum Abschluß der Fastenzeit wird das große Bairamfest gefeiert. In der Wertigkeit entspricht es etwa unserem Weihnachten. Es sind drei heilige Feiertage.

Viele Familien sparen das ganze Jahr nur für dieses Fest. Es werden enorm viele Hammel geschlachtet. Drei Tage lang wird Tag und Nacht gegessen und getrunken. Wenn ich hier vom Trinken spreche, meine ich allerdings keinen Alkohol. Der ist für die Moslems total verboten und tabu. Getrunken wird Kaffee, Tee, Limonaden, Fruchtsäfte und Wasser.

Erst nach Abschluß des Bairams normalisiert sich wieder das allgemeine Leben.

Der Alltag geht weiter

Im Herbst 1969 wurde unser Helge in Kairo eingeschult. Natürlich in der Schule der Botschaft der DDR, in welche ja Heike bereits ging. Wir wollten ihm die Schuleinführung so heimatnah wie möglich gestalten. Zu diesem Zweck hatten wir schon vorsorglich bei unserer Anreise von zu Hause zwei Zuckertüten und eine Kühltasche voll Naschereien mitgebracht. Aber, o Schreck, als wir die Kühltasche nach unserer Ankunft aus der Heimat auspakken wollten, war alles eine undefinierbare Brühe. Alle Kühlakkus in der

Kühltasche waren wegen des Unterdruckes in der Gepäckkabine geplatzt. Die Süßigkeiten waren nicht mehr genießbar. So mußten wir halt versuchen, seine Zuckertüten mit lokalen Naschereien zu füllen.

Einen einzigen Gast hatten wir zu unserer bescheidenen Einschulungsfeier. Es war die bescheidenste Feier, die wir je veranstalteten.

Die Kriegsereignisse verschärften sich. Wir wurden angewiesen, ständig das Auto vollgetankt abzustellen und einen gepackten Koffer bereitzuhalten, der die Papiere und die nötigsten Dinge enthält. Es gab einen exakten Alarmplan, damit im Ernstfall niemand vergessen wird.

Im Falle einer erforderlichen Flucht sollte jeder noch eine Familie ohne eigenes Fahrzeug mitnehmen. Es sollte versucht werden, über die Wüstenstraße Alexandria und von dort Marsamatruk zu erreichen, um über die Westgrenze Ägyptens nach Libyen zu gelangen.

Zum Glück trat dieser Fall nicht ein. Einige Städte Ägyptens wurden jedoch bombardiert und stark in Mitleidenschaft gezogen.

Unter anderem wurde Port Said ziemlich stark beschädigt. Die dortige größte Getreidemühle der Stadt wurde so stark beschädigt, daß sie nicht mehr betriebsfähig war. Dadurch war die ausreichende Versorgung von Port Said mit Mehl nicht mehr gewährleistet. Die staatliche Mühlenorganisation wurde von der Regierung beauftragt, die Mühle so in Ordnung bringen zu lassen, daß die Mehlproduktion wiederaufgenommen werden kann. Es war also naheliegend, daß die Organisation uns mit der Feststellung des Schadensumfanges beauftragte. Wir sollten ermitteln, was an Maschinen und Ausrüstungen erforderlich wäre, um die Mühle zu reparieren.

Nun war es natürlich nicht so einfach, nach Port Said zu gelangen. Die Stadt lag im unmittelbaren Frontgebiet. Sinai war in den Händen der Israelis. Der Suezkanal war die Frontlinie.

Zunächst benötigten wir besondere Ausweise und Genehmigungen, um überhaupt in das Kanalgebiet einreisen zu dürfen.

Nach wenigen Tagen waren die erforderlichen Papiere vorhanden. Während dieser Zeit hatte die Regierung mit der UNO eine Vereinbarung zu unserem Schutz getroffen.

Der Termin der Reise wurde offiziell festgelegt. Dann war es soweit. Zwei Experten der Mühlentechnik und ich, als Verantwortlicher der Elektroanlagen, fuhren mit einem Beauftragten der Regierung zunächst nach Ismailia. Das

Fahrzeug, welches uns dafür zur Verfügung gestellt wurde, war mit Funk ausgerüstet.

Etwas eigenartig war uns schon zumute. Ismailia liegt am Timsan-See, nördlich des Großen Bittersees, und bildet den eigentlichen Eingang zum Suezkanal. Von Kairo nach Ismailia sind es 125 km. Die Straße führt immer am Rande der Wüste entlang.

Kurz nach El Tell el Kebir war die Straße gesperrt. Hier begann das Frontgebiet. Wir wurden sehr gründlich überprüft.

Für den Posten war es vollkommen unverständlich, daß Ausländer in das Sperrgebiet einreisen wollten und dies auch noch durften.

Nach kurzer Zeit erreichten wir unbehelligt Ismailia. Von da bis Port Said sind es 80 Kilometer. Diese Straße führt absolut gradlinig unmittelbar am Kanal entlang. Also fährt man direkt an der Front entlang. Am Ostufer des Kanals standen die Israelis.

Als wir Ismailia erreichten, nahm unser Begleiter zu einer mir nicht bekannten Stelle Funkkontakt auf. Erst danach fuhren wir an den Kanal, an den Anfang der Straße nach Port Said.

Wir waren schon in der Nacht in Kairo gestartet. Jetzt war es früh am Morgen. Vom See her wehte uns eine frische Brise ins Gesicht und kühlte angenehm unsere Gemüter. Auf der anderen Seite des Kanals, direkt uns gegenüber, stand ein weißer Landrover. Die Seiten waren mit zwei großen blauen Lettern beschriftet: UN. Auf seinem Dach wehte eine große UN-Flagge.

Sobald wir in Sichtweite waren, sprach unser Begleiter über Funk mit der Besatzung dieses Fahrzeuges und gab uns zu erkennen. Gemeinsam mit diesem Fahrzeug fuhren wir in die Kanalstraße ein. Wir auf dem Westufer und das UN-Fahrzeug auf dem Ostufer. Exakt auf unserer Höhe begleiteten sie uns bis Port Said. Als wir in die Stadt einbogen, blieb das Fahrzeug auf der anderen Seite stehen.

Unsere Bestandsaufnahme war in drei Stunden abgeschlossen, dann traten wir die Rückfahrt an. Nach kurzem Funkkontakt begleitete uns unser Schutzfahrzeug wieder zurück bis Ismailia.

Mit den Worten „The mission is over, thank you very much for your help“ verabschiedeten wir uns von unserer Begleitung und fuhren zurück nach Kairo.

Es war ein sehr ereignisreicher Tag mit viel Spannung, den ich nicht so schnell vergessen werde.

Unsere laufenden und die geplanten Baustellen für Getreide- und Reismühlen erstreckten sich inzwischen über das gesamte Nildelta. Folgende Standorte liefen an oder waren in Vorbereitung:

Kairo, Aussim, Qutur, Faqus, Kafr Saqr, El Simbelawein, Biyala, Kafr El Sheikh, Disuq, Damietta, Rashid und Alexandria.

Es läßt sich denken, daß bei der Vielzahl der Standorte und der damit verbundenen Fahrten durch das Land immer wieder neue Erlebnisse eintraten. Einige davon will ich hier noch schildern.

Eines Tages war ich wieder einmal unterwegs zu einer Baustelle. Der Weg führte mich über mehrere kleine Dörfer. Von den Nilarmen aus ziehen sich unendlich viele Bewässerungskanäle durch das Land. Von den breiten Hauptkanälen werden kleinere Nebenkanäle abgezweigt und von denen wiederum schmalere, bis am Ende nur noch kleine Rinnsale über die Felder fließen. Es handelt sich dabei um durch und durch ausgeklügelte Bewässerungssysteme, welche sich schon Tausende von Jahren bewährt haben. Dort, wo natürliche Höhenunterschiede zu überwinden sind, werden die unterschiedlichsten Schöpfmethoden eingesetzt.

Teilweise findet man heute schon moderne Wasserpumpen. Aber dies sind immer noch Einzelfälle. Sehr verbreitet sind Zellenräder mit Göpelantrieb, wobei der Göpel immer von einem Wasserbüffel angetrieben wird. Die archimedische Schraube, sie wird von Hand bewegt, und der Schöpfeimer am langen Haken.

Das Heben des Wassers in den nächsten Kanal oder auf das Feld gehört zur Haupttätigkeit der Fellachen. Das Wasser fließt in den Kanälen sehr langsam und träge. Deshalb ist es immer trüb und braun. Trotzdem wird dieses Wasser in den Dörfern für alle möglichen Zwecke benutzt.

Ein Teil des täglichen Lebens spielt sich an dem Kanal ab. Frauen waschen dort ihre Wäsche sowie das Gemüse, und daneben kauern Männer, die sich ihre Galabea etwas zum Knie geschoben haben und ihre Genitalien abspülen. Dabei unterhalten sie sich ganz ungeniert, und vor ihnen planschen Kinder im Wasser.

Einige solcher Dörfer hatte ich bereits passiert. Die Sonne brannte unbarmherzig auf mein Auto. Ich hatte sämtliche Fenster offen, aber der Fahrtwind brachte mir kein bißchen Kühlung, sondern blies mir wie aus einem Heißluftgebläse ins Gesicht.

Zwischen zwei Ortschaften sah ich vor mir einen zweiachsigen Eseltafelwagen langsam in meiner Richtung fahren. Auf dem Wagen saßen drei Männer und zwei Frauen mit großen Körben. Ich sah, wie sich einer der Männer auf der linken Seite des Wagens erhob und seine Galabea anhob. Er schaute etwas in Fahrtrichtung und sah mich nicht kommen. In diesem Moment war ich zum Überholen neben dem Wagen angekommen. Jetzt geschah etwas, womit ich nie gerechnet hätte: Der Mann pinkelte ungeniert in hohem Bogen von dem Wagen und mir durch das rechte Fenster in mein Auto.

Sofort verbreitete sich ein bestialischer Gestank. Ich mußte an mich halten, um mich nicht zu übergeben. Zum Glück war es nicht mehr weit zur Baustelle. Natürlich löste meine Geschichte dort große Heiterkeit aus. Wer den Schaden hat, braucht für den Spott nicht zu sorgen. Zwei Helfer haben dann mit mir die Sitze ausgebaut und alles gereinigt.

Bei einer anderen Gelegenheit waren wir zu dritt unterwegs. Die beiden aus Wittenberg stammenden Mühlenbau-Experten Hans Kaiser und Fritz Löwe wollten mit mir zu einer neuen Baustelle im östlichen Delta.

Hans Kaiser fuhr seinen Dienstwagen, ich saß neben ihm. Fritz Löwe saß auf der hinteren Sitzbank.

Gerade als wir durch ein Dorf fuhren, schrie plötzlich der Fritz von hinten: „Ein Ratte, halt an, eine Ratte!“

Wir bekamen einen fürchterlichen Schreck. Hans Kaiser reagierte sehr schnell und trat sofort auf die Bremse. Wir rissen die Türen auf und sprangen aus dem Auto. Verwirrt und erschrocken zugleich starrten wir in unser Fahrzeug.

Im Nu waren wir umringt von mehreren Männern. Die wollten wissen, was passiert sei. Keiner von uns wußte, was „Ratte“ auf Arabisch heißt. Die Männer dachten, wir hätten eine Schlange im Auto. In Ägypten ist die Sandviper sehr verbreitet, und alle haben natürlich vor ihr Angst.

Wir malten ihnen mit einem Stöckchen eine Ratte in den Sand der Straße. Sie begriffen, schoben uns zur Seite und begannen sofort das Auto zu untersuchen. Sie zerlegten fast das ganze Fahrzeug.

Beim Herausnehmen des Fahrersitzes sprang eine Ratte weg und war sofort verschwunden. Aber die Männer suchten weiter, ob sich nicht vielleicht noch ein Tier irgendwo verbirgt. Wir hatten Mühe, sie zu bewegen, alles wieder zusammenzubauen. Das war arabische Hilfsbereitschaft in Aktion.

Wir konnten uns nie erklären, wann, wie und wo die Ratte in das Auto kommen konnte. Alle Männer blieben da stehen, bis wir wieder weiterfuhren.

Wir kamen dann in eine abgelegene Ortschaft, die wir nicht kannten, und wußten den Weg nicht mehr weiter. Wir hielten deshalb auf einem freien Platz an und stiegen aus. Wir wollten uns etwas orientieren und eventuell jemanden fragen.

Auch hier hatte ich den Eindruck, daß die Leute noch nie einen Europäer gesehen haben. Innerhalb weniger Augenblicke waren wir umringt. Es waren mindestens 50 oder 60 Menschen, die dichtgedrängt um uns herumstanden. Die vorderen hatten zu tun, sich dagegenzustemmen, damit sie nicht von den hinteren gegen uns gedrückt würden.

Einige Kinder faßten uns an. Dafür bekamen sie von dem nächsten Erwachsenen sofort ein paar auf die Finger. Wir wurden von unserem Auto abgedrängt und hatten Mühe, wieder einzusteigen.

Unverrichteter Dinge mußten wir den Ort verlassen und einfach in der Richtung weiterfahren, die wir für richtig hielten. Schließlich haben wir uns dann doch noch durchgefragt und unser Ziel erreicht.

Ein Krankenhaus in einer Kleinstadt

In Mehalla el Kubra bekam die Ehefrau eines meiner Monteure so starke Leibschmerzen, daß der Arzt sie sofort ins Krankenhaus einwies. Der Blinddarm mußte sofort entfernt werden.

Einige Tage nach der Operation machten wir, ihr Ehemann, noch ein Kollege und ich, einen Krankenbesuch.

Wie staunten wir, als wir in das Krankenhaus kamen. In den Korridoren standen und saßen Männer und Frauen in großer Zahl. Sie hatten große Tragkörbe mit Lebensmitteln bei sich, saßen auf dem Fußboden, Fladenbrote, Zwiebeln und Schafskäse auf Zeitungspapier vor sich. Dazwischen rannten Kinder umher.

Wir hatten Mühe, da überhaupt durchzukommen, und mußten teilweise über die „Tischdecken" aus Zeitungspapier mit den Lebensmitteln hinwegsteigen. So etwas hatte ich in einem Krankenhaus noch nicht gesehen. Es sah aus wie eine Belagerung oder Besetzung.

Als zufällig ein Arzt aus einem der Zimmer kam, sprach ich ihn an und fragte ihn erstaunt nach der Ursache dieser Invasion. Er informierte mich bereitwillig und sehr freundlich darüber: Wenn ein Araber ernstlich erkrankt ist, könnte es ja theoretisch eintreten, daß Allah ihn plötzlich von der Erde abruft. In diesem Fall muß der Leichnam noch an dem gleichen Tag beerdigt werden. Viele der Angehörigen, welche weiter entfernt wohnten, könnten dann nicht rechtzeitig zur Stelle sein. Deshalb campieren sie hier im Krankenhaus so lange, bis der verwandte Patient entweder gesund oder verstorben ist. Manchmal dauert das mehrere Wochen.

Jetzt wurde mir so manches klar. In der Vergangenheit hatte ich es einige Male erlebt, daß ein Montagehelfer ein oder zwei Wochen nicht zur Arbeit erschien. Auf mein Befragen gab er mir zur Antwort, daß er bei seinem kranken Onkel war, der da und da wohnte. Ich hatte nie begriffen, warum er deshalb die Arbeit versäumte, nun war es mir klar.

Unsere Patientin lag in einem freundlichen, sauberen Einzelzimmer und fühlte sich, den Umständen entsprechend, wohl. Die Operation hatte sie gut überstanden und sie befand sich auf dem Wege der Besserung.

Als wir bei ihr im Zimmer saßen, kam zunächst eine Schwester mit einem Tablett herein. Auf diesem standen mehrere kleine Fläschchen, einige Ampullen und eine einzige Spritze. Die freundliche Schwester nahm die Spritze, spülte sie unter der Wasserleitung gründlich aus, zog sie mit dem Inhalt einer Ampulle auf und injizierte sie unserer Patientin ins Gesäß. Anschließend ging sie, freundlich grüßend, ins nächste Zimmer, um mit der gleichen Spritze eine solche Handlung zu wiederholen.

Obwohl mir gruselte, versuchte ich diese Situation mit einem Lächeln zu quittieren und einfach zu übergehen.

Es dauerte nicht lange, da erschien der Herr Professor, der unsere Patientin operiert hatte, zu einer Visite.

Es war ein freundlicher, schon etwas älterer Herr, etwas korpulent, mit rundlichem Gesicht. Zigarre rauchend, trat er, freundlich grüßend, ein.

Also, ich kam heute aus dem Staunen nicht mehr heraus. Ein Chefarzt kommt rauchend in ein Krankenzimmer! Meine Toleranz wurde heute arg strapaziert.

Freundlich erkundigte er sich nach dem Befinden der Patientin. Ohne Rücksicht, daß sich Besucher im Zimmer befanden, schlug er die Bettdecke zurück, um sich die Wunde anzusehen. Als er sich darüber beugte, fiel ein großes Stück Asche von seiner Zigarre neben dem Bauch der Patientin auf das

Bett. Es störte ihn nicht im geringsten. Ich meine, die Asche hätte ja auch direkt auf die Wunde fallen können. Ich mußte tief durchatmen, um nicht zu explodieren. Aber langsam gewöhnte ich mich schon an die Vorstellungen von Hygiene in diesem Land. Mit einem „Malisch" bürstete er mit der bloßen Hand die Asche von dem Bett.

Freundlich grüßend verließ er das Zimmer. Ich war nur froh, daß unsere Patientin all das mit Ruhe und Gelassenheit ertrug. Wir hatten nämlich in Ägypten mit einem Phänomen zu kämpfen, an das niemand gedacht oder für möglich gehalten hätte.

Tropenkoller

Fünf von zehn Ehefrauen, die sich mit ihren Männern in Ägypten aufhielten, bekamen nach etwa einem Jahr Aufenthalt in diesem Land einen Tropenkoller. Ausgelöst durch die Hitze, die Umstellung der Verpflegung und die Verurteilung zum Nichtstun. Streit, Krach und Hysterie waren die Folge.

Selbst bei einigen Männern traten solche Erscheinungen auf.

Im allgemeinen vergingen diese Erscheinungen nach einer gewissen Zeit wieder. Jedoch in ein paar Einzelfällen wurden die Frauen vom Arzt nach Hause, nach Deutschland, geschickt.

Ab Mitte 1969 hatten wir in Kairo einen Arzt aus der DDR. Der betreute alle DDR-Bürger, die sich in Ägypten aufhielten.

Das Jahr 1969 war vorüber. Das Weihnachtsfest und den Jahreswechsel verlebten wir in einer etwas größeren Runde als 1968. Wir luden alle Monteursfamilien meines Betriebes, welche sich zu diesem Zeitpunkt in Ägypten aufhielten, zu uns nach Kairo ein, um mit ihnen den Jahresschluß zu feiern. Meine Frau hatte gebacken und gekocht wie in einer Großküche.

Alle Schlafplätze waren ausgebucht. Trotz einiger „Koller-Erscheinungen" war es ein schönes Fest. Danach nahm der Alltag wieder seinen normalen Lauf. Jeder taktete sich ein, so gut er konnte.

Die „Jahrhundert-Show“ in Ägypten

Mit großem technischem Aufwand war an den Pyramiden eine Anlage für eine Show errichtet worden. „Licht und Ton an den Pyramiden“ war der Titel.

Unterhalb der Sphinx wurde mitten in der Wüste eine große Fläche mit Theatergestühl installiert. Man hatte vor sich eine gigantische Naturbühne von etwa zwei Kilometer Breite und 145 Meter Höhe.

850 Scheinwerfer mit einer Leistung von je 1000 Watt in unterschiedlichen Farben und Lautsprecher in großer Zahl waren versteckt an den Pyramiden und der Sphinx angebracht.

Natürlich wollten wir uns dieses technische Schauspiel, welches erst spät am Abend bei Dunkelheit an diesem außergewöhnlich geschichtsträchtigen Ort stattfindet, nicht entgehen lassen. An jedem Abend der Woche findet dieses Spektakel in einer anderen Sprache statt.

An einem der deutschsprachigen Abende fuhren wir raus zu den Pyramiden. Zunächst fuhren wir wie immer die breite Doppelfahrbahn der berühmten „Street to the Pyramids“ entlang. Diese Straße wurde vor etwa 100 Jahren eigens angelegt, um die Kaiserin Eugenie und andere erlauchte Gäste zur Einweihung des Suezkanals mit Pferdedroschken zur Sphinx fahren zu können.

Wir hatten alle Fahrzeugfenster offen und ließen die langsam eintretende, angenehme abendliche Kühle auf uns wirken. Der Duft der blühenden Orangenbäume und der Jasmingewinde, die Verkäufer überall am Straßenrand anbieten, umgibt uns.

Da wir noch genügend Zeit hatten, machten wir noch einen kleinen Umweg. Kurz vor den Pyramiden bogen wir nach links in die Straße nach Sakkara ein. Im Hintergrund befindet sich das Plateau der Pyramiden von Gizeh.

Wir passierten noch eine kleine Brücke und erreichten das Dorf Gizeh. Am Dorfeingang stellten wir unser Fahrzeug ab, um das letzte Stück des Weges für einen Abendbummel zu benutzen.

Das abendliche Gizeh bietet ein farbenprächtiges Bild des Orients. Ein solcher Bummel bringt einem dieses Land sehr nahe.

Trotz der abendlichen Stunde sitzen Handwerker vor ihren kleinen Geschäften auf der Straße und arbeiten. Ein Graveur bearbeitet einen großen Kupferteller, welcher von einem Stück Teer gehalten wird. Schuhmacher und Schneider arbeiten bei hellen Benzinlampen. Händler stehen neben riesigen Bergen von Früchten und bieten lautstark ihre Ware an.

Vor einer Gaststätte sitzen Männer und rauchen große Wasserpfeifen. Ein Kellner kommt mit einem Teller voller glühender Holzkohle, welcher an Ketten hängt und von ihm ständig geschwenkt wird, damit sie glühend bleibt. Diese glühenden Holzkohlestückchen werden immer wieder auf den gepreßten Tabak der Wasserpfeifen gelegt, damit man sie überhaupt rauchen kann. Andere Männer trinken Tee und unterhalten sich bei einem Brettspiel. Aus dem Inneren klingt laute Radiomusik.

Wegen der enormen Hitze am Tage beginnt das bunte Leben erst am Abend so richtig zu pulsieren. Wir können unser Auto ganz beruhigt an jedem beliebigen Ort abstellen. Mit absoluter Sicherheit wird sich niemand daran vergreifen. Außerdem ist immer und überall sofort jemand da, der für ein paar Piaster das Fahrzeug zuverlässig bewacht.

Nach ein paar hundert Metern erreichten wir schon den Eingang zum Theater. Die Kulisse des Schauspiels lag noch im Dunkeln, der Vorhang war sozusagen noch geschlossen.

Vor uns erstreckt sich die gewaltige Totenstadt mit den Ruinen der Tempel der Götter. Dazwischen die Sphinx. Im Hintergrund die Pyramiden. Die große Pyramide des Cheops mit den drei kleinen Pyramiden von Königinnen. Dann, in Horizontmitte, die etwas kleinere Pyramide seines Sohnes Chefren, und links davon die wiederum etwas kleinere Pyramide des Mykerinos, Sohn des Chefren, mit noch zwei kleinen Königinnenpyramiden.

Kurze Zeit nachdem wir Platz genommen hatten, erklang eine gewaltig wirkende Musik. Sphinx und Pyramiden wurden langsam in ein phantastisches Licht getaucht. Der Himmel hinter den Pyramiden erhellte sich langsam zu einem künstlichen Morgenrot. Die Musik wurde leise, und eine Stimme erschallte:

„Sie befinden sich heut' abend an einem der berühmtesten und phantastischsten Plätze der Welt: der Ebene von Gizeh.

Niemand, ganz gleich ob König, Handelsmann oder Poet, bleibt unberührt in seinem Herzen, wenn seine Wege ihn hier vorüber führen.

Nun, da sich der Vorhang der Nacht von der Bühne hebt, kann das Spiel beginnen, das uns vom Drama einer Kultur berichtet.

Die Personen sind zur Stelle, es sind dieselben, die damals schon dabeigewesen ..., ihr Antlitz dem Sandwind entgegenhoben wie damals ...

... und über Zeit und Raum dringt der Wüste Stimme her zu uns ..."

Die Sphinx antwortet:
„Morgen um Morgen sehe ich den Sonnengott emporsteigen
vom jenseitigen Ufer des Nils.
Mir ist sein erster Gruß gewidmet,
dem Zeugen fünftausendjähriger Geschichte.
Vom Urbeginn ägyptischer Kulturen, bis morgen,
da sich der Sonne Rad erneut über das Nilland dreht.
Ich bin der treue Wächter zu Füßen seines Herrn!
So treu und ihm so nah,
daß seines Antlitzes Züge nun auch die meinen sind.
Des Pharaos Freund und Pharao zugleich
hat mir das Volk der Namen viel gegeben ..."

Stimmen aus der Höhe:
„Oh, Harmakhis, Erhalter meines Lebens!
Houron, beschirme mich!
Oh, großer Gott, laß mich Dich alle Tage schauen!
Herrscher des Himmels!
Herr der Wüste!
Meister der Ewigkeit!

Die Sphinx:
„Den Namen doch, den ich nun trage,
gab mir ein Reisender aus Griechenland.
Herodot war es, Vater der Geschichte.
Er nannte mich „die Sphinx",
als ob aus Griechenland ich stammte.
Und „Sphinx", der Name ist geblieben.
Ich bin der Wächter am Ufer des Nils,
beschirmend die Zeichen von Gizeh,
die Kleinsten und die Größten ...,
die Pyramiden!

Ein Stück weiter, wieder Stimmen:
„Seht her! Des Cheops Grab!
Ein Pharao der vierten Dynastie

vor viereinhalb Jahrtausenden.
Seht sie Euch an, die große Pyramide,
die er errichten ließ, den Tod zu überdauern!
Mühelos erreichen ihre 146 Meter den Gipfel menschlicher
Ruhmessucht.
Der Dom von Mailand, die römische Peterskirche,
die Kathedralen von Florenz, Westminster und St. Paul in London,
sie alle finden Platz auf ihrer Basis Fläche.
Beinah drei Millionen Steine wurden hier aufgestapelt,
mancher von ihnen wog an die 30 Tonnen!
Im Herzen der Pyramide lag die geheime Grabkammer,
vom Pharao selbst eingerichtet,
wo seine Mumie, umringt von kostbaren Schätzen,
die Zeiten überleben sollte.

„Es war eine Laune des Schicksals,
daß uns nur eine kleine Statue,
geschnitzt aus Elfenbein,
zurückgeblieben.
Sie zeigt sein ernstes, edles Antlitz
mit seinem willenstarken Kinn.
Und dann blieben die Hieroglyphen, die den Namen formten,
den er der Pyramide gab:
„Cheops, Zeichen am Horizont".

Die Pyramide von Chefren
Ihr Wahlspruch heißt:
„Chefren ist groß"!
Um Ehrfurcht zu bezeugen seinem Vater,
baute der Sohn die eigene Pyramide kleiner.
215 Meter messen die Seiten
und unter 45 Grad steigen sie hinauf,
einhundertdreiundvierzig und einen halben Meter,
zur weit übers Land hin leuchtenden Spitze.
Hier stehen wir,
im Angesichte von Chefren,

gebaut aus grünem, weißgestreiften Diorit,
gehauen aus den Blöcken,
die der Pharao brachte von seinen Zügen.
Hier, vor uns und jetzt
erkennen wir die Züge seines Antlitz,
in dem Gesicht der Sphinx,
in Stein gehauen nahe seinem Grab.

Mykerinos!
Das dritte dieser Riesengräber,
der Schlußstein, der Gizeh erhebt zum Weltenwunder.
Viel kleiner zwar, doch viel ergreifender
ist dieses Bauwerk,
das wie kein andres widerspiegelt
der Menschen Emsigkeit.
Es ist noch,
als wenn der Bauenden müde Hände
am Ende ihres Werkes noch einmal strichen
längs den mit kostbarem Granit verkleid'ten Wänden ...
als eine abschiednehmende Liebkosung.

Groß und mächtig war Memphis,
Hauptstadt des Landes,
gelegen auf der Ober- mit Unterägypten verbindenden Ebene.

Groß und mächtig waren sie,
die Pharaonen, die sie bauten,
die Festungsstadt an diesem Ufer des Nils:
Das Werk ist vollbracht,
die vierte Dynastie nicht mehr ...
... doch stehen sie noch, die Pyramiden.
„Mykerinos ist göttlich“
heißt die Losung dieser Pyramide,
welche die Reihe hier beschließt.

Während der Texte werden die Lichteffekte ständig gewechselt und heben das jeweilige Monument, von welchem gerade gesprochen wird, besonders hervor.

Von dem sehr umfangreichen Text möchte ich nur ein paar ganz besondere Stellen hier wiedergeben.

Die Sphinx spricht:
„Zeugen kann ich
von Cheops', meines Vaters Willen:
Die Zeit für immer und allzeit
herauszufordern.
Antonius sah vorbei ich ziehen und Kleopatra,
auch Alexander, Cäsar und den Bonaparte.
Stumm sah ich sie zu meinen Füßen stehen.
Und so wie Blätter fallen,
endeten der Erob'rer Träume.
Ein Sprichwort ist es, aus Arabien,
das mir zum Wahlspruch wurde:
'Die Angst der Welt, das ist die Zeit,
der Zeiten Angst, das sind die Pyramiden'."

Erzähler an anderer Stelle über den Traum der Unsterblichkeit:
„Zwei Monate dauerte das Werk der Balsamierer
und Herz und Nieren nur blieben im Leib.
Und um der Seele willen der Nacht zu können trotzen,
lag in des Grabes Stille
die Mumie, umringt von ihrer Dienerschar aus Stein,
und Wegverzehr, der Seele helfend,
die Nacht zu überstehen.
Ein schwacher Duft von Räucherwerk,
von Zedernöl, von Myrrhe und von Harz
schwebt heute noch erkennbar
in seines Grabes Kammer.

Einfachheit gepaart mit Größe,
ein Spiel der Winkel, Form und Inhalt.
Das ist die Pyramide.

Edelstes Lied der Architektur,
lobpreisend der geraden Linie klare Schönheit.
Unübertroffener Ausdruck
von Können, Kraft und Würde.
Ein Lob hier dem Gelehrten
Imhotep.
Er war es, der den Anstoß gab
zum Bau der ersten Pyramide.
Sechs Mastabas, wie Treppen aufeinander,
ließ er die erste Pyramide bau'n
zu Sakkara.
Der Anstoß war gegeben,
das Rechenwerk begonnen,
da nun die ideale Form gefunden.
Von all den Dingen,
die den Toten in seinem Grab umgaben,
war eines der wertvollsten
die Tintentablette des gelehrten Schreibers.
Denn von ihr kamen die Hieroglyphen, die
Ziffern formten zur Berechnung
von diesen genialen Bauten:
Eine Lotosblume steht für '1000',
ein Finger für '10.000',
'100.000' ist ein Laubfrosch
und zwei gefalt'ne Hände sind die Million."

Die Sphinx an anderer Stelle:
„Während im Rest der Welt die Völker jagten noch
und fischten
und in Höhlen lebten,
gab es am Morgen der Menschheit
hier schon Geometer und Mathematiker,
Astronomen, Ingenieure und Baumeister,
ein ganzes Volk mit hoher Bildung.

Akkustisch erlebt man die Ankunft des Pharaos in einem Boot auf dem Nil. Der Jubel des Volkes begleitet ihn auf seiner Fahrt in einem Streitwagen mit ungestümen Rossen zu seinem Palast. Dort angekommen, legt er, als Vorbereitung seiner Krönung, eine Prüfung ab.

Von seinem fahrenden Streitwagen aus muß er dreimal mit einem Pfeil aufgehängte Kupferscheiben durchbohren. Man hört das Schwingen der Sehne, das Surren des Pfeiles und das helle Klingen der getroffenen Scheiben. Lauter Jubel des Volkes quittiert die bestandene Prüfung. Der Pharao wird feierlich gekrönt. Er erhält beide Kronen, die von Ober- und die von Unterägypten.

Erzähler erinnern an sein Leben:
„Erinnerst Du Dich der Geschichte,
in der ein Falk' aus einem Frauenbade
einst einen Schuh gestohlen?
Im Schnabel trug er ihn und ließ,
unglücklicherweise,
ihn los,
so daß er in des Pharaos Nähe fiel,
der da im Garten saß und Audienz erteilte.
Der edle Schuh, für einen feinen Fuß gemacht,
erweckte seine Neugier nach der Schönen ...,
... die traute er dann auch.

Erinnerst Du Dich noch des Cheops Höfling,
der seinen Nebenbuhler mit einer wachs'nern Puppe
zum Meeresboden hat gelockt
und ihn durch einen Zauberer
zum Krokodil werden ließ?
Er, der Vermessene, wollte die Gunst des Pharaos erringen
durch diese Zauberkraft zu zeigen.
Doch Cheops strafte alle beide:
Er ließ den Höfling fressen durch das Krokodil
und die ehebrecherische Prinzessin kasteien.

Sein Reich verging. Der Pharao ist tot,
und aus dem Tale steigt die Trauerklage
vom Begräbnis.
In seinem Sarg aus Holz,
reichlich besetzt mit Gold und Edelsteinen,
ruht nun der Pharao.
Zu Ende ist das Trauerfest im Tempel,
und auf dem steilen Pfad
schreitet der Zug dem Grab entgegen,
gefolgt von Prinzen, Richtern, Priestern.
In der Pyramide Herz,
umringt von Stille,
wartet der Sarkophag, bereit den Pharao aufzunehmen,
zur Fahrt über das Meer,
das an die Pforten grenzt der andren Welt.
Der Grabeskammer Schlußstein liegt auf seinem Platz.
Nicht möglich ist es,
Türe und Mauer zu unterscheiden.
Wehe, wehe,
wehklaget ohne Ende.
Oh, edler Reisender zur Ewigkeit,
Du, der Du heute uns genommen.

Und wie Jahrtausende sich folgten,
so auch die Dynastien.
Von all den Herrschern von Altägypten
ist einer,
der alle überragte.
Es war der junge Pharao – Dichter und Prophet zugleich –
der Amenophis dem dritten folgte.
Nachdenkende große Augen,
schwach der Körper
und beinah fraulich von Gemüt ...,
fremd, dieser Jüngling, dem nun die Macht in die Hände gelegt ...,
Theben verläßt er
und erbauet an anderer Stelle seine eigene Stadt.

Amon und seine Priester verläßt er
und betet Aton an,
seinen eigenen Gott, der im Himmel herrscht.
Und seinen Namen, Amenophis der vierte, vergißt er,
und nennt sich weiter Akh-en-Aton.
Aton, der einzige.

Die Mauern ließ er schleifen,
die der Könige Frauengemächer umgaben,
die Frauen selbst, sie mochten ohne Schleier gehen.
Nur so war es möglich,
der schönen Nefertitis reizend Antlitz
der Nachwelt zu bewahren über die Zeiten hin.
Hände verschlungen, schritten sie durch das Leben,
das für sie ein sonnig Lied war,
von der Jugend bis zum Moment,
da sie auf seinem Grabe
einen kleinen Blumenstrauß zurückließ,
benetzt von ihren Tränen.
Kaum 30 Jahre alt, ging er dahin,
vor fast dreitausend und dreihundert Jahren.

Jedoch das Leben blieb nicht stehen. Die Zeit hat
sich der Rose, die Nefertitis hieß, erbarmt.
Doch das Volk, es trauerte noch immer.

Tut-Ank-Aton war der seinem Erben bestimmte Name,
doch nannte sich der nach dem alten Gott:
Tut-Ank-Amon,
um damit zu zeigen,
daß alles wieder so werde,
wie es vorher gewesen.
Tut-Ank-Amon war krank und schwach.
Er starb, bevor er 20 war,
nachdem 9 Jahre er regiert.
3000 Jahre doch, die er in seinem Grab verbracht,

vermochten nicht,
die jugendlichen Züge
von seinem edlen Antlitz auszulöschen.
Die Schätze, die ihn umringten
in seinem unvollendeten Grab im Tal der Könige,
zieh'n sie noch heute
die Blicke uns'rer Welt auf sich."

Die Sphinx spricht:
„Ich, die die ewigen Sterne kennt,
ich weiß, daß der Nil,
Ägyptens Lebensspender,
Ägypten niemals kann vernichten.
Hier sah ich sie,
die Herren dieser Erde!
Nachdenklich und mit vorgebeugtem Haupt.
Den großen Alexander sah ich,
sonst wüst wie ein Barbar,
doch hier in sich gekehrt wie ein Prophet.
Er ruht nun irgendwo,
begraben in der Erde,
erwartend seine Auferstehung.
Und eines Abends sah ich Cäsar,
sich vor der Sonne fürchtend.
Kleopatra, der letzten Königin am Nil,
hat er ein Kind geschenkt.
Doch sinnlos.
Es hieß: Cäsarion,
der lächerlich gemachte Pharao,
der stirbt, ohne regiert zu haben.
Ich sah auch den hochmütigen Korsen ...,
...und viele Hunderte von Jahren
gingen an mir vorbei.
Nichts andres wußten die Eroberer zu tun,
als eine Handvoll Sand zu nehmen,
der durch die Finger lief.

Auch schwere Zeiten habe ich erlebt.
So fand ein Emir einst im Mittelalter
mein Lächeln heidnisch und verhöhnend.
Kanonenkugeln ließ er in mein Antlitz schießen,
und häßlich finden mich seither die Kinder.
Ich schreckte sie!
Meinen echten Namen entstellend,
hießen sie mich Abul-Aol,
Vater der Angst!
Und keinen sah ich betend mehr zu meinen Füßen,
und niemand hörte mehr auf mich!
Verloren war es,
Alt-Ägypten!
Zur Gänze fast hat mich der Sand begraben.
All unsre Weisheit, unser Denken,
auf Tausenden Papyrusrollen festgehalten,
war mitgenommen in die Gräber, verstummt."

Ein Erzähler berichtet weiter:
„Doch da geschah das Wunder!
Ein Offizier Napoleons fand 1799 einen Stein.
Und in den Stein gemeißelt war ein Dekret
des Ptolemäus,
in Griechisch und in Hieroglyphen.
Ein sehr bedeutungsvoller Fund!

Wenn man die Worte doch einst übersetzen könnte!
Ein junger Mann aus Frankreich, Champollion,
wußte, trotz einiger rätselhafter Zeichen,
die verloren gegang'ne Sprache
dem Steine zu entreißen.

So wurde die Geschichte neugeboren,
und alle Hieroglyphen,
die eingemeißelt
vom Fuß der Gräber bis zu der Pyramiden Spitze,

begannen zu erzählen.
Kraniche und Lotusblumen,
Fische, Enten, Hasen,
der alten Sprache Zeichen,
ließen ein Flüstern hören,
ein Wispern, Raunen, Zischeln, Schnattern,
und wie getragen von dem Schalle
himmlischer Posaunen,
stieg Alt-Ägypten aus dem Grab,
jung und unsterblich!

Es folgen noch mehrere Erzähler. Die Wiedergabe der gesamten Veranstaltung würde jedoch die Absicht und den Rahmen dieses Buches sprengen.

Das Schlußwort der Sphinx lautet:

„Vergänglich sind der Menschen Werke,
doch ewig ist der Geist, der diese Zeichen schuf.“

Langsam verlischt die Anstrahlung der Sphinx und der Pyramiden. Die letzten Akkorde der gewaltigen Musikuntermalung verklingen. Die Allgemeinbeleuchtung geht langsam an, bleibt aber gedämpft.

Wir sind wie benommen und benötigen eine geraume Zeit, um wieder in die Wirklichkeit zurückzufinden.

Langsam traten wir den Heimweg an. Keiner sprach ein Wort. Jeder war mit seinen eigenen Gedanken beschäftigt. Wir erlebten einen Einblick in die vieltausendjährige Geschichte dieses Landes in einer sehr beeindruckenden Form.

Es ist ganz eigenartig, Ägypten ist nicht schön im eigentlichen Sinn des Wortes. Auch hat man als Europäer zunächst enorme Schwierigkeiten, dort zurechtzukommen. Aber: Dieses Land strahlt eine Faszination aus, der sich niemand entziehen kann. Und wer einmal Nilwasser getrunken hat, muß immer wieder an den Nil zurück.

Zurück in den Alltag

Meine Aufenthaltsgenehmigung war abgelaufen. Deshalb mußte ich zum Innenministerium, um sie erneuern zu lassen. Ich fuhr mit meinem Auto in die Innenstadt Kairos und suchte eine Parkmöglichkeit, was nicht immer einfach ist. In der Nähe vom Midan el Tahir fand ich endlich eine Lücke.

Als ich dort einparkte, war sofort ein „Parkwächter" zur Stelle. Es war zwar kein offizieller Parkplatz, aber in Kairo wird jeder Quadratmeter Straßenfläche von einem Wächter regelrecht „verwaltet". Man gibt ihm ein paar Piaster und darf das Fahrzeug nicht abschließen. Er schiebt die Fahrzeuge in seinem Abschnitt immer ganz dicht aneinander, damit möglichst viele Platz finden. Wenn einer wegfährt, muß er immer mehrere Fahrzeuge rangieren.

Oftmals hatte ich meine Filmkamera und andere wertvolle Gegenstände im Auto liegen. Noch nie ist mir etwas abhanden gekommen. Sehr oft war es so, daß der Parkwächter, wenn ich mein Auto abholte, auf diese Gegenstände und auf seine Augen zeigte, um mir verständlich zu machen, daß er besonders auf diese Dinge acht gegeben hat. In diesen Fällen mußte ich dann natürlich noch ein paar Piaster drauflegen. Jeder versucht, aus jeder nur denkbaren Situation etwas Geld zu machen.

Benötigt man eine Taxe, stellt man sich an den Straßenrand und winkt. Taxen fahren in Kairo zu Tausenden herum. Meistens halten gleich mehrere. Aber in dem Moment, wo ich mit irgendeiner Geste zu erkennen gebe, daß ich beabsichtige, eine Taxe zu rufen, steht ein dienstbarer Geist neben mir und fragt: „Taxi?" Dann springt er wie ein Lebensmüder mitten zwischen den Verkehr und fuchtelt wild mit seinen Armen in der Luft herum. Er geleitet die nächste Taxe zu meinem Standort und öffnet für mich die Türe. Ich muß diese Dienstleistung natürlich bezahlen. Sollte ich das vergessen, rennt er dem Auto bis zur nächsten Ampel hinterher. Dort streckt er mir eine offene Hand durchs Fenster, während er sich mit der anderen Hand ständig auf die Brust klopft. Dazu murmelt er etwas von: „Mister gut, gib Bakschisch." Erst wenn ich das getan habe, wendet er sich zufrieden ab.

Auch wenn man sich auf der Straße nach einem Weg erkundigt, steht meist ein solch dienstbeflissener Mensch sofort dabei und begleitet den Fremden zu seinem Ziel. Ganz gleich, wie weit es ist und ob der Fremde es will oder nicht.

Zurück zu meinem Amtsbesuch.

Von meinem Parkplatz mußte ich noch ein ganzes Stück zu Fuß gehen, um das Ministerium zu erreichen. In der Nähe desselben haben sich einige Friseure niedergelassen, um die Besucher vorher noch zu rasieren. Das Geschäft eines solchen Friseurs ist meist nicht größer als ein Schrank. Der Kunde sitzt vor dem Schrank auf der Straße und wird rasiert oder bekommt die Haare geschnitten. In der Nacht schließt der Friseur seine Utensilien in diesen Schrank ein.

Überall, wo man geht und steht, bietet jemand irgendeine Dienstleistung an: vom Schuheputzen bis zum Schreiben oder Lesen. Vor jeder Behörde, also auch vor dem Ministerium, welches ich gerade besuchte, stehen mehrere Tische mit je einem Schreiber. Jeder, der des Schreibens und Lesens nicht kundig ist, kann sich dort einen Antrag oder einen Brief schreiben oder vorlesen lassen.

In solch einer Behörde wie dem Innenministerium o. ä. wird man als Ausländer mit äußerster Zuvorkommenheit behandelt. Selbst wenn an einem Schalter oder vor einem Zimmer noch einheimische Bürger warten, wird man immer bevorzugt bedient. So hatte ich meine Angelegenheit schon sehr bald erledigt.

Aber nicht nur bei Behörden und Ämtern lernte ich diese bevorzugte Behandlung kennen. In vielen anderen Bereichen auch. Vor allem in den kleineren Städten war dies sehr ausgeprägt.

In Mehalla el Kubra z. B., wenn wir am Abend ins Kino gingen, mußten wir uns nie mit den Einheimischen nach den Eintrittskarten anstellen. Wir gingen ohne Karten an der Einlaßkontrolle vorbei und wurden sofort in eine Loge geleitet. Ein Bediensteter des Kinos hat uns dann unsere Karten geholt.

Bei kurzen Baustellenbesuchen, bei denen ich nur einen Tag unterwegs war, nahm ich ab und zu meine Frau mit, um ihr ein Stück Ägypten zu zeigen.

So waren wir wieder einmal gemeinsam im Delta unterwegs. In einem etwas größeren Dorf machten wir Rast. Es war Erntezeit. Die Fellachen brachten gerade Getreide in riesengroßen Bündeln auf Kamelen vom Feld ins Dorf. Mitten im Dorf war ein großer freier Platz, eine Art Anger. Auf diesem Platz wurde das Getreide als großer Kreis in einer zwei Meter breiten Bahn aufgelegt. Auf diese Bahn stellte man eine Art Wagen. Dieser Wagen bestand aus zwei hintereinander angeordneten Achsen, auf welchen viele Stahlscheiben nebeneinander angeordnet waren, ähnlich einem Scheiben-kultivator. Darüber war eine sehr massive und schwere Holzbank montiert, auf welcher der Kutscher saß. Vor diesen Wagen war ein Wasserbüffel gespannt.

Der Kutscher fuhr nun mit diesem Wagen tagelang über das Getreide, um es zu zerkleinern. Zwei Helfer schaufelten mit hölzernen Schippen das zur Seite gedrückte Getreide immer wieder auf die Kreisbahn.

Natürlich konnten wir nicht so lange zuschauen. Da ich es schon mehrfach gesehen hatte, erklärte ich meiner Frau den Fortgang der Erntearbeiten: „Wenn das Getreide dann klein genug gehäckselt ist, wird es in die Mitte des Kreises geschaufelt und neues aufgelegt. Nachdem alles Getreide fertig gehäckselt ist, wird der Schlitten zur Seite gestellt.

Nun muß die Spreu vom Weizen getrennt werden. Zwei Fellachen steigen nun auf den großen Berg gehäckselten Getreides und werfen tagelang von früh bis spät mit dreizinkigen hölzernen Gabeln das Getreide in die Luft. Der Wind bläst immer wieder etwas von der Spreu weg, und die Körner fallen auf den Berg zurück. Die Höhe des Haufens und die Windstärke bestimmen, daß nach ein bis zwei Wochen nur noch die Körner auf dem Boden liegen."

Es ist eine sehr mühevolle Prozedur, und ich kann mir einfach nicht vorstellen, wie diese Männer das aushalten. Bei 40 °C im Schatten stehen sie stundenlang in der glühenden Sonne, mitten in diesem entsetzlichen Staub, und werfen das Gtetreide hoch.

Vor unserer Baustelle hatte sich ein Händler eine kleine Hütte errichtet und verkaufte an die Arbeiter Speisen und Getränke. Auch wir wollten eine Kleinigkeit essen und kauften uns dort etwas Fladenbrot, Schafskäse und Falaffel. Falaffel sehen aus wie Bouletten, bestehen aber nur aus einem Teig von Gemüse. Sie enthalten kein Fleisch. Wenn man sich einmal an die Äußerlichkeiten dieses Handels und des Umfeldes gewöhnt hat, mundet ein solches Essen vorzüglich. Immer und überall werden obligatorisch dazu Mixed Pickles gereicht. Sie sind hervorragend eingelegt und gewürzt. In Europa habe ich noch nichts Gleichwertiges gefunden.

Wir waren gerade fertig mit dem Essen und wollten uns wieder entfernen, als uns eine hochschwangere Araberin ansprach. Sie war in ihr schwarzes Tuch eingehüllt, hatte tiefe Augenringe und war aschfahl im Gesicht. Sie wandte sich an meine Frau:

„Bitte, Madame, mein Baby wird heute noch kommen, ich kann es nicht ernähren. Bitte, nehmen Sie es mit. Bitte."

Meine Frau sah mich an, sie hatte nur die Hälfte verstanden. Ich erklärte ihr, was diese Frau von uns wollte. Wir kauften ihr erst einmal etwas zu essen. Sie weinte.

„Um Gottes willen", sagte meine Frau erschrocken, „wir müssen der Frau helfen. Was machen wir, wenn sie jetzt hier entbindet?"

Meine Frau trug sich allen Ernstes mit dem Gedanken, der Frau das Kind abzunehmen und zu adoptieren. Ich hatte große Mühe, ihr den Gedanken auszureden. Auch mein Hinweis auf die Schwierigkeiten und Probleme, welche uns da erwarten würden, konnte sie nicht abbringen. Erst als ich zu ihr sagte:

„Was glaubst du wohl, werden die Leute sagen, wenn wir nach Jahren nach Hause kommen und bringen ein dunkelhäutiges Baby mit?", da wurde sie dann doch nachdenklich und ließ davon ab. Natürlich tat es uns sehr weh, aber was blieb uns anderes übrig, als der Frau etwas Geld zu schenken und sie zu trösten?

Im allgemeinen findet man auf den Dörfen überwiegend zufriedene Menschen. Ich habe noch nie erlebt, daß auf dem Lande gebettelt worden wäre. Das tritt nur dort auf, wo Touristen sind. Dort wird es von den Kindern regelrecht als Sport betrieben, denn es ist ein ganz einträgliches Geschäft.

Speziell in den Randgebieten von Kairo, überall wo es für Touristen interessante Dinge zu sehen gibt. Einige stellen sich neben die Sehenswürdigkeiten und lassen sich fotografieren, um dann ein Bakschisch zu kassieren. Andere machen die Touristen auf sich aufmerksam und klettern dann auf eine Palme, um auch fotografiert zu werden und ein paar Münzen zu erhalten. Die Kleineren, die das noch nicht können, umschwärmen einfach die Touristen und betteln. Sie zupfen sie an den Kleidern und haben einen ganz tollen Spruch drauf:

„Mama kasura, Papa kasura, mafisch Television, mafisch Air condition, gibo Bakschisch, Mister, menfadlak gibo Bakschisch, enter quais Mister, gibo Bakschisch." Das heißt:

„Mama kaputt, Papa kaputt, kein Fernsehen, keine Klimaanlage, gib Bakschisch, Herr, bitte gib Bakschisch, Sie sind gut Herr, gib Bakschisch."

Sie verstehen es, dies mit weinerlicher Stimme herzusagen. Die meisten Touristen verstehen ohnehin nicht, was sie sagen. Haben sie etwas bekommen, laufen sie sofort strahlend zu ihren Freunden und zeigen es ihnen. Daraufhin kommen zehn andere Kinder zu dem Geber. Natürlich muß man sich der kleinen Bande erwehren, wenn es überhand nimmt. Trotzdem sollte man als Tourist immer genügend Kleingeld und Süßigkeiten eingesteckt haben.

Bei dieser Gelegenheit gleich noch ein paar Tips für Urlauber, die das erstemal Ägypten besuchen:

1. Befassen Sie sich vor der Reise eingehend mit Ihrem Reiseziel. Lernen Sie wenigstens ein paar Brocken Arabisch für den täglichen Bedarf wie z. B. bitte, danke, heute, morgen usw. Die einfachen Leute sprechen kein Englisch.
2. Kleiden Sie sich auf der Straße so, daß Sie die Gefühle des Gastlandes nicht verletzen.
3. Für jede Dienstleistung wird ein der Leistung entsprechender Obulus erwartet. Deshalb sollte man immer und überall genügend Kleingeld bei sich haben.
4. Erkundigen Sie sich an Ihrem Urlaubsort nach Durchschnittspreisen, um entsprechend handeln zu können. Handeln gehört zum Geschäft.
5. Es ist ratsam, bei Taxifahrten den Fahrpreis vor Antritt der Fahrt zu vereinbaren.
6. Wer beabsichtigt, an den Pyramiden einen Ritt auf Kamelen oder Pferden zu unternehmen, sollte unbedingt den kompletten Endpreis vor dem Antritt des Ausfluges mit dem Vermieter vereinbaren. Dabei muß besonders darauf hingewiesen werden, daß alle Kosten für das Begleitpersonal im Preis enthalten sind. Es reitet immer ein Führer mit und jedes Tier wird von einem Helfer (Kind) geführt. Vor dem Eintreffen am Startplatz versuchen die Helfer zu kassieren.
7. Bei Gruppenunternehmungen sollte nur eine Person die Trinkgelder verteilen. Dadurch vermeidet man mehrfache Bezahlung für die gleiche Leistung.

Schon längst hatten wir nach unseren anfänglichen Schwierigkeiten unser endgültiges Dienstmädchen gefunden. Sie hieß Samira, war etwa 50 Jahre alt und lebte allein mit ihren zwei Töchtern in einer kleinen Wohnung in einem Vorort Kairos. Sie fühlte sich bei uns sehr wohl und war uns sehr zugetan. Aus Dankbarkeit dafür, daß wir ihr von Zeit zu Zeit ein paar Sachen für ihre Töchter schenkten, lud sie uns eines Tages ein, sie in ihrer Wohnung zu besuchen. Wir wollten es anfangs nicht annehmen und fanden immer wieder eine Ausrede. Aber sie bedrängte uns so lange, bis wir nicht mehr anders konnten.

An einem Freitagnachmittag fuhren wir zu ihr. Es war nicht so einfach, ihre Wohnung zu finden. Obwohl sie uns den Weg erklärt hatte, mußten wir lange suchen und viel fragen. Dort wo sie wohnte, gab es keine Straßenschilder und nur enge, nicht richtig befestigte Straßen.

Endlich hatten wir es gefunden. Die Wohnung bestand aus zwei Räumen zu ebener Erde. Einer war als kombinierte Wohnküche eingerichtet. Festgestampfter Lehmfußboden, ein kleiner Gasherd, ein paar Regale, ein Vertiko, ein uraltes Sofa, ein Tisch und drei Stühle, das war die ganze Einrichtung. Außer der Samira und ihren beiden Töchtern lebten in diesem Raum noch Hühner, Tauben und Ziegen. Das ist in Ägypten nichts Außergewöhnliches. Die Kleintierhaltung ist lebenswichtig, und viele Leute können sich nicht noch extra einen Stall leisten.

Es war schon ungewohnt für uns, mitten unter den Tieren Kaffee zu trinken und Kuchen zu essen (Samira hatte extra für uns gebacken), aber wir gewöhnten uns schnell daran. Der zweite Raum war das gemeinsame Schlafzimmer.

Unser Auto vor dem Haus hatte viele Kinder angelockt. Unser Besuch in einem Haus dieser Gegend war eine Sensation. Es dauerte nicht lange und die Kinder wurden immer dreister. Schließlich kletterten mehrere auf das Auto und hopsten auf dem Dach herum. Samira mußte rausgehen und schimpfen, aber viel nützte es nicht. Erst als wir rausgingen, um nach Hause zu fahren, gingen alle ehrfurchtsvoll zur Seite. Ich glaube, Samira ist in ihrem Wohngebiet durch unseren Besuch sehr berühmt geworden.

Ein schwerer Schlag

Die Zeit verging wie im Fluge. Man hatte sich schon an so viele Dinge gewöhnt, daß wir uns schon richtig heimisch fühlten. Wir näherten uns dem Herbst 1970. Wir hatten uns vorgenommen meiner Schwiegermutter zu Weihnachten eine Reise nach Ägypten zu schenken. Sie war 1970 66 Jahre alt, also im Rentenalter. Es war gestattet, einen Rentner einzuladen, unter der Voraussetzung, daß wir sämtliche Kosten selbst tragen und daß wir keine zusätzlichen Devisen in Anspruch nehmen würden. Wir hatten also keine Möglichkeit, auch nur eine DM Ost in eine fremde Währung umzutauschen.

Mein Schwiegervater war 1947 als Landvermesser nach Rußland verschleppt worden und ist nie wieder nach Hause gekommen.

Schwiegermutter lebte also alleine in Dresden und hat es immer sehr, sehr schwer gehabt. Wir wollten ihr also eine Freude machen und luden sie für Weihnachten zu uns nach Kairo ein. Sie freute sich riesig. Dem Antrag wurde stattgegeben, sie erhielt ihren Paß mit Visum.

Es näherte sich der Dezember. Als Anreisetermin hatten wir den 17.12.1970 vereinbart. Über das Büro der Interflug hatte ich mir eine Genehmigung zum Betreten des Flugfeldes besorgt, um meine Schwiegermutter direkt am Flugzeug in Empfang nehmen zu können. Da sie keinerlei Fremdsprachenkenntnisse hatte, war sie sehr ängstlich wegen der Paß- und Zollabfertigung. Erst als ich ihr versicherte, daß ich das für sie erledigen werde, war sie beruhigt und freute sich nun erst richtig auf ihre Reise.

Auch bei uns zu Hause liefen die Vorbereitungen für den Empfang der Omi auf Hochtouren. Es wurden Stollen und Plätzchen gebacken, genau wie zu Hause. Die Kinder bastelten Geschenke für die Omi. Es entwickelte sich eine weihnachtliche Hochstimmung. Der Termin rückte immer näher, und wir waren alle in freudiger Erwartung. Aber es ist wohl nicht gut, wenn man sich zu sehr auf ein bevorstehendes Ereignis freut. Am 10. Dezember kam der Hammer.

Es war Wochenende, ein Kollege vom Mühlenbau bezog eine Wohnung in Kairo-Zamalek, und ich half ihm dabei. Unser Kollege Martin Hübner, ein schon etwas älterer Mann aus Lohmen bei Pirna, hatte an diesem Tag Wachdienst im TKB. Ich stand gerade auf einer Leiter, als die Türe aufging und Martin ins Zimmer trat.

„Hallo, Martin!“ rief ich ihm übermütig und in bester Stimmung zu. Leicht frotzelnd fügte ich noch hinzu:

„Willst du uns helfen?“

Aber sein Gesichtsausdruck machte mich unsicher.

„Daß ich dich hier treffe, Werner, hatte ich nicht erwartet“, sagte er mit versteinertem Gesicht zu mir.

„Um Gottes willen, Martin, ist was passiert?“ fragte ich ihn und stieg von der Leiter. Wortlos reichte er mir ein Telegramm:

„Mutti verstorben stop Beerdigung am 17.12. Winfried.“

Das konnte doch nicht wahr sein!

„Nein“, war alles, was ich herausbrachte. Die Knie versagten mir ihren Dienst, ich mußte mich setzen.

Alle Anwesenden im Zimmer standen wie angewurzelt und rührten sich nicht. Es war der schwerste Schlag, den ich in meinem ganzen Leben erhielt. Der traf mich wie der sprichwörtliche „Blitz aus heiterem Himmel“. Mitten in der Weihnachtsvorbereitung mußte ich nun diese Hiobsbotschaft meiner Familie überbringen. Mir zitterten immer noch die Knie von diesem Schock. Mein Freund und Kollege Peter Lehniger fuhr mich nach Hause.

Ich hatte Mühe, die Stufen emporzusteigen. Als ich in die Wohnung eintrat, verlor ich meine Beherrschung. Wie aus einem Vulkan brachen die mühsam zurückgehaltenen Tränen heraus. Meine Frau war zu Tode erschrocken. „Um Gottes willen, Vati, was ist denn los?“ rief sie aus. Die Kinder starrten mich an wie einen Geist. Schluchzend lag ich meiner Frau in den Armen

„Die Mutti“, war alles, was ich sagen konnte, und gab ihr das Telegramm. Weinend saßen wir alle vier am Tisch. Für uns war eine Welt zusammengebrochen. Ich hatte jedes Zeitgefühl verloren und weiß nicht mehr, wie lange wir so saßen. Jedenfalls, als erste hatte sich Heike gefangen. Sie trocknete sich die Tränen und sagte noch schluchzend:

„Hört auf mit dem Weinen, davon wird die Omi auch nicht wieder lebendig.“ Irgendwie mußten wir ja auch damit fertigwerden.

Ein großes Lob muß ich in diesem Zusammenhang der Interflug aussprechen. Sie organisierte für uns innerhalb von zwei Tagen einen Flug nach Berlin und plazierte uns in die erste Klasse. Das Bordpersonal behandelte uns mit größter Rücksichtnahme und sehr zuvorkommend. Selbst in Berlin hatte man alle Stellen vorinformiert. Wir wurden ohne die sonst üblichen Kontrollen überall sofort durchgeschleust.

Am 17. Dezember, an dem Tag, an dem die Mutter in Kairo ankommen sollte, wurde sie beerdigt.

Es war ein trauriges Weihnachtsfest. Wir verlebten es bei der Familie der Schwester meiner Frau in Pirna.

Den Jahreswechsel verbrachten wir gemeinsam mit den Geschwistern meiner Frau in Holzhau im Erzgebirge. Allerdings hat keiner von uns bis 24/0 Uhr durchgehalten. Wir fürchteten uns alle vor diesem Moment. Um dem aus dem Wege zu gehen, gingen wir alle gegen 23 Uhr zu Bett.

In den ersten Januartagen hatten wir in Dresden damit zu tun, unsere Rückreise nach Kairo zu organisieren. Neue Dienstreiseanträge mußten gestellt werden, neue Visa waren erforderlich.

Zu dieser Zeit kamen in der DDR die ersten Farbfernsehgeräte auf den

Markt. Es war der „Raduga“, ein russisches Gerät. Wir nutzten unseren Aufenthalt in Dresden und kauften uns ein solches Gerät. Allerdings konnten wir es noch nicht benutzen. Bei den damaligen Geräten mußte nach dem Aufstellen erst noch die Konvergenzabstimmung vorgenommen werden. Ein Termin war da nicht so schnell zu bekommen. Auch gab es in der DDR noch nicht allzuviele Sendungen in Farbe.

Trotz kleiner Störungen und Defekte waren wir eigentlich ziemlich lange zufrieden mit dem Raduga, im Gegensatz zu den meisten Raduga-Besitzern. Wahrscheinlich hatten wir mit unserem Gerät besonderes Glück. Der Raduga hat viele Wohnungsbrände verursacht. Im Volksmund verbreitete sich der Ausspruch:

„Lieber eine Rakete unter dem Bett als einen Raduga in der Schrankwand.“

Mitte Januar flogen wir zurück nach Kairo. Wir waren froh, dem strengen Winter 70/71 entfliehen zu können. Bald hatten wir uns wieder an den Alltag in Kairo gewöhnt.

Für Mitte 1971 war unsere endgültige Heimreise vorgesehen.

In Vorbereitung des bevorstehenden Abschiedes gingen wir im Frühjahr mit einigen Freunden gemeinsam essen. In unmittelbarer Nähe der Pyramiden, direkt am Ufer eines Kanals gelegen, war damals ein romantisches Gartenlokal mit Namen „Andrea“. Man saß unter einem geflochtenen Blätterdach bei gedämpfter Beleuchtung. Es war ein spezielles Hühnchenrestaurant. Die Hühnchen wurden ganz flach aufgebrochen, nach einem besonderen Verfahren gewürzt und gleich im Garten auf einem großen Holzkohlenfeuer gegrillt. Dazu gab es Fladenbrot, Dahena in vier verschiedenen Geschmacksrichtungen. Dahena ist gequetschter und angerichteter Sesambrei. Eingelegte Auberginen, Tomatensalat, Mixed Pickles und vieles andere. Es war ein Vergnügen, dort zu essen.

Am Rande der Sitzfläche waren mehrere elektrische Insektenfallen angeordnet, um die Gäste vor den Belästigungen durch Insekten zu schützen. Da mich die Anordnung der Geräte interessierte, ging ich hin, um sie mir aus der Nähe anzusehen. Ich stand unmittelbar davor und sah zu, wie große Mengen Insekten in das Gitter flogen, dort getötet wurden und zu Boden fielen. Ich erschrak mächtig, als ich ihnen zum Boden nachschaute. Ich stand mitten zwischen großen Kröten und Fröschen. Vielleicht 30 an der Zahl. Sie saßen da und schnappten nach den herunterfallenden Insekten. Ich hatte diese Tiere beim

Hingehen nicht bemerkt, da ich die Augen auf die beleuchteten Gitter gerichtet hatte. Ich wundere mich noch heute, wie es möglich war, daß ich kein Tier verletzt hatte. Ich hatte Mühe, nun wieder aus den vielen Tieren herauszukommen, ohne sie zu verletzen. Es fröstelte mich trotz der angenehmen Temperatur. Es war der letzte schöne Abend in Ägypten.

Die Vorbereitungen für unsere Heimreise liefen auf Hochtouren. Es war erstaunlich, was sich in den drei Jahren und einigen Monaten angesammelt hatte. Wir mußten viel aussortieren und verschenken. Der Transport nach Hause wäre viel zu teuer geworden.

Während wir sortierten und Kisten packten, drängte sich uns ein Problem auf: Wie wäre es, wenn wir statt nach Dresden nach Eutin zu meinen Eltern fahren würden? Die theoretische Möglichkeit bestand, und es war die einzige Möglichkeit, der verhaßten DDR den Rücken zu kehren.

Die Konsequenz wäre: Wir müßten nur mit ein paar Koffern bei Nacht und Nebel heimlich aus unserer Wohnung verschwinden und alles andere aufgeben.

Unser Haus in Dresden, einschließlich des gesamten Inventars, würde von der Stasi beschlagnahmt und wäre unwiederbringlich verloren.

Trotz allem sprachen wir ernsthaft über diese Möglichkeit. Natürlich wollten wir auch unsere Kinder nicht einfach übergehen und bezogen sie in unsere Gespräche mit ein. Vielleicht war das ein Fehler. Es war klar, daß unsere Kinder starken Protest erheben würden. Sie hatten ja noch keine Abneigung gegen die DDR und auch keine Probleme mit ihr. Sie wollten unter keinen Umständen ihr Zuhause in Dresden mit all ihren persönlichen Dingen aufgeben.

Aber auch uns kamen Zweifel an der Richtigkeit eines eventuellen Vorhabens dieser Art. Wir hatten ein halbes Leben lang daran gearbeitet, das zu schaffen, was in Dresden stand. Sollten wir wirklich einfach alles wegwerfen? Bei Null noch einmal ganz von vorn anfangen?

Am Ende unserer Überlegungen trafen wir gemeinsam die Entscheidung, doch nach Dresden zu fahren. Wir werden es schon schaffen, weiter zu existieren. Es kann doch in der DDR nicht noch schlimmer werden, als es ist (dachten wir damals). Die Hauptsache, wir sind wieder zu Hause.

Nur Gott allein weiß, wie es geworden wäre, wenn wir uns damals anders entschieden hätten.

Also packten wir brav unsere Kisten weiter. Mit einem LKW wurden sie zum Flugplatz transportiert. Die Zollabnahme war eine recht aufwendige Aktion. Ich mußte fast alle Kisten öffnen und auspacken. Ich war froh, als ich alles wieder vernagelt hatte.

Der letzte Tag in Kairo brach an. Die Kinder waren aufgeregt und freuten sich wahnsinnig auf zu Hause. Unsere Samira brachte schon morgens ihre Töchter mit zu uns. Meine Frau hatte ihnen mehrere Kleider und andere Dinge geschenkt. Die beiden Mädchen und Samira selbst auch weinten den ganzen Tag.

Von Zeit zu Zeit stimmten sie das Klagegeschrei an, wie es die arabischen Frauen tun, wenn jemand gestorben ist. Die Trauer unserer Samira war echt. Sie mußte sich eine neue Arbeit suchen, und ob sie dort wieder einen solch guten, persönlichen Kontakt finden würde, war nicht sicher.

Gegen 22 Uhr wurden wir zum Flugplatz gebracht. Der Abschied von der Samira und ihren Mädels war ergreifend. Sie hingen sehr an uns, und es war ein Abschied für immer.

Wir waren froh, als wir im Flugzeug saßen und dies alles hinter uns hatten. Trotzdem verließen wir Ägypten mit einem lachenden und einem weinenden Auge. Natürlich freuten wir uns auf unser Zuhause, aber drei Jahre Leben an einem Ort, ganz gleich wo, hinterlassen Spuren. Man hat Verbindungen sowie Kontakte hergestellt und wurde geprägt. Dabei war ich ja immer noch fest überzeugt, daß ich irgendwann in der nächsten Zeit wieder als Dienstreisender nach Kairo kommen werde. Hätte ich zu diesem Zeitpunkt gewußt, daß ich aus der DDR nicht mehr rauskommen würde, wäre ich noch viel trauriger gewesen.

Der Flug verlief ohne Zwischenfälle, und wir erreichten wohlbehalten Dresden.

Mitte 1971 – wieder in Dresden

Schnell hatten wir uns zu Hause wieder eingelebt und gingen unserer gewohnten Arbeit nach. Die PGH Schaltmontage hatte auf der Saalhausener Straße in Löbtau ein ehemaliges Gut gekauft und ausgebaut. Es waren Büro- und Lagerräume eingerichtet worden.

Ich wurde in meinem ehemaligen Betrieb Abteilungsleiter für Materialwirtschaft und Export. Am Anfang der Wiederaufnahme meiner Tätigkeit zu Hause hat es mir noch einigermaßen Spaß gemacht. Ich konnte die Abteilung neu organisieren und kreativ tätig sein. Aber das sollte sich bald ändern.

Alles begann damit, daß plötzlich alle für die Auslandsmontagen eingereichten Monteure abgelehnt wurden. Jeder hatte irgendeinen Verwandten, einen Onkel, einen Vetter o. ä. in der Bundesrepublik. Ich war wütend. Das konnte doch nicht wahr sein! Solch ein Schwachsinn! Geht dieses Theater denn schon wieder los?

Wütend ging ich zum Rat des Bezirkes, Abteilung „Reisekader".

„Ich begreif' nicht", begann ich meinen Einspruch, „daß diese Kollegen, nur wegen eines Onkels in der Bundesrepublik, für den Auslandseinsatz abgelehnt werden. Es sind durchweg sehr tüchtige, zuverlässige und ausgesuchte Kräfte."

„Das zu beurteilen, müssen Sie schon uns überlassen", erhielt ich, wie schon einmal, zur Antwort.

„Aber ich selbst bin doch auch Reisekader, obwohl meine halbe Verwandtschaft in der Bundesrepublik lebt. Seit 12 Jahren arbeite ich nun in Ägypten."

„Ja, das wissen wir. Aber auch Sie kommen nie wieder raus."

Das saß. Es ließ an brutaler Deutlichkeit nichts zu wünschen übrig.

„Aber unsere Auftragsbücher sind voll mit Aufgaben in Ägypten. Wenn wir keine Monteure rausschicken können, kann auch der Außenhandel der DDR seine Verpflichtungen nicht erfüllen", wagte ich noch einen letzten Versuch, obwohl mir die Sinnlosigkeit schon klar war.

„Wir haben Ihnen doch schon mal vor ein paar Jahren versucht klarzumachen, daß das Ihr Problem ist und nicht das unsere."

Diese Leute kannten also ganz genau meine Vergangenheit. Sie waren sogar über das damalige Gespräch mit Herrn Gabriel vom Rat der Stadt informiert. Ich konnte gehen.

Die Probleme wurden immer schlimmer. Sozialismus ist genauso, wie wenn man einem Künstler die Hände bindet und von ihm verlangt, er solle ein Bild malen. Wenn es dann nicht zur Zufriedenheit der Auftraggeber gelungen ist, wird er bestraft.

Es dauerte auch gar nicht lange, da meldete sich der Rat der Stadt zu einem „internen“ Gespräch bei unserem Vorsitzenden an. Der Vorsitzende war immer noch der ehemalige Mitbegründer der PGH, Frank Wiesner.

Als Grund für das Gespräch hatte man ihm anstehende „Sozialisierungsmaßnahmen“ genannt. Alles war recht geheimnisvoll und mysteriös. Verschiedentlich hörte man schon Gerüchte, daß wieder einmal Betriebe enteignet und in „Volkseigentum“ überführt worden waren. Vom Vorstand durfte niemand an dem geplanten Gespräch teilnehmen. Uns war allen klar, daß es sich um eine recht außergewöhnliche Angelegenheit handeln müsse. Deshalb wollten wir unbedingt hören, was da besprochen wurde. Auch dem Vorsitzenden war es nicht wohl in seiner Haut und er hätte gern einen Zeugen für dieses Gespräch gehabt. Die Lösung war die Wechselsprechanlage, welche wir im ganzen Haus installiert hatten. Mit ein paar Manipulationen schalteten wir das Gerät des Vorsitzenden, natürlich mit seinem Einverständnis, auf Dauersendung in ein Zimmer des Vorstandes, ohne daß eine Kontrollampe leuchtete.

Es kamen drei Männer vom Stadtbezirk Dresden-West. Gespannt saß der gesamte Vorstand an dem Empfangsgerät der Sprechanlage.

Nach der Begrüßung und dem Platznehmen entwickelte sich folgendes Gespräch:

„Kollege Wiesner, wir müssen Ihnen mitteilen, daß uns die Entwicklung der PGH Schaltmontage Dresden sehr mißfällt.“

„Da bin ich aber sehr erstaunt. Wir haben doch eine regelrechte Bilderbuchentwicklung hinter uns. Unsere Auftragsbücher sind voll. Wir bauen im In- und Ausland große, interessante Anlagen.“

„Eben deshalb, Kollege Wiesner. Die PGH Schaltmontage Dresden hat schon längst das Profil einer Produktionsgenossenschaft des Handwerks, also eines Handwerksbetriebes, verloren. Ihr Auftragsprofil ist das eines volkseigenen Betriebes.“

„Wo steht denn, was ein Handwerksbetrieb für Aufträge annehmen darf und welche nicht?“

„Bleiben Sie sachlich, Kollege Wiesner! Sie wissen genau, worum es geht.“

„Ich bin doch sachlich. Aber ich wüßte nicht, was daran falsch sein sollte, daß wir diese Anlagen bauen."

„Dann müssen wir es Ihnen eben noch mal sagen. In unserem Arbeiter-und-Bauern-Staat hat jeder Werktätige seinen festen Platz und jeder Betrieb seine festen Aufgaben. Bei uns geschieht nichts planlos und losgelöst von der Gesellschaft. Die Aufgaben eines Handwerkers, und dazu rechnen wir auch eine PGH, liegen in der Befriedung des Bevölkerungsbedarfes. Für die Anlagen, die Sie bauen, haben wir volkseigene Betriebe."

„So groß ist doch der Bevölkerungsbedarf gar nicht, daß wir damit unseren Betrieb auslasten könnten."

„Da gibt es genug zu tun. Wir müssen Ihnen heute offiziell sagen, daß Sie nur diese zwei Möglichkeiten haben: Entweder Sie beantragen die Überführung der PGH in Volkseigentum, oder Sie übertragen Ihre Aufträge sofort dem VEB Elektroanlagenbau Ostsachsen."

„Ich bin auch als Vorsitzender nicht befugt, derartige Entscheidungen allein zu treffen. Das kann nur die Mehrheit des Vorstandes entscheiden."

„Gut, sprechen Sie mit Ihrem Vorstand und geben Sie uns bis übermorgen Bescheid."

Sie verabschiedeten sich und verließen den Betrieb.

Das war wieder einmal Sozialismus in Reinkultur. Ich hatte nun schon soviel erlebt, aber immer wieder wurde ich aufs neue geschockt. Man kann einfach nicht so dumm denken, wie es kommt. Es war natürlich klar, daß wir diesen Daumenschrauben nie entgehen konnten. Wenn wir unsere Aufgaben fortsetzen wollten, blieb uns nichts anderes übrig, als auch diesen zweiten und endgültigen Schritt zum Sozialismus zu gehen.

In solchen Situationen kam mir immer wieder ein Witz in den Kopf, der damals in der Bevölkerung herumging:

Die Schüler einer ersten Klasse erhalten von ihrem Lehrer den Auftrag, verschiedene Arten Mus für die Ernährung aufzuzählen.

Die Schüler melden sich eifrig: „Apfelmus" – „Ja, gut" – „Kartoffelmus" –

„Sehr gut" – „Sozialismus, Herr Lehrer" – „Nein, mein Junge, Sozialismus ist nichts zum Essen, sondern zum Kotzen."

Die PGH Schaltmontage Dresden wurde in VEB Schaltmontage Dresden umbenannt und das Vermögen der PGH entschädigungslos eingezogen. So einfach ist das Leben. Was war das für eine Demokratie in der Deutschen Demokratischen Republik? Wir waren alle sehr stolz darauf!

Mit der Umwandlung in einen VEB waren natürlich auch mehrere innerbetriebliche Veränderungen verbunden.

Der Vorsitzende war nun „Betriebsdirektor", der Parteisekretär der SED wurde hauptamtlich angestellt und war der zweite Mann in der Betriebsleitung. Der Vorstand wurde aufgelöst. Aus den Abteilungsleitern wurden „Direktoren".

Ich selbst war nun in meinem eigenen Betrieb „Direktor für Export".

Die Arbeit und der Betriebsablauf wurden aber nicht leichter und einfacher, nein, ganz im Gegenteil. Die Probleme wurden immer größer, und das allgemeine Betriebsklima verschlechterte sich.

Der Hauptbuchhalter, den ich selbst vor Jahren eingestellt hatte, entwikkelte sich plötzlich zum Kommunisten. Keiner wußte, wer von wem bespitzelt wurde. Den größten Teil der Arbeitszeit verbrauchte man für Planung, Statistik und Berichterstattung, also für total sinnlose und unproduktive Dinge. Kreativität war nicht nur nicht gefragt, sondern wurde einfach unmöglich, und Initiative wurde indirekt bestraft. Das einzige, was mich noch etwas aufrechthielt, waren die alten Weggefährten von früher und die Tatsache, daß der Betriebsdirektor kein Kommunist war.

Es war schon alles recht aussichtslos. Ich zermarterte mir den Kopf, was ich wohl unternehmen könnte, um diesem trostlosen Alltag zu entfliehen. Eine derart unkreative Tätigkeit wollte ich auf keinen Fall für ewig ausführen. Dieser Gedanke wurde mir immer unerträglicher.

Eine neue Betriebsgründung

Eines Tages erhielt ich über einen Berufskollegen die Information, daß ein selbständiger Handwerksmeister verstorben sei, der bis dahin für Krankenhäuser und sonstige Gesundheitseinrichtungen Couveusen und Sterilisationsgeräte repariert hatte. Es war wohl die einzige Vertragswerkstatt für derartige Geräte im gesamten Bezirk Dresden. Er erzählte mir weiter, daß wohl einige Krankenhäuser wegen der defekten Geräte teilweise schon nicht mehr operieren konnten. Ich witterte sofort Morgenluft. Dabei hatte ich zunächst nur den Gedanken, solche Geräte in meiner vorhandenen, komplett eingerichteten Werkstatt außerhalb meiner Arbeitszeit zu reparieren.

Mein Kollege gab mir den Rat, doch mal in der Abteilung Technik der Medizinischen Akademie Dresden vorstellig zu werden. Er wußte, daß es dort akute Probleme gibt. Also nahm ich mir einen Tag Urlaub und sprach dort vor. Die Kollegen wollten von mir wissen, ob ich denn die Geräte, um die es ging, kenne.

„Natürlich", log ich drauflos, „natürlich kenne ich die Geräte, ich hab die früher schon mal bei mir in der Werkstatt repariert."

In Wirklichkeit hatte ich keine Ahnung davon, aber ich sagte mir: „Ohne Risiko geht es nicht weiter."

Daraufhin telefonierten sie mit dem Bezirksapotheker. Der Bezirksapotheker unterstand dem Rat des Bezirkes und ihm oblag die gesamte Krankenhaustechnik. Er war sehr erfreut über die Mitteilung, daß ich diese Geräte reparieren könne und auch die Voraussetzungen dafür hätte. Er meinte, meine Vorsprache käme im richtigen Augenblick. Für den nächsten Tag war eine Krisensitzung mit dem Wirtschaftsrat anberaumt, auf welcher über dieses Problem beraten werden sollte. Er bat mich, an dieser Sitzung teilzunehmen, und bestellte mich dorthin. Ich war richtig aufgeregt, so freute ich mich, daß sich da irgend etwas bewegte.

Mit großen Erwartungen ging ich am nächsten Tag zu dieser Beratung. Dort erfuhr ich den ganzen Umfang dieses Problems. Es war tatsächlich kein Betrieb da, der diese Geräte reparierte. Einige Krankenhäuser konnten tatsächlich zeitweise nicht operieren. Deshalb diese „Krisensitzung". Natürlich war man über mein unerwartetes Auftauchen hocherfreut. Nun geschah etwas, was ich nie für möglich gehalten hätte: Man trug mir an, mich wieder selbständig zu machen und nicht nur die transportablen Geräte in meiner Werkstatt, sondern auch die stationären Geräte im gesamten Bezirk Dresden zu reparieren.

Ich dachte, ich träume. Da ich jedoch die Praktiken des Sozialismus zur Genüge kannte, gab ich vorsichtig zu bedenken, daß ich Direktor für Export in einem volkseigenen Betrieb sei. Natürlich würde ich den Vorschlag gerne annehmen und auch meine ganze Kraft für die Beseitigung der Probleme einsetzen, aber ich befürchte, daß ich keine Gewerbeerlaubnis erhalten würde.

„Darüber machen Sie sich mal keine Sorgen. Wir entscheiden, was erforderlich ist und was zu geschehen hat. Wenn Sie sich bereit erklären, diese Arbeiten zu übernehmen, regeln wir alles andere."

Tatsächlich faßte der Rat des Bezirkes einen „Ratsbeschluß", nach welchem mir, auf Grund der besonderen Dringlichkeit, sofort eine Gwerbegenehmigung erteilt werden müsse.

Ich jubelte. Wer hätte das gedacht? Ich war gespannt, was mein Betrieb dazu sagen würde. Dies alles spielte sich im August 1974 ab. Meine Frau freute sich zwar auch, hatte aber zu diesem Zeitpunkt einige Bedenken. Sie war hochschwanger. Bei uns hatte sich noch mal Nachwuchs angemeldet. Verständlicherweise hatte nun meine Frau Bedenken, daß sie eine erneute Betriebsgründung und gleichzeitig ein Baby verkraften würde. Immerhin hatten wir ja beide inzwischen die „Vierzig" überschritten. Aber ich sprach ihr Mut zu:

„Wir werden es gemeinsam schon schaffen. Es ist doch eine einmalige Gelegenheit, der 'volkseigenen Tretmühle' zu entkommen."

Als Termin der Betriebseröffnung war der 1. Januar 1975 festgelegt worden. Gleich nachdem ich meinen Gewerbeantrag beim Stadtbezirk abgegeben hatte, überreichte ich meinem Betriebsdirektor meine Kündigung. Etwas mulmig war mir schon bei diesem Gang. Seine Reaktion war dann auch entsprechend. Er nahm meine Kündigung nicht an und protestierte gegen mein Vorhaben mit den Worten:

„Das kommt überhaupt nicht in Frage."

Das hatte ich befürchtet. Meine Zuversicht sank sofort auf Null. Ich hatte Angst, der BD könnte gemeinsam mit dem Parteisekretär meine Absichten tatsächlich noch vereiteln. Er wurde auch sofort hinzugezogen und lehnte ebenfalls mein Vorhaben kategorisch ab.

„Das wäre ja ein Rückschritt in Ihrer Entwicklung, Kollege Hanitzsch, das kommt überhaupt nicht in Frage."

Vor Aufregung bekam ich das große Zittern.

Wieder in meinem Büro, rief ich sofort den Bezirksapotheker an und berichtete ihm von meiner Unterredung und von der massiven Ablehnung. Ich hatte große Mühe, meine Erregung zu unterdrücken.

„Machen Sie sich keine Sorgen, Herr Hanitzsch, wir regeln das", war seine tröstliche Antwort.

Zwei Tage später wurden mein Betriebsdirektor und der Parteisekretär zum Rat des Bezirkes bestellt. Dort legte man ihnen den Ratsbeschluß über diese

Angelegenheit vor und fragte, ob sie denselben eventuell sabotieren wollten. Dem Parteisekretär legte man nahe, in Zukunft etwas flexibler zu sein. Im Sozialismus müsse man auch mal einen Schritt zurück machen, wenn es die Situation erfordere. Mit diesen Ausführungen war die Richtung gewiesen und die Situation geklärt. Von diesem Tag an lief alles zu meiner vollsten Zufriedenheit.

In die ganzen Vorbereitungen der Gründung meines neuen Betriebes fiel die Niederkunft meiner Frau. Am 29. September 1974 kam unser drittes Kind Arit zur Welt. Ich versuchte nach besten Kräften meine Frau zu entlasten und zu unterstützen, aber ganz ohne zusätzliche Belastung ging es natürlich nicht ab.

Im Oktober erhielt ich meine Gewerbeerlaubnis für „Reparatur- und Wartungsarbeiten an Medizintechnischen Geräten". Am 30.11.1974 beendete ich endgültig meine Tätigkeit in meinem ehemals eigenen Betrieb, dem jetzigen VEB Schaltmontage Dresden.

Im Dezember schloß ich mit dem VEB Medizinische Geräte Berlin einen Kundendienstvertrag und wurde damit Vertragswerkstatt des Herstellers all der Geräte, die ich reparieren wollte.

Die ersten Ersatzteile wurden eingekauft und technische Unterlagen erstellt. Der Bezirksapotheker informierte die Krankenhäuser und Polikliniken mit einem Rundschreiben.

Am 1. Januar 1975 war es dann soweit. Ich eröffnete meinen zweiten Betrieb trotz Sozialismus unter dem Namen:

Steri-Service Dresden
Werner Hanitzsch
Vertragswerkstatt des
VEB Medizinische Geräte
Berlin

Ich war mächtig stolz, als an meiner Türe wieder ein Firmenschild prangte.

Aber auch dieses Mal war der Anfang sehr, sehr schwer. Noch arbeitete ich als Alleinmeister, also ohne Beschäftigte. Meine Frau mußte deshalb auch hier wieder, wie schon beim ersten Betrieb, vom ersten Tag an im Büro arbeiten. Wegen unseres Babys versuchte ich so viel wie möglich meiner Frau abzunehmen und am Abend zu erledigen. Aber die Auftragsannahme mußte sie in jedem Fall übernehmen, da ich ja tagsüber im Außendienst war.

Das Schwierigste aber war, daß ich von diesen Geräten absolut keine Ahnung hatte. Als ich das erstemal vor einer stationären Großsterilisationsanlage stand, hatte ich Mühe, meinen Schreck zu verbergen. Mit gespielter Sachkenntnis nahm ich ein Stück Verkleidung ab und schaute mir das Innenleben der Anlage an. Der leitenden Schwester, die mich an die Anlage geführt hatte, sagte ich:

„Oh, oh, oh, hier muß aber einiges getan werden." Rüttelte hier und klopfte da.

„Es war ja auch lange kein Mechaniker mehr bei uns", sagte sie, „wir sind froh, daß endlich wieder jemand da ist."

„Keine Sorge, das bekommen wir wieder in den Griff. Na dann woll'n wir mal."

Damit packte ich mein Werkzeug aus. Mit den Worten „Wenn Sie mich brauchen, rufen Sie mich bitte" verließ die Schwester den Sterilisationsraum und ließ mich mit meinem Glück allein.

Bald stellte ich fest, daß die technischen Unterlagen, die zur Anlage gehörten, sehr mangelhaft waren und mit den Realitäten nicht übereinstimmten. Ich zerlegte fast die ganze Anlage, machte mir Skizzen und Aufzeichnungen von allen Teilen und Verbindungen. Defekte Teile wechselte ich aus oder reparierte sie. Nach zwei Tagen hatte ich alles wieder montiert. Da ich mich aber auch nicht mit der Bedienung der Anlage auskannte, holte ich die diensthabende Schwester:

„Na, nun führen Sie mal einen Probebetrieb durch, Schwester", wies ich sie mit einiger Beklemmung an. Wie ein Luchs beobachtete ich jede ihrer Handlungen und prägte mir alles genau ein. Zu meinem riesengroßen Glück funktionierte die Anlage zur Zufriedenheit der Schwester.

Obwohl ich sehr froh war, daß diese Reparatur so abgelaufen war und ich auch eine Menge dabei gelernt hatte, manifestierte sich bei mir die Überzeugung, daß das so nicht gehen kann. Es gab ja viele verschiedene Arten und Typen von Sterilisatoren. Es war vollkommen unmöglich, überall die gleiche Show abzuziehen. Irgendwann bin ich dabei der Blamierte oder, was noch schlimmer wäre, ich bekomme Probleme mit der Gewährleistungspflicht. Deshalb bat ich die Abteilung Kundendienst meines Vertragspartners um Hilfe. Ich hatte ja in der Zwischenzeit schon einen Sack voll Fragen gesammelt.

Der Betrieb hatte Verständnis für meine Situation und schickte mir einen Steri-Monteur für einige Tage nach Dresden. Wir fuhren gemeinsam zu den

Reparaturen, und er brachte mir innerhalb von drei Tagen die wichtigsten Grundlagen der Sterilisationstechnik bei. Etwas sicherer war ich nun. Alles Weitere mußte die Zeit und die Erfahrung lehren.

Bereits nach zwei Monaten war ich nicht mehr in der Lage, allein alle anfallenden Störungen kurzfristig zu beheben. Der erste Monteur wurde eingestellt. Es war mein alter Freund Werner Klemm, ein Mechaniker aus Quohren bei Kreischa. Er stand natürlich zunächst genau so vor den Anlagen wie ich am Anfang. Aber gemeinsam war alles etwas leichter.

In kurzer Zeit hatten wir uns beide so gut eingearbeitet, daß es von der Technik her keine Probleme mehr für uns gab.

Zwei große Schwierigkeiten kamen sehr bald noch auf mich zu, mit welchen ich nicht gerechnet hatte. Die erste Schwierigkeit waren die fehlenden Kenntnisse in der Mikrobiologie und über die Abtötungskriterien der Mikroorganismen. Als mir ein Arzt das erstemal entsprechende Fragen stellte und eine Schwester noch dazu die zweckmäßigste Verpackung wissen wollte, kam ich derart ins Schleudern, daß mir der kalte Schweiß auf die Stirn trat. Ich schwor mir, alles zu tun, daß so etwas nicht noch einmal passiert.

Ich kaufte alles an einschlägiger Literatur, was ich auftreiben konnte. Nach meiner Arbeit las ich abends begierig in diesen Büchern. Erst als ich genügend Kenntnisse über Resistenzstufen, Abtötungskriterien und die wirksamen Prinzipien der Sterilisationstechniken hatte, war ich einigermaßen zufrieden.

Die zweite Schwierigkeit bestand darin, daß jeder Dampfsterilisator aus einem Druckgefäß und einem Dampferzeuger, also Kessel, bestand. Gemäß den gesetzlichen Bestimmungen durfte an Druckgefäßen und Kesseln nur arbeiten, wer dafür eine besondere Zulassung besaß. Kontrolliert wurde diese Angelegenheit von der Technischen Überwachung. Erschwerend kam hinzu, daß die Druckgefäße, je nach Größe, einer Revisionspflicht unterliegen. Zwangsläufig wurden mir auch auf diesem Gebiet Fragen gestellt und Arbeiten angetragen. Also hatte ich auch hier dringenden Nachholbedarf.

Ich besuchte bei der Technischen Überwachung Dresden einen einschlägigen Lehrgang. Nach acht Monaten legte ich mit Erfolg die Prüfung als „Revisionsberechtigter für Druckgefäße“ ab. Damit stand meiner fachlich qualifizierten Bearbeitung der Sterilisationstechnik endgültig nichts mehr im Wege. Als ich mit dem Steri-Service anfing, hatte ich mir zwar alles sehr viel einfacher vorgestellt, aber nun machte es mir erst richtig Freude.

Die Arbeit nahm einen enormen Umfang an. Schon längst war es nicht mehr mit nur einem Monteur zu bewältigen. Inzwischen beschäftigte ich schon sechs Monteure. Das Hauptproblem dabei war die Beschaffung der erforderlichen Werkzeuge und der erforderlichen Fahrzeuge. Das hatte mit Beschaffung schlechthin nichts zu tun. Dazu brauchte man ein ausgeprägtes Organisationstalent und viele gute Beziehungen.

Meinen persönlichen PKW „Wolga" hatte ich gleich nach unserer Rückkehr aus Ägypten im Staatlichen Vermittlungskontor in einen gebrauchten PKW „Skoda" getauscht. Der war wesentlich kleiner und dadurch in der Unterhaltung günstiger. Ein neues Auto zu kaufen war in der DDR so gut wie unmöglich. Je nach Fahrzeugtype betrug die Lieferzeit ab Bestellung zwischen 10 und 15 Jahren. Eine Ausnahme bildeten Fahrzeuge, welche gegen DM West über das Handelsunternehmen „Genex" bestellt wurden. Da betrug die Lieferzeit 4 Wochen. Bei Genex konnte man im übrigen nicht nur Autos, sondern jeden denkbaren Artikel und jede Dienstleistung bestellen. Natürlich nur gegen DM West oder andere frei konvertierbare Währungen.

Über diesen Weg erhielt ich von meinen Eltern einen Wartburg Tourist. So hatte ich schon mal zwei Autos. Bei sechs Monteuren benötigte ich jedoch insgesamt vier Fahrzeuge.

Über den Bezirksapotheker, welchen ich um Unterstützung gebeten hatte, erhielt ich einen ausgesonderten Sankra Barkas B 1000. Allerdings war der in einem ziemlich jämmerlichen, abgewirtschafteten Zustand. Das spielte aber alles keine Rolle. Das vierte Fahrzeug besorgte ich auf dem schwarzen Markt. Ein uralter vorsintflutlicher Wartburg-Camping.

Da es keine Neufahrzeuge zu kaufen gab, boomte der Handel mit gebrauchten Autos unvorstellbar. Jemand hat einmal zu mir gesagt: „Das Geld für ein neues Auto habe ich zusammen, jedoch für ein gebrauchtes reicht es leider noch nicht." Tatsächlich wurde teilweise für gebrauchte Autos, wenn sie noch in einem guten, attraktiven Zustand waren, der doppelte Neupreis verlangt. Da gab es Leute, die hatten beizeiten für jede Person in der Familie, also auch für die Kinder, Oma und Opa, ein Auto oder einen Wohnanhänger bestellt. Damit wurde dann ein schwunghafter Handel betrieben.

Der Betriebsablauf mit meinen alten Autos war zermürbend. Manchmal konnte ich schon nachts nicht mehr schlafen.

Morgens, wenn die Fahrzeuge ausgerückt waren, zitterte ich schon aus Angst vor dem nächsten Anruf. Einer stand meistens irgendwo und konnte nicht weiter. Bei dem Barkas B 1000 brach sehr oft der Torsionsstab. Das bedeutete, das Fahrzeug mußte mit einem Autokran abgeschleppt werden. Der Meister in der Barkas-Werkstatt sagte dann jedesmal lakonisch:

„Stellt es mit auf den Hof, da stehen schon zehn andere. Ich weiß noch nicht, wann ich es euch reparieren kann. Z. Zt. haben wir keine Torsionsstäbe, ich weiß auch nicht, wann wir welche bekommen. Die anderen warten schon zwei Wochen und kommen vor euch dran."

Jedesmal mußte ich in den Werkstätten betteln und die Verantwortlichen mit viel Geld bestechen, damit ich meine Einsatzfahrzeuge wieder fahrbereit bekam. Das war schrecklich. Ich hatte nur Glück, daß ich durchweg sehr gute und verständnisvolle Monteure hatte. In diesen Schadensfällen benutzte jeder von ihnen, ohne zu murren, sein privates Auto für den Arbeitseinsatz. Dabei muß man immer berücksichtigen, daß die paar Pfennige Kilometergeld bei weitem kein Äquivalent für die Abnutzung der Fahrzeuge und Reifen darstellten. So recht und schlecht versuchten wir gemeinsam über diese Schwierigkeiten zu kommen.

Persönlich konnte ich schon längst nicht mehr mit auf Montage fahren. Ich war Mitglied der Mikrobiologischen Gesellschaft der DDR geworden und arbeitete dort unter Prof. Horn der Medizinischen Akademie Erfurt in der Sektion „Sterilisation" mit. In den Gesundheitseinrichtungen des Bezirkes Dresden hielt ich sehr oft Vorträge über Sterilisationstechniken und führte in Zusammenarbeit mit dem Bezirks-Hygieneinstitut Veranstaltungen der Weiterbildung des mittleren medizinischen Personals durch.

Bei postoperativen Problemen der Krankenhäuser oblag mir als Sachverständiger die Beurteilung der ordnungsgemäßen Sterilisation. Die gesamte Planung der Sterilisationstechnik ging über meinen Tisch. Die Revisionen der Druckgefäße mußten durchgeführt werden. Ich war also ständig unterwegs. Die Dinge entwickelten sich so intensiv, daß ich bald nur noch der „Sterilisations-Papst" von Dresden genannt wurde.

Bald hatte ich keine freie Minute mehr. Die Krankenhäuser waren so auf unseren Service angewiesen, daß sie bei auftretenden Störungen auch am Abend, in der Nacht oder am Wochenende bei mir anriefen und um sofortige Hilfe baten. Diese dringenden Fälle erledigte ich jahrelang sofort selbst. Ich kann die Nacht- und Wochenendeinsätze nicht zählen, die ich selbst gefahren bin. Manchmal war ich schon ungehalten, wenn sich die Störung nur als ein Bedienungsfehler herausstellte. Mitunter war tatsächlich nur der Hauptschalter einzuschalten – und dafür bin ich in der Nacht aufgestanden und viele Kilometer gefahren.

Aber es waren auch Fälle dabei, bei denen ich mir ernsthaft überlegte, ob es nicht erforderlich wäre, mit Blaulicht und Sondersignal zu fahren. Wenn z. B. während einer Operation eine Zwischensterilisation von einem speziellen Instrument erforderlich ist und ausgerechnet dabei der Türverschluß des Sterilisators nicht freigegeben wird, ist allerschnellstes Eingreifen für den Patienten lebenswichtig. Bei solchen oder ähnlichen Meldungen bin ich immer gefahren wie die Feuerwehr.

Im Laufe der Zeit wurden mir diese Einsätze einfach zu viel. Man kann nicht jahrelang 12 bis 16 Stunden pro Tag arbeiten. Das hält keiner durch. Deshalb dachte ich mir, werde ich einen Bereitschaftsdienst einrichten. Das ist doch die einfachste Sache der Welt und damit sichere ich einen Superservice.

Aber in der DDR war eben nur die Idee einfach, die Realisierung hingegen war genauso schwierig, als wollte man mit einem Auto ohne Benzin fahren.

Das erste und schwierigste Problem waren die Telefone. Keiner meiner Monteure besaß einen Anschluß. Vom Rat des Bezirkes ließ ich mir entsprechende Dringlichkeitsschreiben ausstellen und fügte sie den Anträgen der Monteure über einen Telefonanschluß bei. Der früheste Termin, der uns von der Post in Aussicht gestellt wurde, waren fünf Jahre. In anderen Fällen wurde gar kein Termin genannt. Natürlich wurde ich sofort bei der Anmeldestelle vorstellig und wies auf die Dringlichkeit hin. Die Auskunft, die ich erhielt, war niederschmetternd:

„Und wenn Sie der Kaiser von China sind oder sonst was für eine Dringlichkeit besitzen, wenn keine Anschlüsse frei sind, können Sie keinen bekommen. Erweiterungen des Netzes sind nicht möglich. Erst wenn jemand seinen Anschluß abmeldet, können Ihre Mitarbeiter einen bekommen, und da können wir Ihnen beim besten Willen nicht sagen, wann das sein wird!“

Ist das nicht furchtbar? Ich kam mir vor, als stünde ich in einem Vakuum und müsse weiter atmen. Keine Telefonanschlüsse, keine Werkzeuge, keine Fahrzeuge, keine Ersatzteile, keine Reparaturkapazitäten. Wie soll man da die Nerven behalten und eine gut Arbeit verrichten?

Die nächste Schwierigkeit in puncto Bereitschaftsdienst war ein lautes Wiehern des Amtsschimmels. Trotz der Telefonprobleme wollte ich den Bereitschaftsdienst irgendwie organisieren. Ich wußte zwar noch nicht wie, aber irgendeine Lösung wollte ich finden.

Es ist natürlich klar, wenn ich von jemandem verlange, daß er zu Hause sitzt und sich einsatzbereit hält, dann muß ich ihm das vergüten. Nun war ja in der DDR alles ganz streng geregelt und vorgeschrieben. Also fragte ich bei der Handwerkskammer und beim Rat der Stadt an, was ich meinen Monteuren für eine solche Bereitschaft bezahlen dürfte. Die Auskunft war: 0,10 DM der DDR (10 Pfennige), und zwar auf meine Kosten. Diese gezahlten Löhne sind steuerpflichtig und dürfen nicht auf den Preis pro Leistungsstunde von 7,20 DM der DDR, welchen ich berechnen durfte, umgelegt werden. Wenn es nicht so tierisch ernst und traurig gewesen wäre, hätte ich lauthals gelacht. Es war wirklich vollkommen sinnlos, in der DDR irgendeine Initiative entwickeln zu wollen.

Ich begann zu resignieren. Auch hatte ich nicht mehr die Kraft und die Energie, solche Dinge gegen das Unvermögen dieses Staates durchzusetzen. Man wird gezwungen, sich in die allgemeine Schlamperei einzuordnen.

Aus dem Bereitschaftsdienst ist also nichts geworden. Reparatureinsätze außerhalb der normalen Arbeitszeit führte ich danach nicht mehr aus. Meine persönliche Einsatzbereitschaft ließ nach. Der jahrelange Kampf um das tägliche Gelingen zeigte erste Wirkungen.

Die ersten Reisen in die Bundesrepublik Deutschland

1978 erhielt ich das erstemal die Genehmigung, meine Eltern in der Bundesrepublik zu besuchen. Der Anlaß war der 77. Geburtstag des Vaters. Zu diesem Zeitpunkt begann die DDR, die total festgefahrene Besuchsregelung etwas zu lockern.

Von da an konnte ich zu jedem Geburtstag meiner Eltern, also zweimal im Jahr, in die Bundesrepublik reisen. Natürlich erhielt ich nur für mich allein die Genehmigung. Meine Frau oder gar meine Kinder erhielten sie nicht.

Es war jedesmal eine entsetzliche Aufregung. Vier Wochen vor der geplanten Reise mußte man die Anträge abgeben. Jedesmal mußte ich aufs neue eine umfassende Liste aller in der BRD lebenden Verwandten den Anträgen beifügen. Diese Liste mußte außer den Namen und den Anschriften auch die Geburtsdaten, die Berufe und wann übergesiedelt enthalten. Die Abgabe der Antragsunterlagen war immer mit einer Befragung durch einen Offizier der VP verbunden. Da dort zwangsläufig sehr viele Menschen zusammenkamen, um abzugeben, mußte man immer viele Stunden Wartezeit einrechnen. Für jede Reise mußte man sich viermal anstellen. Das erstemal, um die Antragsformulare zu erbitten, das zweitemal, um die Anträge abzugeben, das drittemal, um die Genehmigung oder die Ablehnung in Empfang zu nehmen, und das viertemal, um den Reisepaß wieder in seinen Personalausweis umzutauschen. Der Personalausweis wurde ja in jedem Fall bei der Aushändigung des Passes einbehalten.

Bei der Abgabe des Antrages erhielt man keine Auskunft, ob Aussicht auf eine Genehmigung besteht oder nicht. Einen Tag vor dem Reisetermin wurde man, ohne Angabe von Gründen, auf das Polizeipräsidium bestellt. Dann stand man wieder in diesem entsetzlichen Gang. Wahre Tragödien spielten sich dort ab. Wieder ging eine Türe auf, eine Frau im mittleren Alter kam heraus und weinte.

„Abgelehnt", schluchzte sie, „mein Vater kann jeden Tag sterben. Nun werde ich ihn nie wiedersehen."

Weinend strebte sie dem Ausgang zu. Die Leute sahen sich traurig an und schüttelten den Kopf. Die Nerven waren zum Zerreißen gespannt, jeder hatte die gleiche Angst: Werde ich abgelehnt? Oder darf ich fahren? So viele Leute sah ich weinend gehen. Wer aber starke Nerven hatte, verließ diese Dienststelle mit einem sehr unanständigen Kraftwort.

Hatte man aber den ersehnten Reisepaß erhalten, mußte man schon mächtig spurten, um nun noch alles erledigen zu können. Erst zur Staatsbank, Geld umtauschen. Jeder durfte 20,– DM Ost 1:1 in 20,– DM West umtauschen. Alles andere war ja ein „Schwindelkurs". Dann zum Bahnhof, Fahrkarte lösen. Ein Telegramm mußte auch noch aufgegeben werden. In jedem Fall wurde die Zeit sehr knapp.

Die Anzahl der Reisetage war knapp bemessen. Es war genau vorgeschrieben, an welchem Tag und bis wieviel Uhr der Personalausweis wieder abgeholt werden mußte. Wurde diese Zeit nicht eingehalten, war bereits nach zwei Stunden die Polizei zu Hause.

Meine erste Reise war sehr aufregend. Mein Vater hatte am 15. Dezember Geburtstag. Es war also Weihnachtszeit. Ich nahm meine Zither mit, um meinen Eltern eine Freude zu machen. Kontrolle am Grenzbahnhof Schwanheide. Gründlich wurde alles geprüft. Die Beamten gingen weiter. Die Anspannung ließ nach, und ich schaute froh zum Fenster raus.

Wir standen schon etwa 35 Minuten, eigentlich müßten wir doch nun weiterfahren. Aus dem Zollgebäude traten zwei Beamte heraus und kamen den Bahnsteig entlang. Zielstrebig steuerten sie auf meinen Waggon zu und stiegen ein. Ich wunderte mich, denn alle Kontrollen waren doch schon durch. Sie kamen direkt auf mich zu. Ich bekam einen mächtigen Schreck und sagte:

„Ich wurde schon kontrolliert."

„Na und?" erwiderte der eine Beamte und fügte hinzu: „Sie werden uns doch sicher gern noch einiges zeigen – oder? Wir hätten uns gern noch einmal Ihr Instrument angesehen."

„Bitteschön", gab ich zur Antwort, nahm meinen Zitherkasten aus dem Gepäcknetz und öffnete ihn. Einer der Beamten nahm das Instrument heraus und untersuchte es gründlichst, indem er es hin- und herdrehte, hier klopfte und da klopfte. Der andere besah sich jedes Notenblatt, welches sich in dem Kasten befand. Mein Gott, dachte ich, was ist denn nun los, was suchen die denn bei mir. Ich durfte das Instrument wieder einpacken.

„Bitte zeigen Sie mir Ihre Brieftasche und Ihre Geldbörse", forderte mich der Beamte auf.

Nachdem ich ihm beides übergeben hatte, räumte er beides restlos aus und legte den gesamten Inhalt auf die Sitzbank. Die anderen Reisenden hatten sie gleich zu Beginn aus dem Abteil geschickt. Jedes Stückchen Papier und jeden Zettel sah sich der Beamte genau an.

„Ist das hier Ihr Mantel?" fragte mich der zweite Beamte.

Er nahm ihn vom Haken und fing an, den Mantel von oben bis unten abzutasten. Zuerst wurden die Taschen untersucht, dann tastete er die Revers ab und schließlich untersuchte er jeden Zentimeter des Mantelfutters. Ich wußte nicht, was ich denken sollte.

Als sie nichts fanden, sagten sie:

„Sie können alles wieder einpacken" und verließen wortlos das Abteil.

Ich bin nie dahinter gekommen, was die gesucht haben könnten. Aber ich bin fest davon überzeugt, daß mein Musikinstrument irgendeinen Verdacht erregt haben muß.

Ähnlich unangenehme, ja zum Teil entwürdigende Kontrollen mußte ich in all den Jahren in großer Zahl über mich ergehen lassen. Auf den Rückfahrten hat man mich fast immer demontiert. Am schlimmsten waren dabei die weiblichen Zollbeamten. Manchmal hätte ich heulen können. Mitunter mußte ich den gesamten Kofferinhalt auf der Sitzbank ausbreiten. Die Beamtin wühlte in meiner Unterwäsche herum. Jedes Geschenk wurde ausgepackt und alles genau angesehen. Am Ende stand ich in einem Chaos und durfte alles wieder verpacken. Dabei gibt es immer Schwierigkeiten, alles wieder unterzubringen. Die Ohnmacht diesen Leuten gegenüber hat mich halb krank gemacht. Mit Entsetzen denke ich an diese Zeit zurück.

Trotz der vielen Arbeit in meinem Betrieb versuchte ich meine Fertigkeit im Zitherspiel ständig zu verbessern. Mein Vetter Günter Baumgart, von dem ich schon wiederholt berichtete, ist ein fabelhafter Zitherspieler. Von ihm konnte ich viel lernen. Wir gründeten ein Zitherduo und musizierten gemeinsam zu vielen Gelegenheiten. Mit seiner Ehefrau Thea bewohnt er ein kleines Häuschen in Dölzschen auf der Grenzallee 12, also ganz in meiner Nähe. Die regelmäßigen Übungsabende führten wir abwechselnd bei ihm und bei uns durch. Vor allem die gemütlichen Winterabende in seinem gemütlichen Häuschen bleiben mir in ewiger Erinnerung. Zithermusik im warmen Stübchen bei Kerzenschein und dem Duft von Räucherkerzen. Die Stube dekoriert mit Räuchermännern und vielen Weihnachtsfiguren, das liebt jeder, der im Gebiet des Erzgebirges aufgewachsen ist.

Die ganze Tragik der „Deutschen Demokratischen Republik“

Wir näherten uns dem Jahr 1981. Die Zustände in der DDR wurden immer schwieriger. Alles spitzte sich zu. Immer mehr Menschen versuchten, aus diesem „Großghetto“ herauszukommen. Viele setzten dabei ihr Leben aufs Spiel und verloren es. Nur wenigen gelang eine solche Flucht. So z. B. den beiden Familien mit Kindern, denen die spektakuläre Flucht mit einem selbstgebauten Heißluftballon gelang.

Ein sehr tragischer Fall eines Fluchtversuches trug sich in meiner unmittelbaren Nachbarschaft zu. Ein junger, hoffnungsvoller Maschinenbau-Ingenieur, ein Hobby-Sporttaucher, sperrte sich selbst mit einer Flasche Sauerstoff in die Ölwanne einer großen Maschine, die für den Export in die BRD vorgesehen war und kurz vor der Auslieferung stand. Aus irgendeinem Grund verzögerte sich der Versand und es wurde ein nochmaliger Probebetrieb erforderlich. Öl wurde in diese Wanne gepumpt und die Maschine in Betrieb genommen. Als die Maschine Störungen im Betrieb zeigte, stellte man fest, daß man wesentlich weniger Öl hineingepumpt hatte als eigentlich hinein gehört. Trotzdem war die Ölwanne bis zum Maximum gefüllt. Daraufhin wurde das Öl abgelassen und die Maschine zerlegt. Der junge Mann war tot. Natürlich war sofort die Stasi auf dem Plan und untersuchte die Umstände dieses Fluchtversuches. Wer hatte ihm eventuell geholfen oder hatte nur davon Kenntnis. Seine arme Mutter, eine ältere, verwitwete Frau, hatte nun nicht nur den schweren Verlust ihres einzigen Kindes zu verkraften, sondern mußte sich unzähligen, qualvollen Verhören durch die Stasi unterziehen.

Der überwiegende Teil der Menschen, welche aus der DDR herauswollten, stellte einen Antrag auf Ausreise. Die ersten Antragsteller mußten lange und entsetzliche Repressalien über sich ergehen lassen. Teilweise wurde die Annahme der Anträge einfach verweigert. Die Repressalien reichten von Entlassungen und Arbeitslosigkeit, Entlassungen der Kinder von der Schule bis zu Haftstrafen.

Aber immer mehr Menschen entschlossen sich, lieber diese Repressalien zu ertragen, als tatenlos in der DDR zu bleiben. Als dann die ersten Ausreisen nach Jahren genehmigt wurden, weitete sich diese Antragsflut zu einer wahren Lawine aus.

Meine Schwester Elke wohnte mit ihrer Familie, Ehemann und zwei Söhnen mit in unserem Haus auf der Hohendölzschener Straße 6. Auch sie stellten 1981 den Antrag auf Ausreise in die Bundesrepublik. Als Begründung gaben sie die erforderlich werdende Pflege unserer Eltern, welche alleine in Eutin lebten, an. Also Familienzusammenführung.

Ihr großer Sohn Thomas, also mein Neffe, besuchte zu diesem Zeitpunkt die 11. Klasse einer erweiterten Oberschule mit dem Ziel des Abiturs. Noch am gleichen Tag, als mein Schwager Peter den Ausreiseantrag bei dem Stadtbezirk abgegeben hatte, wurde Thomas gegen Mittag von der Schule verwiesen. Ihm wurde mitgeteilt, daß unser Bildungssystem den Verrätern nicht zur Verfügung steht!!

Spontan sagte ich ihm, daß ich versuchen will, ihn als ungelernten Arbeiter bei mir einzustellen. Das Problem dabei war, daß ich ja für jede Einstellung eine Genehmigung vom Rat der Stadt, Abteilung Arbeitskräftelenkung, benötigte. Meine Hoffnung dabei war, daß bestimmt kein volkseigener Betrieb den Jungen unbedingt haben wollte. Ich schrieb einen formlosen Antrag und ging damit zum Stadtbezirk. Dort versuchte ich den Leuten klarzumachen, daß ich für ganz bestimmte Reparaturen eine solche Arbeitskraft unbedingt benötige. Die Sachbearbeiterin brachte mich zum Abteilungsleiter. Ich kannte ihn von meiner jahrelangen Tätigkeit als Stadtbezirks-Obermeister des Elektrohandwerks her. Er sagte mir, daß ich von ihm die Genehmigung zur Einstellung des Thomas Kühne erhalten würde, aber daß ich deswegen mit einigen sehr gründlichen Betriebsprüfungen rechnen müßte.

„Bitteschön, ich habe nichts zu verbergen und nichts zu befürchten", war meine Antwort.

Ich glaube fast, er hat nur auf den Busch geklopft. Ich hatte nach der Einstellung von Thomas Kühne keine anderen Betriebsprüfungen als vorher.

Thomas arbeitete zunächst bei mir in der Werkstatt an den transportablen Geräten. Da hatte ich ihn immer bei mir und konnte ihm die notwendigen Kenntnisse und Fertigkeiten beibringen. Im Laufe der Zeit lernte er, mit den Geräten sehr gut umzugehen, und arbeitete schon sehr selbständig. Es war natürlich keine Berufsausbildung im eigentlichen Sinn. Es gab deshalb auch keinen Abschluß, und ich durfte ihn die gesamte Zeit nur als „Hilfsarbeiter" bezahlen und weiterberechnen. Aber das war alles nicht so schlimm. Die Hauptsache war, er hatte eine sinnvolle Beschäftigung, welche ihm Freude machte. Er fand so viel Gefallen an der Sterilisationstechnik, daß er dann nach Jahren, als er in der Bundesrepublik lebte, ein Studium über Medizintechnik aufnahm. Seine Diplomarbeit schrieb er über bestimmte Probleme bei der Dampfsterilisation. Heute ist er ein erfahrener und sehr geachteter Diplomingenieur bei dem Hersteller von Sterilisationsgeräten Webeco in Bad Schwartau.

Aber zunächst zurück nach Dresden. Drei Jahre wurde die Familie Kühne hingehalten und war immer wieder Repressalien ausgesetzt. Selbst der jüngere Sohn Andree, wurde in der Grundschule davon nicht verschont. Thomas wurde schon längst mit im Außendienst eingesetzt und reparierte Großgeräte.

Endlich, 1984 war es soweit. Eines Tages erhielt die Familie Kühne vom Stadtbezirk die Information, daß voraussichtlich dem Antrag stattgegeben wird, aber der Termin noch nicht feststeht.

Auf gut Glück wurde deshalb sofort alles verpackt. Umfangreiche Listen und Aufstellungen mußten geschrieben werden. Besonders alle Bücher, Schallplatten und Porzellane mußten genauestens aufgelistet werden.

Es wurde fast Tag und Nacht gearbeitet. Es wußte ja niemand, wann es soweit sein wird.

Etwa zwei Wochen nach der ersten Information erhielten sie am Nachmittag ein Telegramm, daß sie am nächsten Morgen 8 Uhr bei dem Stadtbezirk,

Abteilung Inneres, zu erscheinen hätten. Der Grund wurde nicht angegeben. In dem gleichen Zimmer, in dem sie in den vergangenen Jahren wiederholt unangenehme, verhörähnliche Aussprachen über sich ergehen lassen mußten, wurden ihnen an diesem Tag die Entlassungsurkunden aus der Staatsbürgerschaft der DDR überreicht. Von diesem Moment an waren sie staatenlose Bürger und mußten sofort zum Polizeipräsidium, um sich als Besucher anzumelden. Sie erhielten eine Aufenthaltsgenehmigung für diesen Tag und mußten dafür pro Person 25,– DM Ost Besuchergeld entrichten. Gleichzeitig wurden sie darüber informiert, daß sie die DDR noch am gleichen Tag bis 24 Uhr zu verlassen hätten. Anderenfalls müßten sie wegen illegalen Aufenthaltes mit einer Gefängnisstrafe rechnen. Es war schon recht dubios, was sich dieser Staat so alles mit den Menschen leistete.

Am Abend feierten wir noch mit vielen Freunden Abschied. Gegen 20 Uhr brachten wir die Familie zum Bahnhof Dresden-Neustadt. Wie staunten wir, als wir auf den Bahnsteig kamen. Dicht an dicht standen hier die Menschen. Bei näherem Hinsehen bemerkten wir, daß es sich durchweg um Ausreisende mit Angehörigen und Freunden handelte. Es war ein regelrechter Flüchtlingszug.

Die Stimmung auf dem Bahnsteig widersprach allen Regeln des Abschiednehmens. Sekt wurde getrunken, es wurde gelacht und geküßt. Solch freudige Verabschiedungen hatte ich noch nie vorher gesehen. Die Bahnpolizei patrouillierte ständig durch die Menge. Ganz sicher standen auch noch genügend Stasi-Leute in der Menge, aber niemanden interessierte das.

Als der Zug dann anfuhr, brach die Hölle los. Das war ein Jubeln, Rufen, Pfeifen und Winken, daß es mir kalt den Rücken herunterlief.

Als der Zug raus war, trat schlagartig eine lähmende Stille ein. Mit ernsten und traurigen Gesichtern strebten die Menschen dem Ausgang zu. So manche Träne wurde heimlich abgewischt. Einige Leute weinten hemmungslos. Jetzt trat überall die Tragik der Trennung zutage.

Die Wochen vergingen. Bei uns im Haus war es ruhig geworden. Es näherte sich der 9. Juli 1984, der 81. Geburtstag meiner Mutter. Die bange Frage war: Werde ich trotz der Übersiedlung meiner Schwester eine Reisegenehmigung erhalten? Man hörte da so allerhand Geschichten. Meinen Antrag hatte ich abgegeben wie immer. Gesagt hat niemand was.

Der Tag kam näher. Ich wurde wie immer zum Präsidium bestellt und ...

erhielt wie immer meinen Reisepaß. Hurra! Ich konnte jubeln. Damit hatte ich fast nicht gerechnet. Sofort spurtete ich los. Geld umtauschen, Fahrkarte kaufen und ein jubelndes Telegramm nach Eutin aufgeben, alles wie immer. Ich holte meine Frau zu Hause ab, um noch ein paar Geschenke einzukaufen. Wir waren in allerbester Stimmung, als wir bepackt zu Hause ankamen. Schon von weitem sah ich vor unserem Haus ein Fahrzeug der Polizei stehen. Nanu? dachte ich, was wollen die denn hier? Als wir ausstiegen, kamen die zwei Beamten auf uns zu.

„Guten Tag, sind Sie Herr Werner Hanitzsch?"

„Ja, um was geht es?"

„Bitte geben Sie uns Ihren Reisepaß!"

„Weshalb wollen Sie meinen Paß haben? Was ist denn los?"

„Wir geben die Pässe aus und sind auch berechtigt, die Pässe wieder einzuziehen!"

Das war die ganze Auskunft, die ich auf meine Frage erhielt. Nachdem ich ihm total verstört meinen Paß ausgehändigt hatte, sagte er noch:

„Holen Sie sich morgen früh, 8 Uhr, Ihren Personalausweis im Präsidium, Zimmer 118, ab."

Damit stiegen sie in ihr Auto und fuhren davon.

Wir standen da wie vom Blitz getroffen. Ich war nicht fähig, ein Wort zu sagen. In mir drehte sich alles. Das konnte doch nur ein böser Traum sein. „Was war jetzt los?" fragte ich meine Frau. Aber auch sie war total konsterniert.

Nachdem wir uns mit den Tatsachen vertraut gemacht und abgefunden hatten, mußte ich ja nun wohl oder übel erneut ein Telegramm nach Eutin senden, um meinen Eltern mitzuteilen, daß ich nun doch nicht zu Mutters Geburtstag kommen kann. Mir war richtig übel.

Mit hängenden Ohren ging ich am nächsten Morgen zum Präsidium, um meinen Ausweis zu holen. Ich hoffte dort etwas mehr zu erfahren und eventuell noch etwas unternehmen zu können.

Nun konnte man ja nicht einfach in das Präsidium hineingehen. Jeder Besucher mußte sich an einem kleinen Fensterchen melden, seinen Besuchswunsch vortragen und sich ausweisen.

„Ich bin für 8 Uhr in das Zimmer 118 bestellt", sagte ich dem Beamten hinter dem Fenster, der mich mürrisch anschaute. Er hatte wohl kein anderes Gesicht.

„Ihren Personalausweis!“ forderte er mich „höflich“ auf und begann eine Eintragung in dem vor ihm liegenden Besucherbuch.

„Habe ich keinen, den soll ich mir ja hier abholen.“

„Ach so, na ja, dann geben Sie mir Ihren Reisepaß.“

„Besitz ich auch keinen, den hat man mir abgenommen.“

Ich dachte, der Mann kriegt einen Herzschlag. Mit einem Ruck drehte er sein Gesicht zu mir. Ich sah, wie es anschwoll und rot anlief.

„Wie bitte?“ schrie er durch das Fenster, „Sie laufen ohne Personaldokument draußen rum? Da müßte man Sie ja sofort einsperren!“ Er schnappte hörbar nach Luft und verlor fast seine Fassung.

„Das ist doch nicht meine Schuld“, erwiderte ich nun auch meinerseits mit gehobener und lautstarker Stimme. „Denken Sie vielleicht, mir ist das angenehm?“ Die hinter mir stehenden Leute schauten mir unbeeindruckt zu. Mit zitternden Händen wählte er eine Telefonnummer:

„Hier steht ein Bürger ohne Personaldokument bei mir an der Pforte, er will zu Ihnen Genossin, er behauptet Werner Hanitzsch zu sein. Ohne Personaldokument lass' ich den Bürger nicht rein.“ Hörbar legte er den Hörer auf. „Warten Sie hier“, befahl er mir und wandte sich dem nächsten Besucher zu.

Nach wenigen Minuten erschien eine Beamtin in Polizeiuniform. Den Arm angewinkelt, hielt sie zwischen zwei Fingern einen Personalausweis. Sie kam direkt zu mir. Ich kannte sie, sie war von der „Reisestelle für dringende Familienangelegenheiten“. Ich hatte schon mit ihr zu tun.

„Hier ist Ihr Personalausweis zurück“, sagte sie sehr freundlich zu mir.

„Nun sagen Sie mir bloß mal, was eigentlich los ist. Weshalb hat man mir meinen Paß wieder abgenommen?“

„Tut mir sehr leid, Herr Hanitzsch, aber ich kann Ihnen gar nichts dazu sagen, ich weiß es nicht.“

„Ich möchte bitte mit dem Dienststellenleiter sprechen. Würden Sie mich bitte bei ihm melden?“

„Gut, in Ihrem besonderen Fall will ich es versuchen.“

Sie nahm mich direkt mit in das erste Obergeschoß und bat mich, vor einer Türe Platz zu nehmen.

Nach etwa 10 oder 15 Minuten öffnete sich die Türe und die gleiche Beamtin bat mich einzutreten.

„Guddn Dach, Herr Hanitzsch, was ham Se denn for Beschwärdn?“ begrüßte mich ein älterer Offizier sehr freundlich. Nachdem ich ihm die ganze Geschichte vorgetragen hatte, meinte er:

„Herr Hanitzsch, mir ham in unsern Arbeider-und-Bauern-Schdaad ganz eindeutche und klare Gesetze, davon kenn die driem bloß dräum. Sie glom dor ni etwa, daß mir unsre eechnen Gesetze underloofen? Nee! Jeder Bürcher had bei uns deselben umfangreichen Reschde und Meechlichkeetn! Aber nadierlich ooch gewisse Pflischdn! Das kann ja gar ni anders sein. Bei uns wird jeder Andrach grindlisch geprieft und mir kumm unsern Wergdädschn endgeeschen, wo mer nur kenn. Aber manschma geht's ämd ni. Es is durschaus meechlich, daß Se beim nächsten Ma wieder fahrn kenn. Nadierlisch missmer uns bei Ihn endschuldschn, weil der Genosse, der Ihrn Andrach bearbeided had, gedriefd had. Der wird dafor ooch zur Reschnschafd gezoochn. Aber diesma kennse ni fahrn. Unser Gesetze sinn ämd so. Mir sinn ja ooch for Ihre Sischerheed dord driem verandwordlisch. Im Oochnblick kannsch da drann nischd ändern."

Mit diesen eindrucksvollen Worten hat er mich sehr getröstet – und damit war ich entlassen.

Mein bereits getauschtes Westgeld mußte ich natürlich zurücktauschen. Gegen eine entsprechende Bearbeitungsgebühr, versteht sich. Auch die gelöste Fahrkarte mußte ich ja nun wieder zurückgeben. Aber auch dafür bekam ich natürlich nicht den vollen Preis zurück. Alles in allem hat mich dieser „Irrtum" eines Genossen viel Geld und noch mehr Nerven gekostet. Zu bemerken wäre noch, daß im Falle der Ablehnung eines Reiseantrages nie eine Begründung angegeben wurde. Dazu war weder die bearbeitende Stelle noch sonst eine Behörde verpflichtet.

Erst zwei Jahre später, 1986, erhielt ich erstmals wieder die Genehmigung, meine Eltern zu besuchen.

Unsere Tochter Heike hatte inzwischen ihr Medizinstudium beendet und arbeitete als Ärztin in der Abteilung Gynäkologie des Krankenhauses Dippoldiswalde. Sie erhielt dort eine kleine Wohnung in einem Neubaublock, in welcher sie mit ihrem Sohn Peter lebte.

Bei unserem Sohn Helge verlief die Ausbildung so, wie sie in der DDR leider bei sehr vielen jungen Männern ablief. 1977 wechselte er von der Grundschule Dölzschen in die Kreuzschule Dresden. Er hatte die Absicht, das Abitur zu machen, um dann Veterinärmedizin zu studieren. Da sich in der Kreuzschule viele Kinder von Intellektuellen sowie von Geistlichen konzentrierten, hatte man dort einen ganz besonders „linientreuen" Direktor eingesetzt. Der wiederum hatte seinerseits für verschiedene Fächer kommunistisch besonders aktive Lehrer eingestellt. Es dauerte nicht lange und Helge fiel wegen seines „staatsfeindlichen" Auftretens in Ungnade. Bei ihm wurde ganz besonders auf jedes Wort und jede Geste geachtet, da ja bekannt war, daß er seine Großeltern und andere Verwandte in der Bundesrepublik hatte. Erschwerend kam hinzu, daß Helge alle Bewerber der Armee abwies. Man versuchte ihn für 12 oder aber zumindest für 3 Jahre zur Armee zu holen, was er immer ablehnte.

Vor dem Beginn der eigentlichen Abiturstufe, 11. und 12. Klasse, teilte man ihm und uns mit, daß er keinen Studienplatz erhalten wird. Die wenigen und sehr begehrten Studienplätze seien für Arbeiter- und Bauernkinder vorbehalten, die sich eindeutig zu unserem Staat bekennen! Es wurde uns anheimgestellt, Helge von der Schule zu nehmen. Was wir denn auch taten. Gemeinsam entschlossen wir uns deshalb, Helges Berufsziel „Tierarzt" über den Umweg – Berufsausbildung – Fachschule mit Abschluß „Veterinär-Ingenieur" – Beruf und Weiterbildung auf einer Hochschule zum Tierarzt – zu erreichen. Nachdem wir uns eingehend erkundigt hatten, sah es so aus, als ob dieser Weg gangbar wäre. Zumindest theoretisch war alles klar vorgezeichnet.

Aber auch hier hatten wir eben die Rechnung ohne den sozialistischen Wirt gemacht. Zunächst schlossen wir mit einer LPG in der Nähe von Dresden einen Lehrvertrag über die Ausbildung zu einem „Zootechniker und Mechanisator" ab. So lautete die offizielle Berufsbezeichnung. Helge wohnte in einem Internat. Das Leben und die Arbeit waren für einen Jungen aus der Stadt nicht nur ungewohnt, sondern äußerst hart. Seine Arbeitszeit begann morgens 4 Uhr und endete am Abend gegen 22 Uhr. Selbstverständlich mit entsprechenden Pausen dazwischen, aber trotzdem ist es für einen Städter unnormal. Bald kamen wir dahinter, daß sich hinter dieser hochtrabenden Berufsbezeichnung im Grunde nichts anderes verbirgt als ein Melker. Aber wir hatten ohnehin keine andere Wahl. Helge konnte seine Berufsausbildung vorzeitig mit „Sehr gut und Auszeichnung" abschließen. Bei der Bewerbung an der Veterinär-Fachschule in Beichlingen in Thüringen, wo er das Studium zum Veterinär-Ingenieur aufnehmen wollte, sagte man ihm, daß er sein Studium erst dann beginnen darf, wenn er seine Wehrpflichtdienstzeit hinter sich hat. Bei seinem zuständigen Wehrkreiskommando erhielt er die Auskunft, daß der Zeitpunkt seiner Einberufung vollkommen offen ist. Es könnte in ein, zwei oder aber auch erst in sechs Jahren sein, man könne ihm nichts garantieren. Sollte er sich jedoch für eine Dienstzeit von drei Jahren verpflichten, dann könnten sie ihm garantieren, daß er sofort gezogen wird. Da er nicht noch mehr Zeit verlieren wollte, als er ohnehin schon verloren hatte, ging er auf diese Erpressung ein und entschloß sich doch noch, für drei Jahre zur Armee zu gehen. Mit diesen Methoden hatte man ihn doch dorthin gebracht, wo er absolut nicht hinwollte. So wurde er Panzerfahrer und Unteroffizier.

Die Methoden seiner Ausbildung in Delitzsch unterschieden sich in nichts von denen, welche ich bei den Nazis kennengelernt hatte. Nach der Ausbildung diente er in Sondershausen, wo wir ihn oft besuchten. Während dieser Besuchstage wohnten wir regelmäßig in dem Hotel auf dem Possen. Es gefiel uns dort derart gut, daß wir viele Jahre, auch nach der Dienstzeit von Helge, zweimal im Jahr eine Woche Urlaub auf dem Possen verbrachten.

Unmittelbar nach seiner dreijährigen Dienstzeit durfte Helge endlich sein Studium aufnehmen, welches er nach drei Jahren als „Veterinär-Ingenieur" abschloß. Es war ein von der DDR kreierter Beruf mit mittlerer Laufbahn. Damit wurden vorhandene Lücken im Veterinärwesen geschlossen. Er arbeitete anschließend im Bezirksinstitut für Veterinärwesen Dresden. Sein Ziel war jedoch immer noch ein Studium zum Tierarzt. Auf seine Bewerbung zu einem Studienplatz erhielt er die Antwort, daß dafür die Delegierung von seinem Trägerbetrieb die Voraussetzung sei. Dieser wiederum sagte ihm, daß das Institut Veterinär-Ingenieure benötige, Tierärzte seien ausreichend vorhanden. Obwohl in der DDR jeder Bürger das gleiche Recht auf Bildung hatte, verlor er seinen Kampf und konnte seinen eigentlichen Berufswunsch nicht verwirklichen. So oder ähnlich wie ihm erging es den meisten Jugendlichen in der DDR.

1987 hatte meine psychische Kraft so stark nachgelassen, daß ich mich entschloß, meinen Betrieb zu reduzieren und den Großgeräteservice abzugeben. Der Schwiegersohn meines leider viel zu früh verstorbenen Freundes und Weggefährten Werner Klemm, Manfred Schwarz, interessierte sich sehr für die Übernahme dieser Arbeiten. Da ich jedoch meinen Betrieb für meine Berater- und Gutachtertätigkeit sowie für die Werkstattreparaturen der Kleingeräte noch behalten wollte, mußte er einen neuen Betrieb gründen. Es wurde ein sehr harter Kampf, bis wir endlich die Gewerbegenehmigung für ihn durchgeboxt hatten. Zeitweise sah es derart hoffnungslos aus, daß wir geneigt waren, den Kampf aufzugeben. Nach Monaten nervenzermürbender Verhandlungen und schriftlicher Anträge ist es endlich gelungen.

Manfred Schwarz erhielt die Genehmigung und gründete die

Fa. Steri- und Saunaservice
Manfred Schwarz
Quohren bei Kreischa.

Der Service für Heimsauna wurde ihm als Beitrag zum Bevölkerungsbedarf zur Auflage bei der Erteilung der Genehmigung gemacht. Fortan hatte ich mehr Zeit, mich um meine speziellen Aufgaben zu kümmern. Wir arbeiteten sehr eng und sehr gut zusammen. Vieles wurde für mich leichter.

Der Zusammenbruch der DDR

Das Jahr 1989 öffnete seine Türen. Mit großer Spannung betraten wir es, nicht ahnend, was es uns wohl bringen würde. Die Stimmung in der DDR verschlechterte sich immer mehr. Der Termin der Volkskammerwahl, der 07.5.89 rückte immer näher. Überall wurde diskutiert, wie man wohl am besten der Wahl Schaden zufügen könnte.

Einfach nicht zur Wahl gehen? Nicht möglich! Damit stempelt man sich sofort zum Staatsfeind. Außerdem wird man wegen Verletzung der „Wahlpflicht" zumindest belästigt.

Die Wahlkabine benutzen und die Wahlzettel ungültig machen? Das war zwar möglich, aber im eigenen Wahllokal sehr gefährlich. Jeder wußte, wer man war und weshalb man in die Wahlkabine ging. Die Wahlkabinen waren nur der Form halber aufgestellt. Niemand wußte, wie eine Gegenstimme aussehen müßte. Wir wußten nur, wie wir sie ungültig machen konnten.

Wir entschlossen uns deshalb, ein Sonderwahllokal aufzusuchen. Dort waren wir wenigstens nicht bekannt. Mit klopfendem Herzen betraten wir dort die Wahlkabine, um unserem Unmut über die verhaßte DDR Ausdruck zu verleihen. So wie wir handelten alle Leute, die ich kannte. Trotzdem war das Wahlergebnis wieder 98,8 % für die DDR. Die Menschen waren verzweifelt. Dieser offensichtliche Wahlbetrug zerrte an den Nerven. Immer mehr Menschen hatten nur noch einen Wunsch: Raus aus der DDR.

In den Sommermonaten 1989 tritt ein sprunghafter Anstieg der Ausreisezahlen ein. Tausende Menschen versuchen über die ČSSR und Ungarn der DDR zu entfliehen. Die Entwicklung auf verschiedenen ungarischen Campingplätzen nimmt dramatische Formen an.

Noch viel schlimmer entwickelte sich die Situation in der Botschaft der BRD in Prag. Die sanitären Anlagen reichten für derartig viel Menschen nicht aus.

Dann ging es Schlag auf Schlag.

Am 11.9.1989 öffnet Ungarn seine Grenze nach Österreich und läßt die DDR-Bürger passieren.

Noch im Verlauf des Septembers erzwingen die DDR-Bürger in der Botschaft der DDR in Prag ihre Ausreise aus der DDR. Sie werden mit Zügen von Prag über Dresden in die Bundesrepublik transportiert. Das hat natürlich Schule gemacht. Anfang Oktober 89 kommt es deshalb erneut zu einer noch dramatischeren Besetzung dieser Botschaft. Die Ausreisewilligen rechneten damit, daß die Regierung der DDR vor dem 40. Jahrestag der DDR noch einmal eine solche Ausreisewelle ermöglichen werde. Daraufhin schließt die DDR am 3.10.89 die Grenze zur ČSSR. Der bis dahin mögliche visafreie Reiseverkehr in die ČSSR ist nicht mehr möglich. Die Menschen, welche an diesem Tag an der Grenze zurückgewiesen wurden, versammeln sich auf dem Hauptbahnhof in Dresden. Sie sind zunächst ratlos, aber die Stimmung wird immer weiter angeheizt.

Am späten Abend dieses denkwürdigen Tages fährt ein Leerzug auf dem Bahnsteig 5 des Hauptbahnhofes in Dresden ein, welcher die Ausreisewilligen in Prag abholen soll. Dieser Zug wird von den versammelten Menschen gestürmt. Daraufhin wird der Bahnhof das erste Mal durch die Polizei gewaltsam geräumt. Es kommt zu gewaltsamen Auseinandersetzungen und massenweisen Verhaftungen von jungen Leuten.

Am 4.10.89 versammeln sich schätzungsweise 2500 Menschen in der Kuppelhalle des Hauptbahnhofes. Die Polizei verbarrikadiert sich im Bereich der Bahnsteige und setzt Wasserwerfer ein. In den folgenden Stunden spielten sich bürgerkriegsähnliche Szenen ab. Die „Deutsche Volkspolizei“ ging mit unvorstellbarer Brutalität gegen das eigene Volk vor.

Am 5.10. nehmen die Demonstrationen im Stadtgebiet zu. Immer wieder kommt es zu Schlägereien, tätlichen Auseinandersetzungen und Verhaftungen.

Am 6.10. stoppt die Polizei im Bereich der Leningrader Straße eine Straßenbahn, weil aus einem Wagen heraus die Polizei beschimpft wurde. Die Bahn wurde teilweise geräumt, und die Bürger mußten sich mit dem Gesicht nach unten auf die Straße legen. Wer sich beschwerte, wurde geprügelt. Es gibt noch zwei ähnliche Vorfälle mit Straßenbahnen.

In der Nacht vom 6. zum 7.10. kommt es am Hauptbahnhof zu einer normalen Ansammlung von Menschen, welche auf die Straßenbahn warten. Die Polizei betrachtet diese Ansammlung als Demonstration und zwingt die Leute wie oben, sich mit dem Gesicht nach unten auf die Straße zu legen. Es ist natürlich logisch, daß dieses Vorgehen der Staatsmacht die allgemeine Stimmung immer mehr zum Sieden brachte. Die Demonstrationsbereitschaft konnte so auf keinen Fall unterdrückt werden, sondern nahm im Gegenteil immer mehr zu.

Am 8.10. hatten Unbekannte zu einer Kundgebung um 15.00 Uhr auf dem Theaterplatz aufgerufen. Meine Tochter Arit, zu diesem Zeitpunkt 15 Jahre alt, bat mich, teilnehmen zu dürfen. So entschloß ich mich, mit ihr dorthin zu gehen.

Wir fuhren mit der Straßenbahn zum Postplatz. Auf dem Weg zum Theaterplatz stellten wir fest, daß das ganze Gebiet von Stasi bewacht wurde. Überall standen „unauffällig" Zivilisten herum. Ein solcher Zivilist versperrte uns den Weg und sprach uns an:

„Beabsichtigen Sie, zum Theaterplatz zu gehen?"

„Nein! Warum fragen Sie mich das?"

„Dort findet 15 Uhr eine nichtzugelassene Demonstration statt. Ich würde Ihnen empfehlen, den Theaterplatz heute zu meiden. Die Leute, die dort randalieren wollen, sind unberechenbar. Es könnte gefährlich werden, und wir können nicht jeden beschützen."

„Nein, ich will meiner Tochter den Fürstenzug zeigen, und da müssen wir hier lang."

„Gut, dann ist ja alles in Ordnung."

Wir gingen weiter, und er sprach bereits den nächsten Passanten an. Überall sah man solche Gesprächsgruppen stehen, die sich dann wieder auflösten. Wir liefen am Theaterplatz vorbei in Richtung Fürstenzug, dann schlugen wir einen kleinen Bogen und gingen zurück zum Theaterplatz. Es befanden sich schon allerhand Menschen auf dem Platz, die meisten von ihnen liefen noch umher.

Auch wir gingen noch etwas spazieren. Es war kurz nach 14 Uhr, wir hatten also noch genügend Zeit.

In den Nebenstraßen entdeckten wir dann viele Armee-LKWs mit mehreren Hundertschaften der kasernierten Polizei. Mehrere Streifen patrouillierten durch die Straßen. Auf dem Theaterplatz fuhr ein Armee-LKW mit Lautsprechern auf, der von zwei Polizei-PKW mit Blaulicht begleitet wurde. Die Spannung stieg von Minute zu Minute. Es war schon recht kühl. Mich fröstelte. War es die Kühle oder mehr die Aufregung? Ich weiß es nicht.

Mit noch anderen Passanten stellten wir uns vor der Gaststätte „Zum Italienischen Dörfchen" auf. Von hier hatten wir einen guten Überblick über den gesamten Theaterplatz, befanden uns aber noch in einigermaßen sicherer Entfernung. Ich gestehe, daß ich erhebliche Angst hatte, nicht zuletzt und vor allem um Arit. Sie hatte jedoch überhaupt keine Angst. Ihr fehlte noch die Negativerfahrung, sie wußte nicht, was da alles passieren kann. Mir jedoch waren die vorhergegangenen Demonstrationen noch in guter Erinnerung. Vor allem am Hauptbahnhof hat eine regelrechte Schlacht stattgefunden. Es gab sehr viele Verletzte.

Die Menschenmenge auf dem Theaterplatz verdichtete sich zusehends. Der Lautsprecher-LKW trat in Aktion:

„Bürger von Dresden, hier spricht die Deutsche Volkspolizei, die demonstrative Ansammlung von Menschen ohne ausdrückliche Genehmigung durch den Staatsapparat ist aus Sicherheitsgründen gesetzlich verboten. Wir fordern Sie auf, den Theaterplatz sofort zu räumen. Verlassen Sie den Platz in kleinen Gruppen in Ruhe und diszipliniert in Richtung Brühlsche Terrasse. Sollten Sie unserer Aufforderung nicht nachkommen, machen Sie sich der Landesfriedensstörung schuldig und zwingen uns, die Ruhe und Ordnung mit polizeilichen Maßnahmen wiederherzustellen."

Diesem Aufruf folgte ein johlendes Pfeifkonzert von den Demonstranten. Daraufhin marschierten einige Hundertschaften Polizei mit Schilden, Schlagstöcken und Helmen auf den Platz. Sie postierten sich verteilt an den Randbereichen. Es war mehr als eine drohende Gebärde. In mir fibrierte alles. Wie von selbst formierten sich die Demonstranten zu einem geschlossen Zug. Ganz langsam wälzte sich diese Menschenlawine in Richtung Brühlsche Terrasse. Wir schlossen uns seitlich an. Plötzlich war ich ganz ruhig. Die Angst war in ohnmächtige Wut und Haß umgeschlagen.

Der Treppenaufgang zur Brühlschen Terrasse sowie die Straße, welche zum

Terrassenufer führt, wurde von Polizeieinheiten abgeriegelt. Der Zug kam zum Stehen. Polizei und Demonstranten standen sich schweigend gegenüber. Dazwischen lagen 5 Meter Niemandsland.

Urplötzlich sprangen drei Polizisten aus der Kette und rannten auf die Demonstranten los. Zwei von ihnen griffen sich einen Demonstranten, rissen ihn mit sich, und der dritte schlug mit dem Schlagstock auf ihn ein. Der junge Mann konnte sich nicht wehren und blutete sofort über und über. Ein Teil der vorderen Gruppe der Demonstranten drängte schreiend in die Straße am Fürstenzug. Der hintere Teil wurde von der Polizei abgeschnitten und am „Italienischen Dörfchen" vorbei in Richtung Elbe abgedrängt. So gelang es auch in diesem Fall der Polizei, die Demonstration innerhalb kurzer Zeit mit brutaler Gewalt aufzulösen. Ich war froh, als ich mit meiner Tochter aus diesem Hexenkessel raus war.

Einige Tage später ging mein Sohn Helge mit seiner jungen Frau zu einer Demonstration. Diese konnte sich zwar formieren und begann einen Marsch durch die Stadt, wurde jedoch kurze Zeit später in die Pillnitzer Straße abgedrängt. Aus der dritten Querstraße kam dann plötzlich Polizei und versperrte den Weg. Der Rückweg war ebenfalls abgeschnitten. Der gesamte Demonstrationszug befand sich in einer regelrechten Falle. Viele LKWs kamen angefahren. Die Polizei prügelte alle Menschen, welche sich in der Pillnitzer Straße befanden, auf diese LKWs und transportierte sie ab, ganz gleich, ob sie Demonstranten waren oder sich rein zufällig dort befanden. Helge befand sich mit seiner Frau etwa in der Mitte des Zuges. Sie retteten sich dadurch, daß sie in das nächste Haus liefen, im 1. Obergeschoß bei fremden Leuten klingelten und um Asyl baten. Es wurde ihnen gewährt. Dort warteten sie, bis der ganze Spuk vorüber war. Spät am Abend kamen sie erst nach Hause.

Verständlicherweise hatten wir uns schon sehr große Sorgen gemacht. So wie sie hatten sich noch mehrere Demonstranten retten können.

Ungeachtet der brutalen Knüppelgarden der „Volkspolizei" fand nun jeden Montag eine Demonstration statt. Es gehörte schon zum guten Ton, montags zur Demonstration zu gehen.

Die Lage in der DDR wurde von Tag zu Tag kritischer. Immer mehr Menschen gingen auf die Straße. Die Knüppelaktionen ließen nach und verschwanden endlich gänzlich. Der Widerstand des Staatsapparates war gebrochen.

Die letzte große Demonstration, an welcher ich mit meiner Familie teilnahm, fand etwa Ende Oktober 1989 statt. Der Stellplatz war vor dem Theater „Großes Haus“ auf der Ostra-Allee. Menschenmassen über Menschenmassen versammelten sich dort. So viele Menschen hatten die Kommunisten noch nie auf die Straße gebracht. Massen an Plakaten und Transparenten wurden getragen. Eines witziger und deutlicher als das andere. Unverhohlen und offen wurde der „Arbeiter-und-Bauern-Staat“ aufs Korn genommen.

Der Zug marschierte über den Postplatz, durch die Thälmannstraße zum Pirnaischen Platz. Von da zur Elbe und zurück zum Theaterplatz. Der gesamte Verkehr wurde durch diesen Marsch lahmgelegt. Aus den haltenden Fahrzeugen und Straßenbahnen winkten uns die Menschen zu. Viele zeigten mit den zwei gespreizten Fingern das Zeichen des Sieges „Victory“. Auf dem Theaterplatz war eine Rednerbühne mit Lautsprecheranlage improvisiert aufgestellt. Viele Künstler und Persönlichkeiten aus dem öffentlichen Leben sprachen an diesem Nachmittag. Unter anderem Gunter Emmerlich und Prof. Ludwig Güttler. Der Theaterplatz war ein brodelnder Hexenkessel der Emotionen. Ich glaube, alles was Beine hatte, war dort. Außer den Kommunisten natürlich. Wildfremde Menschen umarmten und küßten sich. Während der gesamten Demonstration sah ich nicht einen Polizisten. Zufrieden gingen alle nach Hause.

Die Ereignisse überschlugen sich. In der Zwischenzeit hatte man in der DDR begonnen, Ausreisegenehmigungen auf Antrag sofort auszugeben. An den Stadtbezirksämtern bildeten sich lange Schlangen. Die Menschen stellten sich zu Tausenden an, um eine Reisegenehmigung zu erhalten.

Am 9. November saßen wir den ganzen Tag am Radio. Eine Meldung jagte die andere. Es war fast wie 1945, als das dritte Reich zusammenbrach. Am 10. November stellte sich auch meine Tochter Heike in Dippoldiswalde in solch eine Schlange. Sie beabsichtigte ihren Freund zu besuchen, der ein halbes Jahr zuvor von einer Besuchsreise nicht zurückgekommen war. Nachdem sie bereits zwei Stunden anstand, wurde bekanntgegeben, daß alle Bürger, die für immer in der BRD bleiben möchten, sofort nach vorn kommen könnten. Sie erhalten einen entsprechenden Stempel in ihren Personalausweis und können sofort reisen. Allerdings könnten sie nicht zurückkehren. In diesem Moment entschloß sich Heike spontan, diese Gelegenheit wahrzunehmen und mit ihrem Sohn Peter die DDR für immer zu verlassen. Damals bestand immer noch die Bestimmung, daß diese Personen die DDR innerhalb von 24 Stunden zu verlassen hätten. Meine Frau befand sich gerade in Dippoldiswalde, da an diesem Nachmittag Peters Geburtstag mit Kindern gefeiert werden sollte. Das war vielleicht eine Aufregung.

Als am Abend die letzten Kinder gegangen waren, wurde das Auto beladen. Heikes kleiner Trabant wurde bis unter das Dach mit dem Nötigsten vollgestopft. Zur Unterstützung fuhr Helge mit seiner Frau mit meinem Auto nach Dipps. Sie wollten Heike und Peter am 11. November bis an die Grenze begleiten. Ich war allein zu Hause und saß die ganze Nacht am Fernseher. Noch in dieser Nacht fielen die Schlagbäume. Sämtliche Grenzübergänge zur BRD und nach Westberlin wurden geöffnet. Ich weinte wie ein Kind. Ich konnte es einfach nicht fassen, daß ich diesen Moment noch erleben durfte. Noch vor wenigen Tagen hätte das niemand für möglich gehalten. Auch den ganzen nächsten Tag war ich nicht in der Lage, irgend etwas zu arbeiten. Den ganzen Tag liefen der Fernsehapparat und das Radio. Die Menschen waren in einer Stimmung, die einem Freudentaumel gleichkam. Es war die Befreiung aus einem Ghetto!

Am 11. November 6 Uhr startete der kleine Konvoi, bestehend aus den zwei Fahrzeugen mit Heike, Peter, Helge und seiner Frau. Peter war sehr traurig und weinte sehr. Er wollte nicht fort von zu Hause. Sie fuhren auf der Autobahn über das Hermsdorfer Kreuz Richtung Westen. Vom Hermsdorfer Kreuz bis zum Grenzübergang Hirschberg benötigten sie 12 Stunden. Einen derartigen Stau hatte die DDR noch nie erlebt. Es war eine Völkerwanderung im wahrsten Sinne des Wortes.

Da die Grenze inzwischen offen war, fuhr Helge noch bis Bayreuth mit. Dort war in einer ehemaligen Kaserne eine Auffangstelle für DDR-Übersiedler eingerichtet worden. Das war die erste Anlaufstelle für Heike. Dort wurde sie am nächsten Tag von ihrem Freund abgeholt. Heute sind beide glücklich verheiratet und haben eine Familie gegründet.

Helge mußte mit seiner Frau im Auto übernachten, sie besaßen ja nur M der DDR. Am nächsten Tag sind sie zurück nach Dresden gefahren. Das war der Anfang der freien Reisemöglichkeiten für die Bürger der DDR.

Die Wochen vergingen, die Menschen versuchten die neu gewonnene Freiheit umfassend auszunutzen. Aber noch immer fuhren wir als eine Art Bettler oder Bittsteller in die Bundesrepublik, waren angewiesen auf das Tagesgeld, das die Bundesrepublik an alle Besucher aus der DDR zahlte, und auf Zuwendungen von den Verwandten.

1990 bis 1993

Mein Leben in der Bundesrepublik Deutschland und Eintritt in den Ruhestand

Frühjahr 1990. Die Währungsunion war beschlossen und wurde vorbereitet. Das hatte Auswirkungen auf das gesamte Leben in der ehemaligen DDR. Die persönlichen Konten wurden auf Eltern und Kinder verteilt, um die Umtauschsummen pro Person zu verringern. Das hatte zur Folge, daß an den Banken und Sparkassen Menschenmassen anstanden. Stundenlang mußte ich stehen, nur um etwas Geld abzuheben. Geldautomaten kannte man noch nicht.

Alle Betriebe und Einrichtungen sparten, wo sie nur konnten, um möglichst viel DM-West zu erhalten. So auch alle Krankenhäuser. Sie gaben keinen Pfennig mehr aus, um die alten abgewirtschafteten Geräte reparieren zu lassen. Die meisten Einrichtungen nahmen bereits Verbindung mit Herstellern und Lieferanten in den alten Bundesländern auf, um neue „Westgeräte" zu bekommen. Als Folge dieser Bestrebungen gingen bei mir schon im Januar 1990 die Aufträge erschreckend zurück. Ende Februar versiegten sie gänzlich. Ab März kam kein einziges Gerät mehr in meine Werkstatt. In diesem Monat führte ich noch ein paar einzelne Revisionen durch, dann war auch damit Schluß. Vier Monate stand ich mit meinem Betrieb vollkommen ohne Arbeit und ohne Einkommen da. Mir blieb nichts anderes übrig, als mein Gewerbe per 30.6.1990 abzumelden und meinen Betrieb aufzulösen.

Noch einmal ein neuer Anfang

Durch gute Freunde erhielt ich die Möglichkeit, in Bergneustadt im Großraum Köln eine sehr hübsche Wohnung zu mieten. Am 7. August 1990 verlegten wir unseren Wohnsitz dorthin.

Nun befand ich mich im dritten Gesellschaftssystem in meinem Leben. Es war einfach herrlich. Wir genossen die ungewohnte Freiheit in vollen Zügen und waren glücklich, alles kaufen zu können, was das Herz begehrt. Alle meine gesundheitlichen Probleme, mit denen ich in Dresden jahrelang sehr zu kämpfen hatte, verschwanden in Bergneustadt. Es war wie ein Wunder.

Am 1. September 1990 übernahm ich eine sehr interessante Aufgabe bei der Fa. Gebr. Bindler in Bergneustadt. Die Fa. Bindler stellt Schokoladenmaschinen her und beliefert viele Länder in mehreren Erdteilen.

Für Maschinen der Lebensmittelbearbeitung und -verarbeitung wurden in den letzten Jahren in der ganzen Welt umfangreiche und einschneidende Richtlinien in bezug auf die Hygiene erlassen. Hier kamen mir als Techniker meine Kenntnisse der Mikrobiologie sehr zugute. Herr U. Bindler beauftragte mich, technische Systeme für die Maschinen- und Produkthygiene bzw. -sterilisation zu entwickeln. Dank der Offenheit von Herrn Uwe Bindler für alles Neue sowie für die Probleme der Mikrobiologie in der Lebensmittelindustrie erlebte ich hier noch einmal einen sehr schaffensreichen und kreativen Abschnitt meines Arbeitslebens.

Reise in die Vergangenheit

Schon einige Jahre sprachen meine Kinder davon, daß sie gern noch einmal Kairo besuchen würden. Zu DDR-Zeiten war dies ein hoffnungsloser Wunschtraum. Aber jetzt. Jetzt, da es keinerlei Reiseeinschränkungen mehr gab, jetzt konnte dieser Traum verwirklicht werden. Deshalb wurde ein gemeinsamer Urlaub der ganzen Familie geplant. Das gemeinsame Urlaubsziel hieß Ägypten. Ich sagte ja bereits an früherer Stelle: „Wer einmal Nilwasser getrunken hat, kehrt immer wieder an den Nil zurück."

Die Reise wurde für den 1. Oktober 1992 gebucht. Wir waren eine kleine Reisegruppe für sich. Der Reiseleiter und Dolmetscher war ich.

Da wir eine nostalgische „Reise in die Vergangenheit der Familie" unternehmen wollten, buchten wir keine Veranstaltungsreise, sondern nur den Flug und das Hotel mit Frühstück.

Wir hatten derartiges Reisefieber, daß wir alle froh waren, als der Termin endlich da war.

Am 30. September fuhren wir mit unserem Auto zu unserer Tochter Heike nach Homberg/Efze. Nach ein paar Stunden Schlaf mußten wir schon kurz nach Mitternacht aufstehen. Gegen 2 Uhr sollten wir von einem Kleinbus eines Flughafen-Transferunternehmens abgeholt werden. Wir mußten zum Flugplatz Frankfurt. Die geplante Startzeit war 6 Uhr. Pünktlich standen wir alle mit unserem Reisegepäck vor dem Haus auf der Straße. Es war schon recht kühl, vor allem nachts. Man mußte sich schon etwas wärmer kleiden. Wir standen und standen, aber kein Fahrzeug erschien. Nach 30 Minuten riefen wir bei dem Transferunternehmen an. Der Dispatcher beruhigte uns, das Fahrzeug sei unterwegs. Also weiter in Geduld fassen und warten. Nach einer Stunde wurden wir dann doch sehr unruhig. Die Zeit wurde doch immer knapper. Inzwischen war es 3 Uhr geworden. Spätestens 5 Uhr 30 mußten wir zum Einchecken auf dem Flugplatz sein. Also riefen wir wieder an. Diesmal waren wir schon recht skeptisch und auch ungehalten. Aber der Dispatcher beruhigte uns erneut mit den Worten:

„Machen Sie sich keine Sorgen, das Fahrzeug ist unterwegs, es muß jeden Moment bei Ihnen eintreffen."

„Haben Sie Verbindung über Funktelefon mit Ihrem Fahrer? Wo befindet er sich zur Zeit?"

„Tut mir leid, wir haben in diesem Fahrzeug kein Telefon, ich kann den Fahrer nicht erreichen."

„Wie können Sie denn dann so sicher sein, daß er gleich erscheinen wird? Er kann ja unterwegs liegenbleiben oder einen Unfall haben. Sollten wir unser Flugzeug nicht mehr erreichen, wird es sehr teuer für Sie werden, das versichere ich Ihnen."

„Beruhigen Sie sich, Sie werden mit Sicherheit Ihr Flugzeug erreichen."

Wir waren sprachlos. Ein Transferunternehmen hat kein Telefon in dem Einsatzfahrzeug. Es kann doch nicht wahr sein.

Wenige Augenblicke nachdem wir den Hörer aufgelegt hatten, klingelte das Telefon. Es war der Fahrer des erwarteten Fahrzeuges:

„Ich stehe hier am Markt in Homberg, ich kann die Straße 'Am Mühlenberg' einfach nicht finden."

„Bleiben Sie dort stehen, ich komme und hol' Sie ab", war die Antwort meines Schwiegersohnes, und schon spurtete er los.

Wir hatten Grund, zum zweiten Mal sprachlos zu sein. Ein Fahrer, der mitten in der Nacht mit einem solchen Auftrag in eine fremde Stadt fährt und sich nicht vorher über sein Ziel informiert? Es ist einfach unvorstellbar. Unsere Nerven waren zum Zerreißen gespannt. Wir waren übernächtigt, und es war kühl. Uns fröstelte.

Wenige Augenblicke später kam mein Schwiegersohn mit dem Fahrzeug, und wir konnten endlich einsteigen. Nun konnten wir zum dritten Mal staunen: Es war ein völlig überalterter VW-Kleinbus, klapprig und ohne Sicherheitsgurte. Also, wenn die ganze Reise so wird wie der Anfang, na dann gute Lust!

Der Fahrer versuchte auf der Autobahn das Möglichste aus dem Fahrzeug herauszuholen. Es stöhnte und fibrierte, daß man Angst haben mußte, es möchte jeden Augenblick explodieren oder auseinanderfallen.

Gegen 5 Uhr 30 erreichten wir endlich und glücklich den Flughafen Frankfurt. Gott sei Dank!

Von hier flogen wir zunächst nach München. Dort mußten wir umsteigen und hatten etwa zwei Stunden Aufenthalt. Hier trafen wir uns mit unserem Sohn Helge und seiner Ehefrau Liane. Nun war unsere kleine Reisegruppe komplett. Sie bestand aus acht Personen: meine Frau, ich, Tochter Arit, Tochter Heike, Schwiegersohn Uwe, Enkel Peter, Sohn Helge und Schwiegertochter Liane.

Mit leichter Verspätung starteten wir in Richtung Kairo. Inzwischen waren wir in erwartungsvoller Hochstimmung. Während ich in meinem Sessel saß, liefen die vergangenen 30 Jahre meines Lebens wie ein Film an mir vorüber. Die ersten Flüge nach Ägypten, meine Erlebnisse in Kairo, in der Wüste und auf Sinai. Die Zeit mit der Familie in Ägypten, meine Führerscheinprüfung, die Kriegserlebnisse, unsere Wohnung in Mohandessin, unsere Kinder in der Schule an den Pyramiden u. v. m. Vor 21 Jahren hatten wir Ägypten verlassen. Was werden wir jetzt dort antreffen? Eine spannungsgeladene Erwartung bemächtigte sich meiner.

Im Verlaufe des Fluges gab der Kapitän einige Standortmeldungen und die üblichen Informationen durch. Bei einer solchen Gelegenheit forderte er die Fluggäste auf, das Cockpit zu besuchen und ihm über die Schulter zu schauen. So etwas ist so selten, daß ich es mir nicht zweimal sagen ließ. Ich forderte sofort meinen Enkel Peter (11 Jahre alt) auf, mit mir zu kommen, und ging mit ihm zum Cockpit. Der Kapitän und sein Copilot erklärten uns sehr freundlich diverse Einzelheiten der Flugtechnik und des Autopiloten. Es waren sehr interessante Minuten. Gern wären wir noch länger da geblieben, aber hinter uns warteten bereits mehrere Personen, die sich auch das Cockpit ansehen wollten.

Gegen 15 Uhr Ortszeit landeten wir in Kairo. Wie bei jeder Landung in Kairo schlug uns eine brütendheiße Luft entgegen, als wir die Gangway betraten. Die Umstellung auf das Klima von Europa auf Afrika ist jedesmal enorm.

Alles war anders als vor 20 Jahren. Ein neues Flughafengebäude empfing uns. Es war das dritte, welches ich in Kairo erlebte. Vieles war größer und weiträumiger. Etwas beklommen war mir doch zumute, wir hatten noch kein Visum in unseren Pässen. Aber es war alles bestens organisiert. Am Kontrollausgang standen etwa 10 Männer, jeder von ihnen trug ein Schild mit dem Namen eines Reiseunternehmens. So auch von dem unsrigen, von welchem wir die einzigen Reisenden waren. Ein sehr freundlicher Herr empfing uns in deutscher Sprache und bat um unsere Pässe. Ein zweiter Herr ging mit den Pässen fort und ließ die Visa einstempeln. Er war schon nach wenigen Minuten zurück.

Am Transportband erwarteten wir unser Gepäck. Eine Zollkontrolle fand nicht statt. Das war ganz neu für Ägypten. Am „Arrival"-Tor nahm uns ein sehr freundlicher junger Mann in Empfang und bat uns, ebenfalls in deutscher Sprache, zu einem Kleinbus auf dem Parkplatz. Aha, dachte ich, der Flughafentransfer ist also auch organisiert. Unser gesamtes Gepäck wurde von zwei Trägern mit Karren zum Bus gebracht. Als wir alle Platz genommen hatten, stellte sich unser Begleiter vor. Er hieß Mohamed Saad und war ein Reiseleiter von Spring-Tours. Weiter sagte er uns:

„Für die Zeit Ihres Aufenthaltes in Ägypten stehe ich Ihnen kostenlos zur Verfügung, um Ihnen Ihre Wünsche erfüllen zu helfen, Ausflüge zu organisieren oder Veranstaltungen zu buchen. Ich werde täglich nach Ihnen sehen, um Ihre eventuellen Wünsche in Empfang zu nehmen. Mein Spitzname ist Mischmisch, auf deutsch heißt das 'Aprikose'. Sie können also 'Aprikose' zu mir sagen." Wir nannten ihn zwar nicht „Herr Aprikose", aber fortan hieß er für uns „Mister Mischmisch". Wir fanden es viel vertrauter als Mister Mohamed.

Das für uns gebuchte Hotel „Sofitel" befand sich am Stadtrand Kairos in unmittelbarer Nähe der Pyramiden von Gizeh. Vom Flughafen aus, also genau auf der anderen Seite der Stadt. Wir mußten also quer durch ganz Kairo fahren. So hatte ich gleich zu Beginn unseres Aufenthaltes genügend Gelegenheit, Erinnerungen aufzufrischen. Vieles erkannte ich allerdings nicht wieder. Es waren viele neue Straßen und Hochstraßen entstanden. Das Stadtbild hatte sich verändert. Kairo war größer geworden. Ich erzählte unserem Reisebegleiter von meinem Aufenthalt und meinen jetzigen Eindrücken. Er bestätigte mir:

„Ja, Sie haben recht, Kairo ist viel größer geworden. 1959, als Sie das erstemal hier waren, besaß Kairo 3,5 Millionen Einwohner, 1971, als Sie die Stadt verlassen haben, waren es 7 Millionen, und heute besitzt Kairo 18 Millionen Einwohner."

18 Millionen Einwohner! Ich konnte es nicht fassen, aber es war zu sehen. Der Stadtrand hatte sich weit nach außen verschoben. Früher mußte man vom

Flugplatz ganz schön weit fahren, um in die Stadt zu gelangen. Heute ist der Übergang fast nahtlos. Die Randgebiete machen einen sehr gepflegten Eindruck. Großzügig angelegte Gärten mit Palmen und Bananenstauden sowie gepflegte Villen. Allerdings macht die Innenstadt heute einen noch ungepflegteren und chaotischeren Eindruck als früher. Mein Schwiegersohn Uwe machte ein sehr erschrockenes und irritiertes Gesicht. Eine solche Stadt hatte er nicht erwartet. Der erste Eindruck von Kairo ist Schmutz, Lärm und Chaos. Aber man merkt bald, es ist ein liebenswertes Chaos.

Gegen 17 Uhr erreichten wir unser Hotel. Es lag direkt an der Desert Road to Alexandria. Oft bin ich früher an dieser Stelle vorbeigefahren, wenn ich nach Alexandria fuhr. Da bestand dieses Hotel natürlich noch nicht. Wir waren überrascht über die gediegene Gemütlichkeit, die dieses Hotel in allen Teilen ausstrahlte. Es bildete eine sehr erholsame Oase in dem turbulenten Straßengeschehen der Stadt. Hier konnte man so richtig „relaxen", wie man heute zu sagen pflegt.

Nachdem wir unsere Zimmer bezogen hatten, gingen wir gemeinsam zum Abendessen in eines der sehr gemütlichen Hotelrestaurants. Natürlich aßen wir orientalisch. Eigenartig, ich fühlte mich so richtig zu Hause, nichts war mir fremd.

Am nächsten Morgen brachte uns Mr. Mischmisch einen Taxifahrer mit einem Kleinbus, der uns für die Zeit des Urlaubs ständig zur Verfügung stand. Selbstverständlich gegen entsprechende Bezahlung, versteht sich. Aber er war sehr fair und berechnete uns immer einen angemessenen Preis. Sicherlich hatte dabei auch die Tatsache, daß ich mit ihm Arabisch sprach, großen Einfluß. Es war ein unschätzbarer Vorteil, daß uns ständig ein solcher Kleinbus zur Verfügung stand. Anderenfalls hätten wir, bei 8 Personen, immer zwei Fahrzeuge nehmen müssen, was natürlich wesentlich teurer geworden wäre.

Um trotz aller geplanten Exkursionen und Unternehmungen den Erholungseffekt nicht ganz zu verlieren, teilten wir uns die Zeit so ein, daß wir abwechselnd einen Tag unterwegs waren und einen Tag im Hotel am Swimmingpool verbrachten. Dadurch wurden auch die Anstrengungen immer wieder ausgeglichen.

Als erstes standen natürlich die Pyramiden auf dem Programm. Mit Kamelen und Pferden unternahmen wir einen Ausritt. Ich selbst nahm mir natürlich ein Pferd, aber die meisten wollten auf dem Kamel reiten.

Bei dem üblichen Bilderbuchwetter Ägyptens mit einem strahlend blauen

Himmel ritten wir gemächlich an der Sphinx vorbei bis zur Pyramide Kyffren. Von dort ging es in einem Bogen ein Stück in die Wüste, wo eine kleine Pause eingelegt wurde. Selbstverständlich hatten wir einen Führer mit. Nach dem Absitzen tauchten plötzlich mehrere Händler auf. Sie schienen aus dem Nichts zu kommen. Da wurden arabische Kopftücher mit der Stirnkordel angeboten, Mützen für den Sonnenschutz und, was ganz wichtig war, gekühlte Getränke. Die Sonne brannte uns schon ganz schön auf die Häupter, deshalb nahmen wir diese Angebote gerne an. Bei dem Aufsitzen nach der Pause wäre es fast zu einem Unfall gekommen. Meine Frau hatte einen Fuß in die Lederschlaufe des Sattels gesteckt, als das Kamel plötzlich aufstand und anlief. Sie brachte den Fuß nicht mehr heraus, und der andere stand noch auf dem Boden. Nun ist so ein Kamel sehr groß. Hilflos hing meine Frau an der Seite des Kamels, ein Bein oben, eins unten. Der Kamelführer konnte gerade noch rechtzeitig hinzuspringen, um das Kamel wieder zum Hinlegen zu zwingen. Zum Glück ist weiter nichts passiert. Meine Frau jedenfalls war froh, als der Ausritt beendet war.

Anschließend besuchten wir noch die Stufenpyramide von Sakkara, das Grab der heiligen Kühe und die Totenstadt von Memphis. An all diesen Plätzen waren wir früher schon mehrmals mit unseren Kindern, aber diesmal sahen sie alles mit ganz anderen Augen. Für den ersten Tag waren die gewonnenen Eindrücke mehr als reichlich, und wir freuten uns auf ein kühles Bad.

Das Ziel unseres nächsten Ausfluges waren persönliche Erinnerungen. Als erstes besuchten wir die ehemalige Schule unserer Kinder. Eine größere Villa an der Road of Pyramids. Es war ein trauriger Anblick. Das Grundstück gehörte der ehemaligen DDR und war nun schon einige Jahre verlassen und verwaist. Eine Stahltüre in der Mauer an der Straße stand halb offen. Da wir im Grundstück nirgends einen Menschen sahen, gingen wir hinein. Als wir vor dem halb verfallenen Gebäude standen, näherten sich uns aus dem hinteren Teil des Grundstückes zwei Männer. Sie schimpften fürchterlich auf uns und wollten die Polizei rufen, falls wir nicht sofort das Grundstück verlassen würden. Unser Fahrer begleitete uns und gab sich die größte Mühe, die beiden Männer zu beruhigen. Erst als ich sie in ihrer Landessprache ansprach und ihnen erklärte, daß meine Kinder in diese Schule gegangen seien, wurden sie zugänglicher. Als dann noch meine Kinder auf einige Details des Grundstückes hinwiesen, was da war und was dort war, wurden sie richtig freundlich. Sie forderten uns auf näherzutreten, um uns in aller Ruhe alles anzusehen. Es war ein ganz eigenartiges Gefühl, nach so langer Zeit hier zu stehen. Ich selbst war sehr oft in dieser Schule. Einmal hatte mich die Botschaft der DDR in Kairo gebeten, als Elektroingenieur ein Gutachten über die gesamte Elektroanlage des Gebäudes abzugeben.

Helge wurde hier eingeschult. In dem damals sehr gepflegten Garten waren viele Kinder und Eltern. Es fand eine Feier statt. All dies zog an meinem geistigen Auge vorüber. Nun standen wir vor einem Haufen Scherben. Viel mehr war es nicht mehr. Nachdenklich verließen wir diese Stätte.

Von der Schule aus fuhren wir nach Mohandesin, wo wir in der Damascus Street gewohnt haben. Obwohl wir einen Stadtplan und unseren Fahrer bei uns hatten, war es nicht leicht, unseren früheren Wohnort wiederzufinden. Was war aus dem verträumten Mohandesin geworden?

Nicht wiederzuerkennen! Aus dem großzügig angelegten Vorort mit Villen und Gärten war eine Großstadt geworden, die vollkommen nahtlos an die Innenstadt Kairos angeschlossen war. Alles sah völlig anders aus. Es gelang mir nicht, die Damascus Street von der Innenstadt oder auch von Zamalek aus, auf den Straßen, welche ich jahrelang tagtäglich selbst benutzte, wiederzufinden.

Auch die Damascus Street selbst war nicht wiederzuerkennen. Wir mußten lange suchen, bis wir endlich das Haus gefunden hatten, in welchem wir damals wohnten. Als wir endlich davorstanden, traute ich meinen Augen nicht. Das Haus bestand damals aus zwei Etagen mit einem Dachgarten. Jetzt hatte es sechs Etagen. Ebenso waren alle Häuser der näheren und weiteren Nachbarschaft in die Höhe geschossen. Es bestand jedoch kein Zweifel, daß es unser Haus war. Der Hauseingang mit dem kleinen Vorgarten, die Schiebefenster des Wintergartens, der Balkon daneben, jedes Detail stimmte. Es sah zwar alles nicht mehr so neu und gepflegt wie damals aus, aber es stimmte alles. Unsere einstimmige Meinung war: Hier möchten wir nicht mehr wohnen!

Anschließend machten wir einen Bummel durch die Innenstadt. Hier hatte sich am Straßenbild nichts verändert, es war noch alles so wie früher. Lediglich die Geschäfte waren teilweise nicht mehr die gleichen. Von denen, die ich persönlich gut kannte, fand ich nicht ein einziges. Gemächlich bummelten wir durch die Straßen. Wir hatten die Absicht, in dem bekannten Gartenrestaurant „Groppi“ eine kleine Erfrischung zu uns zu nehmen. Zu unserer Kairo-Zeit war es üblich, bei jedem Einkaufsbummel in diesem schattigen, gemütlichen Garten etwas zu trinken oder ein Eis zu essen. Aber auch hier wurden wir sehr enttäuscht. Der Garten und die Tische waren unordentlich, ungepflegt und schmutzig. Das Angebot war mehr als dürftig. Wir verließen das Lokal sehr unbefriedigt. Das war nicht mehr das berühmte „Groppi".

Am Ausgang wäre ich um ein Haar mit einem Mann zusammengestoßen. Als ich mich höflich entschuldigen wollte, dachte ich, mich trifft der Schlag. Das konnte doch nicht wahr sein. Da stand mein Freund, der seinerzeitige erste Monteur meiner ehemaligen Firma, Schaltmontage Dresden, Karl-Heinz Straube mit seiner Ehefrau Christa vor mir. Es war nicht zu fassen. Beide wohnen noch in Dresden und befanden sich wie wir auf einer Erinnerungsreise. Viele Jahre hatten wir uns nicht gesehen und ausgerechnet in Kairo treffen wir uns wieder. Das war natürlich eine große Freude und mußte gebührend gefeiert werden. Wir verbrachten gemeinsam einen sehr gemütlichen Abend in einer unserer Hotelbars. Erst spät in der Nacht verließen uns beide und fuhren mit einer Taxe in ihr Hotel in der Innenstadt.

Unseren nächsten Ausflug wollten wir nach Aussim machen. Dort befand sich eine der ersten Mühlen, welche wir gebaut hatten, die Ghorab-Mühle. Aussim ist bzw. war ein kleines Dorf, 20 km von Kairo entfernt. Die Straße dorthin führt durch ländliches Gebiet sowie durch ein paar kleinere Ortschaften und ist nicht besonders schön, aber natürlich sehr interessant. Auf dem Weg dorthin mußten wir durch das Dorf, wo unser Fahrer wohnte. Er lud uns ein, bei ihm zu Hause eine kleine Erfrischung zu nehmen, und bestand darauf, daß wir der Einladung Folge leisten. Es wäre auch sehr unhöflich gewesen, diese Einladung abzulehnen. Also fuhren wir zu ihm.

Er bewohnte mit seiner Frau, zwei kleinen Kindern, seinem Bruder und seinen Eltern eine kleine Wohnung in einem winzigen Mehrfamilienhaus. Der Treppenaufgang war gerade so breit, daß eine Person laufen konnte.

Die Wohnung überraschte uns sehr. Zwar ein klein wenig überladen, aber mit einer orientalischen Gemütlichkeit. Die Hauptobjekte waren zwei Fernsehapparate, welche beide in dem Zimmer standen. Er machte uns ausdrücklich darauf aufmerksam.

Wir waren acht Personen und fanden alle einen gemütlichen Sitzplatz. Er servierte uns gekühlte Coca-Cola. Seine Frau bekamen wir nicht zu sehen. Das ist in Ägypten so üblich. Die Ehefrau bleibt im Verborgenen. Seine Eltern saßen im Schneidersitz im Vorraum auf dem Fußboden. Die Mutter hielt ein Baby auf ihrem Schoß. Auch hier war unser Besuch ein großes Ereignis.

Nach 20 Minuten verließen wir dieses Haus und setzten gemeinsam unsere

Fahrt fort. Es war nicht mehr weit bis Aussim. Auch hier hatte sich viel verändert. Viele neue Häuser waren entstanden, eine Tankstelle befand sich gerade im Bau. Dort fanden wir auch den Enkel des ehemaligen Bauherrn und Mühleneigentümers, also den Sohn von Machmut Ghorab, der mit mir damals im Kloster Sinai war. Dieser Enkel war inzwischen selbst über 30 Jahre alt und hatte eine Familie mit Kindern. Er informierte mich zunächst darüber, daß die Mühle und der Ghorab-Palast kurze Zeit nach der Fertigstellung enteignet wurden. Der Palast wurde ihnen einige Jahre später zurückgegeben, jedoch ist die Mühle noch immer staatlich. Er begleitete uns zur Mühle und sagte, daß einem Besuch durch uns nichts im Wege stünde. Als wir mit unserem Kleinbus auf dem Hof der Mühle hielten, wurden wir sofort von mehreren Arbeitern der Mühle umringt. Einige von ihnen kannte ich noch aus der Bauperiode. Sie erkannten mich ebenfalls sofort. Es war ein freudiges Wiedersehen, sie waren richtig aufgeregt.

Zunächst stellte ich mich dem Direktor vor und bat ihn um die Genehmigung für einen Rundgang. Er stimmte sofort zu und forderte uns sehr freundlich auf, uns alles in Ruhe anzusehen. Als wir die ersten Anlagenteile besichtigten und die Firmenschilder „Schaltmontage Dresden, Werner Hanitzsch" sahen, war die Freude groß. Immer mehr Leute kamen und schlossen sich unserem Rundgang an. Der Maschinenlärm war so stark, daß wir uns kaum verständigen konnten. Kurzerhand ordnete irgend jemand an, die Mühle anzuhalten, was dann auch geschah. Ich war sprachlos. Heimlich verdrückte ich eine Träne der Rührung. Nur wer weiß, was es für Arbeit macht eine solche Mühle neu anzufahren, kann ermessen, was diese Geste der Freundlichkeit bedeutete. Es war ein echter Ausflug in die Vergangenheit.

Anschließend lud uns der Ghorab-Enkel in den Garten des Palastes ein, um etwas Kühles zu trinken. Etwas erschrocken war ich schon, als ich in den Garten kam. Das letzte Mal war ich 1964 hier anläßlich einer Einladung des Pascha Ghorab Effendhim zu einem Essen. Damals waren dieser Garten und der Palast ein Kleinod. Alles in einem tadellosen, gepflegten Zustand. Heute machte alles einen etwas ungepflegten, verwahrlosten Eindruck. Die Ursache war wohl in der jahrelangen Verstaatlichung zu suchen. Der Empfang jedoch war sehr herzlich. Inzwischen hatte der Ghorab-Enkel seinen Vater, den Machmut Ghorab, in Kairo angerufen und ihm berichtet, daß ich da sei. Er machte sich sofort auf den Weg und traf wenig später in Aussim ein. Es war eine ausgesprochen herzliche Wiedersehensfreude. Wir umarmten uns wie Brüder.

Als wir uns dann gegenseitig anschauten, mußten wir beide feststellen, daß die Zeit nicht spurlos an uns vorübergegangen ist. Wir waren beide „älter" geworden.

In den darauffolgenden Tagen unternahmen wir mit ihm noch einen gemeinsamen Ausflug zur Zitadelle Kairo und besichtigten die berühmte Alabaster-Moschee.

Inzwischen hatte unsere Tochter Arit im Hotel schon zwei Heiratsanträge von zwei Arabern erhalten. Der eine bot uns 200 Kamele an und der andere 1 kg Gold. Wir hatten zu tun, die Verehrer von ihr fernzuhalten. Sie war gerade 17 Jahre alt.

Natürlich hatten wir uns auch vorgenommen, Alexandria und bei dieser Gelegenheit auch El Alamein zu besuchen. Wir baten unseren Mr. Mischmisch, für uns einen solchen Trip vorzubereiten. Wir hatten dafür zwei Tage eingeplant, brauchten also in Alexandria eine Übernachtung. Mr. Mischmisch bereitete alles vor und begleitete uns selbst als Reiseleiter. Für diesen Ausflug stellte uns das Reiseunternehmen „Spring-Tours" einen Kleinbus zur Verfügung.

Bei strahlendem Sonnenschein und in bester Stimmung bestiegen wir an einem Montagmorgen unseren kleinen Bus. Nachdem wir alle Platz genommen hatten, begrüßten wir unseren Reiseleiter im Sprechchor:

„Guten Morgen, Mr. Mischmisch."

Der Fahrer staunte, und Mischmisch lachte herzlich. Unsere Stimmung war hervorragend. Wir hatten beschlossen, für die Hinfahrt die Wüstenstraße zu benutzen und auf dem Rückweg durch das Delta zu fahren.

Auf der Fahrt durch die Wüste kam ich aus dem Staunen nicht mehr heraus. Sehr oft benutzte ich in der Vergangenheit diese Straße nach Alexandria. Zu der damaligen Zeit war am Anfang und am Ende dieser Straße ein Kontrollposten der Polizei. Jedes Fahrzeug, welches diesen Posten passierte, wurde registriert und wenn es nach 5 Stunden noch nicht am anderen Ende angekommen war, wurde sofort eine Suchaktion eingeleitet. Heute, 22 Jahre später, gab es diesen Polizeiposten nicht mehr. Auch von der Wüste entlang der Straße war nicht mehr viel zu sehen. Mehrere neue Ortschaften sind entstanden, und dazwischen wurden große Flächen bepflanzt. Diese Strecke war nicht wiederzuerkennen. Es ist unvorstellbar, was diese Menschen dort in der Sonnenglut geleistet haben.

Kurz vor Alexandria verließen wir diese Straße und fuhren in westlicher

Richtung nach El Alamein. Im zweiten Weltkrieg fand dort eine der schwersten Schlachten statt. Der Hauptkampf wurde um die „Höhe 33" geführt. Mehrere Armeen aus England, Deutschland, Italien und Ägypten trafen hier aufeinander. Dieser wahnsinnige Kampf um eine „strategisch wichtige Höhe" kostete mindestens 100 000 Menschen das Leben. Jedes der beteiligten Länder errichtete in El Alamein ein Ehrenmal oder einen Ehrenfriedhof. Noch heute sind südlich von El Alamein viele Quadratkilometer Wüste vermint.

Wir besuchten das deutsche Ehrenmal, welches den Charakter einer Festung hat und direkt an der Mittelmeerküste liegt. Voll Ehrfurcht standen wir vor den großen Gedenktafeln, welche mit goldenen Lettern alle Namen der dort gefallenen deutschen Soldaten enthalten. Die Tafeln sind nach den Ländern geordnet. Die sterblichen Überreste liegen in Zinksärgen wohlgeordnet in den Katakomben des Ehenmals.

Das ganze Gebiet wird von Ägypten als Gedenkstätte sehr gepflegt. Auch ein sehr interessantes Museum über die Schlacht bei El Alamein wurde dort eingerichtet.

Bewegt und nachdenklich verließen wir diesen Ort und fuhren zurück nach Alexandria. Eine sehr schöne Asphaltstraße führt direkt an der Küste entlang. Fast auf der gesamten Strecke zwischen Alexandria und El Alamein sind Feriensiedlungen entstanden. Eine direkt neben der anderen und eine schöner als die andere.

In Alexandria angekommen, begaben wir uns als erstes in ein Restaurant an der Mittelmeer-Corniche, um uns ausgiebig zu stärken. Hier erfuhren wir, daß an diesem Vormittag in Kairo ein Erdbeben stattgefunden hatte. Über den Umfang der Schäden konnte man uns noch nichts sagen.

Alexandria selbst hat durch die salzhaltige Luft des Mittelmeeres sehr gelitten. Die einstmals sehr schönen Gebäude an der Corniche, die vornehmen alten Hotels usw., sehen nicht mehr besonders schön aus. Dafür sind aber entlang des Strandes in östlicher Richtung viele neue moderne Hotels entstanden. In einem dieser Hotels im Gelände des Montaza-Palastes waren wir untergebracht. Dieser herrliche Palast, der Wohnsitz des letzten ägyptischen Königs, ist heute ein Museum. König Faruk wurde 1954 vom ersten Präsidenten Gamal Abd El Nassr vertrieben.

Wir verlebten einen wunderschönen Abend in diesem Hotel. Am nächsten Morgen nutzten wir die Gelegenheit zu einem ausgiebigen Bad in dem herrlich temperierten Mittelmeer. Trotz der für unsere Begriffe fortgeschrittenen

Jahreszeit hatten wir noch Tagestemperaturen von 35 °C im Schatten und Wassertemperaturen von 24 °C.

Gegen Mittag traten wir die Rückreise auf der Deltastraße an. Auch hier hatte sich enorm viel verändert. Die Städte, welche wir passierten, waren größer und moderner geworden. Müde und abgespannt, aber froh und glücklich erreichten wir am Abend unser Hotel. Bis auf ein paar Risse in den Gehwegplatten hatte unser Hotel keine Schäden durch das Erdbeben erlitten. Bei einer Fahrt durch die Innenstadt am nächsten Tag konnten wir Gott sei Dank feststellen, daß sich auch hier der entstandene Schaden in Grenzen hielt.

Der letzte Tag unseres Urlaubs und damit unseres Aufenthaltes in Ägypten kam viel zu schnell. Am letzten Abend feierten wir in einem der Hotelrestaurants ein wunderschönes Fest und nahmen Abschied von diesem rätselhaften Land voller Widersprüche und seinen liebenswerten Menschen.

Am nächsten Vormittag wurden wir mit einem Kleinbus von Spring-Tours zum Flugplatz gebracht. Als wir in diesen Bus einstiegen, erschienen alle Bediensteten des Gartenrestaurants, in welchem wir mehrere Male zum Abend gegessen hatten, um uns zu verabschieden. Unser Taxi-Fahrer kam und drückte uns einzeln. Er weinte. Es war ein Abschied von guten, liebgewonnenen Freunden. Unser Mr. Mischmisch hatte sich extra an diesem Tag frei genommen, um uns zum Flugplatz begleiten zu können. Auf der Fahrt dorthin stimmten wir wieder einen Sprechchor an und riefen:

„Vielen Dank, Mr. Mischmisch, und Aufwiedersehen!°". Er lachte und wischte sich heimlich eine Träne aus dem Augenwinkel. Von ihm nahmen wir besonders herzlich Abschied.

Die Heimreise verlief ohne nennenswerte Ereignisse.

Zwei Wochen später beerdigten wir meinen Vater. Dort kam mir wieder richtig zum Bewußtsein, wie vergänglich alles im Leben ist. Nichts bleibt, wie es ist. Danken wir Gott für jede Minute unseres Lebens und erleben wir alles bewußt. Schon morgen ist alles anders.

Am 1. Februar 1993 trat ich in den Ruhestand ein.

Zum Ausklang der Geschichte meines Lebens möchte ich noch meine kleine Philosophie erzählen, wie ich das Leben sehe:

Zum Zeitpunkt der Geburt wird jeder Mensch von unserem Herrgott in ein Wägelchen gesetzt. Dieses Wägelchen heißt „Leben".

Er hängt es an die zwei Wagen eines Elternpaares an. Die Eltern treiben mit der Kraft ihrer Muskeln ihre Wagen und die ihrer Kinder auf Schienenwegen langsam bergan.

Der Berg, den die Wägelchen befahren, heißt „die Zeit".

Läßt die Kraft der Eltern nach, hilft der Herr und schiebt das Kind vorsichtig eine Strecke des Weges, bis die Eltern wieder kräftig genug sind, die Wagen selbst zu bewegen.

Nach einer bestimmten Entwicklung des Kindes ist an einer vorher bestimmten Stelle auf dem Zeitberg eine Weiche eingebaut. Der Herr stellt diese Weiche für das Kind und hängt es von den Eltern ab.

Der Schienenweg des Kindes führt auf einen benachbarten Gipfel, welcher eine andere Höhe als der der Eltern hat. Der kann höher, aber auch niedriger sein. Man kann ihn nicht sehen.

Nun muß der herangewachsene junge Mensch seinen Wagen mit eigener Muskelkraft fortbewegen.

Eines Tages fährt er parallel zu einem anderen Schienenweg und trifft dort auf ein anderes Wägelchen mit einem Menschen. Halten beide über eine bestimmte Wegstrecke ihre Geschwindigkeit synchron, werden beide Wagen vom Herrn miteinander verbunden.

Fortan können beide ihre Lebensfahrzeuge mit vereinten Kräften gemeinsam fortbewegen.

Eines Tages wird der Herr dann auch hier ein Wägelchen mit einem Kind anhängen.

Das Treiben des Wagens auf den Gipfel der Zeit ist sehr kräftezehrend und geht nur langsam voran. (Die Zeit vergeht langsam.)

Hat man den Gipfel erreicht, rollt der Wagen leichter. Man kann sich ausruhen. Jetzt nähert man sich der anderen Seite des Berges. Der Schienenweg für das Leben führt wieder nach unten, wo wir hergekommen sind. Wir können uns bequem zurücklehnen, unser Wägelchen rollt jetzt ganz von selber. Aber es wird auf der Talfahrt immer schneller. (Die Zeit vergeht schneller.)

Kein Mensch weiß, wie lange diese Talfahrt dauert und wann sie zu Ende sein wird. Wird die Fahrt zu schnell, greift der Herr ein und bremst das Wägelchen etwas ab.

Jeder Mensch hofft nun, daß sein Wägelchen am Ende des Zeitberges behutsam angehalten wird, aber nicht vorher entgleist und abstürzt.